本书为教育部人文社会科学重点研究基地2010年重大项目“少数民族地区社会组织参与公共服务与社会创新实证研究”（10JJD850009）研究成果之一。

本书的出版得到了教育部人文社会科学重点研究基地中央民族大学中国少数民族研究中心的资助。

教育部人文社会科学重点研究基地
中央民族大学中国少数民族研究中心

中国民族地区社会组织参与公共服务研究

◎ 主　编　陈旭清　侯远高
◎ 副主编　向　娟　曹　芳

中央民族大学出版社
China Minzu University Press

图书在版编目（CIP）数据

中国民族地区社会组织参与公共服务研究/陈旭清，侯远高主编.
—北京：中央民族大学出版社，2013.8
ISBN 978－7－5660－0487－1

Ⅰ.①中… Ⅱ.①陈…②侯… Ⅲ.①民族地区—社会团体—社会服务—研究—中国 Ⅳ.①D669

中国版本图书馆 CIP 数据核字（2013）第 187594 号

中国民族地区社会组织参与公共服务研究

主　　编　陈旭清　侯远高
副 主 编　向　娟　曹　芳
责任编辑　满福玺
封面设计　布拉格
出 版 者　中央民族大学出版社
　　　　　北京市海淀区中关村南大街 27 号　邮编：100081
　　　　　电话：68472815（发行部）　传真:68932751（发行部）
　　　　　　　　68932218（总编室）　　　　68932447（办公室）
发 行 者　全国各地新华书店
印 刷 厂　北京宏伟双华印刷有限公司
开　　本　787×1092（毫米）　1/16　印张：19.875
字　　数　343 千字
版　　次　2013 年 9 月第 1 版　2013 年 9 月第 1 次印刷
书　　号　ISBN 978－7－5660－0487－1
定　　价　62.00 元

前 言

伴随着全球性的结社浪潮，社会组织（NGO）在中国也得到了迅猛的发展，如何充分发挥组织的功能，是当前管理部门、学术界以及实务操作者一直在关注的问题。

中国少数民族地区的社会组织是随着改革开放逐步发展起来的，国际力量对它们的发展起到了重要的推动作用。这些组织在一定意义上回应了社会的需求，并在解决当地的社会问题中发挥了独特的作用。近年来，在国家总体政策环境的带动下，受经济体制转轨、政府职能转变以及“国家——社会”关系调整的影响，为组织发展提供了广阔的空间，它们在文化传承、扶贫济困、医疗卫生、环境保护等方面的活动有了新的升华，服务质量逐渐提高。

实现公共服务均等化，是现代政府追求的目标。20 世纪 80 年代以来，公共管理改革运动席卷全球，世界各国都在变革公共服务制度和公共服务方式，探求适合本国特点的实现途径和策略。中国政府也在努力转变职能、更新执政理念，提升、强化政府的服务能力，把实现基本公共服务均等化作为基本价值取向。但是，受多种因素的制约，中国在公共服务领域仍面临着严峻的挑战。尤其是在我国少数民族地区，由于民族分裂问题的存在，少数民族地区各种社会冲突时有发生，某些矛盾还有尖锐化趋向，尤其是在发展不平衡的中国边疆地区，由于公共产品投入严重不足，社会保障薄弱，对于国家的安定团结和整个社会的和谐发展都构成了威胁。虽然说这在一定程度上是原有社会管理体制的问题的释放，但需要全社会去认真对待，从理论上探讨社会组织参与机制的创新就显得尤为迫切。

充分调动社会力量，促进和谐发展是当前的基本目标取向。公共服务的提供不仅需要政府的大力支持，也需要社会组织的积极参与，但这在中国还无前车可鉴，仍然处于起步摸索阶段，少数民族地区更是如此。开展调查研究，系统总结活动已有经验，不仅有助于组织自身能力提升，也将对其他组织起到借鉴意义。正是基于这样的认识，本研究通过对少数民族地区社会组织的调研，从社会组织参与和倡导等方面总结它们在公共服务中发挥的重要作用，分析其中存在的不足和成因，提炼出一套适合当地社会组织参与公共服务的模式，也为其他地区社会组织参与公共服务提供方法借鉴。

我们的重点在于对社会组织参与公共服务的机制研究。通过理论探讨，就政府和社会组织在参与公共服务中的合作关系进行研究，分析和构建社会组织参与公共服务的重要机制。少数民族地区有自身的特殊性，社会组织的有序参与将更有效地推动公共服务活动的展开，据此来提炼社会组织的公共服务参与模式。据此，我们运用社会学的研究方法，进行了大量的实地调研，详细分析了组织活动的方式与社会效用之间的关系，试图寻求一些规律性的东西。

研究发现，社会组织在自主意识的形成与培养方面有独特的作用。由于组织扎根于民间，和民众有天然的亲近感，便于动员社会力量，也便于深入民众，实现彼此间的合作共处。尤其是在民族地区，社会组织更能发挥其灵活、易认同特长，使问题得到稳妥解决。这些调查对多元力量在公共服务供给中所起的作用进行了新的探索和论证，其中不乏实践者的闪光智慧。如果他们的才智、实践被人们所借鉴，这将是本研究莫大荣幸。

当然，文中的不足与疵瑕，概由编撰者负责。

陈旭清

2013 年 3 月

目　录

少数民族地区社会组织发展现状及社会功能研究

改革开放以来，中国社会结构发生了重大的变化，各类社会组织（NGO）的迅速兴起以及在公共治理中的作用日渐凸显，就是其中一个显著的标志。由于经济发展相对滞后、文化风俗和信仰的差异，少数民族地区社会问题具有特殊性，社会组织的出现给政府以有力帮助，对改善民族地区公共治理结构、推动经济社会发展，具有重要的作用。但与民族地区NGO迅速发展形成鲜明对比的是，学术界长期以来对民族地区NGO的发展及其作用仍关注不足，一些研究也主要集中在理论描述和个案介绍，尚缺乏基于系统调查的深入研究。

为了准确地把握民族地区NGO的发展状况，本课题组于2008年1月至2009年9月，先后在桂、滇、藏、新、内蒙古、黔、宁、青等少数民族地区，进行了问卷调查和实地调研。共发放问卷559份，回收559份，回收率为100%。有效问卷555份，有效率达99.28%。实地调研深入到省（自治区）、市、县（旗、市辖区）、乡实地进行考察，访谈民政、业务主管部门、组织440余个。在本次调查中，我们重点选择的是基层草根组织，同时兼顾一些自上而下成立的官办或政府支持的社会组织。

调查样本分布情况如下：

样本分布图

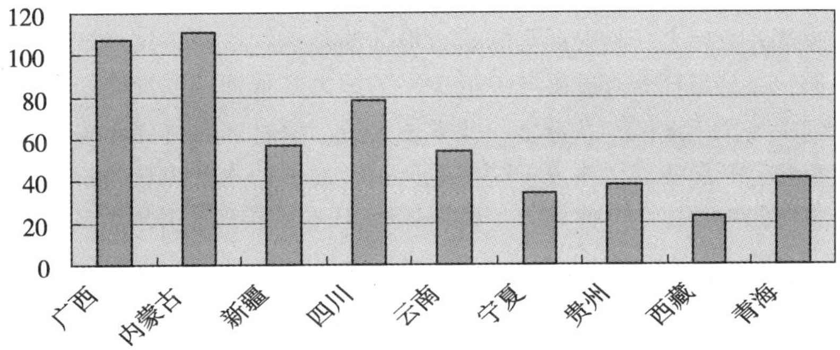

本文所指的是在少数民族地区开展活动的社会组织，分正式注册登记和未登记两种形式。前者包括在当地民政部门注册登记并开展活动、也包括在其他地区登记但在民族地区开展活动的组织，还指在境外登记，但在少数民族地区开展活动的机构。未登记的组织是指没有注册登记取得法人资格的社区组织或家族、宗族组织，还指在形式上工商法人登记、但实质开展非营利活动的组织，后两类组织在总体数量上占有相当大的比重，远远超过正式登记的组织。

一、少数民族地区社会组织的产生与发展

中国现代意义上的社会组织是在20世纪70年代末渐次出现，与政治上的拨乱反正和思想解放密切相关，与经济体制改革和社会结构变化相伴成长。少数民族地区社会组织的发展与全国的总体趋势既相一致，但又有其自身特色，主要表现为境外因素的参与和民族传统组织的复现。

中国少数民族地区的社会组织发展历史悠久，如藏族的“吉毒”，鄂温克族的“莫昆”等，早在氏族社会阶段时已有雏形，在漫长的历史演进过程中，各类传统的社会组织发挥着其独特的作用。民族地区近代意义上的社会组织也出现较早，如清光绪三十三年（1907），南宁商人组织成立“南宁商务总会”①，1924年4月，梅宗黄、杨正帮等人在昆明创办“云波文学社”②，自1934年（民国23年）起，各省及各地在昌都的人按照同乡关系，先后建立自己的同乡会馆，如甘肃会馆、秦州会馆、两湖会馆、陕西会馆、山西会馆、天津公所（会馆的别称）、河南会馆、四川会馆等。此外，在甘南藏族中存在的沙尼组织，也有着悠久的历史。

新中国成立以后，对社会组织采取了整顿的措施，民族地区一些传统组织部分得以保存、部分被归为其他组织管理、部分被取缔，社会组织的政府色彩浓厚。

改革开放以来，随着社会的活力的逐渐释放，民族地区涌现出一些草根组织，在基层社会开展服务。近年来，国内其他地区的社会组织也大量深入到少数民族地区，在资金、技术、人员、信息、项目合作等方面和当地组织联合开展活动，构成了这些地区社会发展的重要力量，带动了当地社会组织能力的提高。此外，一些境外NGO在民族地区开展活动，其特殊

① 南宁市百科全书编委会编：《南宁百科全书》，广西人民出版社2008年版，第348页。

② 昆明市地方志编纂委员会：《昆明市志》（第九分册），人民出版社1999年版，第207页。

身份和行为方式给当地带来了新的结社观念，尤其如慈善组织，在扶贫、教育、卫生等领域发挥了积极作用，带动了当地社会组织的形成与发展。当然，推动少数民族地区社会组织发展最强劲的动力，是来自当地经济社会发展的需求。市场经济的推进、社会结构的变化、传统治理模式的改革、社会需求的多样化以及公民社会的成长等，都需要社会组织的广泛参与，从而促进了 NGO 的数量增长和能力提升。

二、少数民族地区社会组织的现状

（一）少数民族地区 NGO 登记注册状况

1. 登记注册的种类

我们所调查的社会组织中，在民政、工商或政府其他部门（如编制管理部门等）注册的共计占 46.13%，有超过一半的社会组织未注册。已注册的组织中，民政占 51%、工商占 21%、编制管理部门的占 3%、政府其他部门的占 16%（见下图）。

注册部门

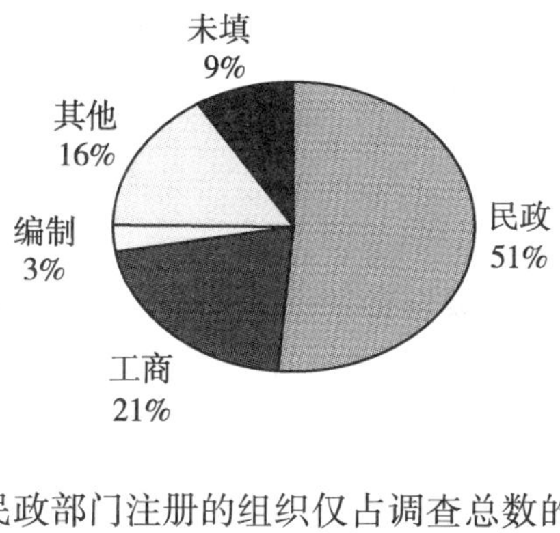

总体来看，在民政部门注册的组织仅占调查总数的 24.9%，四分之三以上的未能以社会组织身份注册。调查表明，未进行民政登记的主要原因有：不能找到业务主管单位；没有足够的资金；还有部分是觉得没有必要登记、或者不知道需要登记。这一方面说明目前我国社会组织登记注册的门槛还比较高（在登记注册方面，少数民族地区社会组织与其他地区社会组织的情况具有一致性），反映了由双重登记管理制度存在的局限，使一些组织只能采取工商注册的方式取得法人地位；另一方面也反映了民众这方面意识的不足，只开展活动而不注册。

2. 登记注册的层级

正式注册的社会组织中，在市一级政府部门注册的占31%，在省、县两级分别占29%和25%，国家级注册在民族地区活动的占6%（见下图）。

登记级别

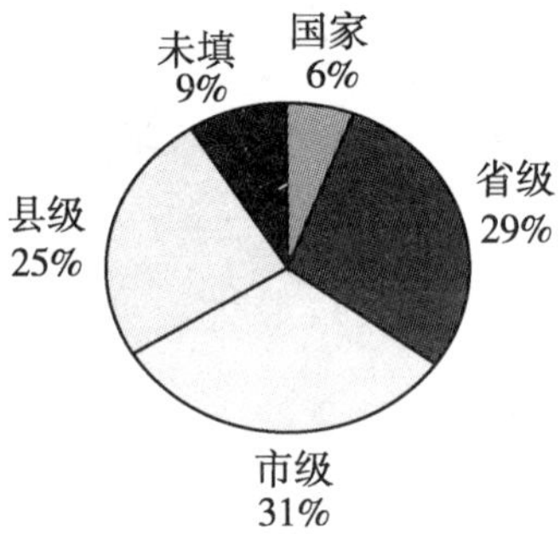

在省一级注册的组织中，相当一部分是和原来的上级部门对应，还和同级政府有较密切关系。在县级登记注册相对较少的原因，主要是对这种组织知晓不足，许多地方不知道还有民政登记的方式，另外一部分认为登记与否关系不大，反正自己开展工作不危害国家，也很少和外界发生往来，政府机关也不来检查，想做什么就去做什么，只把握一个不违法的原则。

（二）组织活动状况

1. 活动范围

调查对象活动范围主要以在省（自治区）一级区域内，其次是在县范围内，在全国范围内活动的较少，但有一部分在全国活动的组织（包括少数民族地区），其注册登记部门不在少数民族地区。在乡、村范围内活动的组织就更少，主要以传统的民族类组织为主，但随着国家对农村专业合作组织的支持，它们的数量在明显增加；同时，由于地理环境的制约，在村中活动的组织数量要比乡镇一级多。具体比例结构如下图所示。

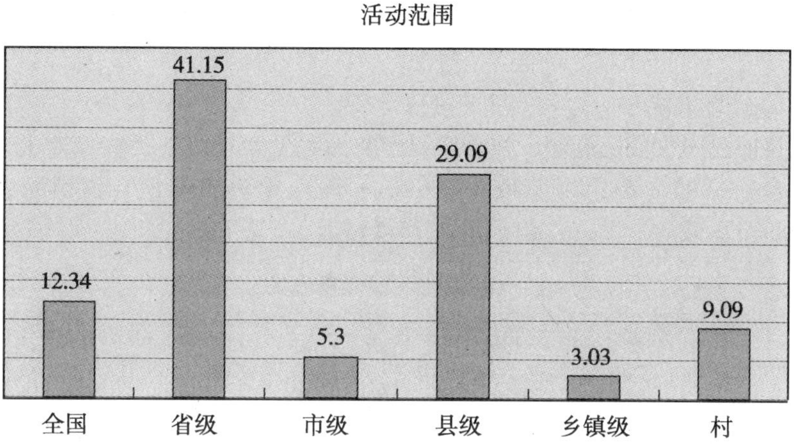

2. 活动领域

民族地区 NGO 活动的领域大多数都涉及教育、文化、经济、环保、扶贫、慈善等方面的宣传和倡导，希望借此推动社会观念的改变。其次是医疗护理、社区参与（服务）和行为实践，目的是通过实际行动改变民族地区的生活习惯、行为方式，以适应社会的发展进步。只有较少数量的组织涉及资金募集（如慈善总会、基金会、公益捐赠活动等）。法律政策咨询近年来也在逐渐发展，并在社会上产生了一定影响；也有一些在从事心理咨询、生产发展等活动。总体结构如下图所示。

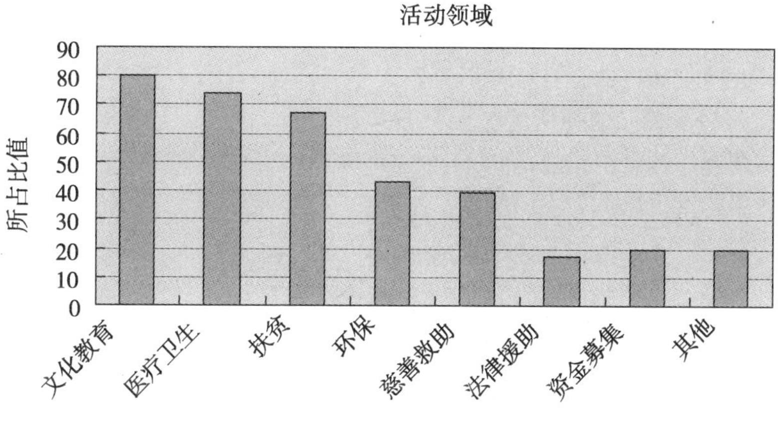

（三）资源状况

1. 经费来源

目前我国少数民族地区社会组织经费的主要渠道有三类：境外（包括港澳台）资助（占组织总数 52. 16%）、国内非政府资助（占组织总数 29. 88%）、政府资助（占组织总数 14. 11%），（见下图）。

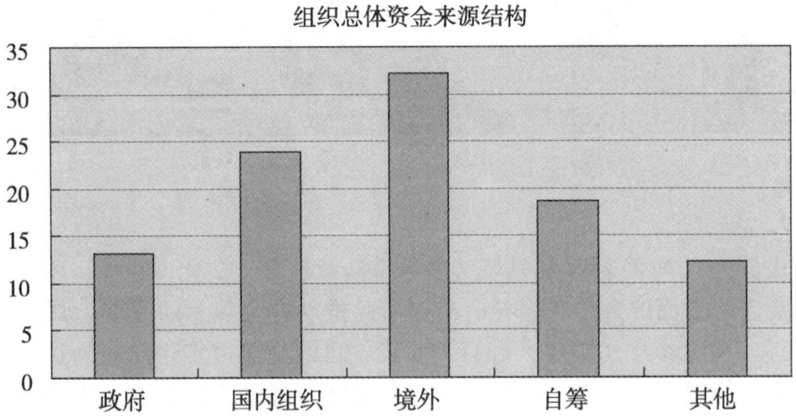

调查显示，虽然国家对少数民族地区社会发展的财政投入在不断增加，但这些资金流入社会组织的比例还比较低，渠道不太通畅，地方政府专门资助社会组织活动的经费很少。目前出现一个新的态势是，越来越多的企业开始关注并借助社会组织，开展慈善义捐等活动、以履行企业社会责任，并树立和打造自身社会形象。

2. 经费规模及其使用情况

被调查的社会组织在 2007 年全年活动经费平均为 25387 元，总支出中各项费用的支出比例如下图所示。

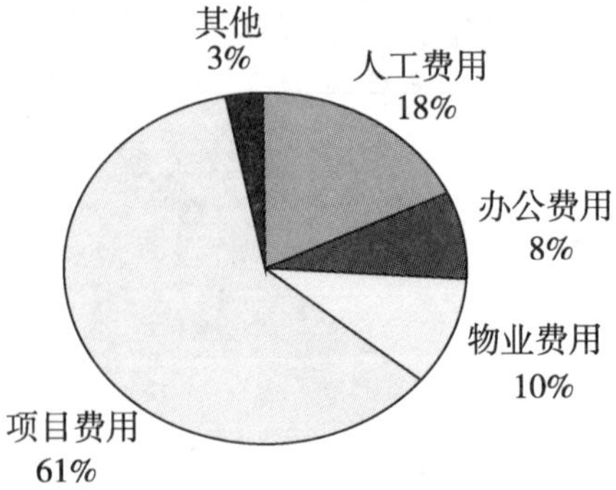

项目费用是组织的主要支出，这符合一般的规律；人工费用、物业费用所占比例较大，是因为参与组织的个体以此为专职，需要尽量节约其他费用增加员工补贴，以调动其积极性。此外，许多组织没有属于自己的办公场所，房租、水电等物业费用是一笔不小的支出。

在经费使用审计方面，在被调查的社会组织中，其年度财务报告有正式审计的占 51.32%，相当多的没有接受社会独立审计，只是由资助方财务审查、或进行组织内部汇报。许多 NGO 甚至一些政府部门认为这种简单审计程序比较合适，没有必要严格按照规定进行，基本的理由是经费规模小、不会出现大问题。一定程度上反映出目前社会组织监管中存在的不足。

3. 人力资源状况、规章制度及办公场所

调查表明，拥有专职工作人员的组织占总量的 51.3%，有正式书面组织章程的占 71.53%，说明目前我国少数民族地区 NGO 的组织化程度还比较低。这种情况在基层的草根社会组织中尤为明显，专职工作人员占全部人员的比例为 15.97%，平均每个机构拥有专职工作人员 2.35 人。

在组织成员的学历构成方面，以初中及初中以下为最多，高中文化程度次之，大专和大学文化程度比较少，硕士及硕士以上文化程度更少（如下图）。这与当地文化发展水平存在着密切关系，在客观上制约了组织能力的提高。

总体学历结构

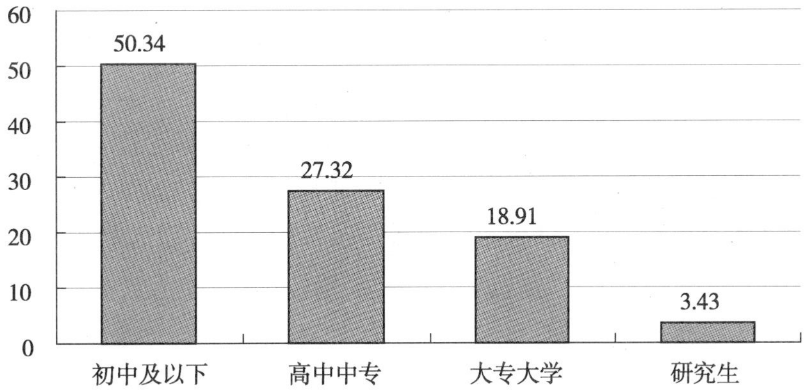

上述数据表明，目前我国少数民族地区社会组织的人力资源状况尚不理想，专业化程度和人员素质还有很大的改善空间。

4. 社会组织的资源需求状况

资源是组织发展的重要基础，在调查对象中，大部分组织对资金、技术和信息的需求最为迫切，所占比例分别为 81. 47%、73. 53% 和 57. 47%，对人力资源的欠缺程度相对来说较弱，这并不意味着它们在这方面已经满足，而是从一个侧面说明了本地区社会组织的发展还没达到重视人力资源的阶段。

社会组织资源需求状况调查结果（%）

满足程度	资金	人员	志愿者	技术	信息
欠缺	81. 47	45. 11	36. 76	73. 53	57. 47
满足	13. 21	53. 75	57. 57	23. 24	39. 81
不知道	5. 32	1. 14	6. 67	3. 23	3. 72

（四）决策方式

决策行为是衡量组织发育状况的重要指标，目前提高决策水平的普遍方式是建立理事会管理制度，实行理事会决策治理下的秘书长负责制。在调查的对象中，组织的重大事项由领导人个人决定的占 2. 03%，由两个以上的负责人协商决定的占 21. 04%，由理事会全体会议决定的占 34. 43%，由组织的全体成员协商决定的占 42. 27%，反映了组织的总体决策状况比较好。

组织决策状况

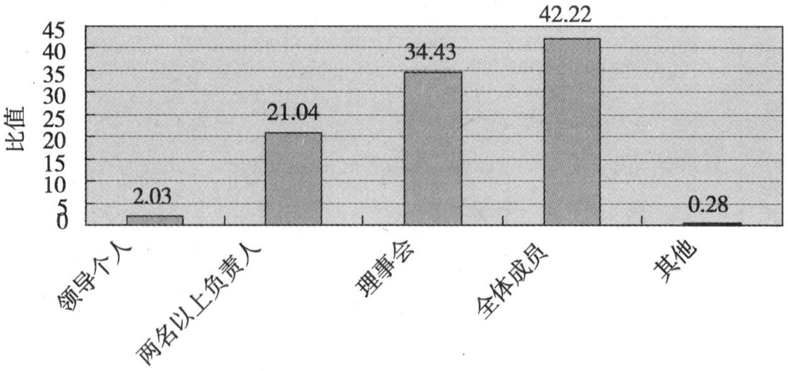

（五）组织与外界关系

1. 组织公关情况

通过对外宣传以求组织扩展和树立自身形象，目前已经成为大多数NGO的共识。但在调查对象中，以印刷品形式介绍自身概况的占总数51.28%，相当多的组织没有任何对外介绍材料，开建独立网站的组织较少，大部分情况下是靠地方媒体作为新闻事件报道，另外就是作为研究对象资料被学术界采用。实地调研中发现，那些自身资源条件差、组织能力弱、与外界沟通有较大障碍（由于地理环境、语言文化等原因）的组织在这方面非常欠缺，在很大程度上限制了其资源获得和能力的提高（见下图）。

组织被媒体传播的比例

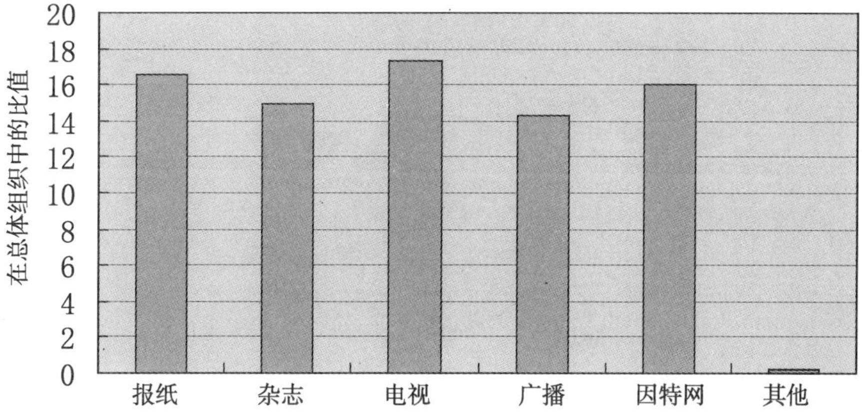

2. 与政府的关系

中国是一个行政主导型的国家，政府在社会生活中扮演着掌控主要资源的重要角色。调查发现，大部分组织都希望能在多个领域配合政府需求开展活动。同时也对政府有一定程度的依赖感，希望在政策、资金、人力等方面得到支持。但是，也有因个别地方政府部门要求多、支持少，从而降低了NGO对政府的期望，使它们实际工作中只能依靠自身努力，不再去刻意追求其他援助，进而造成了其非常希望政府帮助，但又不报很高的期望值。

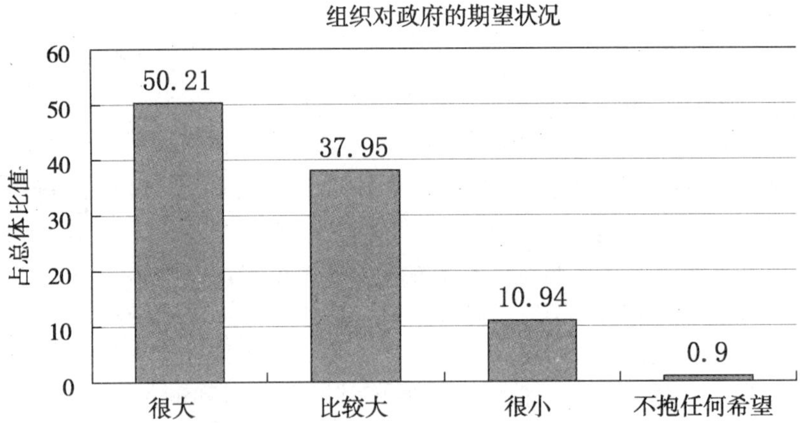

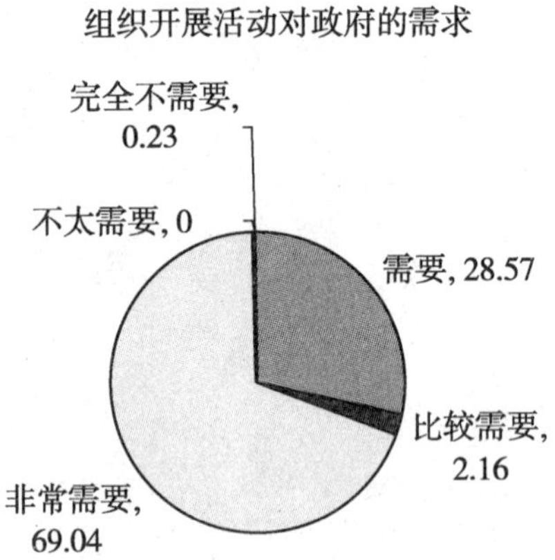

3. 与其他社会组织之间的关系

组织之间的交流、合作对彼此都有促进作用，现代社会的发展，特别是科技手段的进步，使信息传播更加便捷，为相互间的沟通提供了有利条件。总体看，少数民族地区社会组织与境外社会组织的合作还是比较高的，平均每个社会组织与1.03个境外社会组织有合作或协作关系，但合作频率并不很高（如下图）。和境外组织合作的主要方式是接受资金、技术等的援助，合作内容覆盖扶贫、教育、医疗卫生、环保、文化保护等多个领域。

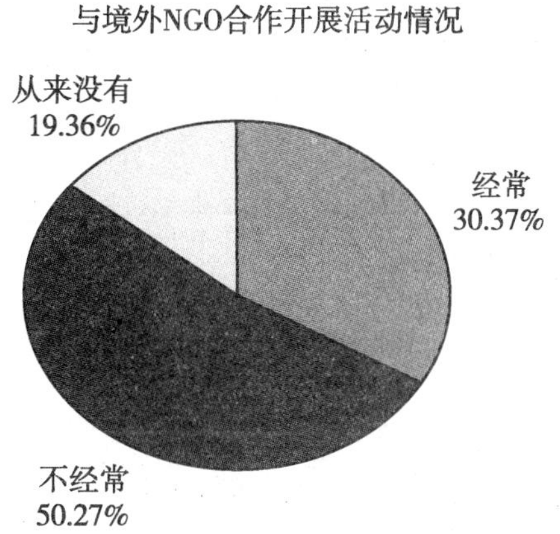

相比之下，国内社会组织之间的合作活动频率更高，平均每个组织与3.94个国内其他社会组织有合作或协作关系（如下图）。合作内容主要有信息沟通、经验分享、项目执行、技术指导等，资金合作较少，其中项目合作和信息共享占了相当大的比重，调研表明有71.82%的组织愿意在这些方面开展合作。资金合作少的状况反映出国内支持组织发育不足的问题。

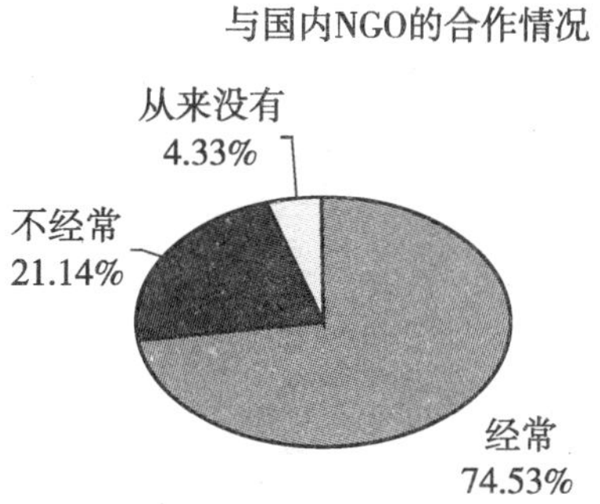

通过对不同合作对象的比较，反映了国内社会组织之间的合作在频度上要优于它们与境外社会组织的合作。

4. 对社会组织的支持

NGO在发展过程中，得到了社会各方面的支持。调查显示：41.79%的组织认为境外机构对其支持最大，其次是业务主管机关（36.34%），其他组织、特别是同类型组织的对自身的帮助作用也较为明显，调查资料也在一定程度上印证了传媒对中国社会组织发展的影响。相比之下，登记管理机关、部分业务主管单位和其他政府部门、社会组织支持网络的作用还有待加强（见下图）。

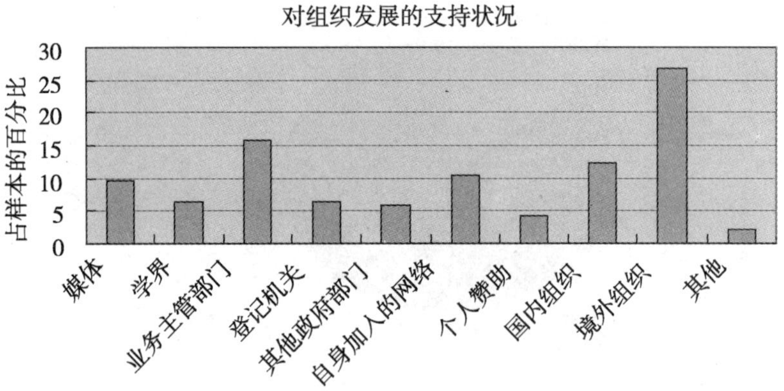

三、少数民族地区社会组织目前面临的问题

根据调研分析，目前中国少数民族地区社会组织存在的主要问题有以下几个方面：

（一）人力资源欠缺

管理人才和专业技术人员的不足是限制少数民族地区社会组织发展的最根本问题。由于缺乏管理人才，使组织很难规范运行，造成了发展目标不明确，规章制度不健全，很难有效凝聚组织团队，从而影响了自身功能的有效发挥，并且很难获得稳定的经费来源，形成了对境外资源的过分依赖，制约着组织的健康稳定发展。粗放、经验式的管理是其基本的特点，难以适应规范性的社会需求。专业服务人才的缺乏，使组织很难提供高质量的社会服务，不利于扩大其社会影响。

（二）组织治理不完善

良好的治理是组织健康发展的基本保证。受社会、经济、历史文化等条件的制约，少数民族地区社会组织还普遍存在治理不完善的问题。主要表现为规章制度不健全、决策运行机制不完善、部门机构设置不合理、信息不够公开等。这些问题影响了民族地区 NGO 的社会公信力，客观上制约了后续社会资源的获取，恶化了自身生存的社会环境。

（三）发展能力不足

能力是组织长远发展的核心所在。依靠良好的发展能力，组织可以提高服务质量，加强与外界的沟通，改善社会形象，营造宽松的社会资本环境。总体来看，少数民族地区NGO开展活动所必需的专业知识和能力仍比较缺乏，大多缺乏明确的宗旨和战略，决策和项目管理水平不高，缺乏必要的信息渠道，对外界信息的知晓程度较低。人力资源的总体素质尚待进一步提高，自我宣传和媒体的宣传报道不够，在社会中的公信力还有待进一步提高。

（四）得到的支持力度不够

社会的广泛支持是NGO快速成长的基本条件，目前没有得到充分支持的原因，除了组织自身和全国性的普遍因素外，与民族地区的登记管理机关、业务主管机关及其他政府部门也有一定的关系。虽然民族区域自治法赋予了民族自治地方广泛的自治权，以支持民族地区经济社会各项事业的发展。但据我们调查，各自治地方运用自治权扶持NGO发展这方面工作开展的还很少。

（五）法规缺陷，监管缺位

由于现行关于NGO相关法规的缺陷，少数民族地区尚有许多社会组织没有正式注册登记，境外在华社会组织因为在国家民政部登记存在实际困难，地方政府又没有相应的法律管理依据，使得其无法获得合法身份，造成了政府主管部门无法进行必要的监管，也制约了社会对NGO进行有效的外部监督。

（六）社会参与的渠道和空间仍有待拓展

目前少数民族地区社会组织的参与制度化渠道尚不通畅，参与的空间仍有待拓展。根据已有的国家政策，它们参与国家决策领域主要集中在环保和医疗卫生领域，在国家其他有关政策方案的提出、征询意见、建议、制定的过程中，也不同程度地鼓励NGO参与，但在实际生活中，除一些具有政府背景的、或者是有影响的境外以及国际组织能够有一定机会受到邀请参与外，广大的草根社会组织参与的机会往往十分有限。在政府的政策设计和资金安排方面，目前亦无普遍的、固定的、制度化的渠道使NGO获得支持或资助。

四、少数民族地区 NGO 的社会功能

大量的事实表明，少数民族地区发展需要社会组织，它不仅是政府职能实现的支持者，也是社会治理的重要主体。其主要功能体现在以下几个方面：

（一）充当公民与政府沟通的桥梁

通过组织化的行为，社会组织将一些具有共同价值取向或利益需求的群体聚合在一起，将公民分散的个体凝合成团体的力量，使各种零星的、微弱的吁求转变成统一的、具有一定影响的社会诉求，将参与者对政府的要求、意愿、建议和批评等诉求进一步凝练和提升，为普通民众搭建了一条有效影响公共权力的途径。

据调查，大部分 NGO 都有向政府提供政策建议的意愿，希望能与政府建立正常的沟通渠道，表达自己的想法。

提交政策建议情况

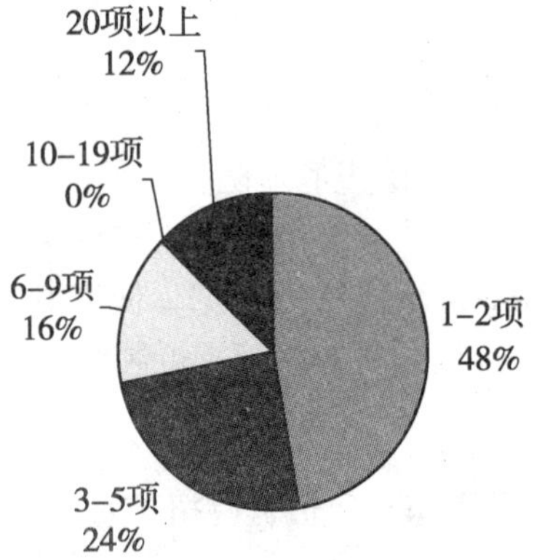

通过向政府提交政策建议，提高了公民对公共生活的参与兴趣，提升他们的社会参与热情，进而影响了政府的公共决策，使政治过程日趋透明化，为民主社会建设进行了有益的探索。

（二）参与社会公益事业

社会组织在扶贫济困、维护权益等公益方面的作用越来越凸显。据调查统计，在少数民族地区开展工作的社会组织大约有 13 万个，其中大多数

以关注社会弱势群体为其使命和宗旨，根据民族地区社会经济欠发达、多元文化并存的实际，它们在教育、环保、卫生、文化、妇女等多个领域开展公益活动。如中国妇女发展基金会在新疆维吾尔族妇女中间开展的“小额循环金扶贫”项目，在甘肃、内蒙古等地区实施的“母亲水窖”项目；北京今典苹果教育慈善基金会在西藏地区开展的“苹果赤脚医生工程”、“苹果学校助学工程”等公益项目，有效地改善了阿里地区的医疗和学校教育设施；西藏发展基金会的“光明工程”、“育人工程”、“阳光工程”等社会公益示范工程，都在不同程度上促进了当地民众生活的改善，促进了当地社会事业的发展。

（三）提供公共服务

近年来，国家在大力推进社会建设的发展战略中，明确提出了鼓励社会力量参与的方针。越来越多的社会组织参与提供公共服务（如居家养老照顾服务、社区基本服务、公民权益的保护、公共信息的获取和维护等），丰富了其中的内容，满足了人们的多元需求；在公共物品的分配过程中，社会组织充分发挥自身扎根基层、信息灵通的特征，向政府及相关部门提供及时准确、切实可行的建议，提高了公共物品使用的合理性和有效性，成为政府提供公共服务的有力助手。更有一些 NGO 在政府未涉及而市场力量又不愿意涉及的领域开展活动，为社会和经济发展做出了独特的突出贡献。许多少数民族地区地广人稀，交通不太便利，国家管理和服务难以深入，分散的农民很难抵御市场经济的冲击，使自身处于不利地位，农村经济类的社会组织则将分散的个体经营者组织起来，通过集体行动的方式来保护农业劳动者的利益，避免了由于分散状态而造成的不必要损失，成为农村社会发展的主要推动力。此外，许多慈善组织通过兴办老年关怀机构，为老年人的生活提供更多关照；众多的行业协会正在成为引导行业发展、规范企业运营、组织社会评比的服务机构。大批的 NGO 通过提供公共服务，减轻了政府的压力，满足了社会多样化的需求，维护了社会稳定，促进了社会的建设。

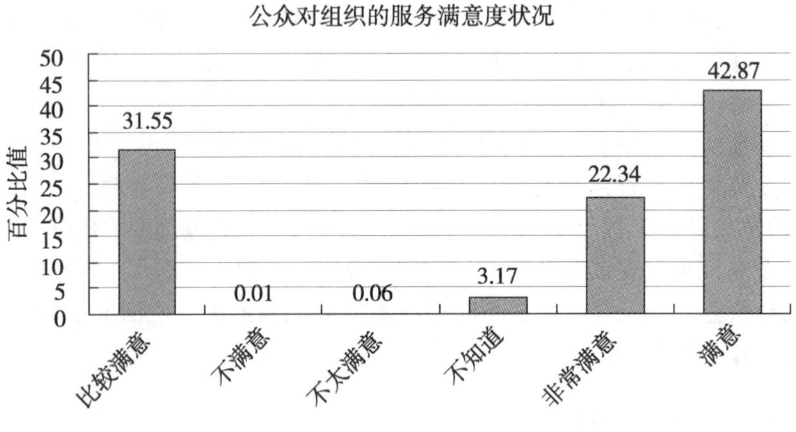

(四）境外在华社会组织的作用

境外在华社会组织相当多是工商注册的，只有少量在国家民政部登记；大多数境外在华社会组织没有在当地进行合法的登记，也没有相应的部门对它们进行必要的引导和监管，基本上处于无人监管状态。它们通常在北京等大城市设立总部或办事处，在中国境内形成一个反应迅速、信息通畅的网络，通过引进和注入境外资源，开展包括小额信贷在内的多种项目，其中相当多的境外 NGO 在中西部欠发达、尤其是少数民族地区开展活动。通过引导社会力量参与，推动社区发展，改善当地的自然和人文生态环境，对于改善贫困农民特别是老弱病残妇幼等弱势群体的生活状况发挥了积极的作用，通过项目援助与合作的方式也有效带动了本地社会组织的发展。为了便于开展工作，这些组织与基层政府之间建立了合作关系，借此推动了地方政府的观念变革，带动了政府管理理念的创新，为当地社会组织的发育、发展起到了启蒙和标尺作用。但是，并非所有的境外在华社会组织都在开展公益活动。就是那些从事公益活动的社会组织，也由于其组织宗旨、身份背景、政治意图等千差万别，所追求的价值目标、理念和效果也不一定符合我们的国家利益。因此，完善相关的法律法规，建立有效的监管机制，进行必要的规范管理，也势在必行。

（作者：李俊清　陈旭清）

中国少数民族地区政府购买 NGO 服务研究

一、民族地区政府购买公共服务的必要性

政府购买服务在广义上讲包括所有以政府为主体向市场、社会购买的各种服务，这样做有利于转变政府职能和提高其服务效率，有利于培养社会自身的发展力量和拓展相应的空间。在购买 NGO 的服务方面，一些地区已取得了较好效果，但从总体上讲仍处于起步探索阶段，存在着认识不足、实践不广泛、市场不完善等特点，这在少数民族地区表现得较为明显，也使这一问题在当地变得更为紧迫，究其原因主要有以下几方面。

（一）少数民族地区公共服务供给不足问题突出

近年来，随着少数民族地区民众收入的增长，人们对公共服务的数量、质量等方面的需求提出了新的要求，开始关注生活的舒适、美观、便捷、个性化等。地方政府是少数民族地区最大的公共服务提供者，但由于自身财政有限，使公共服务存在生产不足、难以满足民众需求的问题。此外，少数民族地区普遍人少地广、居住分散、交通不便，并且有部分住所经常处于变动不定状态，使政府提供公共服务的成本非常高。加之有语言沟通等问题，使政府的服务工作很难深入。因此，动员社会力量的参与就成为解决民族地区公共服务的重要途径。

（二）NGO 参与政府购买公共服务有利于推进民族地区社会建设

首先，NGO 作为公共服务提供主体，可以丰富和拓展公共服务的内容。受文化历史、风俗和宗教信仰的影响，各民族对公共服务有着多样化的需求，仅靠政府是很难实现的，借助社会力量就比较容易解决。其次，NGO 的专业化服务有助于提高公共服务的质量。相对于政府，志愿者能够不辞劳苦、任劳任怨地深入基层开展服务，充分发挥他们的专业技能向社会提供高质量的服务。再次，NGO 参与公共服务提供有助于转变政府角色

和职能。组织职能分化和厘清是现代社会的基本趋向。借助公共财政体制，政府通过购买社会组织的公共服务弥补自身的产能不足，进而摆脱繁琐的日常事务，将精力主要集中在政策的制定和标准的把握方面，实现政府职能的转变。此外，NGO 参与公共服务购买还有助于实现公共服务均等化，便于形成一种社会共进、成果共享的机制，缩小少数民族地区的城乡差距和贫富差距。

二、民族地区政府购买 NGO 公共服务的现状

本研究样本是 2010—2011 年间，在中国部分少数民族地区随机问卷（有效 139 份）调查的结果。对一些问题的深层原因分析，主要借助了实地调研的访谈资料。

（一）组织参与政府购买服务的愿望

调查发现 NGO 参与政府购买公共服务的意愿很强。72% 以上的组织愿意参与政府的公共服务购买，其中包括一些尚未正式注册登记的组织；只有不到 30% 的组织表示“不太愿意”和“不愿意”参与，是因为觉得自己不可能得到，对政府购买公共服务表示质疑。而其中有官方背景的 NGO 参与愿望要比草根组织强烈，前者比后者高出近 20%。这在一定程度上表明纯民间的组织和政府的关系还处于生疏状态，双方需要进一步加强沟通。此外，一些成立时间较长的组织，由于有和政府部门交往的经验，它们觉得如果有可能还是愿意积极参与政府支持的公共服务提供，而那些刚成立的组织则存在疑惑，二者相差近 17%。

1. 希望政府购买公共服务的方式

政府购买 NGO 公共服务作为一种其履行职能的创新机制和方法，近年来开始被应用于社会管理实践中。政府从自身管理的角度制定了一些操作的方式方法，这已经在实践中发挥了作用，但从调查情况来看，还是存在一些问题，NGO 希望相关政策能够进一步完善。

NGO 希望政府购买公共服务方式（%）

希望的购买方式	制定专门法律法规	政府集中招标采购	签订长期合作协议	签订短期合作协议	定向补贴
非常希望	87.6	67.9	57.7	55.3	79.4
一般期望	9.2	23.5	30.5	33.1	13.2
不希望	3.2	8.6	22.8	17.7	7.4

从意向调查结果来看，NGO 希望国家能够制定专门的法律法规来规范政府购买公共服务，希望能够集中进行招标采购，这样便于项目集中打包，避免由于分散使自身提供的服务被碎片化，同时也避免有人借项目分拆，最后形成资源的过度集中或者是过度分散，使一些组织没有开展活动的资源。大部分 NGO 希望与政府有长期的合作协议，但也有相当多的组织对此不是很赞同，认为政府购买公共服务刚刚开始，问题还不清楚，应该观察一段时间再定。在实行定向补贴方面，主要是希望针对养老、残孤、幼儿等照顾的公共服务政策能够稳定落实，并将这些政策普适化，明确辅助补贴的条件和标准，减少特殊化审批，促进社会的公平竞争，营造健康的发展环境。

2. 对政府购买服务程序的期望

程序公正是维护政府购买 NGO 公共服务健康发展的保障，一般应该包括采购前公告、招投标程序资格说明、采购标准说明、采购结果公示以及其他附带说明等基本程序。调查表明，NGO 较为关注采购程序，希望政府能够提前公告，认为这是允许组织参与的一个基本前提和重要保证；在实地调研中，大部分组织认为这种公告应该提前一周以上的时间实行，并对重要的程序细节有具体说明，这样才便于有实质性的参与。标准缺失是影响当前公共服务购买的一个重要因素，它使采购行为难以规范，出现了超编预算资金，甚至导致乱花钱、购买失败等不良后果；由于标准不明确，制约了采购各环节的效率，甚至出现了采购单位被 NGO 牵着走的现象，这样就很难达到目标，也制约着采购规模的扩大。社会多方参与的评审有助于实现采购公正化，但调查发现，NGO 对专家的参与要求没有对其他程序方面强烈。81.5% 的 NGO 希望政府公开采购结果，认为这既是进行社会监督的重要途径，也是组织向社会推介的重要方式。对于一些采购过程中由于客观原因出现的特殊情况，大部分组织表示可以理解，但要给予说明。

NGO 希望政府购买公共服务的程序（%）

希望的购买程序	采购前要进行公告	招标程序公开透明	采购标准要明确	要有专家评审程序	采购结果社会公开	其他
非常希望	85.3	81.6	84.7	79.6	81.5	75.2
一般期望	12.1	13.5	11.4	16.7	14.2	23.1
不希望	2.6	4.9	3.9	3.7	4.3	1.7

（二）NGO 提供公共服务面临的困难

必要资金是组织提供公共服务的前提，中国少数民族地区 NGO 的经费在 20 世纪主要来源于境外（含港澳台）资助，近年来出现了多样化趋向，形成了以社会捐赠、服务收费、项目收入、政府采购为主的格局，组织资金筹集能力有了较大提升，政府购买服务的比例也在增加。下面是我们的调查结果。

资金来源途径	服务收费	社会捐赠	会员费	政府采购或政府拨款	商业赞助	项目收入	其他收入
所占比例	21.7	27.6	5.3	13.4	8.7	16.2	7.1

1. 获得政府购买服务的方式

NGO 获得政府公共服务购买的主要方式有定向委托、公开竞标、项目资助三种。定向委托是受上级政府部门的委托开展一些公共服务活动，这样做的特点是操作简单、目标明确、专业强；公开竞标作为一种主要的政府购买公共服务方式，其主要特点是公开公平，有助于从更广的范围内选择能提供较好服务的组织；项目资助是针对一些小型应急性项目，政府进行直接采购。此外还有通过询价、二次竞价等方式获得政府的采购。我们所调查的结果如下：

NGO 获得政府购买公共服务的方式统计（%）

项目获得方式	定向委托	公开竞标	项目资助	其他
所占比例	23.9	62.4	5.5	8.2

在 NGO 参与政府公共服务购买过程中，大部分是通过公开竞标的途径，根据本组织的项目设计和自身能力，按照公开公平的原则竞争获得。

它们认为这样符合组织的特征要求，有助于实现 NGO 所倡导的促进社会公正的目标。公开的招投标也促进了民众对政府人理解和信任，其社会意义明显。

2. NGO 承接政府公共服务项目主要面临的困难

社会组织提供公共服务需要一定的条件，从组织自身来讲主要包括资金、专职人员、志愿者、专业技术、信息等。据调查，大部分组织对资金、技术和信息的需求最为迫切，对人力资源的欠缺程度相对来说较弱，但这并不意味着它们在这方面已经满足，而是从一个侧面说明了本地区社会组织的发展还没达到重视人力资源的阶段。

NGO 资源需求状况（%）

满足程度	资金	人员	志愿者	技术	信息
欠缺	81. 47	45. 11	36. 76	73. 53	57. 47
满足	13. 21	53. 75	57. 57	23. 24	39. 81
不知道	5. 32	1. 14	6. 67	3. 23	3. 72

此外，组织的外部环境对于组织公共服务活动的开展也有一定的影响。如国家税收政策优惠的落实情况，现在有些地方还是参照对企业的管理来对 NGO 资金使用征税，应有的税收优惠无法落实，一些地方还不允许从采购费中列支工资。相当多的地方政府职能部门不愿放权，认为购买 NGO 公共服务就是把自己的财权让给他人，从而削弱了自身的办事力度。从宏观方面来看，目前国内还没有专门针对政府购买 NGO 公共服务的法律法规，使许多地方部门不敢去尝试，害怕带来风险；即使一些地方尝试了，也缺乏透明、公平的采购程序。这些都导致了目前民族地区 NGO 参与政府购买公共服务的困难。所以，组织希望得到政府的支持，具体情况如下：

NGO 希望政府的支持内容状况（%）

支持内容	场所	经费	设备物资	税收	提高组织能力	融资渠道	政策法律	表彰奖励	人才	社保保障	其他
比例	55. 7	81. 6	45. 2	87. 4	69. 1	59. 3	65. 4	71. 3	76. 8	83. 6	35. 6

（三）对政府购买公共服务内容的选择

公共服务是一个含义广泛、内容丰富的综合体，它的提供实施需要一定的物质、社会、技术等条件，并不是所有的组织都可以参与执行其中任何一种活动。政府有雄厚的财政资金和国家强制权力，NGO 组织有较强的社会动员能力和强烈的公益精神，二者有各自提供公共服务的特长，可以相互借重，共同推进和完善公共服务的提供。NGO 提供公共服务内容意愿调查情况如下：

NGO 提供公共服务内容的情况（%）

公共服务类型	教育	卫生	文化	养老	社会保障	社区服务	幼儿照护	法律援助	政策研究	其他
比例	85.2	37.3	58.8	23.6	19.7	20.6	15.4	11.5	13.8	46.9

调查表明，大部分 NGO 愿意提供教育方面的服务，其中包括幼儿教育、基础教育、成人技能教育等。在成人教育方面，与国家在少数民族地区实行的培训政策补贴有关，它们已经成为国家培训农民工的重要力量，一般的做法是组织和政府相关部门合作，它们提供场所、教师，国家提供经费。

NGO 参与卫生领域的公共服务也比较多，一般主要是提供医疗技术，如众多的民办医院，国家对符合条件的救助治理情况给予报销。并对组织在税收和其他方面给予优惠。特别是在一些疾病的预防控制宣传方面，NGO 由于扎根于民间，活动形式生动活泼，更容易为广大民众接受，效果明显。

NGO 提供的文化服务主要是少数民族传统文化的展示与传承、现代文化的传播与借鉴，其中包括现代科技的大众普及。实践表明，借助 NGO 来保护和传承民族文化，能够发挥事半功倍的效果，有利于节约国家资源。

在养老方面，国家倡导的是居家养老模式，这非常适合少数民族地区，一些民族把外出养老看作是不孝、不敬，这使 NGO 有了发展的基础，创办了一些民办养老机构，国家向它们提供必要的经费，有助于解决年老者的日常生活和其他照料问题。

NGO 在社会保障、社区服务、幼儿照护、法律援助、政策研究等方面，也表现出了自身的特长，组织结合专业显示了自身的参与愿望。

如果把组织的专业和参与政府的公共服务购买联系分析，体现出了非常高的相关度。这从一个侧面反映了 NGO 参与公共服务的专业适宜性特点。

（四）NGO 愿意接受政府监督的状况

政府监督是指国家机关对购买公共服务事项的全过程依法监视、督促和管理，这是督促 NGO 落实完成任务的重要手段；不仅要检查督促，也要对组织开展活动给予指导和帮助。从实际调查情况来看，NGO 在总体上对政府的监督是接受的，这种意愿还较为强烈，目的是取得政府信任，为将来参与采购奠定基础。希望能在立项、实施、检查验收等方面得到政府的监督指导，但在操作方式上有不同意见，如有些组织重视立项监督，而一些则强调对项目实施过程的监督。愿意进行积极配合。具体问卷结果如下。

NGO 愿意接受政府监督的状况（%）

希望的监督方式	监督立项情况	对项目的过程监控	对购买项目评估奖惩	对资金使用跟踪监管	公开审计结果	将项目实效与 NGO 评级挂钩
非常愿意	87.1	85.1	83.2	77.9	84.3	78.9
一般愿意	12.2	13.4	14.7	19.5	12.4	13.6
不愿意	0.7	1.5	2.1	2.6	3.3	7.5

NGO 资金使用问题经常被社会所诟病，但在公共服务资金的使用上，59.3% 的组织还是表示愿意接受政府监督，把项目资金使用状况向社会公开，同时也希望政府能够把所有的监督审计结果都公开，并将组织开展公共服务的实效与组织评估相联系。38.7% 的组织愿意接受第三方的审计，主要理由是这样会使审计的结果更加中立，容易获得社会对政府购买公共服务的认可，也可以避免政府部门的一些寻租行为。

三、基本经验与存在问题

（一）基本经验

1. 政府要在购买公共服务过程中发挥主导作用

少数民族地区社会组织的总体发育程度较低，服务能力和社会影响力不足，需要政府在采购政策、标准的制定等方面发挥关键性作用。根据已有的成功经验，政府应该做到：第一，要明确公共服务的目标，应该根据民族地区社会需求和公共服务的性质，制定购买服务的标准、程序，并采用公开招标的方式进行；第二，确保财政资金的安全性，选择服务主体要以登记法人为主，非法人主体参与竞标应该有相应的组织提供合作保障，鼓励民族传统组织的参与，并给予适当的倾斜支持；第三，结合民族地区历史文化背景，对NGO提供的公共服务进行全程督导，通过规范其行为来保证优质公共服务产品的提供，体现“寓管理于服务”的理念。政府的主要责任不再是提供某项具体服务，而是担负公共服务运行规则的制定、秩序的维护和监督。

2. 尊重NGO的创新精神

创新是推动人类社会走向进步和文明的主要动力，在购买服务中尤其要给予关注。少数民族地区的公共服务需求具有多样性和复杂性特征，仅靠政府很难实现，需要调动各种社会力量来参与。与政府和企业不同，NGO本身没有行政强权和经济实力，其生存与发展主要靠理念推动下的行为创新，以此来带动其他社会力量的参与，共同推动社会的发展。民族地区的NGO立足于基层，深受传统文化的浸润，了解民众的复杂需求和服务方式，在政府购买公共服务的过程中，承担着将单纯物质货币资源转化成多样性现实服务、转变为社会风范的关键性职责。尊重其创新精神，为它们创造良好环境，支持那些锐意进取、大胆实践的组织，优化公共服务购买机制。

3. 将公共服务购买纳入项目管理

项目管理是综合运用各方面的理论，充分利用各种资源并使之有机结合，在规定的时间、预算和质量目标范围内完成项目的各项工作[2]。政府购买公共服务属于公共项目，要按照其内在要求进行管理。在民族地区这样做的效果是不仅规范了政府的财政资金使用方式，避免资金使用效率低下，防止出现公共服务“豆腐渣”工程和政府权力寻租现象，改善了它在民众中的形象。同时也引导了NGO的健康发展，强化了自身的公民意识和全域化观念。

（二）存在的主要问题

1. 缺乏完善的法律制度保障

尽管国家2003年实施《政府采购法》，但采购范围主要包括货物、工程和服务，而其中的服务仅限于为政府自身运作的后勤事务，对含义广泛、内容丰富的公共服务并没有被列入采购范围。民族地区也没有在国家区域自治法的范围内出台相关的变通政策，使基层政府部门不敢冒险去购买 NGO 提供的公共服务。一些已经开展试点的地方，由于没有完善的制度规定，在实行过程中暴露出相当多的问题，主要表现为：首先是对购买涉及民族事务公共服务的内容没有明确规定，在资金、重点等方面没有计划，主观随意性大，社会对这方面了解少，不利于 NGO 的参与；其次是购买过程缺少规范程序，政府较少使用公开招标的方式，由于透明度不高，NGO 很难通过公开竞标进行购买，这就使购买的竞争度不够，真正适合的组织很难参与其中。此外，对政府购买公共服务的监管不完善，目前主要以政府部门内部监督为主，缺乏社会监督，致使一些政府将本职工作外包出去交给 NGO 去做，恶意减轻自身工作任务。

2. NGO 的服务提供能力不足

政府购买 NGO 公共服务是一个双向合作的互动过程，离开任何一方都很难实现。NGO 作为公共服务提供主体，自身的能力决定着提供服务的结果，关系着公共服务的数量、质量和社会影响。与其他地区相比，目前少数民族地区 NGO 的普遍状况是产生的时间不长，组织数量偏少，组织总体能力不强，这具体表现在组织的内部治理、资源获取、项目管理、人力资源缺乏等方面，使一些组织常常难以完成合同目标，很难承接相应的公共服务。一些组织在承担政府购买的公共服务时，总是想尽力把事情做大做好，经常受实践环境的影响，从原来的目标或一系列活动转向另一个与此不同的目标或活动，这种愿望虽好，但没有考虑自身的能力和肩负的任务，使应该做好的服务受到了影响。NGO 在提供公共服务时，需要选择适合自身专业的领域开展工作，由于它们大多数刚开始在文化传承、卫生防治、个人咨询、社会工作、肢残和精神残疾儿童康复等方面开展工作，这要求组织有专业技术经验和敬业精神，但它们大多数缺乏经验，相应的专业技术人才也不多。在资源获取方面，尽管很多 NGO 都反映资金短缺，制约着它们工作的开展，实际情况往往是它们对争取资源的经验甚少，常常不知如何下手。

3. 政府部门之间的协调不完善

政府购买 NGO 公共服务需要相关部门在职责环节上配合进行，如民政部门的组织资格审查、业务主管部门的专业技术指导等。但目前在民族地区的制度设计不完善，存在服务目标及资金使用存在交叉，如“牧民定居行动计划”就有地方民宗委、发改委、财政、农业、建设、民政等部门的参与，其中民宗委负责实施方案的提供，发改委主管立项、财政配套资金，建设部门做建筑技术指导控制，民政部门管参与 NGO 的资质审查，等等。这种多头管理的局面制约着公共服务的提供效率，也制约着组织参与的实效。此外，尽管NGO已成为社会建设的重要力量，基本趋势是不可能再取缔和压制，民政部门希望政府给予支持，通过一些制度安排来解决组织长远发展的资金困难，但在现实中，其他部门的态度就比较暧昧，它们从各自的职能提出了看法，使得有关组织发展的相关政策就很难出台和执行。如一些地方认为民办非企业单位就是企业，应该按照企业的相关要求来管理，需要缴费纳税；还有一些地方对政府提供的公共服务购买经费使用，规定不得列支人员费。会导致NGO的服务提供者无基本的生活报酬来源。显然，这对于扩大政府购买公共服务的范围都是一个制约。

（作者：陈旭清、赵会、向娟）

中国民族地区慈善公益事业发展现状与对策研究

中国是一个统一的多民族。新中国成立以后，国家实施民族区域自治制度，先后建立了5个自治区、30个自治州和120个自治县、旗。少数民族自治地方占国土面积的63.7%。这一基本国情，决定了国家的发展离不开少数民族地区的发展。但是，在国家高速发展的大背景下，西部民族地区与中国东中部地区的发展差距不仅没有缩小，反而进一步扩大。少数民族人口虽然只占全国总人口的8.49%，却拥有全国一半以上的贫困人口。山区少数民族处于整体贫困的状态并没有得到根本改变。

更为严重的是，西部少数民族地区还是教育和医疗卫生最落后、生态环境最脆弱、重特大自然灾害频发、文化传统遭受破坏最严重、社会失衡问题最突出的地区。导致青少年犯罪、毒品泛滥、艾滋病高流行、人口无序流动等社会问题层出不穷。因此，民族地区对社会建设和公共服务的需求是最紧迫的，对大力发展慈善公益事业的愿望也是最迫切的。正是基于这样背景和需求，大多数全国性慈善公益组织和在华的国际援助机构都在民族地区开展项目。民族地区已经成为中国慈善公益事业发展的主要目标区域，少数民族是发展援助的主要对象群体。但是，长期以来，学界对民族地区慈善公益事业的调查研究几乎是空白，对少数民族公益事业发展的特殊性和主体性认识严重不足。基于近年来在民族地区开展的田野调查和公益实践，以此为文，希望能够起到抛砖引玉的作用。

一、现状与趋势

（一）整体评价

改革开放以来，中国社会结构发生了重大的变化，迅速兴起的各类社会组织在社会建设、文化建设和生态文明建设中发挥的作用日渐凸显。而对于经济发展严重滞后、社会问题凸显、与内地又有显著文化差异的少数民族地区来讲，现代社会组织的兴起和健康发展，对改善当地的公共治理结构、倡导基本公共服务均等化、促进社会和谐和民族团结都发挥了越来越显著的作用。

从总体上看，民族地区慈善公益事业发展与全国是同步的。国内外慈善公益组织在民族地区十分活跃，慈善活动频繁，在扶贫、抗震救灾、生态保护、文化传承、助学支教、艾滋病防治、乡村医疗等各个领域开展的公益项目都比较多。对推动民族地区可持续发展起到了开创性和推动性的作用。

但是，民族地区慈善公益事业的发展主要不是内生性的自我发展，而是靠外部力量推动，靠外部输入的资源支撑的。表现在几个方面：一是在本地登记注册的社会组织与其他地区相比，数量还是太少。全国有3000多家基金会，民族地区只有200多家。而且绝大多数本土民间组织的能力都比较弱；二是民族地区社会大众的慈善公益意识也相对比较弱，在本地募集的善款数量非常有限，大部分善款是从全国其他地方和国外募集来的；三是资金的使用和项目的选择是由援助方决定的，缺乏自主性和决策权。

可喜的是，在与国际发展援助机构的长期合作中，民族地区还是培育出了一些理念新、管理规范、执行力强的社会组织，在国内也堪称一流。我们从李连杰壹基金历届组织评选的典范工程中，都可以看到民族地区民间组织的身影。更重要的是，在民族地区还有一些传统社会力量始终在发挥慈善公益的作用，特别是宗教团体和家族组织。长期以来，在政府提供的公共产品相对缺失的情况下，是这些传统社会力量在为当地最脆弱的群体提供最低生活保障并维系道德底线。所以，传统社会组织在慈善公益方面发挥的作用，民族地区表现的更突出。

（二）主要特征

1. 公益主体多元化的特征显著。全国性慈善公益组织、在华国际援助机构、各地的志愿者团体、国内外企业、媒体、本土传统和现代社会组织都在民族地区各显身手，交替发挥作用。但是，从严格意义上讲，外部介入的力量只是发展干预主体，不是发展主体。外部投入民族地区的慈善资源再多，如果没有带动当地公民社会的发展，只会造成依赖性越来越大，自我发展能力越来越弱的后果。

2. 国内的现代社会组织逐渐取代国际援助机构，成为推动民族地区慈善公益事业发展的主要力量。近年来，随着中国综合国力的不断增强，国外对中国的发展援助逐渐减少。但此消彼长，汶川地震以后，国民迸发出越来越强烈的慈善公益热情，大量慈善资源汇聚到欠发达而且多灾多难的民族地区。全国各地来民族地区开展慈善活动和实施公益项目的社会组织越来越多。但是，由于缺乏文化敏感性和社会适应性，这些外来的慈善公益组织自己独立在民族地区开展的工作或者与当地政府合作实施的项目，往往成本很高，效果却并不理想。而且，他们基本上都是抱着纯粹的扶贫济困的目的而来，很难承担推动民族地区公民社会建设的责任。

3. 少数民族社会组织优势显著，潜力巨大。由于存在文化和信仰的巨大差异，跨民族的公益实践必然存在许多难以逾越的障碍。必须依靠当地少数民族干部知识分子和少数民族社会组织开展工作，才能够克服这些障碍。通过对一些比较成功的少数民族社会组织进行的调查分析，我们发现其优势表现在以下几个方面：

第一，组织内部的骨干分子都具有高度的文化自觉意识和使命感。他们热爱自己的民族文化，坚守自己的信仰，善于挖掘本土知识，勇于维护民族权利，能够独立思考自己民族面临的各种发展和保护议题，能够反抗主流社会的话语霸权并对由外力推动的发展干预提出质疑，能够基于自身的文化和信仰表达当地人的诉求以选择发展项目。

第二，都在本民族的知识精英和乡村民众中找到了强有力的支持和配合，能够深入乡村社区长期开展工作。他们相信通过恢复民间社会的内在活力能够有效解决本民族发展中面临的问题。

第三，具备吸收外来知识和信息的能力，时代感强，能够主动把自己民族面临的困境与全球关注的热点问题连接在一起，吸引社会关注，以争取外部资源，形成自我发展力量。

第四，能够整合政府、外来援助者、媒体及民族内部的各种力量，善于沟通和协调各种利益相关者的关系，并依靠乡村民众自己来解决问题。

4. 由于存在一些政策限制和认识误区，民族地区的社会组织整体上发展比较缓慢。限制和误区表现在当地各级领导干部思想观念严重滞后，对社会建设的重要性和社会组织的作用认识不足，对民间组织缺乏信任，没有出台鼓励和支持的政策措施，导致本土社会组织发育不良，步履维艰。

5. 宗教团体、家族组织等传统社会力量，覆盖面广、影响力大，群众可接受程度高。在政策允许的范围内，他们充分利用自己能够动员和使用的社会资源，开展了许多扶贫济困、保护环境和传承文化的社会公益活动。但是，由于现代慈善越来越专业化，这些传统社会组织在构建公共服务体系和推动公民社会建设等社会创新领域难有作为。

二、问题和挑战

1. 民族地区慈善公益事业发展的前景，取决于各级民族自治地方政府能否把社会建设放在重要位置？能不能彻底贯彻落实科学发展观？如果民族地区还是坚持走以牺牲环境、文化和社会公平为代价的经济发展模式，继续单纯追求经济增长，不把工作重点放在民生改善上，不是依靠社工而是依靠警察维稳，那么民族地区的社会冲突和民族矛盾将进一步激化，慈善公益事业的发展也就无从谈起。

2. 尽管全国各地投入民族地区的慈善资源越来越多，但与民族地区巨大的慈善需求相比，全社会投入的资源仍然非常有限，不能满足当地的社会需求。如何更有效地募集社会资源投入民族地区的公益事业仍然是一个关键的环节。要获得慈善资源，一靠地方政府出台政策鼓励和支持国内外慈善公益机构和社会企业来民族地区开展工作；二靠本地社会组织向社会募集善款和申请公益项目；三靠媒体宣传动员，让公众了解民族地区的困难和需求。

实践证明，一个能够正常运作的社会组织每年募集的资金少则几十万，多则数百万，甚至上千万。如果每个地市州都有数百家这样的社会组织，有多少社会问题不能解决？至于媒体宣传报道，不是媒体不愿意做，而是地方政府害怕媒体报道。因为，他们习惯了报喜不报忧，担心问题被揭示出来，会影响自己的政绩。不敢坦然面对存在的问题和不足。明知是自欺欺人也不惜饮鸩止渴。造成国人对少数民族乡民真实的生活状态缺乏了解。

3. 与国内慈善公益机构在民族地区越来越活跃的局面相反，本土社会组织发展的环境越来越恶劣。一是制约社会组织发展的政策没有松动；二是那些过去依靠国际组织支持发展起来的社会组织，随着国际援助的逐渐枯竭，陷入发展困境；三是在民族地区开展工作的那些全国性的慈善公益组织特别是公募基金会喜欢与地方政府合作，依靠自上而下的行政系统开展项目，不愿意与当地社会组织合作。

三、政策与策略

中共十八大报告中明确提出："加快形成政社分开、权责明确、依法自治的现代社会组织体制。"李克强同志在近日的讲话中强调指出："经济领域要更多发挥市场配置资源的基础性作用，社会领域要更好地利用社会的力量，包括社会组织的力量，把应该由市场和社会发挥作用的交给市场和社会。这也是改革的方向。”报告和讲话透露出来的信息非常清楚，那就是我们即将迎来公益事业全面发展的新局面。自治地方政府和社会组织都必须提高认识、调整政策和策略以适应深化社会体制改革的新形势。

（一）提高认识

首先，要站在维护国家统一和民族团结的高度，重新认识发展边疆民族地区慈善公益事业的重要性。众所周知，当前影响民族关系的主要因素是发展不平衡，社会各阶层没有共享发展成果，中华各民族没有实现共同繁荣进步。而慈善公益事业从本质上讲，对于化解社会矛盾、缩小贫富差距、实现公共服务均等化、维护社会公平正义都是一股巨大的正能量。慈善公益事业越发展，社会就越和谐，民族就越团结，对国家的认同感就越强。所以，我们可以预期，党和国家继续推动社会管理创新，大力支持慈善公益事业发展的方针政策必将在民族地区得到全面贯彻落实。

其次，社会建设的主体是社会组织，推动慈善公益事业发展必须依靠社会组织。没有社会组织的健康稳定发展，就不可能有慈善公益事业的全面发展。因此，支持现代社会组织发展壮大，建立覆盖城乡的社会工作网络，鼓励合法的宗教团体弘扬慈善文化，引导各种传统社会组织更有效地提供社会保障，都是促进民族地区可持续发展不可或缺的政策选择和制度安排。

再次，慈善公益的核心目标不是扶贫济困，而是推动公民社会建设，培育新的发展主体，构建社会资本，形成自我发展能力。因此，介入民族地区发展的慈善公益组织特别是基金会，需要反思独立在民族地区开展工作或依赖地方政府部门实施项目的传统做法，应该把工作方向转到扶持本地社会组织的发展上来，推动他们深入到本地区和本民族当中去广泛开展工作，尊重他们的自主性，发挥他们的主体性。最终形成一个长期合作、分工明确、优势互补的公益产业链。

此外，相当多的少数民族群众都是虔诚的宗教信徒，宗教所倡导的“善”的理念深入人心。但是，自20世纪50年代以来，历次政治运动都把宗教当成打击对象，宗教慈善活动被取缔。改革开放以后，少数民族的宗教信仰得到尊重，宗教慈善活动复兴，但宗教团体为信众提供的多样化的高质量的公共服务没有完全恢复。如果政府鼓励宗教团体充分发挥社会功能并购买服务，相信会提供一些丰富便捷的公共服务。

（二）调整政策

1. 目前，影响社会组织发展的最大障碍是政府对社会组织实施的双重管理制度。由于各级政府部门普遍不愿意担任社会组织的业务主管单位，导致大批民间组织没有办法登记注册。所以，尽快改革双重管理制度，允许社会组织在民政部门直接登记注册。在放宽限制的同时，也需要加强对社会组织的监督管理和评估审计。

2. 缺乏稳定的资金来源是社会组织不能长期坚持开展工作的主要原因。由政府拨款购买社会组织提供的公共服务是国际通行的做法。近年来，深圳、上海、北京等地都在进行试点，效果非常好，应该尽快在全国推行。去年，中央财政拿出 2 亿元专项资金，支持社会组织申请的项目。希望国家今后加大对这一专项资金的投入并采取向边疆民族地区社会组织倾斜的政策。

3. 采取更优惠、更便捷的税收减免政策，鼓励企业向民族地区的社会组织直接捐款。同时，出台政策鼓励对口支援西部发展的东部省市和中央部门，拿出一定资金支持西部社会组织实施社会公益项目。

4. 大力推行专业化的社工服务。鼓励社工专业毕业的大学生到民族地区就业，以解决民族地区社会组织人才匮乏的问题。

5. 对在社会组织工作的专业技术人员报考公务员，给予和大学生村官和西部计划志愿者同等的待遇。允许社会组织的高级管理人员参与竞聘政府部门科级以上岗位。

6. 由政府为在社会组织工作的各类专业技术人员提供事业编制并购买社会保险，帮助社会组织稳定队伍，减轻机构的负担。

（三）转换策略

民族地区慈善公益事业发展离不开全国其他地区特别是大城市提供的资金、技术、信息、管理和人才支持。但是，这种支持不能是被动的，应该是主动积极而且是自觉选择的。目前，在民族地区，无论是地方政府还是社会组织都还没有适应西部贫困地区已经成为全国慈善公益发展的主要目标区域这一利好趋势。

从自治地方政府层面来讲，始终认为慈善公益是小打小闹，资金少，项目小，办不成什么大事。而且公益项目管理严格，资金使用起来很麻烦，自己得不到什么好处，还要增加工作压力，甚至冒一些风险。所以，许多部门都采取“多一事不如少一事”的态度，消极应对全国人民的慈善热情。没有把推动慈善事业发展纳入地方发展规划和政府工作目标。外来公益组织往往不清楚其中的缘由，不明白为什么自己拿着钱跑来支持民族地区发展却处处碰壁，事事不顺。“热脸贴冷屁股”的现象屡见不鲜。

事实上，现在投入民族地区的慈善资源，规模越来越可观。以凉山彝族自治州为例，过去每年国内外公益组织对凉山的援助大约在4000—5000万。2012年，由于媒体对凉山的大量报道，特别是民政部倡导“善行凉山”全国公益联合行动，已经为凉山募集到不下两个亿的资金和物资捐赠。最令人鼓舞的是，一些有眼光的民族自治地方政府，已经看到了慈善公益能够为地方发展带来巨大推动力，不仅能够获得越来越多的资金支持，还能够获得急需的技术、信息和人才。最典型的例子是宁夏回族自治区，从2010年开始实施“黄河善谷”战略即在黄河两岸形成慈善盆地，特别是在中部干旱带和南部山区建设慈善园区，实施优惠政策，吸引慈善企业，让慈善企业为残疾人和特困群众提供就业机会，帮助他们脱贫致富。树立“造血式”、可持续慈善理念，以慈善事业助推经济发展。通过招善引资，为地方发展注入新的活力。短短两年时间，宁夏6个慈善园区已引进落地企业45家，投入项目资金182亿元。已经签约招善项目143个，签约资金达到254.5亿元。仅2011年，全区培育发展各类基金会10家、慈善会14家，募集善款4.5亿元。

从本土社会组织的层面来讲，依赖国际援助项目生存的时代已经结束，必须把筹款的方向锁定在国内，争取国内基金会、企业和个人捐赠。还要搞好与政府的关系，争取政府购买服务。此外，还要注重挖掘本地的社会资源，提高当地人的慈善公益意识，举办各类慈善募捐活动。但是，要实现资金来源多元化的目标，工夫要下在练好内功上，着力提升机构自身的规范管理和专业服务水平，树立社会公信力。

另外，联合劝募可能也是可以选择的一个策略，就是把民族地区的社会组织联合起来，在北京、上海、广州等地建立联合劝募机构，搭建中国最发达地区与最不发达地区资源对接的平台，有计划有目标的为民族地区筹款和争取项目。

树欲静而风不止，山雨欲来风满楼。十八大以后，中国深化社会体制改革的趋势已经不可阻挡。只有通过社会管理创新，民间社会的活力才能得以恢复，公民社会的力量才能不断壮大。也只有在这个过程中，民族地区面临的诸多问题才能逐步得到解决。

（作者：侯远高）

走可持续发展的公益性小额信贷之路

——宁夏惠民小额信贷有限公司

宁夏惠民小额信贷有限公司成立于2008年12月16日，是中国公益性小额信贷机构中唯一获得公司注册、公益资本控股的信贷机构。机构最早可以追溯到1996年，先后经历了政府主导的办公室、社团性质的协会、民办非企业性质的中心和目前的股份制企业四个阶段。多年来，组织始终秉承“厚德亲民、兼爱互利”价值理念，以“小额信贷”为载体，面向三农，关注贫困、妇女能力建设和农村发展。

一、组织基本情况

（一）组织产生社会背景

我国地域广阔、人口众多，1978年开始的改革开放促进了我国整体经济实力增强，居民整体生活水平得以改善；但受自然和政策因素等影响，地区之间、城乡之间经济发展水平仍不平衡，广大中西部地区，尤其是中西部农村地区，人民生活水平远低于东部、甚至全国平均水平，贫困问题突出。而消除贫困、实现共同富裕是建设有中国特色社会主义理论的重要内容之一，也是社会主义的本质和共同目标。同时，中西部贫困落后地区聚集了我国绝大部分少数民族群众，扶贫对于维护民族团结和社会安定、构建和谐社会意义重大。

由于贫困问题的客观存在，扶贫也成为社会各界普遍关注的问题。新中国成立以后就一直在关注、探索、实践扶贫，确立了革命老根据地、少数民族地区和边缘地区等重点扶贫区域和扶贫对象，有针对性的实施了家庭自营式、创办经济实体、经济联合式、开发投资式、安置就业式等多种扶贫方式，已取得了一定的效果。同时，作为政府扶贫的有益补充的国内外各种类型非政府组织，也用实际行动积极参加到扶贫事业当中。

宁夏回族自治区是回族的主要聚居地，回族人口占到总人口34.77%①，也是革命老区之一。自治区属于我国的干旱缺水地带，年均降水量不到400毫米，常年气候干旱，植被覆盖稀少，风沙肆虐。当地自然条件恶劣、经济文化落后，信息闭塞，农村居民普遍处于贫困状态，收入远低于全国平均水平。

盐池县位于宁夏回族自治区东部，是我国沙漠化最严重的国家级贫困县之一，县内的花马池镇沙边子村的沙漠化土地更是高达到85%以上，群众根本无法正常生产生活。“沙子满地跑，沙丘比房高，一年一场风，从春刮到冬。”曾是往日生存环境的真实写照。贫困和日益严重的沙漠化问题引起了社会各方面的重视，针对这种情况，各级政府、一些科研院所、国内外非政府组织等陆续开展了他们的援助行动。

1985年，盐池县政府联合中国科学院兰州沙漠研究所在沙边子建立沙漠化土地综合整治研究基地（沙边子基地）②，20多名科技人员进驻沙海，通过生物工程措施对沙区进行综合整治，最后有效地扼制住了沙漠流动。1990年年初，公司现任董事长龙治普③开始担任该基地主任，期间，为了建好基地，龙治普发动组织广大群众进行大规模的植树造林等治理沙化活动，积极开展与国内外组织的合作，争取各类研究和发展型项目资金，并取得了良好的效果。许多国内外专家学者、组织机构都慕名而来学习考察。

1996年，盐池县沙边子基地开始了和中国农业大学发展学院的合作。在中国农大发展学院的支持下，成立了盐池县沙地资源开发协会并得到了德国米索尔和爱德基金会等组织的资助，由爱德基金会提供13万元启动资金，开始实施一系列针对农村的综合发展项目，其中一个项目为“促进妇女参与的扶贫与环境改造项目”。当年，专家们在盐池县考察治沙、走访农户时，同行的中国农业大学专家李小云给龙治普启示，可以引进参与式理念，让农民参与到发展中来，给他们以主人的地位，建议龙治普学习孟

① 数据来源于《宁夏回族自治区2010年第六次全国人口普查主要数据公报》。

② 沙边子基地是宁夏回族自治区南部山区8大科研扶贫示范基地之一，2000年被评为全国科技工作先进单位。

③ 龙治普，宁夏回族自治区盐池县人，农业推广研究员，高级畜牧师，享受自治区政府特殊津贴；盐池小额信贷模式的创建人，现任宁夏惠民小额信贷有限公司董事长、宁夏扶贫与环境改造中心秘书长。

加拉乡村银行（GB）模式①。最后，经过项目各方协商，确定由爱德基金会提供援助资金4万元，借助于“促进妇女参与的扶贫与环境改造项目”，开始试点、实施小额信贷项目。

（二）组织基本情况

宁夏惠民小额信贷有限公司成立于2008年12月16日，由盐池县妇女发展协会（含盐池县国有资产经营公司）、盐池县爱德项目领导小组、宁夏扶贫与环境改造中心、高居燕、石学军、宜世斌、刘大勇共同出资组建的股份制企业，是当时中国公益性小额信贷机构中唯一获得公司注册、公益资本控股的信贷机构（表1），注册资本3000万元人民币，法定代表人为龙治普。截至2010年年底，公司共有员工34人，其中管理人员10人，推广员（农村信贷员）24人。

表1 股东出资方式及出资额

股东名称	出资方式	出资额	股权比例
盐池县妇女发展协会（含盐池县国有资产经营公司）	现金	1790万元	59.67%
盐池县爱德项目领导小组办公室	现金	188万元	6.27%
宁夏扶贫与环境改造中心	现金	400万元	13.33%
高居燕（宁夏众工电器有限公司）	现金	200万元	6.67%
石学军（宁夏绿海苜蓿草业有限公司）	现金	222万元	7.40%
刘大勇	现金	100万元	3.33%
宜世斌	现金	100万元	3.33%
合计		3000万元	100%

1. 组织发展历程

公司最早可追溯到1996年，当时小额信贷项目刚开始在盐池实施。从1996年至今，组织大致经历了以下四个阶段：

（1）政府主导的项目办公室（1996年至1999年）。1996年，盐池县

① 孟加拉乡村银行（格莱珉银行/GB模式）是印度尤努斯教授于1976年创立的，他相信穷人是讲信用的。主要特点是：将贷款发放给贫困妇女，觉得女人比男人更有责任心、更勤俭，所以贷款者97%以上是农村贫困妇女，周期一般为一年；贷款无须担保或者抵押，建立小组基金制度，设立强制储蓄，实行每周中心会议制度；为妇女解决发展中的问题。

沙边子治沙基地开始了和中国农业大学发展学院、德国爱德基金会的合作，开始实施一系列针对农村的综合发展项目，小额信贷作为农村综合发展项目的一个子项目。为了便于项目顺利开展，县政府于1997年成立了外援项目办公室。利用4万元项目初始资金，小额信贷开始在盐池县苏步井乡的高利乌素行政村的路记梁村、井沟村，柳杨堡乡的沙边子村等少数几个自然村实施，由此拉开了盐池小额信贷的序幕。

（2）盐池县妇女发展协会（2000年至2006年7月）。由于前期小额信贷对贷款户帮助比较大、效果明显，爱德基金会等组织加大了对小额信贷的资金支持。1999年12月，爱德基金会资助的“盐池县治沙与社区综合发展”项目落户盐池，项目团队辗转新疆、河北、四川等地学习取经，通过大范围的参与式调查，结合当地的信贷环境以及农户信贷需求，基于成本核算等几方面形成了盐池县小额信贷模式基本框架。为了便于项目管理，2000年在县民政局注册成立“盐池县妇女发展协会”作为小额信贷项目操作主体。

（3）盐池县小额信贷服务中心（2006年8月至2008年12月）。为了使机构的资产权属更加明晰并吸引外部投资，2006年8月，协会于盐池县民政局注册成立了盐池县小额信贷服务中心，以此。作为小额信贷项目的操作主体。2007年通过宁夏回族自治区金融办的协调，中心通过政府平台从国家开发银行宁夏分行得到1000万元贷款支持，机构进入了快速发展阶段。

（4）宁夏惠民小额信贷有限公司（2008年12月至2011年）。为了进一步扩大贷款规模，吸引投资，完善组织管理，增强合法经营的身份，2008年12月由爱德基金会、宁夏扶贫与环境改造中心（嘉道理基金会提供资助）、盐池县妇女发展协会三家NGO发起，吸收宁夏绿海公司、宁夏众工电器公司两家企业和个人参股，组建了宁夏惠民小额信贷有限公司，成为全国公益性小额信贷机构中第一家获得公司注册的、由公益资本控股的小额信贷机构。2009年3月注册成立了同心县惠民小额信贷服务中心，将业务由盐池县扩展至同心县。机构转制成股份制企业后，得到了开发银行的进一步支持，同时得到了宁夏农业综合投资公司、北京宜信公司和友成基金会等方面的支持。

2. 组织宗旨与愿景

公司秉承“厚德亲民、兼爱互利”价值理念，坚持“面向三农、关注贫困、微贷惠民”使命，围绕“关注以妇女为主的贫困群体，提供小额信贷和强有力的服务，促进贫困地区的发展”宗旨，服务于农村贫困妇女和家庭。公司希望通过自身的积极努力，积极争取社会各界支持，建成中国一流乡村银行，惠及千千万万低收入家庭，为农村金融创新乃至宁夏的发展做出贡献。

3. 资金来源

公司用于小额信贷以及其他相关服务的资金主要来源于以下几个部分：

（1）股东金，即公司成立时股东共同出资的3000万元人民币。

（2）公司争取的其他外部机构的资金支持，包括企业、国内外基金会、银行贷款、政府利息补贴、政府资金支持等。公司目前的资金支持伙伴包括国家开发银行、宁夏农业投资有限公司、嘉道理基金会、爱德基金会、友成企业家扶贫基金会、宜信集团等。

（3）公司利息收入转入职工股本金。

4. 组织结构概况

股东大会是公司的最高权力机构，由它选举产生董事会和监事会。董事会由7名成员组成，设董事长1名；监事会由3人组成。董事会和监事会都对股东会负责。

公司实行董事会领导下的总经理负责制，总经理由董事会聘任，各个中心主任由总经理提名，并经董事会研究决定。总经理负责公司的日常经营管理工作。下设盐池县小额信贷服务中心和同心县小额信贷服务中心两个营业部，分别负责各自县范围内小额信贷业务和相关活动的开展。每个中心设有一名中心主任，多名协调员、推广员以及会计和出纳。如图1所示。

二、组织开展的主要活动

组织开展的活动主要围绕给农户提供贷款以及贷款后的跟踪服务，围绕提高妇女发展能力展开。

（一）小额贷款

小额贷款是惠民公司最核心工作。1996年至今，组织围绕“贷给客户一笔资金，帮助客户用好资金”基本理念，基本上形成了一套比较完善的信贷工作方法。

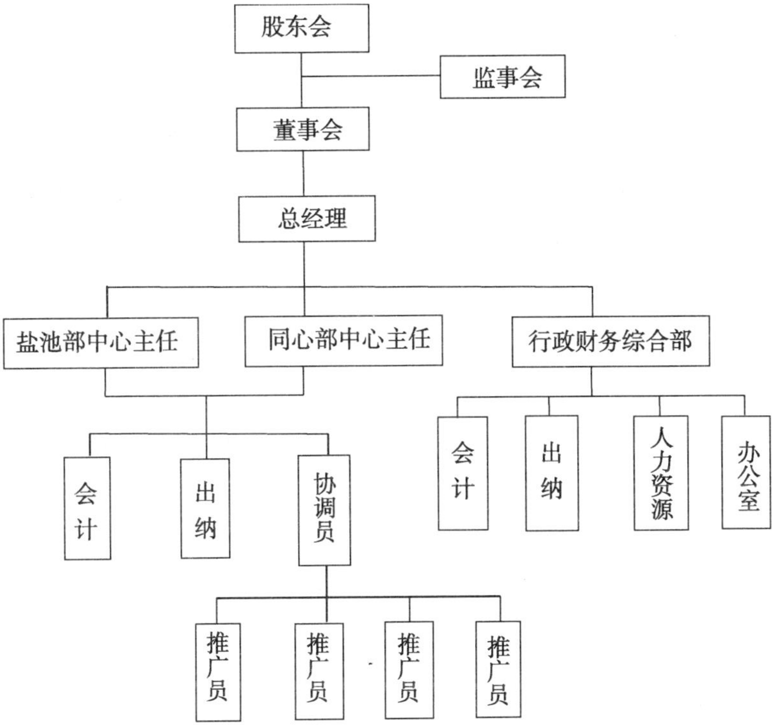

图1　宁夏惠民小额信贷有限公司组织结构图

1. 贷款产品介绍

小额信贷的贷款对象为60岁以下的农村已婚妇女。目前，机构针对自身资金情况和当地客户的需求，开发有三种贷款产品：基础性贷款、发展性贷款和微小企业贷款。

（1）基础性贷款：第一轮最高限额3000元，以后每轮增加1000元，逐轮滚动至5000元，贷款年利率为10.2%，按季清息，贷款期限为一年（新村第一轮为半年），农户以小组联保方式得到贷款；

（2）发展性贷款：面向有两轮基础贷款经历的、具有良好信用的客户，最高限额为20000元，贷款年利率为15.3%，按季清息，贷款期限为一年，农户以担保方式得到贷款；

（3）微小企业贷款：贷款对象为有较大经营规模的优秀组员，最高限额为20000元，贷款年利率为18%，按季清息，贷款期限为一年，农户以担保方式得到贷款。

基础性贷款由推广员携款到村，将贷款交由村组大组长发放给组员，其他贷款通过银行存折（卡）发放。客户取得贷款后，必须按贷款数额千分之三一次性交纳风险金；客户从得到贷款的次月开始，必须参加每月一次的“例会”①。贷款到期时，由推广员一次性收回本金。同时，公司规定基础性贷款的客户取得贷款后必须每月存入贷款数额的1%到自己的账户。公司为每一位客户自制了存折凭据，每月例会时，客户只需把存款上交给推广员即可，然后推广员负责到指定的银行给每一位客户开户存钱。客户的存款和利息都达到一定的数额和期限后，可以随时支取。

2. 贷款流程

在贷款过程中，机构形成了一套自贷款客户、信贷村小组、村大组、推广员、协调员至中心主任各部分各司其职、职责分明而又环环相扣的贷款流程。如下图所示：

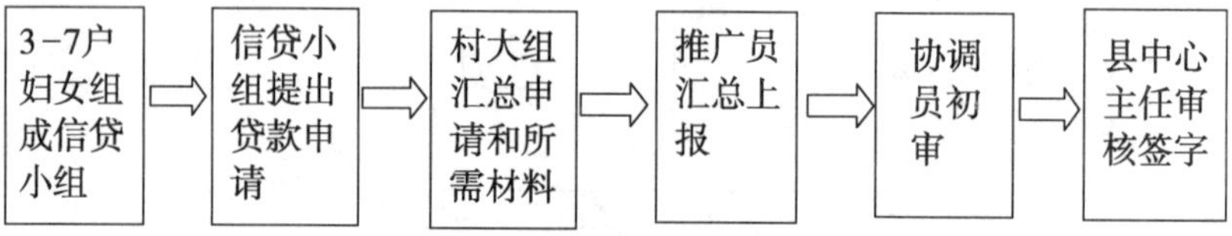

图2　小额信贷贷款流程图

首先，公司推广员深入有贷款需求的自然村，以农村妇女为对象，召集妇女座谈会，结合家访进行宣传摸底，经有参加贷款意愿的妇女民主选举，产生一个信贷村的大组长。然后，农户自愿组成3—7人联保小组（村小组），由若干个联保小组以自然村为单位组成信贷村组（村大组）。推广员在村组大组长的协助下，对小组的合规性进行审核。最后，农户通过联保小组、信贷村组向小额信贷中心提出贷款申请，申请经推广员调查，协调员初审，最终由各个县小额信贷服务中心主任审核批准。

3. 贷款情况

自1996年至今，组织得到了社会各界的支持，资金不断充实，贷款规模不断扩大，特别是2007年开始不断得到国家开发银行的贷款后，资金规模迅速壮大，组织也进入了一个快速发展的时期（见表2）。截至2010年12月底，公司贷款范围共覆盖盐池、同心2县，总资产达到6977.5万元，贷款余额达6657.6万元，参贷客户6565户，户均贷款10140元，累计贷

① 惠民公司规定：信贷村组每月必须召开一次例会，进行收放贷款、培训和文化娱乐等活动。例会制度是借鉴格莱珉银行的“中心会议制度”制定的。

款2.5亿元，累计贷款客户4.27万人次；涉及14个乡镇、75个行政村，326个自然村，成立信贷大组306个，建立农民活动室267个，在7个村设立了社区发展基金。近五年的平均贷款回收率达99.99%。公司计划至2012年年底贷款规模达到1.5亿，贷款范围覆盖宁夏南部山区各县。

表2　2006—2010年小额信贷情况

年份	贷款自然村（个）	有效贷款客户（户）	贷款余额（万元）	公司总资产（万元）
2007年	156	2906	831	948．2
2008年	194	4244	1500	1534
2009年	234	4771	3850	4140
2010年	326	6565	7057	7377

（二）妇女能力建设系列项目

正如诺贝尔经济学奖获得者阿玛蒂亚·森所说的：贫困不是单纯由于收入低下造成的，很大程度上是因为基本能力缺失造成的。贫困的实质不仅是经济收入低下，也是一种发展能力的欠缺，二者互为因果，恶性循环（图3）。因此，扶贫不仅仅是经济上的，更是能力建设上的。

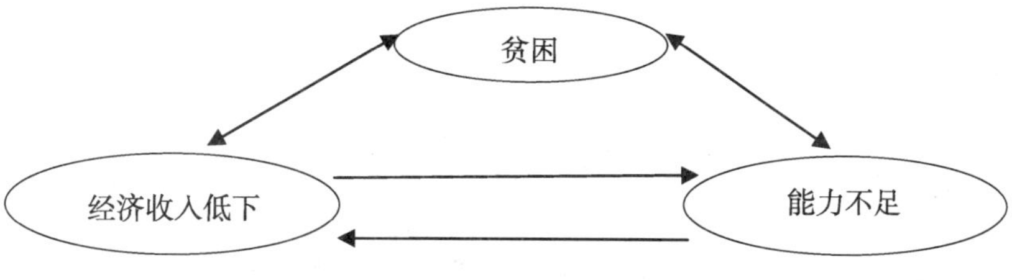

图3　贫困和能力关系图

公司的经营理念是：贷给客户一笔资金固然重要，而提升贷款者的能力以及生活质量更重要；营利固然有价值，但担负崇高的社会责任更有价值，社会责任更能体现公司存在的价值。针对项目区农民教育程度低，思想封闭，自我发展能力不足现状，组织在为客户提供小额度的贷款资金支持同时，也积极开展各种活动、培训和服务来丰富妇女的精神生活，提升她们的生活质量，提高她们的生存技能和自我发展能力。组织规定每年在其总支出中拿出15%以上资金，专门开展贷款妇女的能力建设系列项目，保持一定的营利水平的基础上从事更多的社会公益事业，践行社会责任。

组织举办的妇女能力建设系列项目具体包括：

1. 技术培训

为了提高项目区妇女的生产技能，组织从2000年开始每年都有针对性的举办一系列的技术培训，具体包括专业和常规培训两种。一是主要对于专业性很强的新技术和大多数农民提出的在项目经营过程中遇到的问题，同时结合县职业中学的支农教育项目，主要利用冬季农闲时间，根据农民需求确定培训内容、方式和时间，聘用专业技术人员，发给农户培训手册，不定期地进行系统性的正规培训。这个一般是在小额信贷开展初中期，针对农户科学种植、养殖技术缺乏的现状进行，组织近年来组织的专业技术培训包括：暖棚养畜、獭兔养殖、有机化滩羊生产、“三位一体”暖棚养殖技术和沼气使用、规模化养鸡、大棚蔬菜、氨化、酶贮、粗饲料加工、畜种改良、饲料青贮、动物防疫培训等。二是主要是针对一些常规的技术、常识和个别农民的一些疑难问题，由推广员结合每月的村组例会和平时的入户跟踪服务进行指导。比如推广员参加某个村例会的时候，如果最近一段时间这个村发现动物畜牧病、蔬菜病之类的，例会的时候大家会说出来，然后推广员会迅速汇报给公司，公司自身也有几位林业工程师、高级畜牧师、农业推广员兼职。公司会立即采取相应的措施，根据问题的程度联合县科学局、畜牧局、疾控中心等解决问题。再者，比如当某一位农户家出现这种问题时，会打电话给推广员，推广员会视情况自己解决或者汇报给公司解决。

2. 大型“三八”活动（农民综合活动竞赛）

为了丰富妇女精神生活、提高她们参与和交际能力。一方面，机构结合三八国际妇女节，组织动员所有参贷妇女参加每年一次的大型“三八”系列活动，主要包括文艺表演、趣味接力、科技竞赛、健身操、民族传统歌舞等。活动从每年的一月份开始，在协调员、推广员统领下，首先是各个自然村排练节目，然后划分几大片区，以片区的形式进行选拔，最后把选拔上的节目集中在县城排练，并请县文化馆的老师对她们的节目进行指导，到三月八号那天，组织租特定的活动场所为她们提供表演竞赛的舞台。另一方面，由于平时农民没什么交流，妇女们都自己忙自己的，造成了她们的交际能力比较差。针对这种情况，机构以自然组为单位在每个村都建有“活动室”，每个活动室都配有一定的电视、音像、DVD机，桌子、凳子和组织为农户订阅的农民经济之类的杂志。规定必须由推广员牵头组织每月一次的村组活动，届时集中所有的参贷妇女在一起唠家常、学习科技文化知识、唱歌跳舞等。

3. 农民文艺骨干建设项目

为了丰富农户业余生活，也为了传承地方特色文化，机构特地开展了农民文艺骨干建设项目。首先动员农民报名，然后专门抽一个农闲时间分批次的把这些人接到县城，每一批大概十几个人，请文化馆的老师集中教给她们表演、小品、快板、当地传统特色戏剧等节目。这些人回到自己所在的村，充当二传手，教授更多的人，逐步传播开来。自 2000 年 11 月青山乡常山子村成立第一支秧歌队以来，公司目前已建成 10 支农民文艺文化宣传队，拥有 100 名农村文艺二传手（骨干）。

4. 扫盲

为了提高参贷妇女文化知识能力，机构有针对的组织她们进行扫盲学习，编印扫盲课本，教她们识字写字。中国传统社会是一个男尊女卑的社会，认为妇女“无才便是德”，受这种观念影响，项目区很多参贷妇女都没上过学，很多人连自己的名字都不会写。据统计，1996 年刚开始小额信贷项目试点时，参贷妇女贷款时因本人不识字需要别人代填经营计划的人数达到 68%。针对这种情况，组织从 2000 年开始，专门编印了识字课本并制定了扫盲方案（表 3）。首先以信贷村为单位确定扫盲人员名单（有兴趣、自愿报名参加扫盲培训的男女文盲），然后通过组员结对、母子结对、夫妻结对等方式安排扫盲活动。机构聘请本村文化程度较高的人任组长，每名组长长期负责本村所有学员的学习并在每月的活动例会日集中授课一次，每次不得少于两小时，课后布置作业，下次集中授课前，老师进行检查测验。学习直至学员脱盲为止，届时机构对扫盲验收合格人员颁发脱盲合格证。

表 3 组织 2000—2008 年扫盲情况（根据组织资料整理）

年份（年）	期限（年）	扫盲对象（人）
2000—2001	2 年	158
2001—2003	2 年	300
2004—2005	2 年	400
2006—2008	3 年	505

5. 健康检查

为了提高参贷妇女的身体素质和健康意识，公司从 2008 年开始，与乡镇卫生院积极协商，每年都会带着医疗卫生队，对参贷妇女进行体检和妇女病检查，为农户建立健康档案，这样就能把许多病消除在萌芽状态，也增强了农民的健康意识。

（三）盐池模式与格莱珉银行模式

世界诺贝尔和平奖获得者尤努斯教授是小额信贷扶贫的开创者，他创办了世界上第一家专门为穷人提供借贷服务的银行——格莱珉银行，此后小额贷款扶贫的模式在全孟加拉、东南亚以及世界各地得到了复制和扩展。盐池县的小额信贷也是在全面借鉴格莱珉银行模式的基础上逐步开展的，并针对实际情况做了具体调整，具体体现在：

第一，机构宗旨、理念大体相同。尤努斯教授看到孟加拉乔布拉村妇女们因为没有资金发展生产而不得不受高利贷剥削，生活极度贫困时，萌发了贷款给穷人的想法，是基于一种帮扶贫困的理念；盐池的小额信贷也是一种扶贫模式的创新。两者的终极目标都是为了帮扶社会最底层民众摆脱贫困，改善他们的生产生活。正如尤努斯教授所说的“贷款的权利应被视为一种人权，贷款能够在全球摆脱饥饿方面起到一种极具战略性的作用”①。

坚持机构的可持续发展，即坚持社会企业理念②。公益和商业之间并不互相排斥，商业手段有利于更好地实现公益目的。格莱珉银行和盐池小额信贷都经历了一个从依靠外援到组织机构实现自负盈亏的过程。格莱珉银行刚开始需要接受很多的捐助，后来他不断地完善企业的商业化运作机制，不但实现了企业的自给自足，而且使企业的规模日益扩大，同时对银行帮助的人也越来越多。盐池小额信贷最开始也主要依托项目资金、政府财政支持，2008 年转制成股份制企业，基本实现微利基础上的可持续发展。

第二，具体工作模式。由于国情不同，特别是基于盐池等地实际情况。机构在继承格莱珉银行理念的情况下，在小额信贷过程中进行了一定的变通。相同点主要体现为：首先，贷款对象主要是贫困农户中的妇女，认为一个家庭中妇女较男人更有节俭、顾家、不乱花钱、能按时还贷等优良品德；而且外出较少，便于从事家庭养殖、手工业生产；也便于开会和

---

① ［孟加拉］尤努斯著：《穷人的银行家》，吴士宏译，生活·读书·新知三联书店 2006 年版，第 90 页。

② 民政部的官方网站“中国社会组织网”对社会企业的定义为：社会企业不是纯粹的企业，亦不是一般的社会服务，社会企业透过商业手法运作，赚取利润用以贡献社会。它们所得盈余用于扶助弱势社群、促进小区发展及社会企业本身的投资。它们重视社会价值，多于追求最大的企业盈利。http：//www. chinanpo. gov. cn/web/showBulltetin. do？type = pre&id = 30687&dictionid = 1838。

参加小额信贷组织的各种活动。其次，实行小额短期贷款模式，贷款周期短（一般为一年），贷款额度都比较小。再次，利率比商业银行略高，使富裕者觉得不值得用，从而既保证了贫困者专用，又遏制了高利贷的猖獗活动。此外，都设计了中心会议（例会）制度，定期开会、放贷、还贷，所有业务在中心会议上公开透明。

第三，按时还款、连续贷款，即客户只要充分利用贷款，遵守组织有关规定和收贷纪律，按时还贷，就可以连续贷款，而且第二次以后的贷款额还可以增加。还有，早期建立强制储蓄制度，要求借贷者将每笔贷款中一定比例存入小组基金或者自己的储蓄账户里。不同点主要是：首先，格莱珉银行贷款模式中，小组贷款采取“2—2—1”模式，即同一个小组中五个人不能同时获得贷款，而是先贷两个人，若是这两个人还贷正常，几周后再贷两个人，小组长只能最后得到贷款；盐池采取的模式是小组所有成员同时获得贷款。其次，还款周期模式不一样：格莱珉银行采取的是整贷零还模式，客户取得贷款后一周开始每周分期还款；盐池采用的是整贷整还模式，客户按季清息，一年贷款期限到了之后再一次还回本金和剩余利息。再次，格莱珉银行不特别主张对贷款户的培训，尤努斯坚信“所有人都有一种与生俱来的能力，我称之为生存技能……所以，我们不去浪费时间教给新的技能，而是努力去最大限度地利用他们现有的技能”①，只有当客户主动寻求培训时银行才会提供一定的培训；而盐池模式的特色就在于在为客户提供贷款的同时也非常注重贷款后续的一系列培训和社会服务，注重不断提高妇女能力。

第四，两者对员工工作纪律规定不一样：格莱珉银行规定员工不准在自己家乡工作，不准接受借款人的礼物，不准在农民家里吃饭等；而盐池模式更注重把员工与客户置于“熟人社会”之中，以此来降低客户不还款的道德风险，信贷员来自贷款项目区，员工下乡时一般都吃住在农民家，只是规定了吃住标准和定期在小额信贷村组活动室公开透明的制度。

三、活动实施效果

小额信贷扶贫模式变传统的“授人以鱼”为“授人以渔”，注重培养农村妇女的发展意识、自立意识和兴家立业的信心勇气和能力。一方面，

---

① ［孟加拉］尤努斯著：《穷人的银行家》，吴士宏译，生活·读书·新知三联书店 2006 年版，第 88 页。

小额度的贷款为农村中低收入家庭发展生产提供资金支持，消除了贫困农村贷款盲区，直接提高了农户的经济收入；另一方面，与贷款配套的妇女能力建设项目更是使许多妇女走出家门，走向社会，提高了她们各个方面的能力，提升了生活质量。

同时，小额信贷项目积极引入市场机制，确保了信贷资金的良性运转，在扶贫、促进妇女发展的基础上，逐步实现了机构的可持续发展。

（一）消除了贫困农村贷款的盲点和盲区，实现了服务贫困人群的目的

依据我国传统贷款模式，客户贷款时要提供抵押。所以，农村几乎是得不到银行贷款的，他们收入低下，普遍处于一种贫困状态，不能提供去商业银行贷款所必备的抵押品；再者，现实中去银行贷款不仅手续烦琐，而且需要一定的人情关系，需要付出大量送礼请客的“影子成本”，商业银行员工很少主动去放款，而是等待别人来贷款。所以，长期以来，我国农村信贷市场几乎是处于一种空白状态，即使存在邮政储蓄、农村信用社之类的放贷机构，但都由于上述问题使得农户得不到生产发展的各种资金支持。

惠民公司是一家专门为农村市场提供无抵押贷款的机构，并且贷款对象不是户主而是家庭妇女，消除了贫困农村贷款的盲区，小额度的贷款对大批农村低收入家庭起到了“雪中送炭”的作用。

（二）实现了支持产业发展，增加农户收入的目的

贷款妇女利用贷款发展养殖业，种植经济作物、引进优良作物品种发展种植业，贩粮、贩油、经营小卖部发展多种经营，使80%以上妇女由家庭主妇逐步走向搞家庭多种经营创收，生产经营规模得到扩大，摆脱了贫困，实现了家庭增收。同时，公司积极配合政府的产业政策和惠农项目，并给设施农业以及甘草产业户提供信贷支持。据调查结果显示：户均每年每笔1000元贷款可纯盈利271.46元（毛收入728.54元），参加信贷三年以上的客户的家庭收入平均增加40%以上。① 因为小额信贷，这些参贷妇女们的家庭经济收入增加了，很多家庭都盖起了新房子，购置了新的家具，银行也都有了存款。

---

① 数据来源于惠民公司2010年对122个村组2126户小额信贷客户项目经营情况调查统计结果。

（三）参贷妇女得到全面发展

机构的推广员、贷款对象绝大部分都是农村妇女，通过与小额信贷配套的各种妇女能力建设系列项目，增强了农村妇女的自信，使她们的自我管理能力、科技文化素质、社会及家庭地位都有了很大的提高。近几年，项目区有多位农民在小额信贷帮扶下，由于某方面才能的突出而获得中国银行业协会（花旗银行）微型创业奖、沛丰协会的多种奖项（表4）。如今，小额信贷村组成为当地最活跃的农民组织之一，许多参贷妇女不但成了家庭的决策者，而且担负起了领导信贷村组、甚至是全村的重任；大众化、经常化的活动使参贷妇女走出了家门，走向社会。

表4　项目区农民所获奖项

年份	姓名	奖项	颁奖机构及名目	乡村
2007年	王淑莲	共同致富特别奖	中国银行业协会（花旗银行）微型创业奖	王记沟村
	李清红	入围奖		古峰庄
	杨秦莹	入围奖		南王圈村
	马荣莲	农村信贷员一等奖		大水坑镇
2008年	宋香兰	乡村农业一等奖		官滩村
	石学仙	乡村农业二等奖		柳树梁村
	官金凤	乡村农业二等奖		小阳沟村
	郭振莲	乡村信贷员二等奖		青山乡
2010年	王梅芳	节能与环保特别奖		黑土坑村
	白玉梅	乡村农业二等奖		土沟村
	李海霞	养殖业三等奖		东升村
	郭玉艳	乡村信贷员二等奖		王乐井乡
	王淑莲	全球社会影响特别奖	沛丰协会	王记沟村

各种农业技术培训项目使妇女们的科技素质得到提高，很多农户都懂得了科学养殖、科学种植技术。比如青山乡古峰庄小额信贷村组的大组长郭振莲，2000年贷款后选择了养鸡项目，开始时她拿着书喂鸡，抱着鸡看书，现在她不但掌握了养鸡技术，还经常到邻里家做技术指导，成了周边

村庄的养鸡技术员。古峰庄养鸡协会成立后，郭振莲被推举为该协会的会长，2001 年，她又尝试了饲养懒兔，2002 年她又搞起了“三位一体”养猪项目，现在她已经懂得了各种科学养殖的技术，自家也办起了养殖场。

通过各种文化娱乐活动、文艺骨干宣传队的宣传倡导，极大地丰富了农民的精神文化生活，增强了妇女的自信心，提升了她们的生活质量。以前，各村组选出的大组长、记录员在众人面前不敢讲话、写字时手发抖，但现在已经能够有条不紊地组织活动、开会，并能清楚详细地做好会议记录，记好每笔财务支出。在陌生人面前从不表态的组员现在也敢大胆发言、唱歌、发表自己的见解和说出自己的想法。

同时，扫盲学习提升了妇女的文化素质和学习能力。经过机构长期的扫盲项目，现在，很多以前不识字的妇女都能够在贷款时比较流畅地签下自己的名字，正如王记沟村贷款组员王淑莲感慨的那样：“我活了大半辈子，从来没进过学校门，斗大的字不认识一个，小额信贷项目不仅让我学会了写自己的名字，还学会了写全家人的名字。”

小额信贷及其一系列的配套跟踪服务可谓使项目区妇女们的面貌焕然一新，正如有位参贷妇女的丈夫总结的那样：“小额信贷解决了人的思想问题，使家庭有了生机和活力，提高了生活质量，使我们感到身心愉悦。”通过小额信贷、扫盲、技术培训、举办农民问题科技竞赛、为农民专业协会或其他农民组织提供一定的发展资金，支持其发展特色产业或用于组织建设等项目的实施，将松散的农民尤其是家庭妇女组织起来，增加了农民的科普知识，激发了广大农村妇女的致富信心，通过辐射、带动更大区域的农民自助组织更好地发展，为新农村建设奠定了人力基础。

四、经验分析

近年来，盐池县小额信贷由于特色鲜明、效果明显而被称为一种“盐池模式”备受关注，影响遍及海内外，每年接待的国内外组织、专家学者等的考察均在 20 批次以上，国家开发银行、区市及相关部门的领导多次到公司调研和视察，先后有中央及区市十多家媒体对公司进行了报道，“盐池模式”逐渐成为国内许多小额信贷机构学习借鉴的样板。

“盐池模式”的成功在于其将金融创新、组织制度创新和扶贫到户三者有机结合。无任何抵押、定位于农村市场、贷款给妇女以及对客户的一系列跟踪服务都是对传统金融服务体系的突破和挑战，也切切实实地给当地农户带来了利益和实惠。组织从最开始的民政注册到现在工商注册的股份制企业，已经从争取企业、基金会等公益组织的项目资金援助和政府财政拨付，从单纯的“花别人的钱，替别人办事”发展到自负盈亏的有限责任公司。从近几年机构的成本核算来看，机构已经实现了微利基础上的可持续发展，实现了从补贴性小额信贷到持续性小额信贷的转变（表5）。

表5　2007年至2010年机构收支情况

年份（年）	总收入（万元）	总支出（万元）	经营利润（万元）	自负盈亏率（%）
2007	54.56	55.73	-1.17	97.90
2008	133	129	4	103.10
2009	284.2	231.5	52.7	122.76
2010	511.57	393.31	118.26	130.07

盐池小额信贷之所以能够保证扶贫与微利基础上的可持续发展，主要原因在于这种“盐池模式”在工作理念、自身定位、制度设计、操作模式等方面都具有不同于国内其他小额信贷机构的鲜明特色和成功经验。具体体现在：

（一）工作理念（惠农、扶贫）

理念是一个机构组织文化的精髓，是行动的指引和向导；有什么样的价值理念就有什么样的工作方式。

20世纪70年代，印度的尤努斯教授创造性的发明了“小额信贷”这种扶贫模式并成功创办了专门为穷人、特别是农村妇女提供贷款的格莱珉银行：银行关注处于金字塔底层（BOP）① 的贫困农村妇女，其价值理念就是认为穷人是讲信用的并且具有自我发展的潜力，建立BOP人群的自尊意识和创业动力②；试图通过给农村妇女提供贷款来提高他们的经济收入

---

① BOP（the Bottom of the Pyramid），即金字塔底层。根据财富和收入能力，位于金字塔顶端的是富人，拥有大量获取高额收入的机会；而每日收入不足2美元的庞大贫困人口群体，生活在金字塔的底层。

② C. K. 普拉哈拉德（C. K. Prahalad）在他的著作《金字塔底层的财富》中主张：不要再把贫困群体看作受害者或社会负担，而要把他们视为有活力、有创造力的企业家和有价值的消费者，一个崭新的机会之门就将打开。

和自我发展能力，帮助她们的家庭摆脱贫困。盐池小额信贷继承了格莱珉银行的价值精髓，确立了惠民、扶贫的工作理念，不仅仅注重经济上的扶贫，更注重能力上的扶贫。

惠民：公司把贷款客户确定为农村低收入家庭的妇女，她们不需要像其他商业银行那样拿财产作为抵押就能得到贷款；同时，为了最大限度地方便客户，公司把贷款送到每一个客户手里，使客户可以不出村子就能拿到贷款；再者，妇女们得到贷款后，还能够无偿得到公司为她们提供的各项技术培训等。这都说明了公司最核心的价值理念，即最大限度地惠民、最大程度方便快捷、最大范围周到服务。

扶贫：正如公司龙治普董事长所说的："'盐池模式'特色，与国内其他小额信贷机构相比其最大优势就在于我们不仅仅是给客户提供贷款，还注重她们的发展，注重客户的技术培训。"就惠民公司开展的各项活动来看，他们不仅仅是给客户贷款，更多地围绕贷款开展一系列惠民的跟踪服务。因为他们的贷款对象是农村中收入家庭的妇女，她们相对来说文化程度低，各方面都处于一种相对弱势的地位，缺乏科学的种植养殖理念，对外界行情不清，社交圈子有限，文化娱乐生活缺乏等，因此在贷给她们钱之后，更需要有针对性的给她们提供一些必要的帮扶，帮助他们用好贷款，得到全面发展。盐池的小额信贷一直延续这种工作方法，事实证明也取得了很好的效果，这也正是他们的特色和优势所在。

（二）市场化运作模式（有偿使用）

市场化运作模式即利用市场法则，实现价值增值、效益增长的一种经营方式。

小额信贷不是给贫困户无偿救济款，而是有偿贷款、强制还款。其贷款利率介于商业银行贷款利率和高利贷①之间。组织宗旨虽在扶贫，其运作模式完全采取市场化、商业化模式，在考虑到客户可以承受的贷款利率的基础上，核算公司运营成本，在此基础上核定最终的贷款利率；贷款妇女享有自由使用、支配资金的权利，自担风险。

① 高利贷利率是人民银行同期贷款利率4倍以上。

设计相对较高的利率、客户自担经营风险在某种程度上推动贷款客户精心谋划，精打细算，督促他们用好信贷资金，也提高了她们的生产和经营能力。

（三）工作制度设计

工作制度即为了达成组织目标，根据组织理念设计形成的一种要求大家共同遵守的办事规程、规章制度以及工作准则。

公司完善的制度设计和工作模式使得员工不是单纯地坐在办公室审核客户资料、给客户发放贷款那么简单，而是一个月有三分之二的时间深入农村跟客户打交道。公司规定的每月例会制度、不定期的下乡抽查、收放款制度等一方面保证了公司员工和客户之间的沟通，另一方面也把所有的客户置能在一个可监管的范围之内，降低了信贷风险（图4）。

（1）在客户选择机制上，机构形成了一套惠及穷人的自动筛选机制。机构通过恰当的制度设计，实现了在客户选择机制上指向广大贫困人口的目标。贷款特定的对象（贫困妇女）、小的额度（3000元起步）、较高的利息（年利率10.2%以上）、短的周期（半年、一年），同时还需付出较大的时间成本（要求客户参加村组月度例会以及其他一系列活动），这种信贷是富裕户不愿意参加的，这样就保证了信贷能够透过优势人群自动到达真正需要贷款的农户，形成了一套指向贫困家庭的自动瞄准机制。

公司视宁夏南部山区的中、低收入家庭为低收入家庭。宁夏在全国属于欠发达地区，其平均收入低于全国平均水平，而南部山区的农户收入更低，和全国水平相比，即使是当地的富裕户，在全国的范围也属于一般农户。公司推广员每到一个村子开展小额信贷，除了需要对该村的基本情况、社情民意、农户之间的社会关系等方面进行调查外，还必须进行农户的贫富排序，其中20%相对好的家庭为富裕户，20%差的农户为贫困户，之间60%的农户为中等户。据2009年对3199户贷款农户的统计结果显示，中下等收入的农户占90.18%。

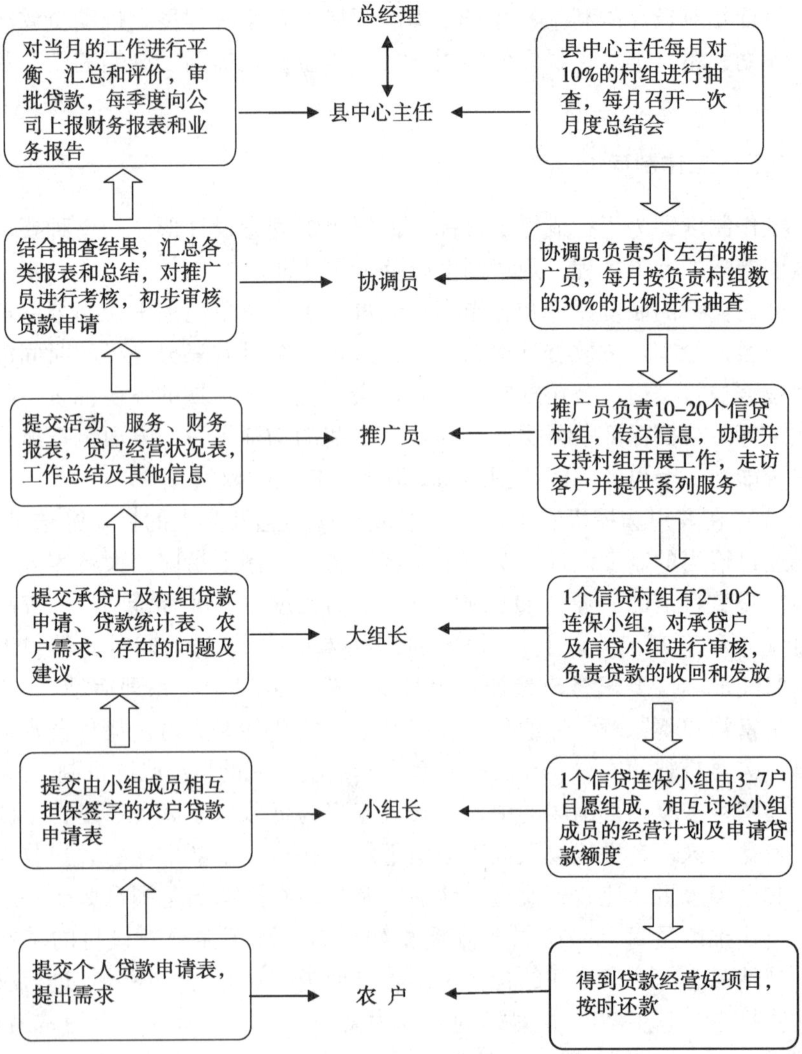

图4 小额信贷监督管理体系

（2）坚持每月“例会”制度，建立“富有亲情的客户组织网络”。基于此，沟通才会了解，了解才会信任，信任才会产生感情，感情才会持久。公司以信贷为主线，设计了一套把客户、信贷小组、信贷大组、推广员、协调员、中心主任连为一体，各部分环环相扣的组织网络，为客户建立“富有亲情的客户组织网络”：一方面，坚持客户月度例会制度；在每个自然村（信贷大组）建立一个活动室，要求客户必须参加本村每月一次的活动，负责该村业务的推广员也必须参加每个村的月度例会。另一方面，通过增加贷款额度和开展一系列贷款以外的服务来增加吸引客户，建立员工和客户、客户和客户之间的亲情关系，比如公司协调员、中心主任在客户遇到死亡、大病等灾难时要前去探视、问候，在客户遇到婚嫁、祝寿等喜庆大事时前去祝贺等。

(3) 坚持每月“例会”制度，建立“富有亲情的客户组织网络”其的目的在于：首先，让公司员工真正了解自己服务的客户。这样做很好地解决了由于信息不对称①而令所有银行最头疼的一项工作——客户的识别问题。其次，保证高的还款率，有效的客户组织将每个网络成员置身于一个小团队的道德约束圈和熟人监督机制内，每个成员一旦违规，尤其在出现还款拖欠时，将同时面临来自两方面的道德谴责和压力：一方面，纵向的压力，一个人不还款，和他关系很好的推广员的报酬首先受到影响，同时，还影响协调员、乃至中心主任的业绩和报酬，这种自下而上的纵向连带关系的还款约束力，取决于各层次关系的紧密程度，主任、协调员、推广员、客户彼此的关系越是紧密，还款的约束力越大，这也是公司要求员工和客户之间保持好关系的原因所在。另一方面，横向的压力，一个客户违约，联保小组的成员首先要承担责任，进而影响村大组所有客户的贷款，一个人一般不会因为一笔额度不大的贷款而影响甚至得罪全村的人。因此，公司坚持在一个人员相互熟知的地域或者组织内建立信贷组织是必要的，而且这样的组织，其成员相互熟知的程度越高，对个体成员道德违规的约束力越强。最后，提高工作透明度。每月例会是借款和还款的重要场所，使一切信贷活动在公开的场所进行，加强借款人对信贷工作监督，提高了透明度。避免了小额信贷偏离既定方针和发生违法信贷纪律的制度。

(4) 形成了一套“参与式工作方法”。要做好一项工作必须讲究策略方法，扶贫也不例外。许多组织开展的开发性扶贫项目，希望通过改善生产、生活条件来实现扶贫的目的，但往往由于分配措施、管理制度、投资力度等方面的制约，项目效果不能得到充分发挥，贫困家庭贫困状态依旧。究其原因，上述问题主要是由于在项目确定、实施过程中，缺乏贫困人口广泛、深入的参与，即使某些项目的决策是正确的，往往也由于收益人口认识水平的限制，导致项目的效果大打折扣，特别是项目掺杂有长官

① 从经济学方面解释，信息不对称就是指交易一方对交易另一方的了解不充分，双方处于不平等地位。

意识时，项目的短期行为导致项目的效果更差。因此，通过有效的农民自我发展组织，以提高农民的认识水平的综合素质为重点，以广大农民的需求为导向，实施扶贫项目才能达到从根本上解决问题的目的。基于此，惠民公司形成了一套“参与式工作方法”，这种方法主要体现在：

一方面，鼓励发展各种农民自组织。在当地农村，农民自我发展组织缺乏，行政村一级村委会是政府的最低层组织，在党支部的领导下，成为沟通政府和村民的桥梁，而在自然村，一般只有一名无报酬的队长，一些村里选举产生一个有名无实的村级综合治理小组。在许多村，没有人愿意担任队长职务，个别村还有轮流和抓阄当队长的现象存在。因此，村民自我发展组织在许多村都是一个空白。而惠民公司以“信贷”为纽带建立起来的信贷村组、组织发起成立的各种农村专业协会填补了这一空白。

信贷村组通过每月定期的例会，把参贷妇女们聚集起来，会上，信贷员与客户处于一种平等的地位，与客户融为一体，尊重客户的意见，不替代客户决策，经常性的和客户进行协商和沟通，互相帮助、共同解决双方遇到的问题。经过十多年的发展，目前信贷村组已经成为当地最为活跃的农民自组织。

同时，由于贫困人口的家庭经营大都困于自给自足的小农经济的圈子里，他们对市场、技术方面的需求低，缺乏一种动力将他们联系在一起，形成有效的自我发展组织。公司在给客户提供小额信贷发展种植、养殖项目基础之上，动员、资助农民成立各种专业协会，目前很多村庄都成立了各种互利互惠的养羊协会、养猪协会、养鸡协会等，这样便有利于当地农村形成科学种植养殖的产业化，也有利于农户通过组织的形式以较高的价格卖出自己的农产品。

另一方面，真正“想客户所想”，不断根据农户变化发展的信贷需求调整贷款模式。公司每隔一段时间，就会安排推广员走访了多户农户，填写农户信贷需求调查问卷。内容涉及农户是否需要贷款、需求贷款的额度、贷款期限、农户可承受的贷款利率以及农户贷款后的服务需求等方面。然后机构召开关于小额信贷模式调整的座谈会，根据调查结果、中心的成本核算和政府规定的利率标准等方面，不断地调整原有贷款模式。比如机构贷款额度刚开始是500元为起点，调整到后来的1000元为起点，2007年调整为2000元为起点，2009年又调整至3000元为起点并在原有普通贷款基础上开发了发展贷款和小企业贷款（微企贷款）两种贷款产品；2007年，运管费由以前按贷款额度每年12%的比例交纳调整为按10.2%的比例交纳，贷款周期每轮半年调整为一年。村组会议由每月两次调整为每月一次等。

（四）整合社会各界资源

一个组织要持久发展，与外界的交流合作是必不可少的，就像“众人拾柴火焰高”的道理一样。机构从 1996 年开始至今，一直都在不断整合来自政府、非政府组织、企业的资源。在访谈过程中，小额信贷发起人也反复强调：“盐池的小额信贷从刚开始的 4 万块钱资金发展到现在的几千万的规模，一步步成长壮大，与社会各个方面的支持是分不开的。”

争取政府支持，积极与政府合作。政府自身存在不足这就因能力所限很难兼顾为社会组织的存在提供了空间；但不可否认的是，一个社会组织要发展完善也确实离不开政府各个方面的支持。政府的支持主要侧重于政府对机构开展活动的认可、人员辅助以及必要的财政补贴等。机构在转制成公司以前，几乎每年都争取到了当地政府的财政补助，其中机构也一直有政府在编人员在兼职。机构在转制成股份制企业的过程中也得到了政府的大力支持，2007 年和 2008 年盐池县财政局下属的盐池县固有资产管理公司把盐池县政府两片地抵押给国开行，使得机构从国开行争取到了 2500 万的贷款，促进了小额信贷的蓬勃发展。

同时，在项目运作过程中，机构也非常注重与政府的合作。一方面是贷款项目积极与当地政府的产业政策和惠农工程相结合，为这部分农户提供资金支持；另一方面是在贷款后的跟踪服务过程中，积极争取畜牧局、科技局等政府职能部门的支持。

注重对外宣传，积极争取其他国内外组织的支持。坚持“走出去、请进来”的原则，一方面积极参加国内外相关组织举办的各类业务培训班和援助项目会，学习借鉴好的管理经验和做法，争取无偿援助投资项目。另一方面，注重品牌建设，力争“盐池模式”走出盐池。首先，积极聘请相关专家和援助机构来盐池实地考察、传授经验，确定援助计划。机构目前已经接待了国务院金融调研组、自治区金融办、自治区政策研究室、中国人民银行、云南政协、中国小额信贷联盟、嘉道理基金会、友成基金会、法国沛丰、瑞士银行、美国使馆等机构的考察，并积极向美国我开、法国沛丰、格来珉基金会、爱德基金会、嘉道理基金会、友成企业家扶贫基金会等提交建议书和商业计划书，争取他们的资金支持。其次，机构通过内部宣传资料、报纸、电视台等媒体报道典型事例，提高机构的知名度。目前，已经有中央电视台、宁夏电视台、人民日报、农民日报等多家媒体对“盐池模式”进行了专题报道和讲解。

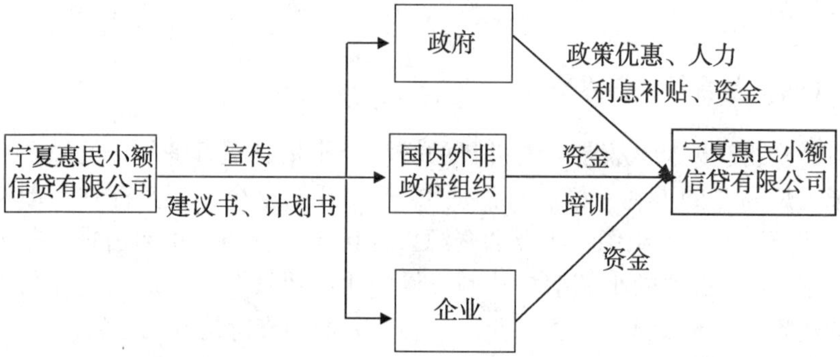

图 5 惠民公司与其他组织的关系

实践证明，惠民公司的这种模式能够很好地服务“三农”，并实现自身的发展，是一项金融制度和农村扶贫制度改革与创新：一方面，从发展金融市场来看，农村中收入阶层为扩展金融服务提供了很大的潜在市场；另一方面，从扶贫来看，贷款服务则可以帮助农户发展生产，提高她们各方面的能力，从而最终摆脱贫困；并且有利息的贷款给贫困户以用好资金的压力，效果上可能比传统直接给贫困户救济金的扶贫模式更明显。

虽然在目前农村公共服务贫乏、农民贷款难问题突出的情况下，单纯依靠类似惠民公司的组织提供的小额贷款无异于杯水车薪，难以适应农村的贷款需求，满足农村发展需要；而且小额信贷也不是能够一举消除贫困的神奇药方，但它可以使许多人摆脱贫困，为不少人减轻贫困，是消除贫困至为重要的工具之一，也代表了一种较为成功的提供公共服务、帮扶贫困的路径选择和公益创新。

五、机构发展困境

自 1996 年至今，一方面是公司的贷款机制、基本理念等已经基本成熟和完善；另一方面是组织力争走在中国小额信贷的最前沿，不断根据自身情况和外界环境完善自身的组织制度设计：2008 年于公益性小额信贷机构中第一个转制成股份制企业没按期实现。

机构在坚持公益、扶贫价值理念指导下，由非营利性法人转制成企业法人，增强了其合法经营身份，有利于明晰产权、吸引投资、扩大贷款业务、促进组织的可持续发展等。但同时，现阶段的惠民小额信贷有限公司也面临一定的问题。

（一）公司资金风险

组织既已经转制成自负盈亏的股份制企业实体，从法律意义上说，有了合法的信贷融资身份；但是，公司面临的市场风险，特别是资金风险[①]问题就不容忽视。在现代企业管理制度中，防范资金风险，加强资金管理，构建科学的资金管理秩序，提高资金运营效率是企业管理的核心所在，也是企业在竞争中获胜并保持可持续发展的关键因素。而防范资金风险是非常复杂的管理工程，它要求企业不仅对外部环境具备良好的认知和控制，更要有较大的内控力，最大限度应付可能出现的各种财务风险和金融风险。虽然目前公司制定有专门的《财务管理制度》，组织员工进行系统性的风险防范和员工金融培训，规定每年由会计做财务年度报告并通过外部专业审计，但仍然面临一定的资金风险：

（1）资金短缺风险，缺乏后续的、持续的发展资金。尽管公司争取到了一定的资金支持，2010 年年底总资产达到七千多万，但由于客户对资金需求量的增加以及尚有许多潜在客户，资金仍然存在很大缺口，无法满足业务扩张需要。据公司负责人介绍，资金缺口大约在七千万左右，需要进一步拓宽融资渠道。

资金短缺一方面制约了公司为已有客户提供不断增加的资金支持，另一方面制约了公司扩大经营范围，限制了小额信贷的惠及面。因为根据公司现有的信贷模式，当前确定一名信贷客户，就必须为一年后第一轮贷款结束后准备增加资金 1000 元。这就使公司必须慎重考虑扩大放款的范围，否则未来的后续资金便无法保证。同时，资金不足使员工不能满负荷工作，增加了机构的成本。

（2）资金安全使用风险，放贷和收贷过程中存在一定安全隐患。保证企业资金安全、有效使用，最大限度应付可能出现的各种财务风险，对企业盈利和可持续发展意义重大。

惠民小额信贷公司与其他金融部门的不同之处在于客户全部为农民、放贷模式为公司员工“上门服务”，加上信贷点多且分散，推广员经常需随身携带数十万现金，安全风险很大。

---

① 企业资金风险是指企业资金在循环过程中，由于各种难以预料或无法控制的因素作用，使企业资金的实际收益小于预计收益而发生资金损失，进而造成企业运转不畅，甚至破产倒闭。包括资金短缺风险、资金安全风险和资金使用风险等。

（二）公司税收

机构自2008年基于可持续发展的考虑转制成股份制企业。虽然其公益价值理念一以贯之，但每年都要向工商局缴纳几百万的税款。税收增加了公司的运作成本，也阻碍了自身扶贫功能的进一步发挥。

（三）公司内部管理

组织自2008年转制成股份制企业后，资金规模迅速扩大，员工数量也不断增加。但是，公司的内部管理制度却并未及时跟进，便没有制订出一套现代企业管理制度，比如针对员工缺乏适当的激励和奖惩机制，明确的岗位职责制度等。这就导致机构员工工作散漫，限制了员工的工作积极性，也不利于公司管理的科学化、规范化的发展。

（四）公司专业人才缺乏

就目前公司专职工作人员学历来看，研究生有3人，大学本科有4人；但就知识结构来看，主要是畜牧、法学、财务、计算机等专业，并没有专业金融人士以及复合型企业管理人才，公司董事长、总经理、主任等管理人员虽热心公益事业和扶贫事业，但缺少小额信贷方面金融、风险控制、会计和科学管理知识。

专业人才的作用可能在组织放贷规模小、发展程度低的时候不会十分突出，但就目前组织既已转制成股份制企业，几千万的放贷规模，以及基于未来发展村镇银行的考虑，专业金融、管理人才就必不可少，他们对于组织制定科学的战略规划、建立完善的内部管理制度、降低组织资金风险等作用突出。

（五）公司长远战略

公司愿景是：2012年年底，组建乡村银行，业务覆盖宁夏南部5个以上山区县，贷款规模达到5亿元，受益人口达到10万人。组织寄希望于通过建成乡村银行，吸收公众存款来不断扩大规模，实现扶贫与发展相得益彰。据公司负责人介绍，公司在2012年年底转制成乡村银行几乎是可能的，到时满足中国银监会2009年6月下发的《小额贷款公司改制设立村镇银行暂行规定》中的一些硬性规定[1]应该是没有问题的。

问题是，即使2012年年底转制成功，乡村银行同样面临诸多问题。乡村银行能否一定是惠民小额信贷公司的最好归宿？

1. 转制过程中哪个银行该作为主发起行？

小额贷款公司要转制成村镇银行，其中一个必不可少的前提就是由中国银监会确立主发起行。《小额贷款公司改制设立村镇银行暂行规定》指出，小额贷款公司要“按照《村镇银行管理暂行规定》、《村镇银行组建审批工作指引》等有关要求落实筹建、开业阶段的相关工作”。而《村镇银行管理暂行规定》第25条称，村镇银行最大股东或唯一股东必须是银行业金融机构。也就是说，公司必须要让出控股权。银行控股后，必然按照银行的理念和模式经营，而银行也是以盈利为目的的，发起行如果不认同公司理念的话，最后可能直接收购，客户贷款走银行正规程序，那么小额信贷的性质便不复存在。机构发展至今，取得的效果和社会影响力很大程度上靠的就是自身的理念，组织转制后要力求保持其理念和存在价值，就必须找一个认同组织理念的银行作为发起行。

2. 转制成乡村银行是否就能带来可观的存款金额？

即使转制为乡村银行后，组织可能同样面临存款难的问题。机构小、缺乏市场认知度，同样会导致存款难。同时，转制后的监管成本也会提高，能否良性发展仍是个未知数。

【讨论与思考】

作为公益性小额信贷机构的惠民公司，经过十几年的发展，已经逐渐走出了一条有自己特色的小额信贷扶贫之路。但惠民公司的成功仅仅是个案，无论就社会组织整体还是其中类似惠民公司的公益性小额信贷机构，要更好地发挥其在扶贫中的作用，都有许多值得探讨之处。

（一）社会组织与扶贫

1. 社会组织在扶贫中的定位是什么？

一方面，扶贫是政府公共服务的重要内容，是政府践行“以人为本”理念、推进公共服务均等化过程中不可推卸的责任，政府在其中理应发挥

---

① 《小额贷款公司改制设立村镇银行暂行规定》对转制的条件做了详尽的描述，包括：新设后持续营业3年及以上；清产核资后，无亏损挂账，且最近2个会计年度连续盈利；资产风险分类准确，且不良贷款率低于2%；已足额计提呆账准备，其中贷款损失准备充足率130%以上等。

主导性作用；另一方面，扶贫也是一个社会问题，所以扶贫的参与主体也应该是多元的，政府、企业、社会组织都是扶贫的重要参与主体。

政府、社会组织、企业在扶贫问题上各有其优劣势。政府有强大的公共财政和资源做后盾，有较强的社会动员能力。但政府的扶贫服务具有普遍性，社会的需求则是个体的、多元的。因此，在扶贫问题上，政府扶贫过于粗疏，无法精准有效地完成其职能：一方面是政府短期行为往往将复杂的贫困问题进行简单处理，导致扶贫工作不深入、简单化；另一方面是政府科层制体系造成贫富资金使用效率不高，自上而下的分配扶贫资源可能产生寻租和腐败。社会组织本身作为公益导向的组织，大都产生于社区，扎根于普通民众之中。因此，在扶贫问题上，社会组织具有灵活性特点，工作方式也大都是自上而下的，他们可以针对特定问题和对象，在一些边缘化的地区开展政府部门无法做到的细致工作。比如惠民公司设计的平民化、精细化、贫困户参与的小额信贷扶贫工作模式达到了信贷扶贫资金到户、经济能力全方位扶贫的效果，这种扶贫模式也是政府扶贫无法做到的。但社会组织在扶贫问题上可能面临慈善不足、合法性欠缺、扶贫资源不足、组织自身能力欠缺等问题。企业基于树立良好社会形象，回馈社会，可持续发展等因素的考虑，也是扶贫的重要参与主体，并且企业参与扶贫有足够的资金支撑，它们一般通过成立基金会、直接或者间接的捐助等来参与扶贫。但问题：一则企业的最终目的是利润，它们参与的扶贫是否具有可持续性；二则企业的扶贫大都是资金上的，企业自身可能欠缺有效的扶贫模式，面临扶贫方式精准的问题。

鉴于此，社会组织要更好地参与扶贫必须找准自身优势，有针对性的开展工作。其参与扶贫的重要性就体现在政府和市场能力未及之处，发挥自身的独特优势。

2. 如何保证社会组织扶贫的有效性?

社会组织扶贫有效性的评价标准是多元的，大体包括组织开展的活动是否改善了扶贫对象的生产生活和当地社会整体的物质精神面貌，比如服务对象收入增加、发展能力提高、知识增加、观念跟进以及社会倡导等。

如何保证社会组织扶贫的有效性，涉及以下问题：一是社会组织扶贫方式是否有效？有效的扶贫方式必须是与当地社会自然环境相协调的，必须是满足扶贫对象实际需要的。二是社会组织在开展扶贫时，是否了解服务对象？包括服务对象的贫困状况、当地的独特社会文化、是否存在民族特殊性等。

基于此，有效扶贫的前提就必须是社会组织就致贫原因有针对性地开展工作。就惠民公司来看，公司的发展壮大与其开展活动的有效性及得到社会的认可有很大关系，而开展的活动能取得比较积极的效果与组织找准了当地农村致贫的因素密切相关。在惠民公司看来，是外部客观环境、信息技术以及农户缺少发展资金共同导致了贫困，所以组织在为农户提供资金支持的同时，还提供市场信息和技术的支持，注重培育贫困户的发展意识和能力。这种依据致贫因素开展相关活动的扶贫模式保证了组织扶贫的有效性。

（二）公益性小额信贷机构可持续发展面临的问题

公益性小额信贷机构以扶贫和追求社会效益为宗旨，是小额信贷的先锋和开拓者，它的出现填补了银行不能有效为穷人服务的空白。而要想长期为大量的穷人服务，就必须要保证机构的可持续性，这样才能保证小额信贷业务的开展和对穷人扶贫的延续。

鉴于此，20 世纪 90 年代后期，公益性小额信贷提出了可持续发展的目标，而要解决可持续发展问题，解决的方式就是把扶贫项目转化为扶贫机构，有许多项目改革了组织结构，建立了相对独立的机构。其中盐池县小额信贷转制成股份制企业正是基于公益基础上可持续发展的考虑，是一种由福利主义向制度主义的转变①。但公益性小额信贷机构的可持续发展仍然面临诸多问题。

1. 是否具有可持续发展的能力？

公益性小额信贷机构的可持续发展是一个综合指标。可持续发展能力不仅仅指财务上的自负盈亏，还包含完善的治理结构、较高的管理能力、资金风险控制能力和开拓市场的技术能力等。

2. 如何平衡公益与商业的关系？

毋庸置疑，公益性小额信贷机构应该是公益导向的，但机构要可持续发展则要尽量实现财务上的自负盈亏。这就意味着小额信贷活动需要有的商业化、市场化特征，机构要从理念和实践上都将自己办成一个类似惠民小额信贷公司那样的组织和财务可持续发展的公益性小额信贷机构。

---

① “国际上将小额信贷分为福利主义和制度主义。福利主义为传统流派，强调为低收入和贫困群体提供服务的目标的宗旨，但多依赖补贴，不追求财务上的可持续发展。制度主义为当今的主流学派，既强调为中低收入群体服务的目标，又强调追求商业上的可持续发展。制度主义有两个分支，一个更强调扶贫（公益性），一个更强调机构的盈利（商业性）。”杜晓山等著：《中国公益性小额信贷》，社会科学文献出版社，第 83 页。

问题是：这种商业化的趋势，盲目扩大贷款规模可能引发机构宗旨和目标的偏移，可能随着商业化的深入，组织会放弃他们以往的贫穷客户并放弃小额贷款“小额”的前提，最终变成自益性的小额信贷机构，即从事商业性小额信贷业务的机构。公益性小额信贷机构在可持续发展的基础上该如何保持公益和商业天平的均衡？

3. 外部政策环境是否完善？

政府政策环境是公益性小额信贷机构可持续发展的必要外部条件。而我国目前的小额信贷政策基本局限于扶持商业性小额信贷机构上，比如针对村镇银行、贷款公司制定有《小额贷款公司改制设立村镇银行暂行规定》、《村镇银行管理暂行规定》等，没有制定有专门的公益性小额信贷法规，更没有对公益性小额信贷机构转制成公司的政策建议。

政策的缺失不利于政府有效对公益性小额信贷机构的监管、扶持、鼓励，也不利于机构的可持续发展。

比如惠民小额信贷有限公司作为公益性小额信贷机构中第一家转制成股份制企业的机构，机构虽然商业化运作、自负盈亏，但追求的不是利润最大化而是社会效益最大化；是一种“商业手段、慈善目的”的社会企业。但是，在我国这样一个对传统非政府组织（社会团体、民办非企业单位、基金会）规范、管理和发展尚不完善的前提下，更是对这种社会企业性质的公益创新存在很大的认识不足，政府相关部门尚未出台具体的支持和鼓励发展的法规，特别是税收方面的优惠政策。就惠民公司开展的活动来看，以小额信贷为载体的扶贫、妇女能力建设和农村发展无可置疑是公益导向的，理应享受免税的待遇。但现实情况是，依据我国法律法规，机构是工商注册的公司，公司是自负盈亏的，应依法按国家规定的税率纳税。这就使得机构转制成公司后，每年都要缴纳上百万元的税款，于其公益性质来说，无疑是不公平、不合理的。

4. 公益性小额信贷机构如何摆脱政府行为惯性？

公益性小额信贷机构与政府是两种不同性质的机构，各有其不同的运行机制，也有不同的管理要求。

公益性小额信贷机构在开展工作过程中需要积极争取政府的支持，由于公益性小额信贷是以扶贫为宗旨的，而扶贫也是政府公共服务的一项重要内容。所以，我国的公益性小额信贷机构与相关政府部门关系密切，一般都脱胎于政府，机构主要领导一般都由政府官员担任，业务开展通过业务区域的各级行政部门支持或者协商进行，有些机构的主要工作人员也全部或者部分是政府兼职人员。这样就导致公益性小额信贷机构的运作与政府行为交织在一起，使小额信贷机构的行为政府化。这种“政府化”在一定程度上会模糊二者的区别，降低机构效率，因此，如何摆脱政府行为的惯性，真正建立起科学的、适应市场需要的现代管理制度、工作制度对公益性小额信贷的发展不可或缺。

5. 贷款机制设计是否完善?

一项完善的公益性贷款机制设计必须满足两个标准：一是是否真正瞄准了贫困人口？二是贷款机制是否具备现实可操作性？我国的公益性小额信贷机构在贷款制度上的一个共同点是：小组联保制度。从积极方面来说，这种贷款机制是针对贫困户无抵押的一种代替和变通，高质量的联保小组确实可以起到有效担保作用。但问题是：一方面是近年来在大量的农民涌入城市，农村人口大量外流的情况下，建立起高效的联保小组越来越困难。另一方面，自由组合、风险共担的小组联保制度可能漏掉了农村穷人中的穷人，因为基于经济学上理性人理论，很少有愿意与他们结组的人。可见，目前的贷款机制在前述两个标准方面都尚存在漏洞。因此，以扶贫为己任的公益性小额信贷机构有必要在小组联保制度的基础上，探索其他的解决贷款担保的方法，推动小额信贷更广泛、更深入地满足中低收入和最穷人口的贷款需求。

结束语

扶贫需要政府、企业、社会组织、个人等各方面的积极参与。社会组织是我国扶贫的重要主体之一，扶贫也是社会组织发挥功能的重要领域；但组织扶贫是否有效则是一个关于组织功能发挥与社会需求契合度的问题。就我国目前社会组织参与扶贫的现状来看，总数不少，但真正做得好、代表性强的却并不多。

在扶贫或者提供公共服务的过程中，社会组织既有它的独特优势，也有自身的限制和缺陷，这决定了社会组织只能是在某方面或者一定程度上是有效的。因此，在实际生活中，需要政府、社会和组织自身不断去探索和挖掘社会组织有效的方面和程度，避免低估或夸大组织功能，积极探索社会各界协作的模式，以期社会组织的公共服务更好地契合社会需求。

参考文献

[1] [孟加拉] 尤努斯著:《穷人的银行家》，吴士宏译，生活·读书·新知三联书店 2006 年版。

［2］［印度］阿玛蒂亚·森著：《贫困与饥荒》，王宇译，商务印书馆 2001 年版。
［3］杜晓山等著：《中国公益性小额信贷》，社会科学文献出版社 2008 年版。
［4］中国（海南）改革发展研究院编：《基本公共服务于中国人类发展》，中国经济出版社 2008 年版。
［5］C. K. 普拉哈拉德著：《金字塔底层的财富》，林丹明、徐宗玲译，中国人民大学出版社 2005 年版。
［6］［孟加拉］阿西夫·道拉、迪帕尔·巴鲁阿著：《穷人的诚信》，朱民等译，中信出版社 2007 年版。
［7］李俊清、陈旭清主编：《中国少数民族地区社会组织研究》，中国社会出版社 2010 年版。
［8］刘娥平：《企业财务管理》，科学出版社 2009 年版。
［9］李衍儒、江明修：《社会企业之发展经验与政策建议：以美国、英国、中国香港和中国台湾为例》，载《中国非营利评论》第七卷。

（案例编写者：中央民族大学管理学院 2010 级行政管理专业硕士研究生向娟）

承担社会进步与民族进步双重角色的NGO

——青海回族撒拉族救助会

青海回族撒拉族救助会（以下称“救助会”）是一家主要以救助少数民族弱势为对象的省级民间非营利组织。其前身是1992年成立的青海穆斯林文化服务中心下设的教育基金部，主要是对那些考上大学、交不起学费的学生（也包括一些家庭困难的中小学生）提供资金帮助。2004年，为更好地筹措和使用慈善资金，在青海省社会组织管理局正式注册为青海回族撒拉族救助会（业务主管单位为青海省民族事务委员会）。在取得独立的社团法人身份后，救助会的业务范围逐渐从教育救助扩展到医疗救助、扶贫救助和文化宣传和交流等许多方面。其组织机构和运行机制也逐渐趋于成熟和完善。救助会的创立，既依靠伊斯兰文化的精神动力，同时又是这一思想文化的载体和实践者。救助会基于民族认同，建立起跨社区的社会资本网络，整合社会资源，从而投入民族的教育和扶贫事业。

一、背景介绍

（一）青海省的自然地理和人文环境

甘肃、青海地处我国西部中心地带，跨越黄土高原、青藏高原和蒙古高原，是我国游牧经济与农耕经济交错的叠合部。历史上贯通东西的丝绸之路、横亘青藏高原的麝香之路以及南北纵越的“河湟—藏彝民族走廊”将中国与世界在这一地区编织在了一起，形成了一个多元文化的“丛结”。正如这一地区有着丰富的自然资源一样，当地拥有丰富的民族和宗教文化资源。①

---

① 资料来源：周少青：《社会转型、宗教文化与穆斯林的NGO——青海回族撒拉族救助会的人类学研究》，载《中国行政管理》2009年第1期。

从民族资源来看，青海省是多民族聚居的地区，有汉族、回族、藏族、东乡族、蒙古族、土族、撒拉族、保安族、裕固族哈萨克族不是当地世居民族建议修正等世居民族。各民族大分散、大集中、大杂居、小聚居构成了以河湟民族走廊为中心地带的甘宁青地区最生动的民族地图，是我国最大的多民族分布区之一。当地少数民族（藏族、回族、土族、撒拉族、蒙古族）人口占全省总人口的46.32%。①

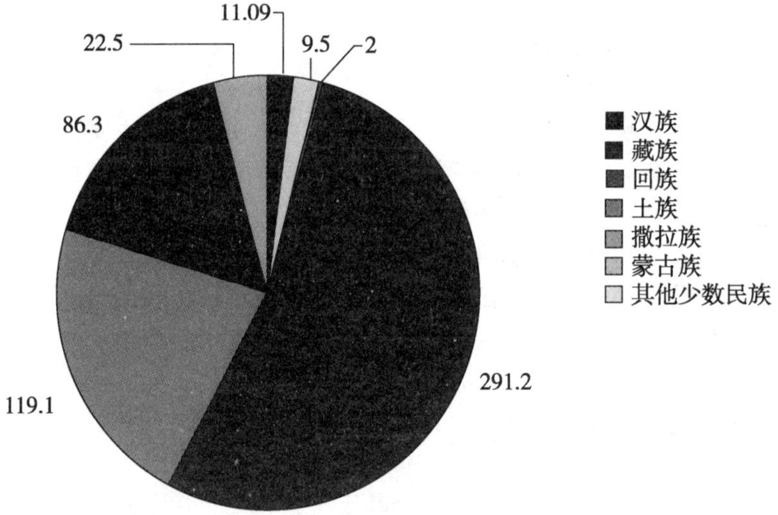

图1　青海省各民族人口比重（单位：万人）

从宗教资源来看，有佛教（藏传佛教和汉传佛教）、伊斯兰教、儒教、道教以及苯教和萨满教。根据第六次人口普查公布的统计数据，信教人口达222.3万人。在少数民族人口中，回族、东乡族、撒拉族、保安族、哈萨克族等民族信仰伊斯兰教，人口达71万。宗教既是这些少数民族文化的核心，也是他们文化的实质性传统，从其文化结构来看，“族教同阈”是其文化的显著特征。这一区域积淀深厚的多元民族、宗教文化正是青海回族撒拉族救助会得以产生与发展的文化沃土，是社会慈善性NGO形成和发展的内在的精神动力和社会文化资源。

① 数据来源：青海省人口和计划生育委员会：《全省各民族构成情况》，http://www.qhjsw.gov.cn/NewsView.asp? nid=124。2010年10月15日。

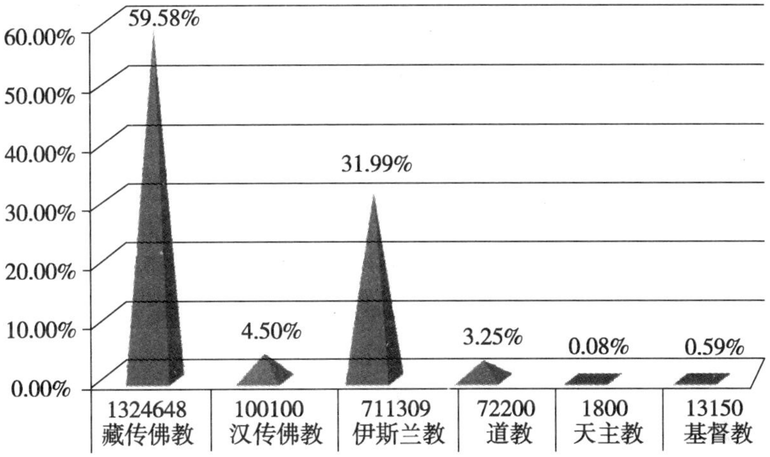

图2　青海省信教人口及比例

从救助会的救助主体来看，回族、撒拉族是救助的主要对象，从救助会的文化属性来看，伊斯兰的慈善思想是其产生、发展的文化动力和精神源泉。所要求的培养良好情操、克服私欲、平等待人等核心内容，对个人道德修养和责任意识起到一定的积极作用，起到帮助弱者、扶贫济困的社会效果。伊斯兰教反对财富集中在少数人手中，以免导致社会中贫富悬殊造成的社会不稳定，施济贫困的规定在实现富者帮助贫困者的同时也增进了他们之间的相互了解，在一定程度上缓和了因贫富悬殊造成的矛盾，有利于增进穆斯林之间的团结与互助，维护了穆斯林社会的稳定与发展。①

（二）当地发展现状及面临的主要问题

在青海，回族和撒拉族主要分布在青海省西宁市、大通回族土族自治县、循化撒拉族自治县、化隆县、民和回族土族自治县、湟中县等国家级贫困县。据不完全统计，这些地区的回族和撒拉族的年人均收入多年来一直徘徊在800—900元人民币。回族上学的目的仅局限于来有经商的传统，能够看书识字并掌握加减乘除最基本的做生意的本领，孩子们达到了可以打工的年龄，便不再读书了。小学教育在他们看来更像是做生意的职业培训所。适龄儿童早早走上了打工赚钱的道路。另外，在他们的观念中，即

---

① 罗惠翾：《伊斯兰教社会功能研究——以几个穆斯林社区的对比调查为例》，中央民族大学出版社2005年版，第54—58页。

便上到初高中，在竞争激烈的社会中也很难找到好工作。由于国家取消了分配制度，有很多大专院校的学生都找不到工作，这极大地打击了家长们支持孩子上学的积极性，还不如早做准备，在经商大潮中接受教育。这是经济压力对于教育的影响，这种短期的经济效益也注定不可能对于促进本地经济的发展起到根本作用，并且从长远来看，正如家长们看到的，大专院校的毕业生都就业困难，而过不了几年，发展本地经济的责任落到他们后辈身上，一群只有不完整小学教育的人们，结果可想而知，原有的恶性循环只能悲哀依旧。

如果说男性受教育困难受限于经济条件，那么女性则是由于小环境观念的偏激理解造成强有力的导向所致。“三纲五常”、“三从四德”、“女子无才便是德”等封建祖训，“男尊女卑”、“男主外、女主内”等消极思想，“靠天吃饭”、“安土为本”等传统生产生活观念，不仅残忍地剥夺了女性接受教育的权利，而且还成为女性抑制自身价值充分体现的一个思想和心理上的障碍。家长往往认为外面世界太浑浊，不愿意让孩子们走出去受沾染，再加上一些偏远地区早婚的环境，对于上学读书的女学生更多偏见。在传统甚至有些狭隘的思想影响下，接受教育的孩子要承受巨大的心理压力。一些偏远山区自然条件恶劣，交通不便，土地贫瘠又缺少水源，落后的经济限制了教育的发展。贫困的家庭让孩子早早辍学，年龄小些的帮工在家，稍微大些的打工在外，撑起家庭的部分重担。

（三）救助会发起人的背景

说起救助会的成立，不得不谈救助会的会长韩文科先生。韩会长 1970 年参加工作，在青海外贸企业——青海省畜产品进出口公司上班，有机会到全国各地跑一跑，也去过沙特等一些国家，通过对比就强烈地感觉青海的回族、撒拉族等穆斯林民族经济生活水平很低，文化教育水平就更落后了。于是就与赵海山（救助会发起人之一）等几位志同道合的朋友，开始有了为此做一点工作的想法。

1992 年，他们在当时的青海穆斯林文化服务中心设立了一个专门的“教育基金部”，把自己的“天课”、“乜贴（捐助）”等存入基金部，用来资助（更确切地说是奖励）考上大学的回族、撒拉族等少数民族大学生。他们希望越来越多的青年能够走进大学，接受更好的教育，学到更多的知识，来回报自己的家庭、民族和国家。救助会成立早期，能够考上大学的穆斯林学生数量有限，救助对象不易发现。随着高校扩招，许多穆斯林学生考上了大学，但高校的收费却越来越高，很多贫困家庭的学生尽管被录取了，但难以承担学杂费用。

为更好地筹措和使用慈善资金，帮助更多的有需求的学生，几经努力，“青海回族撒拉族救助会”于2004年在青海省民间组织管理局正式注册成立了。在取得独立的社团法人身份后，救助会的救助范围逐渐从教育救助扩展到医疗救助、扶贫救助、文化宣传和文化交流等方面。救助的对象也从穆斯林学生扩展到广大穆斯林困难群体。通过为穆斯林困难民众提供具体的救助，为当地整体公共服务供给水平的提高发挥重要作用。

二、机构现状

（一）机构情况介绍

青海回族撒拉族救助会（以下称“救助会”）是一家以少数民族弱势群体为主要救助对象的省级民间非营利组织。其前身是1992年成立的青海穆斯林文化服务中心下设的教育基金部，主要内容是对那些考上大学、交不起学费的学生（也包括一些家庭困难的中小学生）提供资金帮助。2004年，为更好地筹措和使用慈善资金，在青海省社会组织管理局正式注册为青海回族撒拉族救助会（业务主管单位为青海省民族事务委员会）。取得独立的社团法人身份后，救助会的业务范围逐渐从教育救助扩展到医疗救助、扶贫救助和文化宣传和交流等许多方面。其组织机构和运行机制也逐渐趋于成熟和完善。

截至2008年9月，救助会已累计募集并发放各类救助金、救助物资总价值达329余万元；资助大学生（包括研究生）796名；中、小学生731名；与数十所省内外高校合作，开展“了解青海、支援西部”社会实践及支教助学活动，270余名志愿者为民和、循化、化隆、湟中等5县27所中、小学校的4000人（次）中、小学生进行了支教助学活动；每年接受物资捐赠近60余万元，慰问了近3000户边远山区的贫困户。和青海红十字医院、中国人民解放军第四医院、青海省康乐医院等合作，累计为近420余名回族、撒拉族等少数民族的贫困患病群众减免医疗费用达40余万元。

2005年被青海省民政厅评为全省先进民间组织；2006—2007年度，被青海省民政厅、青海社会组织发展促进会连续评为自律与诚信建设先进社会组织；2008年11月，青海省文明办、青海省民政厅、青海省慈善总会授予“青海省最具爱心慈善机构”称号。2009年被青海省民政厅评为“先进社会组织”；2010年被民政部评为“全国先进社会组织”。

（二）救助会的宗旨和慈善理念

中国穆斯林在地域上主要分布在经济发展相对滞后的中西部，其中相当数量的人口生活在国家级贫困县。经济条件是制约公益发展的首要因素。其次，传统上，中国穆斯林的善举往往以个人行为的形式出现。比如遇到困难就去清真寺求援，通常都是清真寺的伊玛目[①]在礼拜后向参加礼拜的教胞倡议一下，大家你一元、我两元地捐一些，做一些力所能及的帮助。然而行善是不应该仅仅拘泥于一种形式，时代在发展，民间公益组织作为行善者与受助者之间的中介和桥梁，它的功能就是合理分配资源，实现有限资源的效用最大化。

救助会不仅秉承了一般慈善团体的“弘扬中华民族扶贫济困的传统美德”、商人慈善团体的“义以天下，回报社会”的品德和操守，而且，作为具有少数民族背景的慈善团体，救助会的宗旨和慈善理念还深深烙上了“敬主爱人”、“平等对待”和重视教育的精神和理念，这些精神和理念构成了救助会独特的气质。通过民间的方式，扶贫帮困、教育扫盲、文化治愚。提升公民参与能力，对回族、撒拉族等穆斯林群体的可持续发展产生积极作用。

（三）重视教育在救助会的诸种理念和宗旨中占有主导地位

救助会尚在教育基金部时期，就把教育救助作为自己最重要的任务和使命。救助会正式注册后，在章程规定的业务范围的五个条款中，有四项条款涉及教育问题：1. 按照救助会的宗旨，开展贫困学生救助工作；2. 开展省内外有利于教育事业及其他社会公益事业的文化交流活动，提高救助会知名度，完成教育救助工作；3. 组织热心支持和参与救助会教育事业及其他社会公益事业的志愿者队伍，开展多种形式的多种教育活动；4. 组织编译出版有关教育事业及其他社会公益事业方面的资料、书刊，研究介绍救助会和省内外有关社会教育事业及其他社会公益事业的理论，方法，经验。

（四）机构设置

目前救助会有会长 1 人，并兼任理事长。秘书长 1 人（兼职）。个人

---

① 伊玛目本来是领拜人，要负责带领穆斯林大众做礼拜。礼拜的时候，所有参加者必须遵守伊玛目的领导，必须跟随做礼拜，在当代，含义为领袖、表率、率领者、楷模、祈祷主持。

会员 217 人，理事 30 人，常务理事 10 人，专职工作人员 4 人，兼职工作人员 3 人，志愿者 550 人。

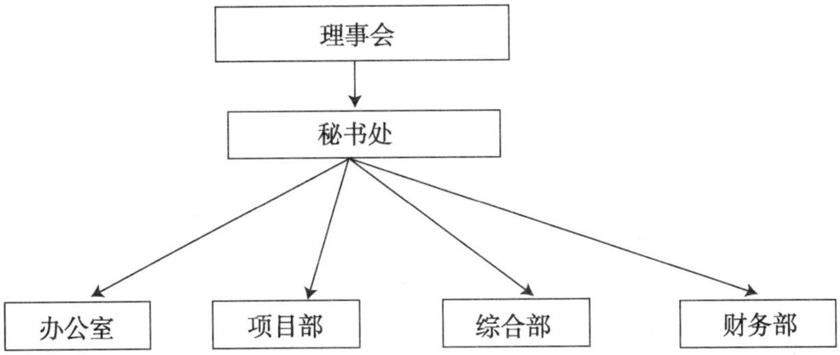

图 3　青海省回族撒拉族救助会机构设置

理事会属于救助会的决策层，负责建立战略目标规划，确保对组织的有效领导，管理和监督秘书处各部门的工作，定期进行监测与评估，带领团队与政府有关部门及其他合作伙伴建立良好的工作关系。救助会正式注册至今已经形成两届理事会，理事会的组成人员以企业家为主，包括民族上层人士和专家学者。理事会原则上每年举行一次会议，遇到有突发救助事件可临时召开。

秘书处是救助会的执行层，负责日常事务处理，制订计划和日常安排以及各项目的运作，设立一系列规章制度。同时，秘书处是连接第一线工作人员与理事会之间信息连通的枢纽，是支持整个项目计划运作不可或缺的重要组成部分。其工作内容包括：员工管理、信息外联管理、项目管理、培训招聘、后勤管理等。

办公室负责救助会日常事务和后勤保障，收集和整理国内外 NGO 的最新动态，负责救助会的网络运营及维护工作，负责志愿队伍的日常管理。

项目部负责救助会项目的需求评估、日常管理和具体操作工作。

综合部以救助会的价值理念为导向，建立并完善救助会的工作机制，对救助会员工进行工作绩效的定期考核和监督，负责招聘和照明救助会的专兼职工作人员和长短期志愿者。

财务部负责救助会财务的日常管理。对救助会资产、无形资源等进行整合，在运营管理方面进行规划和开发，遵照救助会的发展需求和方向募集基金，拓展基金募集渠道。

（五）经费来源

救助会在教育基金部时期资金主要来自部分穆斯林存钱后不要的利息和一些企业家的资助。2004 年，注册成为独立的社团法人之后，救助会的经费来源主要有以下几方面：

（1）省内外企业、社会组织和个人的捐赠与资助。主要是以穆斯林为主的团体和个人，他们中的大部分将此善举视为完成“天课”的一种形式，是救助会最主要的资金来源。

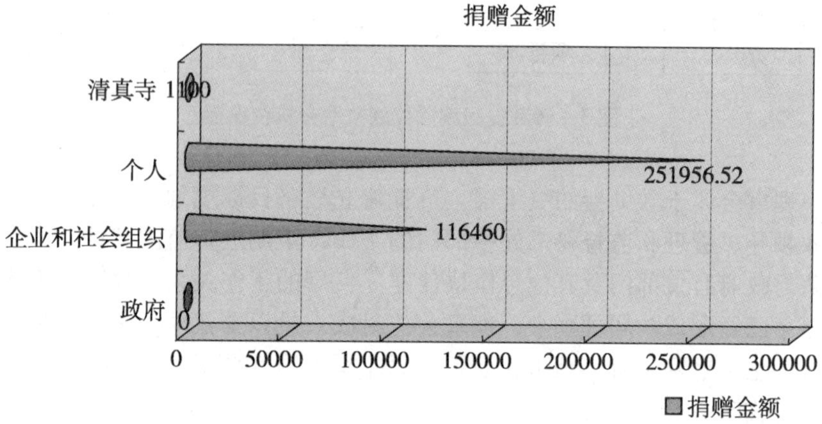

图 4　救助会 2011 年第一季度接受社会捐赠数额

上图是救助会 2011 年 1 月至 3 月接受各类捐赠的情况。从中可以看出，穆斯林企业、社会组织及穆斯林群众捐赠所占的权重比例相当大。在调研过程中，笔者曾遇到一个来自西安的驾驶员到救助会进行捐款。当问及为何会选择救助会而不是将钱直接捐到清真寺，他说那是因为救助会在财务方面有明确的公示可以说明捐赠者款项的用途，这样捐出去的钱他放心。[①]

（2）兴办各类慈善实体的合法收入。目前救助会兴办的慈善实体是 2011 年 5 月回族医药文化学术研讨会之后挂牌成立的青海回族撒拉族救助会定点医院。

救助会的经费主要用于开展捐资助学工资及救助贫困户活动。兴办各类教育事业和公益事业，资金利息用于支付聘用工作人员费用。

① 资料来源：2011 年 7 月 29 日青海省回族撒拉族在救助会调研访谈资料。

救助会实行严格的财务公示，经费开支定期向社会公布，并随时接受有关部门的监督和审查，向捐赠者报告捐款的使用情况。

三、组织开展的主要活动

（一）教育救助

教育救助是救助会的主要活动。在实施方式上有：定期救助、平时救助、难时救助三种形式。从救助对象上看，有小学、中学、大学、研究生以及必要时他们的家庭成员；从实施形式来看，分为定点救助和非定点救助。定期救助的对象主要是大学生和研究生。

2009 年度求助会对提出申请的 92 名学生进行了资助，其中大学生 82 名，高中生 10 名。青海创新集团董事长和一位不愿透露姓名的热心人士以全额（大学生就读期间的学费和住宿费）资助的方式各资助大学生 5 名。青海正平集团董事长以企业定向资助的方式资助大学生 5 名。救助会集众位捐助者的善款，资助大学生 67 名，高中生 10 名。其中大学生为资助 1000 元。借助 1000 元，一个学年后，根据学生所在学校的意见和救助会综合考评发放奖学金 1000 元。

救助会 2009 年度教育救助第二批申请自 8 月 10 开始受理。至 2009 年年底，累计收到 102 户家庭的申请 104 份。同年 9 月，求助会组成了由志愿者和办公室工作人员组成的基本情况实地调查小组，对 8 月 10 日后提交申请的学生进行了以家访为主的实地走访调查工作。调查过程中根据需要走访了提出申请的学生家庭、邻居、社区或村委会。截至 2010 年 1 月 25 日，调查小组对 104 份申请进行了实地考察。其中 1 份申请因申请人联系方式变更或错误未能取得联系，2 份申请因提供信息不真实而自动终止受理。实地完成家访 99 份，家访后 2 名学生自动放弃申请。根据实地家访，经综合各方面具体情况，调查小组提出了一份 92 人的推荐拟资助名单，其中，西宁 17 名；大通回族土族自治县 45 名；湟中县 14 名；湟源县 4 名；门源回族自治县 4 名；民和回族土族自治县 2 名；化隆回族自治县 5 名；互助土族自治县 1 名。以上数据包括 10 名高中学生。92 名学生按地域分，农村学生 73 名，占推荐资助学生总数的 79%；城镇学生 19 名，占推荐资助学生总数的 21%。82 名大学生中男生 49 名，女生 33 名。家访调查人员对 92 名同学进行推荐，对 12 名来自单亲家庭或孤残家庭的学生予以特别推荐。调查小组在提出拟资助名单时，在经济条件基本同等的条件下，遵照了以下七优先原则：即孤儿优先、单亲家庭优先；品德操守优秀者优先；会内人士推荐优先；一户家庭同时供两名或两名以上大学生的优先；成绩优秀者优先；女学生优先。

2010 年 2 月召开教育座谈会，资助 82 名大学生。到 2010 年 12 月底，共资助大学生 573 人次，累计募集并发放各类资助金 2867924.3 元。其中，企业家个人定向资助 27 名，累计发放资助金 114900 元。目前还有 4 名中学生，1 名小学生得到定向资助，其中 1 名小学生是由救助会 2004 年资助的学生毕业工作后提供的定向资助，资助金为每月 100 元，从 2010 年 4 月份开始。

2011 年度教育救助申请从 6 月份开始受理，截止到 8 月 10 日，累计收到申请 217 份。救助会工作人员对提出申请的学生进行了以家访为主的实地走访调查工作，最终确定了首批 95 名受助对象。受助学生主要来自青海省四个州地市，以大学生为主，包括部分研究生和中学生，每年都会得到数额不等的救助，救助模式分为资助、借助、奖励等形式，主要用于缴纳学费、住宿费等费用，累计资助金额超过 20 万元。

表 1　青海省回族撒拉族救助会历年教育救助情况[①]

年度	救助资金	救助学生
2004—2007 年	72 万	大学生（包括研究生）255 名；中小学生 647 名
2008 年	270 万	大学生（包括研究生）223 名；中小学生 20 名
2009 年	290 万	大学生 377 名；中小学生 162 名
2010 年	287 万	大学生 573 名；中学生 4 名；小学生 1 名
2011 年 1 月—2011 年 8 月	20 万	95 名（以大学生为主，包括部分研究生和中学生）

（二）医疗救助

从 2005 年 6 月开始，救助会先后协调青海红十字医院、解放军第四医院、青海省康乐医院，通过合作的形式向贫困地区尤其是交通闭塞的山区贫困地区提供医疗救助。内容主要包括：

（1）举办大型医疗义诊活动。

（2）援建乡村医疗卫生设施（分技术援助和设施设备援助）。

（3）提供医疗优惠和免费待遇。

① 数据来源：本表数据根据青海省回族撒拉族救助会历年工作简报统计得出。

表2　青海省回族撒拉族救助会历年医疗救助活动情况

年度	主要活动	救助效果
2005年6月—2009年12月	从2005年开始，救助会和青海红十字医院、中国人民解放军第四医院、青海省康乐医院等开展面向边远地区贫困人群的“送医送药”义诊活动。	该活动已累计为460名少数民族贫困患病群众减免医疗费用达41万余元。
2005年6月—2009年12月	深入民和、湟中、大通、贵德、循化、化隆、平安等地开展了多次医疗义诊活动，出动车辆36台/次；行程达5300余公里，247名医疗义务工作者和医院医护人员主动放弃节假日的休息，携带便携式B超、心电图等医疗设备参加活动，其中副主任医师以上职称的医护人员参加活动达36人次。	该活动使近5000名回族、汉族、撒拉族、藏族等民族的患病群众受益。在与各类医疗机构合作中，根据救助会在回族撒拉族群众中的影响力，在尊重事实，维护群众利益前提下，及时化解各类医疗纠纷6起，得到医患双方的认可和肯定。
2005年6月—2009年12月	2009年救助会还和青海红十字医院、青海省康乐医院在农村的边远山区完成了6次医疗义诊。	该活动发放6000元的常规药品，和中国人民解放军第四医院一起发放医疗优惠卡17张，价值5100元，开具医疗优惠推荐证明9份，价值上万元，协调青海红十字会，青海红十字医院为金家庄村8名疝气儿童只以180元的费用做了医治。
2010年度	2010年玉树地震发生后，救助会积极协调医疗救助合作单位——青海省康乐医院，积极向灾区提供援助。	该活动捐赠了价值58000余元的常规急救药品，并在第一时间亲赴灾区及时转交给有关机构，得到当地州政府副州长王秀琴的高度评价。常规的医疗义诊每月至少在边远山区举办一次，除常规医疗检查外，今年的医疗义诊通过各类宣传材料，加大了对贫困地区群众的健康知识教育和普及，为此，还向学校、村委会等捐赠了3台电视机。①

① 资料来源：根据救助会历年工作简报整理而成。

续表

年度	主要活动	救助效果
2010年度	2010年9月17日救助会协同青海省康乐医院在化隆县下胡拉村开展了义诊活动。	康乐医院医护人员对当地居民进行了常规身体检查，并发放了价值千元的常规药品。

（三）慰问贫困户

救助会慰问活动直接为政府分担了社会救助的义务和负担。自2005年始，青海回族撒拉族救助会接受捐赠物资近60余万元，帮扶3000多户边远山区的贫困户。截至2010年年底，救助会已累计募集并发放总价值达500余万元的各类救助金、救助物资。

从2011年2月1日起，救助会义工和工作人员奔赴甘、青两省的11个县市，为27名遇难同胞的家属发放慰问金25500.00元，为7个家庭的遗孀、遗孤发放特困慰问金20000.00元，为8名遗孤发放助学金4000.00元。在开展慰问贫困户活动中，出现许多感人的场景：

2011年3月8日，救助会的两名义工和两名工作人员又一次踏上了前往玉树地震灾区的旅程，两名义工分别是68岁的马世忠和65岁的冶真。在返回的路上，蜷缩在一起吸着氧气的两位老人，悄声嘀咕着："不知道以后还能不能再来?"两位老人都是第二次上玉树，一年前的4月19日，刚从灾区返回后的冶真老人说："我真想留在那里，什么都做不了，我就去捡那些丢弃的方便面袋子……"①

这些淳朴的话语反映的是老义工内心对信仰的理解，通过救助会的活动更加深了对信仰的理解，对一个有宗教信仰的人来说，生和死是两种不同的存在方式。每个人都应该相信，所有的一切都可能在顷刻间戛然而止。3月11日，在玉树藏族自治州民政局、玉树县民政局主管领导的支持和直接带领下，救助会向玉树县养老院、贡成五福养老院的120余名孤寡老人进行了有针对性的捐赠，捐赠的物品总价值15700元人民币。

① 资料来源：救助会刊物《绿荫》2011年春季版，第52页。

（四）文化救助

1. 开展支教助学活动

救助会的支教助学活动开始于2005年，10名志愿者来到青海循化撒拉族自治县查汗都斯乡一个贫穷的小村庄，用他们所掌握的知识为那里的几十名撒拉族孩子上课。他们告诉孩子们大山外面的世界，也告诉孩子们，知识是可以改变一个人乃至一个民族的命运的。发展到现在，大学生志愿者的足迹已经遍及化隆回族自治县、民和回族土族自治县、大通回族土族自治县、湟中县、门源回族自治县。志愿者队伍也从最初的10名，发展到400余名。目前救助会一共承担10支支教队的培训工作，他们分别在青海各地开展志愿服务。

支教助学工作有来自中央民族大学、山东大学、中国石油大学、陕西师范大学等四所高校的近60名志愿者参加，他们在支教助学、社会实践、农村基本情况调研的方面均取得一定的成绩。其中，中央民族大学支教组的《新农村建设在民族地区的必要性与特殊性》的调研报告获该校2010年度学生社会实践报告一等奖。山东大学“梦之翼”支教组第二次走进湟中县李家山镇的汉水沟村时，除了支教助学外，志愿者发挥他们新闻传播学专业的特长，通过网络等媒体，加大宣传力度，为推进山区教育和经济发展出谋划策，各项工作得到当地政府部门高度评价。

2. 创刊并发行《绿荫》杂志

2004年10月，救助会的内刊《绿荫》获批准印出版。《绿荫》是一个集民族、宗教、社会、文学和时事新闻的综合性杂志，设有“教育论坛”、“瞭望”、“人物专访”、“天南地北”、“文苑”等栏目，成为当地回族和撒拉族了解外面世界、更新或转换观念的一面窗户。至今《绿荫》已跨过了第7个年头，共出版了29期，每期发行量达14000册。同时，救助会在《绿荫》中定期发布捐助名单和收支明细，让救助工作透明、公正地得到群众的监督，成为救助与穆斯林群众间双向交流的平台。

（五）志愿者培训

2010年在“清真食品及用品展”期间，救助会为展会提供106名志愿者，这些志愿者来自全国各高校。他们为展会接待、布展、安保、记者联络、清真小吃、外商翻译等方面提供了志愿服务。为保证此次志愿者服务工作顺利进行，救助会专门编印了《志愿者服务指南》等教材，并邀请青海省贸促会会长、国家级培训专家和民族民俗研究方面的专家学者对志愿者进行了为期5天的强化培训，帮助志愿者加深对志愿精神、志愿者服务的方式、清真食品的内涵、服务礼仪的要求等方面的理解和认识。此次活动的意义在于，作为一家民间慈善机构首次参与政府主办的大型活动的志愿者的协调、培训和管理工作，为进一步完善青年志愿者队伍建设，积极开展丰富多彩的志愿服务活动积累了宝贵的经验。

经青海省民间组织管理局批准，自2005年救助会面向边缘山区开展支教助学活动以来，志愿者人员不断增加，相关培训需要及时跟进。自2008年1月以来，针对支教助学活动，救助会利用大学生寒暑假时间举办“青年的品德修养和能力建设”志愿者培训，希望志愿者能在大学珍惜时光，在积极参与学校各类社会公益事业，展示当代大学生的精神面貌的同时，以民族发展为己任，把握方向，坚持自我，坚守信念，成为一名合格的、优秀的大学生。2009年国庆期间和2010年的1月17日至22日、2月1日至5日，救助会对249名青年志愿者进行了“品德修养和能力建设”的培训，来自青海和甘肃的十几位专家学者对青年志愿者进行了培训，效果良好。

（六）留守儿童关爱项目

近年来，伴随着越来越多的农村劳动力走入城市，在农村出现了一个特殊群体——留守儿童。这些孩子正处于成长发育的关键时期，却无法充分享受到父母的关爱和引导，他们过早地体会到生活的辛酸和压力，在人身安全、身心健康、品性培养等方面有着很多的隐忧，由于家庭生活和教育的缺失，留守儿童普遍处于“生活上缺少照应，行为上缺少管教，学习上缺少辅导”和亲情疏远的状态，面临着道德、心理、教育、安全等诸多问题的考验。青海省现有留守儿童11万人，占中小学生总人数的13%。得到全省帮扶的留守儿童与留守儿童总数相比仅占19%①。

救助会开展留守儿童关爱这一项目的想法是在开展教育救助过程中产生的。在走访救助对象时，发现一些留守儿童同样面临上学难的问题，有的甚至和动物生活在一起。2010年5月以来，救助会在大通县石山乡小沟村小学、湟中县李家山镇汉水沟村小学、大通新庄乡下山村小学、平安县洪水泉村小学等开展了5次“留守儿童关爱”活动，通过儿童健康教育和安全教育以及游戏活动和赠送洗漱和学习用品的方式，希望能从情感上亲

① 资料来源：救助会内部工作简报。

近留守儿童，从习惯上培养留守儿童，从生活上关心留守儿童。

（七）积极参与宗教与公益事业论坛

2009 年 7 月 28 日至 30 日由青海回族撒拉族救助会与中国人民大学宗教学系联合主办、中国民族报社与西北民族大学伊斯兰文化研究所协办的“教育与宗教慈善暨第三届宗教与公益事业论坛”，在西宁成功举办。来自国家宗教局研究中心、中国社会科学院、北京大学、中国人民大学、西北民族大学、宁夏社会科学院、马来西亚国际伊斯兰大学、香港伊斯兰文化协会等高校和学术机构的专家学者和中国伊斯兰教协会、中华宗教文化交流协会、广东省道教协会、青海省基督教协会、吴锡灵山慈善基金会、河北省天主教信德文化研究所等宗教界、慈善机构的代表以及长期以来积极参与慈善事业的回族、撒拉族等民营企业家代表，共 200 多人参加了此次论坛。

论坛围绕宗教与教育公益事业的基本理论、中外宗教界参与教育事业的历史经验、当代伊斯兰教的宗教公益实践、改革开放以来中国宗教界参与教育事业的经验、宗教公益事业的理论与实践等议题，深入探讨了不同宗教、不同慈善机构、不同地区在宗教慈善事业方面的成功经验和各大宗教的慈善理念。

（八）回医药文化学术研讨会

2011 年 5 月 26 日，由青海回族撒拉族救助会、青海红十字医院、解放军第四医院、青海省康乐医院联合主办的回族医药文化学术研讨会在西宁举行。青海省红十字医院用“共同参与”的创新方式支持了民间公益慈善机构，促使青海回族撒拉族救助会和青海红十字医院、解放军第四医院、青海省康乐医院三家医院的全面合作，探索出了以医疗义诊、贫困患者费用减免或优惠，偏远山区医护人员培训等为主要内容的医疗救助新模式。

此次研讨会的召开，强化了各医疗机构与民间慈善组织的有力合作，共同促进了慈善公益事业的成长。医疗机构和民间慈善组织是慈善公益事业的实践者，也将努力成为慈善公益模式和方法的探索者、倡导者和推动者，这也是医疗机构与民间慈善组织必须承担的责任和义务。

四、活动实施效果

青海回族撒拉族救助会开展的各项活动中，宗教信仰起着纽带和连接的作用，并藉由宗教信仰维持和推进各项组织社会服务和社会事务开展。

充当利益转换器

救助会的各项救助活动一方面提供了物质帮扶，解决了人们生存所面临的困难，另一方面也扭转了人们固有的一些偏见，如越来越多的家长不再被眼前经济利益所束缚，而是在救助会的帮扶下，让孩子接受教育，通过接受教育来提高本民族的文化水平，实现民族自救和社会自救。

（二）提供公共服务，减轻政府负担

在少数民族地区，社会公益慈善事业的需求缺口很大，加之经济发展相对落后、文化风俗和宗教信仰的差异以及地理区位等因素的影响，仅仅依靠政府的力量是远远不够的，需要动员社会各方面的力量，发挥多主体的作用。救助会自成立就连年被评为优秀社会组织，不仅为政府分担了大量的社会工作，而且发挥了增强沟通民族个体等桥梁作用，对促进穆斯林社会团体的自我治理、构建和谐社会与发展慈善事业等方面扮演了重要角色，为民众提供了良好的社会服务。

五、机构开展活动的主要特点

（一）多领域合作运作

救助会把运作的基础主要建立在与政府有关部门、民营企业家（主要是一些回族、撒拉族企业家）、医疗机构等充分合作的基础之上。与政府有关部门的合作内容主要包括：为政府提供有关贫弱群体的信息，为政府确认的贫困户提供扶贫济困的救助，通过政府有关部门的调查确定应受救助会救助的名单等。实际上，政府参与特别是政府与 NGO 联合实施项目有利于挖掘政府潜力，提高政府能力，加强他们与体制外的接触和了解，让政府更加全面地了解自己，知其所能所不能。

与一些回族撒拉族企业家合作的主要事项有：承接这些企业家的利息收入、天课施舍和其他乜贴，为这些企业家的直接慈善行为提供对应信息

和实施的组织渠道等。

救助会与青海创新集团合作，负责申请学生的筛选、推荐以及日常管理，该集团全额资助申请学生在校期间的学费和住宿费用。截至2008年9月，已完成60名大学生的资助工作。资助金额总计达170余万元。2010年10月13日，救助会在化隆扎巴镇泉古拉中心学校举行捐资助学活动。捐赠活动有两个内容：一是由青海中发源餐饮有限公司捐资为扎巴镇学区629名小学生和34名教师捐赠校服；二是把“行动成功教导型企业家”资助项目捐赠的40000元款项发放到了24名中小学生手中。其中，中学生每人2000元，小学生每人1200元。上述24名学生中，中学生14名，小学生10名，汉族学生9名，回族学生12名，撒拉族学生2名，藏族学生1名。多年来，青海中发源餐饮责任有限公司董事长、救助会副会长、优秀民营企业家韩东支持家乡教育事业的发展。从2006年起，通过救助会捐资55万余元，大力支持化隆县举办的“学子圆梦”行动，向扎巴镇两所中心小学的学前班项目和特困学生的定向资助，帮助近170名特困大学生圆了大学梦。2007年，韩东副会长出资并积极动员其他几名民营企业家共捐献140万元为家乡化隆县泉古拉希望小学。

（二）志愿者广泛参与

救助会的志愿者队伍主要以受到资助的大学生为主，旨在建立一种像家一样亲切感的关系。一直和这些学生保持着联系和交流，有一部分毕业生已经开始通过救助会捐资等形式积极参与到救助会的工作当中。也有部分学生通过植树造林、篮球比赛、青年的品德修养和能力建设培训、支教助学等方式为青年志愿者积极参与社会公益活动打造合适的平台。

通过志愿者进行运作，不仅让善行累加增值，而且节省了救助会运行的成本。除了参与支教助学和观念救助活动，志愿者还参与救助会的其他活动，如帮助救助会调查和了解申请救助者的家庭实际情况，提供救助会需要的相关信息和资料，为救助会举办的刊物投稿等。目前救助会的志愿者主要是接受过资助的大学生，他们利用寒暑假等时间，积极投入到救助会的志愿服务和各项工作中来。

（三）综合救助

救助会救助活动的综合性不仅体现在它的业务范围的多样性上，而且也体现在它每一次的救助活动的针对性（具体性）上，如对化隆特殊教育学校的救助，孤残孩子们不仅能够得到衣物、食物、零用钱和所需要的学习用品，而且还能够同时得到较为细致的医疗检查和保健等，这种综合性的救助活动对从整体上缓解贫弱群体的困苦状况起到非常有效的作用。

救助会的各项救助活动一方面提供了物质帮扶，解决了人们生存所面临的困难，另一方面也扭转了人们固有的一些偏见，如越来越多的家长不再被眼前经济利益所束缚，而是在救助会的帮扶下，让孩子接受教育，通过接受教育来提高本民族的文化水平，实现民族自救和社会发展。

（四）多层次的信息披露系统

救助会一开始就非常重视财务信息披露工作，为实现透明、公开，救助会做到了四重保证：第一，及时开具收款回执；第二，在网站及时公布开支；第三，内部资料定期发布捐助名单和收支明细，并及时邮寄给捐助者；第四，严格按有关规定进行年度财务审计。捐助记录详细到捐助者的“2 元”捐资都能准确无误地查到，开支记录细微至详列“信封”的花费。

（五）程序严格的直接调查筛选制度

调查申请救助者的家庭实际情况是一项工作量十分巨大的任务。为了使捐助人的每一分钱都花在应该花的地方，救助会对救助申请人实行严格的直接调查筛选制度。有受理、告知、建档、审核（实地核实）等程序，每一个程序都有具体的细节要求，从规范性制度的角度出发制定了《贫困学生助学实施方案》。截至目前，所资助的大学生未发生一例差错。

六、救助会发展过程中的经验

（一）紧紧围绕救助会宗旨开展活动

救助会自成立之日起就确立了“力所能及，拾遗补缺；源于社会，惠及穷人”的宗旨。所谓“力所能及”，就是救助会所有的工作不能贪大求全，无论何时何地都要一如既往地坚持量力而行的原则，但这个“力”字意味着努力、能力，就是要以最大的努力，来提升最大的能力，脚踏实地，一步一个脚印的走下去。所谓“拾遗补缺”，就是说青海回族撒拉族救助会作为一个民间社会团体，一直坚持在政府的指导下，参与由政府宏观调控的社会慈善公益事业。“源于社会，惠及穷人”是救助会的使命，救助会的资金完全来源于社会，最终的目标是对弱势群体的可持续发展产生有效的影响。

（二）规范资助方式

自2004年6月依法注册成立以来，救助会在青海乃至全国各地同胞的大力支持下，已经为青海省近千名大学生和中、小学生提供了资助。同时本着帮助青年、培养青年的目的，建立并完善了一整套从学生申请受理到后期志愿者队伍建设和管理的工作机制，使这项工作实现了专业化、规范化管理。同时，为使捐助者的爱心更加透明，更加符合捐赠意向，救助会采取四种资助方案：一是对每一位学生提供资助金1000元，借助金1000元，奖学金1000元（满一学年后，根据学生综合表现予以奖励），每个大学生受资助共计3000元，借助金期限2年。二是企业家定向资助，第一学年2000元，其后三年每学年1000元，每名大学资助合计5000元。三是企业冠名资助，资助金每学年2000元，每名大学资助共计8000元。四是对特别品学兼优的学生特别予以推荐，由企业全额资助学生的学费及住宿费用，资助期限为四年，资助金由企业自行在每学年开学初足额汇到学校指定的账户。企业家定向资助、企业冠名资助和企业自行全额资助活动主要在本年度应届本科大学生中开展。主要内容包括：（1）企业或企业家向救助会提出拟资助学生的人数、性别、地区、高考成绩、录取院校、民族等方面的具体要求，由救助会根据学生申请进行综合核实后进行推荐，再经捐赠企业或个人审核通过后进行统一资助。（2）捐赠企业或个人如希望对受到资助的学生给予更多的支持，可以为其提供每年350—450元/名（具体费用视活动具体时间、地点及当年物价水平确定）的费用作为交通及生活补贴，由救助会统一安排参加支教助学等活动，使其得到更全面的锻炼和培养。（3）捐赠人和受助学生可以签订道义契约，使捐赠人道义上的要求，通过文字契约的方式加以明确化，对受助学生形成一定的约束力，尽可能保证捐赠人的捐赠意向落到实处。（4）属企业家定向资助或企业冠名资助的须一次性将捐赠款（5000—8000元/名）交付救助会，救助会根据学生实际情况按1000—2000元/学年的力度将捐赠款交付受助学生使用，学生的日常联系和管理由救助会负责，定期向捐赠人（企业）汇报。（5）捐赠人（企业）的捐赠情况及受助学生情况，将在救助会会刊《绿荫》上予以公布，以便接受社会各界及时有效的监督。（6）因学生经济状况明显改善而主动要求放弃继续享受资助或因其他原因使资助中断的，捐助款将返还捐助人（企业）或根据捐助人意向进行调整。（7）为品学兼优的学生提供四年期的资助，目的是培养人才、造就人才。（8）企业家定向资助、企业冠名资助和企业自行全额资助的可以自行选择并确定受益对象通过救助会进行资助，并委托我会将受益学生纳入志愿者管理范围，促进学生信德操守及能力建设全面发展。(9) 每一位捐赠人（企业）针对上述四种资助办法，可以根据自己的意愿，自愿提供资助金数量，也可以提出更加符合捐赠意向和要求的更为全面、具体的资助方法。①

（三）重视组织社会公信力建设

提升自身的社会公信力，关键靠自律。一方面，信仰是救助会工作人员和志愿者实现自律的基础，它所产生的作用是根深蒂固、潜移默化的，这种作用被视为社会的一种稳定因素，是其他任何手段都难以达到和无法替代的。② 伊斯兰教提倡的正直善良、诚恳忠实、吃苦耐劳、孝顺父母等伦理道德使救助会形成一种良好的风气和秩序。另一方面，救助会围绕把救助会打造成一个管理规范、渠道畅通、操作有序，求真务实的慈善公益平台的目标，积极探索适合自身特点的制度建设模式和组织治理结构，对每一项工作都要进行办理程序设计，规范性制度的建立和完善，做到了按程序操作，按制度办事。同时，提升社会公信力，要有专业理念和专业的管理能力。为加强自身能力建设，积极参与各类培训，加强与先进民间机构的交流与沟通。通过广泛的接触和交流，学习到了社会组织内部管理制度的架构与执行，项目管理的方法与模式以及社会组织资金筹措的方法与技巧等，并在实际工作中加以运用和实践。

严格的自律和不断学习，使救助会每一项工作都做到了透明、公开、扎实、有效。随着一点一滴的积累，救助会的社会公信力得以不断提升。现在，越来越多的有识之士，愿意通过救助会这个平台参与社会慈善公益事业。

七、机构面临的困难

（一）经费来源有限与资助对象增多之间的矛盾

随着全社会接受教育意识的提高以及国家对教育的扶持，越来越多的学生走进大学，救助会的救助对象随之增多。从 2010 年 8 月 10 日至 12 月

---

① 资料来源：青海回族撒拉族救助会工作简报。

② 罗惠翾：《伊斯兰教社会功能研究——以几个穆斯林社区的对比调查为例》，中央民族大学出版社 2005 年版，第 129 页。

31日，救助会收到教育救助申请57份，2011年1月1日至2月14日收到申请19份。76份申请的资助金至少需要22.8万元。然而资助资金有限，截至2011年2月底，除浙江义乌的王克录副会长等捐资22000元之外，缺口资金在20.6万以上。但救助会没有因为资金短缺而放弃任何一个救助对象。在与会长的访谈中了解到，有时为了不耽误困难学生报名，救助会的工作人员会主动垫付学生的学费，等救助会资金周转过来后再予以拨付。[①]这并非长久之计，也违背了救助会的救助程序。要作职业化的NGO，就要保证在规定时间内按规则完成救助任务，因此，如何筹措到足够资金以平衡资金与救助对象之间的矛盾是救助会面临的首要任务。

（二）专业化管理队伍亟待建立

救助会目前还处在发展阶段，不可避免会出现硬件条件差、资金周转困难等问题，难以吸引也没有条件招募高层次的专业管理人才，因此时常面临人手不足、工作人员队伍流动性大、专业化程度较低等问题。

尽管在进行志愿者培训时会聘请专家来进行培训和指导，但此方法只能满足短期的技术支持，无法解决长期的专业技术问题。因此，需要引进相关的专业技术人才，从技术方面支持救助会的可持续发展。

（三）机构运作缺乏经济实体作为后盾

目前救助会的经费来源中尚无投资收入，这也是救助会发展的难点和方向。投资不仅可以弥补救助资金的紧张问题，还可以解决救助会内部工作人员的工资、养老等问题。如台湾佛教慈济功德会就有自己投资建立的独立医院、学校等，通过这些实体的运作，一方面将慈善的范围扩大，另一方面也解决了筹措资金的困难。救助会自身没有“造血”功能，善款都是企业家、有识之士、爱心人士捐赠的，拥有救助会所属的慈善实体，是救助会由“输血”向“造血”发展的重要一环。

（四）相关政策法规不完善

党和政府支持和鼓励宗教界和宗教性质的社团依法开展公益慈善活动的大原则是明确的，但是相关的具体政策和法规还不是十分清晰和完善。有关宗教界从事公益慈善活动的法规，只有《宗教事务条例》中有“宗教

---

① 资料来源：2011年7月29日访谈资料。

团体、宗教活动场所可以依法兴办社会公益事业”这一较为原则的规定，但没有配套办法或者政策措施。

（五）理事会的作用需进一步发挥

社会组织最重要的内部治理机制是理事会，它是最高决策机构。国际组织大多拥有完善的内部治理机制，而我国宗教性社会组织的内部治理机制普遍欠缺。救助会目前有30个理事，10个常务理事，理事会的规模虽然不大，但仍存在部分理事不理事的情况，遇到重大事件需要商议时，往往是少数几位常务理事或秘书长开会决议。因此，提高理事会的规范性，切实发挥好理事会的智囊团作用，是救助会发展的重要议题。

【问题与讨论】

改革开放以来，中国宗教界发挥优良传统，结合自身实际，积极举办各种社会公益事业，在兴教助学、抗灾救灾、扶危济贫、修桥补路、植树造林等各方面，做出了自己的贡献，维护了社会的和谐稳定。但是，这类组织发展过程中面临一些亟待解决的问题：

（一）如何使组织运作规范化

目前对于宗教界从事社会公益慈善事业，只有《宗教事务条例》中的原则性规定：“宗教团体、宗教活动场所可以依法兴办社会公益事业。”有关宗教组织创办慈善机构的合法性、税收等配套法规还没有出台或不完善，不能满足我国宗教方面慈善事业的发展。

其次，公益慈善事业具有繁杂性、艰苦性和工作量大的特点，提升宗教公益事业参与者的职业道德，使其具有爱心、诚心和善心，无私奉献显得尤为重要；同时，也要适应社会的要求，借鉴其他基金会和发达国家慈善机构的经验，吸收经过正式培训的慈善事业人才，综合经济学、社会学、人口学、心理学、会计学、统计学、保险学等许多学科的知识和研究成果，制定培训规划，提高慈善事业人才的业务素质。

（二）如何解决活动开展不平衡问题

由于各地、各宗教经济状况、组织能力和主观能动性等方面的差别，宗教界开展的公益慈善活动存在着较大的地区、教派差异。除少数特例外，我国宗教界在开展公益慈善活动总体上缺乏制度性、长期性，一些开展得比较好的公益慈善活动，在很大程度上也是得益于少数积极有为的宗教界人士的推动。

结束语

救助会基于利他、慈善、认同，建立起跨社区的社会资本的网络，整合社会资源，投入民族的教育和扶贫事业。他们救助的不仅是物质，还包括文化与精神方面。严格地自律和不断地学习，使救助会每一项工作都做到了透明、公开、扎实、有效。随着一点一滴的积累，救助会的社会公信力得以不断提升，现在越来越多的有识之士愿意通过救助会这个平台参与社会慈善公益事业。

参考文献

[1] 罗惠翾:《伊斯兰教社会功能研究——以几个穆斯林社区的对比调查为例》，中央民族大学出版社 2005 年版，第 54—58 页。
[2] 李俊清、陈旭清主编:《中国少数民族地区社会组织研究》，中国社会出版社 2010 年版，第 67—90 页。
[3] 傅达林:《茁壮成长的民间 NGO》，载《民主与科学》，2008 年第 6 期。
[4] 杨文炯:《一脉三弦与和而不同，地域社会与信仰习俗》，中山大学出版社 2007 年版，第 177 页。
[5] 杨文炯:《族群认同的建构与社会整合》，载《中国民族学集刊》，2008 年第 1 期。
[6] 杨文炯:《传统与现代性的殊相》，民族出版社，2002 年版，第 43 页。
[7] 赵黎:《非政府组织：组织创新和制度创新》，载《公共行政园地》，2001 年第 4 期。
[8] 青海回族撒拉族救助会会刊《绿荫》，2011 年春季版，总第 25 期。

（案例编写者：中央民族大学管理学院 2010 级行政管理专业硕士研究生马佩）

大凉山上的彝人自救

——凉山彝族妇女儿童发展中心

一、组织产生的背景

（一）彝族概况

彝族是一个历史悠久的古老民族，发源于滇，兴盛于蜀。2010 年第六次人口普查显示，彝族共有 871.44[①] 万人，总人口位居壮、回、满、维吾尔、苗之后的第六位，主要分布在云南、四川、贵州三省和广西壮族自治区的西北部。彝族人世代在云贵高原和康藏高原的东南部边缘地带的高山河谷间生产劳作，繁衍生息。神奇广袤的江川土地养育了一代代彝族人，也孕育出彝族人悠远的历史和朴素而多彩的民族文化。

彝族支系繁多，一般自称“诺苏”、“纳苏”、“聂苏”等，新中国成立后，正式定名为彝族；彝族创造了自己的语言文字，其中，方言有 6 种；彝族有自己的历法；彝族音乐富有特色，舞蹈多与歌唱相伴；其传统工艺美术有漆绘、刺绣、银饰、雕刻、绘画等，颇富民族特色；彝族人喜欢饮酒，席地而坐，围成一圈，递传酒杯，依次饮用，彝家历来好客，劝酒一片真诚。

火是彝族追求光明的象征。在彝族地区，最隆重的节日是火把节，火把节多在农历六月二十四日或二十五日举行，到夜晚，人们点燃火把，火把行列从村头照到田野，人们围着熊熊燃烧的火堆，尽情歌舞。云南巍山的“打歌”，弥勒的“阿细跳月”，楚雄的“打跳”，石林的“大三弦”，红河的

---

① 数据来源：中华人民共和国国家统计局网站，根据第六次全国人口普查最新数据，彝族人口数量为 8714393 人，约合 871.44 万人。

"罗作舞"，凉山的"朵洛荷"等欢快的集体舞在这天都会大展风采。

彝族地区地形、气候复杂多样。经过长期发展，彝族地区现有三种经济文化类型：四川、云南大小凉山地区属杂谷栽培农耕经济文化类型；云南中心坝区及南部彝区属稻作农耕经济文化类型；贵州部分彝区及凉山部分彝区具有丰富的水草资源，他们除从事一定的农作物栽培外，还从事畜牧业生产，属畜混合农业经济文化类型。

随着经济的发展，彝族人的生活条件逐渐得到了改善。在经济较发达地区，彝族人正在改革大潮中勤劳致富奔小康，逐渐告别往日落后的耕作方式，科技化搞生产，开拓其他经济产业。彩电、农用汽车、拖拉机已经走入彝家，彝族人的生活条件得到了改善，但彝族人特有的朴素和热情依然没变。作为中华民族大家庭的一员，彝族人朴素的伦理道德和多姿多彩的文化同样是中华文化的一朵奇葩。

中华人民共和国建立后，中国共产党和人民政府在少数民族地区实行民族区域自治，在彝族聚居区及彝族与其他民族杂居的地区先后建立了3个彝族自治州，19个自治县，并相继在云南、贵州、四川3个省的60个市县内成立了260个民族乡。

（二）四川省凉山彝族自治州概况

1. 地理环境

凉山彝族自治州位于四川省西南部，是全国最大的彝族聚居区，也是四川省民族类别最多、少数民族人口最多的地区，东北与宜宾、乐山两市接壤，北连雅安、甘孜两地区，南与攀枝花市毗邻，东、南、西还与云南省相连接，全州面积6.04万平方公里。凉山州地貌复杂多样，地势西北高，东南低，海拔最高处为5958米的木里恰朗多吉峰，最低处为305米的雷波大岩洞金沙江谷底；该地区常年最高积温6979°C，最低积温4086°C，年均气温14°C—17°C，立体气候特征明显，属于亚热带季风气候区，干湿分明，冬半年日照充足，少雨干暖，下半年云雨较多，气候凉爽，年均降雨量1000—1100毫米，日照充沛，全州年均日照时数2000—2400小时，无霜期达230—306天。

凉山彝族所居住的地方，其自然环境多种多样，但大体可分为三类：

（1）低洼河谷地带。金阳、雷波两县临金沙江的一些乡镇属于这类地带，海拔仅400米左右，年平均气温20℃，冬无霜雪，灌溉便利，土质肥熟，适于农业生产，但此种地带面积很小。

（2）二半山区包括甘洛、喜德、普格三县及雷波、金阳两县部分地区。这类地区，年平均气温16℃左右，大部分土地为坡土、梯田。此外尚有一些河滩田地。部分土地可得到自流灌溉。土壤多红、黄壤及紫色土，前者酸性大，肥力低，后者易被雨水冲刷。这一带地区也是宜农地区，面积广大，是彝族分布最多的地方。

（3）高山地区包括昭觉、布拖、美姑三县及甘洛、喜德、普格、雷波、金阳各县的部分地区。这类地区，年平均气温11℃。布拖冬季在170天左右，冬季及初春多冰雪，多北风。该地土地多旱地，不能自流灌溉，作物只能种一季。土壤多黄棕壤，通透性差。此种地区面积仅次于二半山区。

三类地区各自内部的自然条件又存在显著差别，海拔可相差1000米以上，气温相差20℃—30℃。凉山彝族居住的地理环境十分复杂。

2. 人文环境

凉山是我国最大的彝族聚居区，全州辖17个县（市）、537个乡（其中民族乡13个）、75个镇、9个街道办事处，3743个行政村、103个居委会。境内有彝、汉、藏、回、蒙古等数十个民族居住生活，截至2010年年底，全州常住人口为478.94万人，其中少数民族人口为253.26万人，占总人口的52.88%；而彝族人口为236.63万人，占总人口的49.41%[①]，主要分布于全州17个县（市），呈聚、杂、散居三种状态。昭觉、布拖、金阳、美姑、雷波、甘洛、喜德、盐源彝族人口分布最多，属彝族聚居县，其余地区为杂居区，乡村、城镇人口均有，而以乡村人口为最多。乡村人口分布于高山、二半山、河谷各种地理带中，但以居二半山的人口最多。彝族从事的职业多种多样，但农业仍是基本职业。

凉山建州以来，特别是改革开放以后，经济有了很大的发展，但是城乡的贫富差距很大，据统计，凉山州2010年城镇居民人均可支配收入14879元，而农民人均纯收入只有4565元。凉山依然是中国最集中连片的贫困地区之一，全州17个县（市）中有13个贫困县，而全州80%的彝族人生活在这些贫困县中。

彝族使用自己的民族语言——彝语。凉山是彝族语言和文字最普及的地区，语言文字保留得较为完整，至今彝族人在日常生活中仍然使用彝语进行交流，只有乡以上干部、科技人员、知识分子、杂居区群众在不同程度上使用日常汉语，约占总人口的29%。[②] 在彝文的使用方面，从自治州（区）成

---

① 本数据来源于 http://ls.newssc.org/system/20110411/001223977_06.html《凉山彝族自治州2010年国民经济和社会发展统计公报》。

② 摘自《凉山彝族自治州州志》卷五：民族，第一节，语言。

立时开始，州政府即规定各级政权机关的名牌、布告、印章均采用彝、汉两种文字同时使用，并把彝语文作为彝族农村必不可少的宣传、工作语文。

彝族作为一个古老的民族，家支是最基层的社会组织形式，家支制度起源于原始社会，经历了一个漫长的演变过程。家支是凉山彝族以父系血缘为纽带，采取父子联名的谱系方式形成的内部严禁结婚的血缘组织。在凉山旧社会中，家支是维护彝族奴隶主阶级统治的政权组织形式，也是彝族血缘社会内部公共事务组织与管理的社会组织形式。每个家支都有共同的称号，家支成员相互援助，有共同的地域，遗产可以相互继承。

彝族习惯法是内生于凉山彝族社会之特殊历史与文化传统的法律体系。凉山彝区由于地理条件及社会经济等多重因素的限制，与外界的文化交流相对较少，从而保留了较多的传统特性。这里的彝族在长期的共同生活中，既延续着历史所沉淀的规则，也不断产生出新的礼俗以适应社会的需要，久而久之，逐渐形成了独一无二的凉山彝族习惯法体系。

凉山彝族的宗教信仰属原始宗教的范畴，其信仰主要有灵魂崇拜、祖先崇拜、灵物崇拜等，宗教的主持者有毕摩和苏尼两种。宗教活动主要包括占卜、祭祀和巫术等。毕摩是彝族宗教活动中的祭司，在原始社会和阶级社会中，毕摩是政治统治者和宗教领袖的合一。

3. 发展现状及问题

随着时代的发展和历史的进步，凉山广大彝族地区在新中国成立后实行民主改革，废除了落后的奴隶制度和封建的土司制度。由于受到改革开放和市场经济的影响，家支在族群中的作用也逐渐消退，彝族特有的等级制度、“习惯法”和毕摩信仰也逐渐地被边缘化。

自 20 世纪 90 年代以来，在缓慢地适应改革开放、市场经济和大众文化所带来的冲击的过程中，凉山彝族乡村人口大量外流，成为西南地区城市流动人口中人数较多的一个特殊边缘群体。由于文化差异和社会歧视等各种原因，大部分进入城市谋生的彝族青年没有受过教育，也没有一技之长，不懂汉语，很难在城市里找到正当的工作，为了生存许多人开始沿成昆铁路线贩卖海洛因，使凉山成为西南毒品运输的重要通道。缺乏文化知识的凉山人并没有意识到毒品的危害，将毒品带回了家乡，吸毒的人员由富庶的地县扩散到贫穷的地方，使当地彝族吸毒人口急剧增加。据不完全统计，2007 年，全州累计登记在册的吸毒人员已达 15000 多人。

随着毒品的蔓延，很多吸毒人员共用毒品注射器，导致了艾滋病的蔓延，由于对艾滋病知识的匮乏，很多人并不知道这种怪病是什么。1995 年 6 月 28 日，凉山首次在从云南遣返的静脉吸毒人员中发现艾滋病感染者。截至2007年，凉山州累计检测出HIV感染者已超过6000例，然而由于情况复杂，防疫力量不足，这并非普查之后的准确数字。另据专家估计，拥有近200万彝族人口的凉山州实际感染人数不少于2万人。更为严重的是，艾滋病感染者中，彝族占91.54%；15岁至40岁青壮年占96.52%；男性占90.49%；农民占94.4%。其中绝大多数为文盲和半文盲。到目前为止，毒品、艾滋病已造成大量人口死亡、伤残、入狱，导致许多家庭崩溃、社会失衡，经济持续贫困，严重破坏了政府20多年来在扶贫方面所取得的成果。

目前，凉山地区的吸贩毒现象已经得到了一定程度的控制，但是，艾滋病正在从高危人群向一般人群扩散，因毒品、艾滋病造成的返贫问题越来越严峻，妇女和儿童的处境日益恶化。由于艾滋病感染者已进入发病死亡期，在那些毒品泛滥和艾滋病流行的村寨，出现了越来越多的孤儿和无人照料的孩子。此外，由于当地人习惯早婚早育，每个家庭普遍生育2—4个孩子（政策允许少数民族生育2—3个孩子），所以，这里受艾滋病影响儿童的问题比河南等地要严重得多。截至2006年年底，据凉山州民政局不完全统计，全州有孤儿4719人（男2784人，女1935人），其中艾滋病遗孤345人，毒品遗孤372人。另据布拖县妇联和民政局普查统计显示，该县实有孤儿2452人，约占总人口的2%，其中，父母双亡的孤儿2037人，单亲孤儿415人。2005年至2007年，凉山彝族妇女儿童发展中心组织中央民族大学、西南民族大学和西昌学院的大学生志愿者在布拖县布拖片区、昭觉县四开片区和美姑大桥片区共16个乡镇进行孤儿普查，共统计出孤儿3372名。详见表1。这些致孤儿童面临的问题主要包括基本食物和营养得不到保证、失学辍学严重、疾病的困扰、心理危机、儿童过早承担过度的体力劳动等。

表1　各片区孤儿规模

片区	调查户数	孤儿数
昭觉县四开	552	1129
美姑县大桥	345	705
片区	调查户数	孤儿数
布拖县布拖	895	1538
合计	1896	3579

资料来源：中心调研资料《凉山彝族自治州因毒品、艾滋病和贫困致孤儿童调研报告》

凉山彝族的社会一步跨千年，从奴隶社会直接就走进了社会主义社会，因此凉山彝族的思想观念中残留的落后、封建的习俗很多，凉山彝族的男尊女卑观念很严重。彝族妇女在社会、家庭、婚姻中的地位非常低下，妇女的初婚年龄较低，妇女生育的卫生条件较差，缺乏卫生知识。彝族妇女的教育程度非常低，2004 年彝族女孩小学毕业生不足总女童的 10% 。这就是说，有 90% 的彝族女童没有能接受完小学阶段的教育就辍学了，大多数只读了一二年级，之后就回家逐步成为新的文盲。①

另外，凉山的发展还有更为复杂的一面，在市场经济和主流文化的冲击下，彝族的文化传统遭受了严重的破坏，村寨共同体被瓦解，传统道德体系崩溃，导致价值扭曲，行为失范，社会失衡。

凉山彝族社会文化的特殊性，使当地的艾滋病防治面临复杂的局面。首先，彝族拥有自己的语言和文字，大多数彝族群众不懂汉语，他们不能通过主流媒体接受预防艾滋病的教育；其次，彝族乡村的电视普及率较低，有线电视网不能覆盖农村地区。因此，他们即使懂汉语要接触到相关信息也非常困难；再次，凉山乡村的基础教育严重落后，大多数彝族乡村能够完成义务教育的人非常少，所以，教育缺失导致他们接受的健康教育知识就更加少。

二、机构成立前公共服务情况

大凉山彝族的发展正面临着最严峻的考验，贫困、毒品、艾滋病、孤儿正严重地威胁着这个地区的发展。政府方面主要是民政部门开展了一些工作。在全州 4719 名孤儿中，享受城市低保的 58 人，享受农村五保的 1876 人，享受其他补助的 126 人。但是，截至 2006 年 12 月底，还有 2659 名孤儿未享受任何补助，只有依靠投亲靠友和临时救济维持生活。另外，卫生部门和妇联也开展过一些不定期的救助活动，但受益人数不多。从上述救助情况看，政府部门并没有实施专门针对孤儿的救助项目，只是把部分孤儿纳入了低保和五保的范围，由于救助形式单一、缺乏力度，不足以解决他们面临的人道主义危机。

一些彝族人已经意识到了毒品给当地人带来的严重危害，昭觉、美姑等地彝族人在毒品侵害背景下的民族自救行动就已然开始。2001 年 3 月昭觉县百姓自发成立了“竹核尔古民间禁毒协会”。这个以“家支”为纽带成立的民间协会，吸纳了竹核乡和尔古乡所有家支的头人，召开群众大会，杀牛宰

① 潘正云、马林英：《凉山彝族女童教育应为特别关注的领域》，载《社会性别与发展在中国：回顾与展望》，2002 年。

羊，杀鸡喝鸡血酒，举行神圣的毕摩祭祀仪式，歃血为盟，严厉禁毒。以血缘关系为纽带形成的家支在当时仍是凉山彝族传统社会组织和构成的重要方式，以家支头人为核心组织起来的禁毒协会，依据习惯法订立乡规民约，一方面成立“禁毒巡逻队”打击贩毒，一方面组织吸毒人员就地强制戒毒；同时利用家支力量，帮助族内生活困难的感染者、病人家庭和孤儿。据禁毒协会创始人之一马海木机介绍，当时这两个地方吸毒现象非常严重，甚至连一些基层政府官员自己也在吸毒，也就无法完全依靠政府的力量禁毒，再加之凉山地区多山区的地理环境给公安机关上山缉拿毒贩也带来了极大的不便，导致其经常错过抓捕的最佳时机。于是当地彝族人通过民间力量展开了一场禁毒大战。但随着社会的不断开放，家支这种传统社会组织逐渐失去了控制力。禁毒协会的资金来源也面临着严重的困难。

一些外界的公益组织也开始关注这个群体，到当地宣传艾滋病的防治措施。但是一些不恰当的宣传方式让长期封闭的彝族人非常不舒服，在集市上进行宣传的志愿者遇到巨大阻碍。另外，很多外来的公益组织，有些甚至是国际知名的非政府组织，在宣传和防治艾滋病方面有专业的能力和丰富的经验，但在这里却不能充分发挥这些组织的优势。首先，专业的能力和丰富的经验使这些组织在进入凉山开展工作时缺乏一种因地制宜的工作方法，不考虑当地的实际情况和风土人情，而仅是将自己原有的一套工作方法植入当地，造成了工作方法的“水土不服”；其次，这些组织的项目往往有一定的时间期限，等项目期限截止，工作完成，就从当地撤出，换下一个项目地，工作缺乏延续性，未能建立一个长效机制，等项目撤去，当地又有可能恢复到了之前的状态。

由此可见，无论是政府、当地自发成立的禁毒协会还是外界的公益组织，在解决凉山遇到的问题上都有一定的局限性。

三、机构概况

（一）机构发展历程

1. 机构成立

2001 年，中央民族大学民族学与社会学学院侯远高、张海洋、木乃热哈等教师申请到了中英性病、艾滋病项目，以“弱势群体参与艾滋病防治的途径和模式”作为课题，其中侯远高老师和热哈老师都是从凉山走出去的彝族知识分子，决定返回故乡凉山做调研，老师们带着学生们在寒暑假期间对凉山的竹核乡、九口乡和特木里进行调研，了解凉山的毒品情况。却发现了艾滋病的情况，这对从凉山出来的老师们触动非常大，他们意识到，面对毒品危害下的彝族群体和社会底层的疾苦，单纯地研究和倡导已经不再是最重要的事情，他们需要的是行动。

2004 年的中美商会年会上，侯远高老师申请到了 2.5 万美金的项目资金，打算用这笔钱帮助 50 个孤儿和 50 个艾滋病家庭的妇女，但是考虑到这笔资金能够帮助的人有限，资金用完后，项目也会停止，并不能从根本上解决凉山的问题。于是，老师们决定用这笔钱成立一个组织，专门从事慈善公益事业和乡村发展能力建设。2005 年 2 月，侯远高、沙呷阿依、木乃热哈、罗庆春等彝族学者回到西昌，召集凉山界的一些朋友，确定机构成立的方案和计划，在凉山州政府领导以及州妇联、州疾病预防控制中心、州民政局等单位的全力支持下，注册登记，于2005 年3 月成立了“凉山彝族妇女儿童发展中心”（以下简称为“中心”），并成立了一个由北京、成都、凉山以及海外的彝族知名人士组成的负责筹措资金和项目的董事会，董事会成员共同组建起负责日常事务的执行机构。

2. 机构使命和理念

机构的使命是通过赋权和能力建设，探索基于民族文化的社区可持续发展模式，促进妇女儿童的全面发展。

机构的理念体现着社会发展的需要，把握着机构发展的方向，是一个组织的灵魂所在，凉山妇女儿童发展中心的理念经过了一个探索的过程，从原来的“社会自救，文化自觉，民族自强”，到后来 2008 年团队建设时经过讨论改为“社区自主、社会自助、文化自觉，民族自强”，“社区自主”是以社区为主导发展项目，推动公民社会建设的方向，走民主化的道路。“社会自助”强调公民的社会责任，依靠社会的力量来解决社会问题，而不是单一靠政府，“文化自觉”，是对本民族文化的思考，一个民族的历史传承、改变、创新、转型，“民族自强”是对本民族的一种责任意识和进取精神。

3. 机构的各个发展阶段

中心从成立至今大致可以分为三个阶段：

第一阶段：创立初期：2005 年 1 月至 2006 年 7 月。

本阶段机构依靠中美商会投资的 20 万元启动资金，运行了中心的第一个项目——“凉山彝族乡村受艾滋病影响儿童援助示范项目”，在布拖特木里开办了第一个爱心班。在昭觉县竹核乡成立了一个宣传队，利用民族民间艺术的形式宣传禁毒和艾滋病预防知识，取得了良好的效果。这一阶段机构的规模较小，项目单一，全中心只有 4 名专职员工。但中心并没有满足于儿童项目，而是为机构的长远发展进行考虑，在项目即将结束时，成功向世界银行申请到了“受毒品和艾滋病影响的彝族妇女手工产品市场发展项目”。

第二阶段：快速成长期：2006 年 8 月至 2009 年 8 月。

这一阶段结构的迅速成长主要表现在：1. 组建新团队，制定新的工作机制。中心大量引进高素质人才，招募社区工作者，打造新的团队开始肩负起各项目的实施和管理工作，培养了一批核心人才。2. 机构配置逐步完善。各项目办公室建成，乡村艺术团正式成立，巡演宣传效果显著，获得极大成功。爱心班的数目连年增加，在凉山开创了“一对一”救助模式。3. 申请到多个项目，国内外的资金大量注入，工作随之全面启动。4. 修改章程，成立理事会，管理更加规范。这一阶段中心进入了一个高速发展的阶段，各项工作都逐渐步入正轨，并日臻完善，工作成就显著，并得到社会各界的认可，积累了大量的经验和教训。

第三阶段：转型期：2009 年 9 月至今。

本阶段随着大量的项目相继收尾，中心的工作量减少，一些项目办撤销，人员流动增大，资金主要是来自国内的基金会、企业以及个人捐赠。爱心班继续增加，艺术团临时解散。经过先前的大量探索，中心到了一个关键的转型期，未来目标是成为凉山枢纽性的非政府机构，孵化更多专业的非政府组织做好社会服务，以求从根本上解决凉山的社会问题。

4. 中心的组织结构

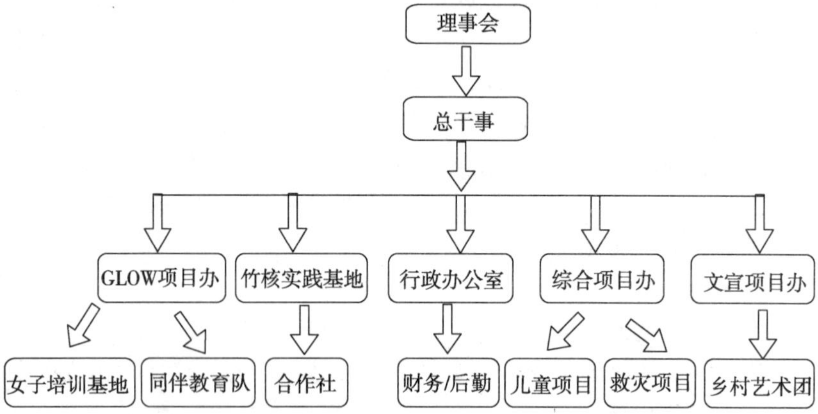

图 1　2007 年凉山彝族妇女儿童发展中心组织机构和人员配置图①

① 凉山彝族妇女儿童发展中心文件。

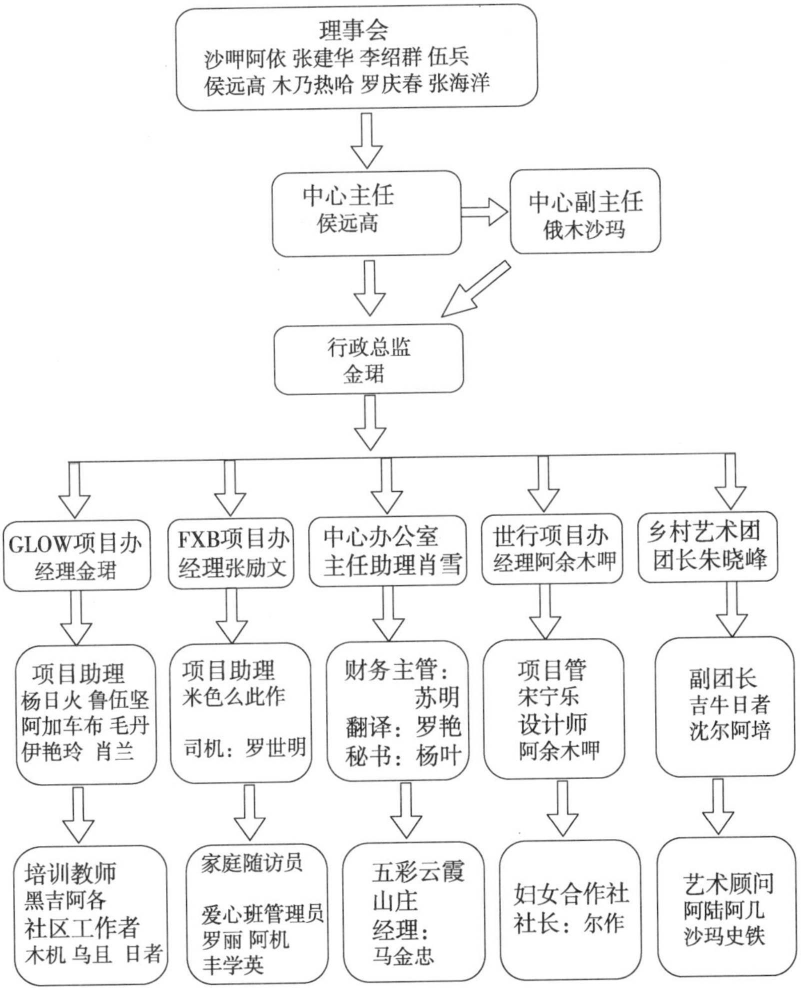

图2 2008年中心组织机构图①

---

① 凉山彝族妇女儿童发展中心文件。

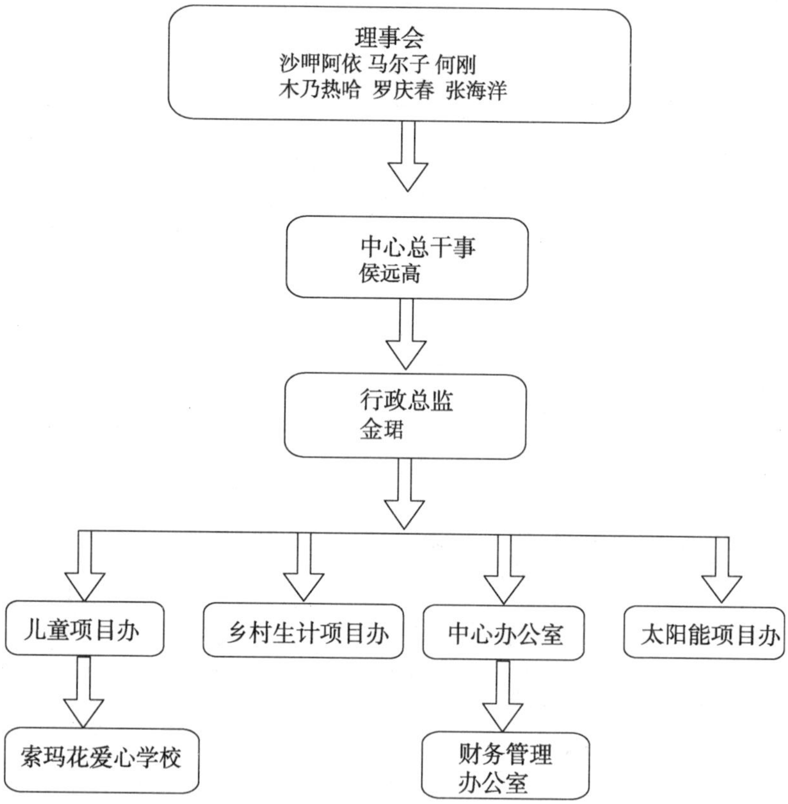

图3　2011年中心组织结构图

从中心机构图中我们可以看到，机构实行的是直线职能制，分工非常明确，又便于统一指挥。组织功能的发挥，受到组织结构的影响，同时，组织结构也受到了社会需求的影响，而及时地调整变化。几年来职能部门是随着项目的不同而发生改变的，当一个项目结束后，这一项目办就会解散，申请到新的项目时，又会成立新的项目办公室。

5. 组织工作人员的基本情况

中心工作人员构成主要分为专职人员和兼职人员。中心成立6年多的时间，人员的流动性非常大，根据项目的大小和多少，人员配置也会相应调整，在2008年前后中心申请的项目较多，工作人员的数量迅速增加到80多人，项目结束后，工作人员的数量开始减少。但核心的项目人员变化较小。目前中心有正式员工12名，兼职员工2人，艺术团成员11人（成员均为彝族人）。14名中心工作人员中，拥有硕士学历2人，本科学历5

人，大专学历2人，有9人是彝族人，会讲彝语，工作三年以上的员工有10人，入职后均接受过来自国内外业界的专业培训，具备了一定的专业技能。

6. 员工对机构的认同情况

通过和中心工作人员的访谈，可以了解到大部分员工非常认同中心的理念，对中心的感情深厚，认为自己不仅仅是在做一份工作，而是在做一件有意义的事情，从工作中得到的成就感相比其他工作更加强烈。太阳能项目办的吉克伍呷，对自己的工作做出了这样的评价："这份工作确实很辛苦，但是每当看到村民们由衷地感谢你，并接受了你教授给他们的知识时，看到一个村子因为我们的努力而慢慢发生改变时，心里真的觉得值了，再多的困难也能挺过去，而且觉得很有成就感，这种快乐的感觉是其他工作所不能带来的。"

从现任工作人员那里了解到，有一部分员工的离职原因确实是在工作过程中与中心的理念不和或与中心负责人的意见产生分歧，无法调和而最终选择了离开。据中心总干事侯远高介绍，之前有一位美籍华裔来中心工作，就是由于与中心的理念以及领导的意见出现严重的分歧，而选择离职。

在对该组织调研的过程中，我们发现也有一部分员工虽然对组织的理念是认同的，但是由于中心提供的薪资待遇不能满足需要，或者希望谋求更好的发展前景而选择了离开，这也是近年来中心员工离职率较高的主要原因。在调研结束不久，我们又了解到先后有四名工作人员离职，离职的原因主要是寻求到了更好的发展机会和到高校继续深造。

通过在中心的体验和对员工的访谈，可以感受到中心员工之间的关系非常融洽，工作范围较好，虽然员工的离职率很高，但是我们也了解到一个有趣的现象，每年的十月份中心的在职员工和离职员工都组织一次聚会，而且是员工们自发组织的，可见大家在一起工作时还是积淀下了深厚的感情的。离职的员工也会时常地关心中心的发展情况，和领导、员工保持长期的联系。

在对中心执行理事侯远高老师访谈时，他提到了中心的用人原则，其中一条让我记忆深刻，就是"从来不主动辞退员工，但当员工提出离职请求也从来不挽留"，侯老师说："员工来到中心工作，首先是从心里认同这个组织，NGO不同于企业、政府部门，薪酬待遇并不高，他能来到这里工作是内心力量和精神的驱使，所以，冲着这点，我不会因为中心资金紧张或是员工工作失误而去辞退他们。但员工如果提出离职的要求，必定是有了更好的发展机会，这点我是可以理解的，毕竟中心目前还不能够提供令员工满意的待遇，所以我从来不加挽留，尊重员工的选择。所以，这几年下来，有的员工就是走了之后又回到中心继续工作的。”

7. 中心的团队建设

从资料中可以了解到，中心非常重视团队建设，为了更好地规范管理，提升团队凝聚力，自 2007 年至 2009 年间，中心对员工进行了多次培训，涉及项目管理、财务管理、监测评估、专业技能和团队建设。

2007 年 3 月，国际美慈聘请国际行动援助专家玛雅给同伴教育协作者培训攀登方法。

2007 年 5 月，GLOW 培训教师接受了帕斯卫生科技适宜组织专家的《生活技能课程》教学培训。

2007 年 7 月，国际美慈 GLOW 项目监测官员给 GLOW 项目全体员工进行了为期 4 天的培训，培训主要针对项目的监测和评估。

2007 年 8 月，上海映绿公益事业发展中心庄爱玲博士在云南昆明对中心员工进行了为期 3 天的团队建设活动。

2008 年 3 月，国际美慈聘请财务专家对中心进行财务知识培训，并帮助中心建立财务内部控制制度。

2008 年 10 月，中心员工在喜德温泉开展团队建设活动。

2008 年 10 月，四川省社会科学院社会学所所长郭虹研究员和香港乐施会项目官员在西昌给中心员工做参与式发展和灾害管理培训。

2009 年 2 月 11—14 日，国际美慈的项目官员和财务官员在成都给 GLOW 项目团队的 10 名员工做了项目管理培训和财务培训。

2009 年 6 月，香港扶轮社凉山办公室的许显凤老师在中心给员工们做了参与式工作方法培训。

2010 年以后随着中心员工数量的减少，团队建设活动也相应减少，但是在每年 8 月份，由西南各少数民族地区部分 NGO 组织共同发起的年会，为中心的团队建设提供了良好的契机。

8. 中心志愿者情况

中心的志愿者主要分为两类：一类是长期志愿者，主要是西昌学院的学生，中心成立之初，就在西昌学院招募志愿者，至今仍保持着良好的联系。在西昌学院彝语言文化学院有一个学生社团“诺苏文化协会”，该社团的成员都是中心的志愿者，大多数学生是彝族学生，精通彝语，主要负责中心每年暑假期间对失依儿童入户调查的志愿工作，他们的彝语优势和吃苦耐劳的精神赢得中心和农户的好评，在调研期间我们也参与了入户调查工作，亲身体会了入户调查的艰难，由于儿童分布范围广，山路崎岖，路面车况差，村落分布十分松散，经常需要徒步上山前往，而这些志愿者每年都要参与其中，不怕苦不怕累，这种精神由衷地令我们感动。中心与该协会经常交流合作，协会曾于2009年邀请中心的侯远高老师为西昌学院的学生作学术讲座。另一类是专业志愿者，这类志愿者也是中心今后重点发展的群体，他们横跨各个领域，包括企业、政府等部门，每个人都有自己所在领域的专业技能。在我们调研期间，见到了来自中央民族大学中国古典文献学研究生胡建设，胡建设是贵州籍彝族人，同时也是中国彝族网的主要负责人之一，对网页设计和网站制作有一定的经验，这次过来主要是帮助中心开发新网站的。据胡建设介绍，本科期间就曾在妇女儿童发展中心做过志愿者，算是中心的老志愿者了，对中心的情况也比较了解，在网页设计和开发时更能符合中心的需要。

中心总干事侯远高在接受香港大学研究生关于志愿者和志愿服务的访谈时提到，中心工作的开展离不开志愿者的奉献，但是在选择志愿者时，中心有自己的合作原则。中心经常会收到来自全国各大学生社团的志愿者报名，但是对于出于一腔热情来做志愿服务的大学生，中心表现出的是一种更为理性的态度，更多考虑的是这些外来的大学生能否做好中心的志愿工作，包括语言障碍和专业能力，如果盲目地招募志愿者既无法完成中心的工作，又会浪费志愿者们的时间、精力和金钱。2011年暑假期间中心的索玛花爱心学校举办了夏令营活动，其中的老师就是由成都的大学生志愿者担任的，但是这些学生都是通过长期致力于助学事业的“成都萤火助学志愿服务中心”统一招募的，志愿者们经过了激烈而又严格的笔试、面试选拔，统一参加培训、试讲等一系列环节，才成为这次夏令营老师的。这些志愿者虽然只是大学生，但他们积极的工作态度、合理的教学方法和对爱心学校孩子们无微不至的照顾，赢得了校长和学生的一致好评，促使其圆满完成了这次志愿活动。由此可见，中心需要的是更为专业的志愿服务者，只有这样才能提高与志愿者合作的效率，提升合作的效果。

对于志愿活动，中心有着更为长远的打算，希望能够把凉山本地的志愿者资源有效地整合起来，实现社会需求与资源的对接。目前已经联合西昌市的义工总队、同城公益网、蚂蚁助学等本土公益组织筹备建立一个志愿者网络，在各县、各乡的中心校、各村小学寻找志愿者，实现信息的对接和共享。

9. 机构特色和优势

凉山妇女儿童发展中心是一个有学者支持的NGO，是一批有民族责任感的专业人士试图在学科理论指导下创立的，在家乡从事社会实践以探索民族发展道路的有高度文化自觉的组织，是在全球化的视野下，围绕国家发展的方针和政策，结合本土文化特点和社会需求，不断探索新的发展模式的一支生力军。为此，我们要建立一个按照国际规范进行管理的机构，打造一支由专业技术人员构成的具有志愿精神和创新能力的工作团队，深入最贫苦的山区开始少数民族新农村建设的艰苦实践。中心给自己的定位并不是简单的慈善公益组织，而是一个为探索本民族发展前景的机构，为本民族提供的不仅仅是救济，更是可持续发展的道路。

正因为具备这样的特色，中心优势也是显而易见的。首先，以大学为背景，中心的发起人来自高校的知识分子，有科学的理论作为指导；其次，民族责任感强烈。中心的大部分成员是彝族人，本着一种对本民族负责的态度，探索一条民族生存和发展的道路；再次，作为凉山本土的非政府组织，能够将当地的实际情况和社会的真正需求有机地结合起来，更符合凉山的情况，工作较外来的非政府组织更具有持续性和稳定性，能够长期地致力于解决当地的问题；最后，中心的工作人员有相当部分是土生土长的凉山彝族人，精通彝语和汉语，和服务对象有着天然的亲切感，熟悉当地的情况，具有吃苦耐劳的精神，能够适应山区恶劣的工作环境，工作方法也更加合理，非常便于工作的开展。

10. 主要公益合作伙伴

中心成立的6年多时间先后和政府、企业以及许多国内外知名非政府组织合作，在凉山地区开展了大量的工作，中心的合作伙伴主要包括国家民族事务委员会、四川省民族事务委员会、美姑县政府、中国社会工作协会儿童社会救助工作委员会、红丝带中美商会、世界银行、美国默沙东基金会、美国中华艾滋病基金会、美国耐克基金——美慈国际组织、香港乐施会、联合国教科文组织、联合国儿童基金会与全国妇联、全球基金、李连杰壹基金、好管家和I-DO儿基会、中华红丝带基金会、莲花基金会、顺风基金会、北京高力国际灯具港、北京京天天越有限公司等。

四、机构开展的主要工作

中心自2005年成立至今，所做的项目主要可以分为四大块，儿童救助、文化项目、禁毒防艾教育、社区生计发展。儿童救助是针对凉山彝族社会出现的直接问题而做的反应，这也是中心长期坚持、永不会松懈的项目。文化项目是近年逐渐在开展而且比重越来越高的一部分，从更深、更广的层面来改变凉山彝族社会，发展凉山彝族自己的社会文化传播平台。禁毒防艾教育是中心针对凉山地区存在的艾滋病问题对当地群众进行宣传教育的活动。社区生计发展是将视角关注于彝族社区的生计发展，改善彝族人的生活状况和经济状况，解决他们的生计问题。

（一）儿童救助项目——开创使孤儿获得综合救助的“爱心班模式”

1. 项目概况

爱心班与爱心学校是由凉山彝族妇女儿童发展中心创办的全寄宿制的孤儿救助模式。在这五年中，中心从早期争取机构短期支持为主转向协助全国各地爱心人士与孤儿建立长期异地助养关系为主，搭建了一个社会广泛参与的公益平台，形成了一个稳定捐赠群体，成功地探索出了一种能够获得稳定资金来源以长期救助孤儿的模式。

2005 年在中心成立酒会上，募集了 20 万元，加上中美商会资助的 2. 5 万美元，同年 9 月，在布拖片区开办了第一个爱心班。救助模式是从九都乡和特木里镇的适龄孤儿中，挑选出最困难的 45 个孩子实施学习救助。这 45 个孤儿年龄跨度在 6 – 12 岁，他们的父母因吸毒、感染艾滋病等原因死亡后，其抚养人因为没有能力供养他们读书而导致失学。与此同时，中心在竹核和尔古两个乡对 50 名失学的孤儿实施了另外一种学习救助方法。具体办法是：与教育部门协商，从 2005 年 9 月开始，让这些孩子在村小学或乡中心小学就近插班上学。由中心为他们提供学习和生活用品，并对其抚养家庭实施生活救济和生产扶持。2006 年在中美商会的资助下，又在昭觉四开和美姑大桥开办了两个爱心班。2008 年在四开办了一个爱心班。但是在 2009 年，由于受全球金融危机影响，爱心班筹款难度加大，有 3 个爱心班的经费仅能维持到 2009 年 10 月，面临解散的危险。145 个孩子马上就要离开学校，回到朝不保夕、饥肠辘辘、衣衫褴褛的生活中去。为此，中心针对爱心班的筹款问题连续召开三次专题会议，认清面临的困难，总结以往筹款经验，商讨出了推广“一对一”助养模式，寻找长期捐助者的办法，制定了具体的实施方案。

2005 年第一个爱心班成立

爱心班是由凉山彝族妇女儿童发展中心探索出来的一种教育、医疗、营养、心理综合的儿童救助模式，中心的工作人员下乡入村入户对孤儿情况进行反复核实，然后和在社会寻求资助，每个孩子一年的资助费用为 2000—3000 元。

凉山彝族妇女儿童发展中心自从 2005 年在布拖县特木里镇创办第一个爱心班以来，至 2010 年先后共办了 12 个爱心班，其中包括一个“天使助学女子高中班”。为了解决爱心班过于分散、管理成本高的问题，中心还把美姑县的六个爱心班合并创办了“美姑县索玛花爱心学校”。截至 2010 年，中心救助的孤儿达 639 名，是凉山地区长期救助孤儿最多的机构。在中心的带动和影响下，其他机构已累计在凉山救助了 2000 多个孤儿。

2011 年中心决定新开办 3 个爱心班和 1 个初中班、1 个艺术班，分别是美姑县觉洛乡中心校：莲花爱心班、凤凰班；普格县荞窝镇中心校：顺丰爱心班；西昌市州民族中学：莲花爱心女子初中班；西昌市四合乡中心校：中华红丝带儿童艺术班。

为了把筹到的资金用到最困难的孩子身上，救助最需要救助的人，中心每年都派出志愿者和工作人员，进村入户，实地核实孤儿的情况。凉山的自然条件和交通障碍给入村核实孤儿带来了巨大的困难，但是中心坚持对每个孤儿的情况进行核实。2005 年，中心组织了中央民族大学两个毕业班的 60 位学生深入凉山乡村进行孤儿调查，足迹遍布两县 7 乡 1 镇。2006 年组织西昌学院的大学生志愿者，对美姑县大桥片区和昭觉县四开片区的致孤儿童进行了普查。2010 年，中心派出了两组工作人员对美姑全县和昭觉县两个片区开展普查，最终确定了 350 个受益孤儿名单。

通过几年的基线调查得到的情况，中心的工作人员发现，在凉山需要帮助的不仅仅是孤儿这一个群体，还有一些儿童虽然父母双全，但由于父母患有重病、残疾而失去劳动能力，抑或是父母入狱服刑、失踪等情况，家庭生活困难，同样会造成孩子失学的情况发生，中心将这样的儿童定义为“失依儿童”。他们同样需要得到帮助。2011 年中心根据这一情况，扩大了爱心班基线调查的儿童范围，将原来的孤儿改为了失依儿童，希望能够让最需要帮助的孩子得到及时地救助。

“爱心班”实行全寄宿制，爱心班所在学校所属的教育局负责提供教室、宿舍并安排授课教师；中心为他们提供所有的生活和学习用品，包括床、被褥、衣物、文具等。同时，由于孩子们年龄小，生活自理能力差，生活管理员负责照顾孩子们的日常饮食起居，保障孩子们的安全。而专门聘请的厨师更能保障孩子们的营养和健康成长，规定孩子们一个星期必须有两餐吃肉。

“索玛花爱心学校”成立于2010 年 8 月 16 日，中心为了解决爱心班过于分散、管理成本高的问题，将有限的资金发挥到最大的作用，在爱心班的基础上探索一种新的助学模式，是在美姑县人民政府、教育局、妇联等部门的支持下和社会各界爱心人士的援助下建立的，该校在美姑县原有的两个爱心班的基础上，新招生 4 个爱心班，集中在美姑县巴普镇初级中学创办，学校共有 3 个年级、6 个班、345 名 6 至 15 岁的学生。这 6 个班的资助方分别为李连杰壹基金、顺丰慈善基金会、天越公司和《好管家》&I Do 儿童基金会各资助一个班，另外一个班由社会各界爱心人士以一对一异地委托助养方式资助，每个孩子每年的费用是 2600 元。

爱心学校的校长由中心儿童项目办官员王友朋担任，美姑县教育局负责安排学校的任课教师，每个爱心班配有一名管理员，管理员主要负责学生们的生活起居和心理辅导，也相当于是孩子们的“家长”兼辅导员。课余时间要督促孩子们认真完成老师布置的作业，保证孩子们的上课出勤率，及时了解孩子们的心理动态和身体健康状况，培养他们良好的学习习惯和生活习惯。学校还配有厨师两名，先前孩子们每天只吃两顿饭，现在学校考虑到孩子们正在长身体的阶段，增加到了三顿饭，按照中心的统一规定，一周有两顿必须吃肉，保证孩子们的营养。

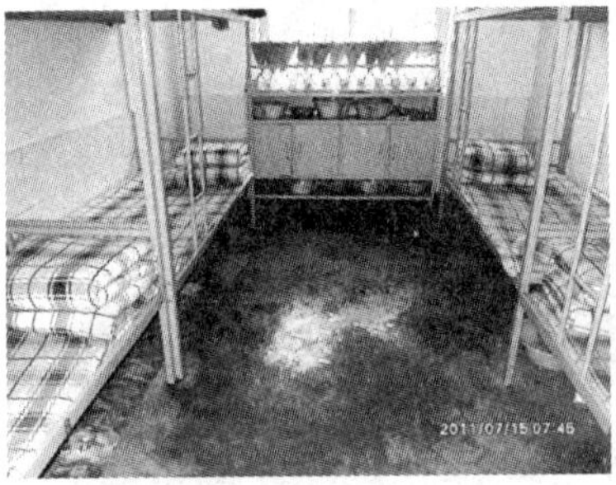

孩子们干净整洁的宿舍

壹基金爱心班的孩子

由多名爱心妈妈捐赠的爱心医务室

王校长在和同学们开心地聊天

爱心学校还设有“小蜜蜂”图书室，供同学们借阅课外图书，丰富学生的课余文化生活；没有“爱心妈妈”医务室，并配有一名校医，孩子们平时身体出现的一些小问题都可以在医务室得到及时地医治。

到了寒暑假，考虑到学生们回到家中无人照顾的情况，中心为孩子们举办了丰富多彩的冬令营和夏令营活动，先后有香港大学志行会志愿者和成都萤火助学志愿服务中心的志愿者访问、支教活动，让孩子们度过了一个个充实而又有意义的假期。

为了丰富孩子们的课余文化生活，传承优秀的民族文化和民族艺术，2011 年 3 月学校成立了“索玛花爱心学校儿童艺术团”，据中心总干事侯远高介绍，艺术团是目前凉山州唯一一个以孤儿和爱心为主题的少儿艺术团。

每学期期末爱心学校的学生要比其他学校的学生多一个档案表，那就是“受助孩子成长表”，这张表上详细地记录着每个学生在过去的一学期里的“学习情况”、“参加活动情况”、“获奖情况”、“身体情况”、“生活自理能力情况”以及“该学期的大事记”，还有孩子们开学时和期末时的两张照片。这张会在每学期结束后统一发给每一位资助人，虽然这些资助人不能时常来看望孩子，但是通过这张表就可以对孩子有一个较为详细、全面的了解。此外资助人还可以和孩子们通信，来了解他们的学习生活情况以及内心的想法，增进彼此之间的感情，在这个过程中，让孩子们感受到温暖的关爱。

中心和社会各界的共同支持和关爱，为 300 多名致孤孤儿提供了一个温暖的家，让孩子们在这里健康快乐地成长。索玛花爱心学校只是凉山妇女儿童发展中心爱心班模式的一个典型代表，其他孩子们也在离家最近的爱心班感受着社会带给他们的温暖与关爱。

2. 项目的创新之处

中心开办的爱心班是一种综合救助孤儿的方式，不同于以往的捐资助学方式，而是对每一个得到救助的孤儿从生活到学习全方位的关爱，从孩子们家长的角度去关心每一个孩子的成长。不仅给予孩子们上学的机会，更希望孩子们能够将家庭的不幸所带来的创伤降到最低，为孩子们提供一个良好的学习和生活环境，这便是爱心班的创新之处。

3. 项目存在的问题

中心成立之初就开始做儿童救助项目，爱心班以及“一对一委托助养失依儿童”模式，在凉山取得了较大的成功，并得到了普遍地推广，使更多的孤儿得到了全面的救助，但是，爱心班在具体的管理上仍存在一些问题。

（1）管理员缺乏必要的培训。管理员在爱心班中扮演着重要的角色，每天和孩子们朝夕相处，和孩子们的关联最为密切，直接影响着孩子们在校学习和生活的质量。由于管理群体的特殊性，这对管理员的素质提出了更高的要求。作为爱心班的管理员不仅要照顾好孩子们的生活起居，更要培养孩子们良好的生活习惯，了解孩子们的心理，但是在调研中发现，爱心班的管理员的培训次数不多，个别管理员的管理能力以及责任意识需要提高和加强。

（2）管理员数量过少。由于，爱心班的管理费用有限，目前每个爱心班只配有一名管理员，学生达到了60人左右，在实际的管理中，管理员还是无法对每一个孩子都照顾周到，充分了解每个孩子的情况。

（3）授课教师的出勤情况缺乏监管。授课教师的缺勤情况在爱心班中并不多见，但是这种现象的出现，还是反映出了学校在老师监管的漏洞。

（4）缺乏专业的心理辅导员。通常一般的学校都配有专业的心理辅导员，对学生的心理健康状况做专业的指导，但在调研过程中，发现爱心学校和其他爱心班都没有专业的心理辅导老师，由于特殊的家庭背景和生长环境，爱心班的孩子们更需要专业的心理辅导，帮助他们塑造健康的心理，这项工作仅靠管理员来做是远远不够的。

（二）成立妇女手工生产合作社，探索彝族妇女发展的新模式

“受毒品和艾滋病影响的彝族妇女手工产品市场发展项目”是中心2005年年底向世界银行投标并全额中标的项目。2005年世行中国发展市场计划以“支持创新，扩大服务，惠及穷人”为主题，以中国的民间组织为对象，为他们的发展创意和创新项目提供赠款，鼓励民间组织在中国的扶贫事业中发挥更积极的作用，推动中国公民社会的健康发展，支持的项目资金为25万元，项目时间为2006年5月至2007年3月。

这个项目的目标是吸收和培训社区中最贫困的200名彝族妇女参加手工生产，通过生产自救，最终使她们摆脱贫困和屈辱。长远目标是逐步把彝族手工绣品发展成为一项产业。在昭觉县竹核乡和布拖县特木里镇创办了两个“彝族妇女手工生产合作社”，吸收和培训了200多名贫困的彝族妇女参加手工生产。与此同时，聘请彝族美术设计师和最好的彝绣艺人，在西昌成立了一个新产品设计室和“手工样品生产车间”。样品生产出来以后，就交由合作社的妇女进行批量生产。生产出服饰、包、壁挂、生活用品和小饰品五个系列，共80多款彝绣精品。并在2006年注册商标并在

西昌等地建立了10余个销售点，正式把产品推进市场。在云南参加了民族手工艺展销会。2006年9月，这个手工项目荣获了中国首届“社会公益示范工程”入围项目奖。

但是这个项目在进行了一年后就被迫终止了，项目带来的经济效益并不显著。首先，由于手工艺品完全是妇女手工制作，需要耗费大量的劳动时间和劳动成本，做出的手工艺品的价格相对较高，超过了一般消费者的价格可接受范围，产品在价格上没有任何竞争优势；其次，中心缺乏懂市场运营和市场营销知识、经验的人才，在将产品投入市场的过程，没能做好市场化的管理工作，最终导致了项目的破产。

（三）文化项目

1. 母语戏剧巡演——乡村艺术团用艺术形式宣传禁毒防艾知识

（1）项目概况

2005年，中心在昭觉县竹核乡招募了一批热爱艺术的青年志愿者组成了竹核宣传队，通过利用民族民间艺术的形式宣传禁毒和艾滋病预防知识，取得了良好的效果。2006年3月，申请获得了美国中华基金会和美国中国艾滋病援助基金会的资金支持，在竹核民间宣传队的基础上组建了一个“凉山彝族乡村艺术团”，艺术团的成员主要由民间艺人和农村青年组成，艺术团邀请精通彝语的彝族作家创作剧本，著名彝族导演指导，成功编排了全国首部禁毒防艾的少数民族母语戏剧《噩梦初醒的山寨》。该剧是以彝族母语作为舞台语言，讲述一个原本幸福的彝族家庭，在毒品和艾滋病的双重打击下家破人亡的故事。剧中大量采用经典的彝族原生态音乐，在进行禁毒和艾滋病预防宣传的同时又弘扬了彝族传统文化，艺术性、民族性、现实性和教育性完美地融合在一起，感人肺腑，催人泪下，使每个观看过演出的观众都对毒品的危害印象深刻。

儿童艺术团下乡演出

在美国中华艾滋病基金会、四川省民委、昭觉县政府、默沙东基金会和国家民委投入的170万元支持下，截至2010年5月，艺术团的《噩梦初醒的山寨》已经在四川和云南的偏远山区彝族乡镇以及北京等各地巡演400多场，观众超过20万人。演出取得了非常好的效果，使很多观众触景生情，在观看中接受禁毒防艾知识的教育。

艺术团不仅仅是中心以运用艺术形式宣传禁毒防艾为目的而成立，同时也是中心实施文化理念的一个平台。中心从凉山彝族自治州各个县、市不断地挖掘优秀的民间艺人，他们中既有国家非物质文化遗产传承人，也有民族音乐爱好者，还有年轻的歌手，他们自弹、自创、自唱，其中还有一位是彝族宗教祭司——毕摩。这样就有利于保护彝族的民间传统文化，发掘优秀的传统文化，并通过这种形式使之成为彝族现代社会的主流文化，对民族文化的发展也起到了一定的导向作用。通过对艺术团成员的访谈，可以深刻地了解到，艺术团的成员，特别是老成员对中心艺术团有着非常深厚的感情，在这里有一种归宿感，他们非常忠于这个组织，也非常认可中心的理念，他们朴实无华，却有着强烈的民族自尊心和自豪感，希望通过自己的艺术创作为自己的民族、自己的家乡贡献力量。

（2）项目的创新之处

戏剧与科普的结合。《噩梦初醒的山寨》是凉山的首部母语戏剧，采用戏剧这种人们喜闻乐见的形式来宣传禁毒防艾的知识，可以说是中心在宣传方法上的一次有益尝试，通过演员生动地表演，使人们感受着相同的场景和类似的故事情节，更能够引起观众的共鸣，在表演中巧妙地穿插一些艾滋病防治知识的讲解，使观众们在观看戏剧的同时了解艾滋病的知识，实践证明，这种宣传的方法比其他的方法更为有效，人们也更易于接受。

找到了一条动员社会参与艾滋病防治的办法。中心开展的宣传教育最大特点是“自编自导”、“身边人演身边事”。所有演员都是来自乡村的民间艺人和青少年。他们虽然没有受过专业的戏剧表演训练，但是，他们有生活感受，戏剧中所反映的故事就是不断在他们的家人、亲戚和乡邻身上不断发生的人间悲剧。他们是用自己的真情实感来引起观众的强烈共鸣，让观众感同身受，从而达到宣传的最佳效果。

（3）项目存在的问题

首先，由于艺术团成员来自民间，没有受过专业的训练，在表演上仍有一些不足之处。缺乏专业的艺术创作人员，对于新作品的创作上潜力不够，后劲不足。

其次，对于艺术团的管理过于松散。对于艺术团成员的日常管理较为松懈，成员的组织性和纪律性较差，平时训练时间没有保证，成员的请假出勤制度规范不严格，训练常常因为个别演员的请假而无法进行。

最后，由于艺术团属于非营利性质，在演出时没有任何的演出收入，而艺术团的基金主要来自于外界机构以项目形式的捐助，项目一旦结束，艺术团出现资金断链，面临解散的危险。资金的缺乏致使中心无法按时给艺术团成员发放工资，一些艺术团成员迫于生计选择离开，寻找更好的发展机会。资金的匮乏，人才的流失，直接影响着艺术团新剧目的编排，艺术团只能面临解散的困境。对于如何管理好没有任何盈利性收入的艺术团，使其实现可持续发展，对于中心来说，是一个迫切需要解决的问题。

2. 第一部彝语广播剧——利用传播手段降低少数民族群体的风险

（1）项目概况

首部彝语广播剧《瓦托村的故事》是由联合国教科组织的鼎力支持，支持项目资金为30万，由凉山彝族妇女儿童发展中心彝语影视和音乐创作工作室录制完成。该剧以改革开放以来，边远彝族山寨中三个同祖兄弟家庭内部发生的兴衰故事为主线，以退伍军人阿萨和古哈家大女儿阿佳曲折的恋爱故事为副线，展现了一幅多姿多彩的彝人现代生活画卷。故事叙述了古老宁静的瓦拖村在面临毒品和艾滋病问题时的困惑和艰难，反映了在全球化背景下，在市场经济浪潮的冲击下，特别是在拜金主义思潮的席卷下，人性被撕裂，传统价值观被动摇所造成的后果。

故事以朴实的笔调和现实主义的手法，批判和揭露了不良社会影响给彝族乡村带来的种种灾难，热情讴歌了彝人的真善美以及对美好幸福生活的向往和追求。该剧在凉山广播电台滚动播出，总共分5集片长140分钟，每天下午17时30分至18时为首播时间，次日早上7时30分至8时为重播时间，播出频率为FM：95.8、101.5、90.7三个波段，覆盖了凉山州十七个县市及周边地区。

（2）项目效果

母语广播剧具有民族性、教化性、艺术性、现实性，四川广播电台彝语频道成立32年来，没有一部彝语广播剧，此剧增补了这一空白。这是彝族母语广播剧的一个里程碑，是对弘扬民族文化的一种有益的探索。

3. 彝语电视连续剧

（1）项目概况

舞台戏剧《噩梦初醒的山寨》的演出只有一个半小时，里面所富含和传达的信息是有限的，能够展示给观众的东西也是有限的。虽然经过演员们四年不断地翻山越岭、辗转各地的演出，但覆盖的人群还是只有30多万，因此，应广大观众的要求，也是为了适应彝族文化发展和乡村教育的需要，中心招募影视人才，建立彝语影视制作技术平台，开始筹备拍摄第一部彝族电视连续剧。

电视剧《初醒的山寨》将是对《噩梦初醒的山寨》一个继承和超越，这部电视剧延续了《噩梦初醒的山寨》主题，是一部宣传与教育的公益电视剧，通过更加真实的场面、通过不同的人生观和价值观的展示、通过不同的人生经历讲述一个更加感人至深的故事。电视剧从舞台搬到了彝族乡村现场，走进彝族人真实的生活当中。无论是在故事情节的设计上，生活场景的呈现上，民族风情与文化的展示上、教育的深刻上都将是对《噩梦初醒的山寨》的一个超越。在这部电视剧中，我们看到了一家团圆、喜极而泣的场景，看到了彝族人民族自救的精神，看到了一个重新振作、奋发向上的民族，看到了一个初醒的、恢复安宁祥和的山寨在冉冉升起，将看到超越噩梦的日子。

该剧是壹基金典范工程资金扶持的公益项目之一，是一部社会教育片，在告诫民众远离毒品的同时，向全国观众展现一个全新的彝区。该剧监制杨翼先生，执行导演陈扬先生，摄像师梁超强先生以及全部彝族演员皆以志愿者身份参与剧组，不计报酬，体现了社会自救、民族自强的精神。制片人是中心的侯远高总干事，中心希望通过本剧的播出，能够让更多的人远离毒品，珍惜生命，同时带动彝区旅游经济发展、促进民族团结。

（2）项目创新之处

成功尝试了用文化手段解决社会问题的办法并在解决社会问题的同时，探索出了一条实现少数民族文化转型的途径。无论是拍摄戏剧、广播剧还是电视剧，都不是单纯为了开展艾滋病教育，更重要的是为了摆脱彝族文化被日益边缘化的趋势，抢救濒危的文化遗产，尝试去学习和掌握现代传媒技术，建立以彝族语言和文字为载体的知识和信息传播平台，传承和发展彝族母语文化。

（3）项目存在的问题

由于电视剧是在冬季拍摄的，雨雪天气频繁，加之录像带的保管不当，造成了录像带受潮，无法使用，使得前期的拍摄工作前功尽弃，严重影响了电视剧的产出，想要重新进行拍摄又要耗费大量的人、财、物，此项目也只能暂时搁浅了。

无论是艺术团、舞台戏剧、广播剧还是电视剧，中心都希望能够建立一个专业的影视和音乐制作中心，使中心的文化项目创作出更好更多的艺术作品，实现艺术的产业化管理，在一定程度上解决文化项目以及艺术团资金紧张的情况。但这一构想因为多种原因始终未能实现。

（四）GLOW 项目：增加乡村彝族女孩的经济和社会发展机会

1. 项目概况

四川凉山彝族年轻女性不但不能健康成长，反而必须在与艾滋病、有限的教育、买卖婚姻、把毒品买卖作为职业等境况的斗争中挣扎才能存活，而16岁到19岁的女孩儿许多都不再继续念书，而是在家或出去打工，但是又缺乏相应的能力，给就业带来了很大的困难。在这样的背景下，中心与美国耐克基金会——美慈国际合作，共同开展 GLOW 项目（Giving Leadership Opportunities to young Women 赋予少女领导机会）。

GLOW 项目是中心联合国际美慈组织（Mercy Corps）向耐克基金会（Nike Foundation）申请的一个为期 3 年的项目，时间为 2006 年 5 月至 2009 年 8 月，投入资金共 560 万元。

此项目共实现了三个目标：

目标一：项目通过教育、经济、卫生等方式，为面临艾滋病、毒品、人口外流等多项挑战的彝族少女开拓经济发展的机会。

项目在四川凉山彝族自治州昭觉县竹核和尔古两乡开展，培训对象为16到19岁不属于“普九”对象的校外彝族农村女孩儿，主要培训内容为女孩的语言、生活技能、经商能力，组织经济群体知识、农业或职业技能以及卫生教育和同伴教育，使彝族少女获得应对民工潮和 HIV/AIDS 挑战的生活技能、卫生知识和经济选择。培训课程主要包括普通话、生活技能培训、就业指导、形体、礼仪等，教学的方式生动，参与性非常强，共有超过 547 名彝族少女参加了 GLOW 的就业和创业培训，培训的效果非常显著，很多女孩儿在经过三个月左右的培训后，性格变得开朗外向，敢于与陌生人交流，实现了就业能力的增强和收入的增加。许多女孩在凉山州西昌市邛海宾馆、名仁酒店、教建酒店等星级宾馆、沿海外贸公司工作，逐步实现女孩经济独立增长，乃至影响其家庭经济收入。

值得一提的是中心的学员就业回访制度。中心在安排学员就业以后，工作并没有就此结束，而是采取定期跟进回访，个案工作者和用人单位保持联系，及时了解员工在工厂的工作情况、生活情况、工资给付、福利待遇等，保护女孩的合法权益免受侵害。

另外，针对另一些学员希望能回到家乡创业致富的愿望，项目又实施了“创业组支持计划”，中心在昭觉建立了创业基地，聘请技术员教女孩们学习辣椒、蔬菜、果树种植技术和畜牧养殖技术，并免费发放母猪、鸡苗和果树苗，支持她们在家创业。在母猪饲养方面，采取的是“借猪还猪”的礼品传递方式，即受益家庭在母猪产下小猪仔后，将其中一头母猪仔作为礼品传递给下一个家庭，这样也使 GLOW 项目的受益对象不断扩大。

目标二：通过青年人的同伴教育网，为彝族社区的安全和发展提供支持。

凉山地区毒品、艾滋病高流行是因为教育的缺失和相关知识的不可及性造成的。其最直接的原因是当地吸毒人员共用针具注射吸毒的比例较高。加之彝族青少年多性伴的特征较为突出，在性生活中又没有使用安全套的习惯，不安全性行为使青少年成为易感人群。因此，加强针对彝族地区青少年的行为教育是凉山艾滋病防治工作中迫切的任务。

在耐克基金会和美慈国际组织的支持下，中心自 2006 年 6 月开展实施 GLOW 项目的第二个目标——青少年同伴教育。培训教师都是经过国际行动援助的培训的。首先是对目标社区——凉山彝族自治州昭觉县竹核乡和尔古乡的 12 个行政村的校外青少年开展系统的同伴教育，结合当地的实际，开发出一套彝语版的“同伴教育攀登培训手册”。用于培训彝族青少年的沟通和交流技巧，普及包括艾滋病、性病在内的大众健康知识以及应对高危行为的各种策略，培训的方法灵活多样，青少年的参与性非常强，在同伴教育者和学员地互动中学习知识。两年时间里，建立了 2800 多名同伴教育网络，并组建了由乡村进步青年构成的同伴教育队，这些同伴教育者在当地降低彝族青少年的艾滋病易感性方面发挥了显著作用，逐渐改变乡村青少年的行为，使社区乡民逐渐接受了安全性行为的观念了。与此同时，还建立了 8 个青少年活动室和 12 个安全套发放点。

随后，中心申请到壹基金典范工程《美姑县校内外青少年同伴教育项目》，从 2009 年 9 月起开始在美姑县 6 所中学开展攀登培训。这一项目旨在美姑县校内外青少年中推广中心在昭觉县实施 GLOW 项目的经验，使用中心自己开发的“攀登本土化培训手册”，组织同伴教育者对凉山州美姑县的中学生开展同伴教育活动，并把同伴教育活动扩大到学校周围的乡村社区，完成了 6000 名青少年的艾滋病知识教育，帮助校内外青少年掌握健康知识和生活技能，提高自我意识，使其懂得自我保护，“远离毒品，珍爱生命”，成为有知识有理想的青年。

社区青少年正在接受互动式的培训

目标三：通过三年 GLOW 项目的实施，美慈国际提供的各种有效培训，使中心从制度建设、内部管理、对外宣传等形成一套完整的少数民族 NGO 发展的管理模式。

2. 项目创新之处

（1）项目目标人群的选择恰当

中心结合彝族乡村的实际情况，将目标人群定位于 16 至 19 岁的女孩儿，这些女孩大多只念到小学或者初中就离开了学校，在家务农抑或是准备嫁人，她们没有能力改变自己的生活，同时，这些女孩又有非常强的可塑性，接受知识和技能的能力非常强。采用彝语教学，通过对女孩各方面的培训，可以在一定程度改变她们的生活。校外青少年是社区的未来，对社区的未来发展有着重要的影响，他们善于接受新事物、新思想，因此，要改变社区的情况，就需要对青少年群体进行有效地行为干预。

（2）着眼于社区，现场培训

根据彝族农村分布较为分散、交通不便的情况，中心将同伴教育的培训课堂直接开在乡村社区中，来到青少年的身边，在村内建立活动室，并设立一些有趣的娱乐项目，如设立台球室，来吸引青少年参加培训，让青少年自愿主动地参与到培训中来，在自己的村子里就能接受到培训，使培训的效果大大提高。

（3）培训方法灵活、互动性强、符合本地化的要求

无论是女孩的就业培训还是同伴教育培训，教育者都根据青少年的特点，采取了寓教于乐的培训方式，另外女男同伴之间的互动性非常强，让大家参与到课堂的教学中来，既增强了青少年的兴趣，提高了学习效果又增进了彼此之间的认识与了解。培训所用的教材是在国际行动援助组织提供的教材的基础上进行开发，经过本土化的改编的。编制彝语版的“同伴教育攀登培训手册”，更加适应本地的实际情况，使培训者更易接受。

四川社会科学院社会学所所长郭虹研究员评价 GLOW 项目是一个原自民族自身、基于社区的一次实践，并总结项目具有基于需求、着眼社区、重视多主体积极性调动等特点。

（五）凉山彝族妇女预防艾滋病宣传教育示范项目

1. 项目概况

凉山彝族妇女预防艾滋病宣传教育示范项目是由中华全国妇女联合会、联合国儿童基金会、全球基金四川办公室支持，四川省妇女联合会和凉山彝族自治州妇女联合会承担并委托和督导凉山彝族妇女儿童发展中心具体执行的项目。前三者投入资金共 34 万元，从 2009 年 6 月开始至 2010 年 5 月，用一年时间完成对昭觉县和布拖县各 5 个乡，87 个村，16000 名彝族妇女的艾滋病预防知识的教育。项目实施的步骤如下：

第一，培训课程和教材的开发。为了解农村彝族妇女的艾滋病认知情况以及她们的思想和行为特点，作为培训课程开发、培训手册编写的依据。同时也作为项目实施前后目标社区妇女对艾滋病认知情况、思想和行为特点的评估依据，中心组织志愿者做了大量的基线调查，在此基础上，中心组织专家编写了适合当地彝族妇女干部使用的《凉山彝区乡村妇女干部艾滋病防治工作培训手册》，还编写了适合彝族妇女阅读的《彝族妇女健康教育画册》，用彝族人物的卡通图配上彝汉双语的简单文字描述，传播彝族妇女最需要的健康知识。

第二，三级妇联干部和村妇女骨干培训。自 2009 年 9 月至 2010 年 3 月，共成功举办六期县乡村三级妇联干部和妇女骨干培训，有 175 名县、乡、村妇女干部、妇女骨干参加了全程培训，覆盖昭觉县竹核乡、日哈乡、城北乡、四开乡、普诗乡和布拖县特木里镇、补尔乡、拖觉镇、木尔乡和九都乡 10 个乡镇 88 个村。

妇女们在接受培训

一位妇女在试讲

在整个培训过程中，首先，培训老师采用纯彝语进行培训，这不但解决了妇女们心中的疑虑，克服了语言交流障碍的问题，而且鼓舞和增强了妇女们的信心。其次，采用参与式的培训方法，以妇女为本，加强与她们的互动与交流，发挥妇女们的主体作用，提高参与度，激发妇女之间相互教育、相互学习的巨大动力，为了巩固妇女们对知识的掌握和理解，培训时还定期让妇女进行试讲，培养她们回村后给村中人讲解的能力。另外，采取全程封闭式的培训，这不仅避免了来自妇女家庭的打扰，而且提高了培训的效果。最后，培训的不仅仅是艾滋病相关知识的培训，还包括妇女一生所面临的各种健康问题。更重要的是提高了妇女们的自觉意识，了解毒品和艾滋病造成的社会危机，增强开展艾滋病防治工作的紧迫性和责任心，从被动接受教育变为积极主动地去组织妇女应对艾滋病造成的威胁。从妇女干部们培训结业问卷调查结果中可看出，能全程参与培训的妇女们成绩均得到提高，提高率达到 100% 。

第三，全面开展乡村妇女面对面教育。受训后的 175 名妇女干部和骨干带着创新的工作方法和全副武装的头脑返回各自的村庄，并针对所在村的实际情况，采取多种不同的方式在村里全面、不定期地开展村级妇女艾滋病教育工作，重点关注艾滋病感染者家庭、吸毒人员家庭的妇女和经常外流的妇女。主要开展工作的方式包括：1. 面对面宣传教育；2. 集中培训；3. 全村集中动员与妇女系统培训相结合；4. 放映彝语版艾滋病宣传教育片；5. 组织阅读各种宣传教育资料。通过上述多种形式的培训，强化了艾滋病知识的宣传力度，增强了妇女的自我保护意识、健康意识、卫生意识和权利意识，推动了相关行为的改变，树立了良好的禁毒防艾的社会风气。

第四，入村督导村级妇女工作。为及时跟进村级妇女教育工作，针对工作中遇到的挑战进行现场指导，共同找到解决问题的策略，确保村级培训的数量和质量，达到培训效果，实现既定目标，项目办从2010年1月底至5月中旬，先后共入村督导三次，督导覆盖两县10个乡镇88个村，在督导中发现问题，及时提出并找到解决问题的策略。

第五，末线调查。项目办于2010年5月14日至18日，组织了西昌学院有项目调查经验的志愿者和凉山彝族妇女儿童发展中心同伴教育队共同进行了为期5天的项目末线调查工作。调查队在原基线调查的基础上，为扩大问卷调查覆盖面，评估村级妇女对艾滋病、毒品和妇女权益等相关知识的掌握程度，采取抽样调查的方法，共调查完毕2县10个乡镇20个村500多份问卷。随即输入问卷数据，并进行了分析和评估。

2. 项目亮点

（1）建成了以妇联组织为主体的乡村艾滋病教育模式。妇联是一个拥有完整的基层组织网络的系统，但是，过去在禁毒和艾滋病防治工作中并没有充分发挥该组织的作用。一方面是因为艾滋病防治没有纳入妇联系统工作的主要内容，另一方面，基层妇联干部开展艾滋病工作的知识、能力和意识没有提高。凉山过去也实施过妇女面对面教育的项目，但是因为没有对妇女干部进行过系统培训，她们的认识、知识水平和主动性都没有提高，也没有建立开展村级工作的督导激励机制，效果不理想。

本项目最大的成功是通过一系列工作，整体提升了乡村妇联组织开展宣传教育的能力和意识，建立了一个以妇女为主体的可持续开展艾滋病教育和行为干预的网络。

（2）开发了一套最实用的系列培训材料，为在凉山全面推广打下了基础。项目办聘请专家开发了一本《彝区乡村妇女干部艾滋病防治工作培训手册》和一本《彝族妇女健康教育画册》（彝汉两种文字），印制了艾滋病宣传年历海报（彝汉两种文字），同时，利用相关项目开发的3个光碟（彝语版艾滋病宣教片《珍爱生命》、彝语戏剧《噩梦初醒的山寨》和彝语广播剧《瓦掩村的故事》），形成一个培训工具包，发放给各个村妇女主任，供她们在开展村级工作中使用。实践证明这是最受欢迎、最系统、最适合彝区的艾滋病教育材料。

（3）开创性地运用了文化适应性的参与式培训方法。由于受社会、环境和条件等因素的制约，彝族农村妇女受教育程度非常低，思想比较落后，绝大多数的妇女只读过小学，甚至从未接受过学校教育。因此走出村寨后，语言交流成了她们的最大障碍。这是村妇联干部和妇女骨干们来培训前所担心的问题。但万万没想到培训教师都是彝族，不仅能够用彝语熟练的传授健康知识，也了解彝族妇女的处境和心理状况，尊重她们的文化习俗，这无疑给她们带来了莫大的惊奇和喜悦。

在培训期间，中心培训老师采用彝语进行培训，这不但解决了妇女们心中的疑虑，克服了语言交流障碍的问题，而且增强了妇女们学习相关知识的信心。更重要的是，由于培训内容是针对彝族乡村妇女面临的各种健康问题和权利问题开发的，培训方法既生动形象又轻松愉快，培训教师平易近人，可以畅所欲言。营造了一个非常好的学习和生活环境，使受训者可以脱离日常事务，思考妇女面临的各种问题。

（4）激发了乡村妇女干部应对艾滋病的自觉意识和工作热情，形成了一支能够开展妇女自我教育的骨干力量。毒品和艾滋病在彝族乡村的传播已有近20年，自上而下的外来的宣传教育也开展过不少，但是，村民始终在被动接受教育，没有自觉意识，没有主动性，没有危机感，学到的预防知识也是一知半解，稀里糊涂。相反，吸贩毒分子在这些乡村非常猖獗，价值扭曲、行为失范，世风日下，妇女深受其害却显得非常无助和麻木。本项目的实施，初步扭转了这一局面。88个村的妇女主任和妇女骨干能够根据实际情况，自觉利用农闲时间，奔波于各自然村（社）之间，通过集中培训、观看彝语版艾滋病宣传片、阅读宣传资料、人盯人个别辅导等方式开展艾滋病教育工作。

（5）拍摄了一部项目总结专题片。为了加强项目痕迹管理，突出项目的必要性和有效工作模式，项目办邀请有多年专题片拍摄经验的摄像师拍摄了一部名为“彝族妇女艾滋病宣传教育示范项目”拍摄了整个项目的实施过程，并以专题纪录片的形式剪辑刻录完毕。

3. 项目的困难和挑战

项目在实施过程中，存在以下困难和挑战：

（1）由于受打工潮的影响，彝族村寨里很多中青年妇女外出务工，部分家庭甚至携全家男女老少一起外出谋生，很难保证艾滋病宣传教育工作的普及性。

（2）绝大多数村妇女主任和妇女骨干文化素质低，大多数都不懂汉语，更不会写字，也不认识彝文，布拖县使用“阿都”彝语方言，给语言交流带来极大不便。村妇女主任和妇女骨干在使用村级妇女培训参考资料时存在严重障碍，也不会填写各种统计表，给村级督导工作带来极大的困难。

（3）妇女是一个弱势群体，彝族乡村地区，妇女在参与某项决定、社区管理等方面没有权利和优势，像本项目这样以妇女为主体的项目在部分乡村得不到乡村干部全力支持和配合。

（4）两县艰苦的环境和不便的交通以及缺乏必要的交通工具，给项目执行带来巨大的困难。由于预算不多，项目周期短，对村级工作的督导少，激励不够。

（六）情系灾区，重建家园——会理地震灾区紧急救援及板房学校项目

1. 项目概况

2008 年 8 月 30 日 16：30 分，四川省攀枝花市仁和区、凉山彝族自治州会理县交界处发生里氏 6.1 级地震，震源深度为 10 公里，极震区烈度达到Ⅷ度。地震横跨四川、云南两省，受灾人口 80 余万。中心得到消息后，立即成立了一支“青年志愿者救援队”，队员由本中心的骨干员工构成，含中央民族大学教授 2 人，艺术团成员 21 人、培训教师 4 人、同伴教育工作者 5 人，均为本中心骨干成员，共 32 人奔赴灾区。救援队按照工作部署分为工程队、教学组、后勤组，分工协作，展开全面救援工作。

为了推动国内外民间组织参与四川会理“8・30”地震抗震救灾活动。中心于 9 月 6 日在受灾最为严重的会理县黎溪镇设立“民间组织抗震救灾工作站”。工作站的职责是：及时了解和通报灾区的信息；组织实施国内外民间组织委托的救灾项目；为来灾区考察和救援的民间组织和志愿人士提供服务。

和中心有项目合作的美慈国际组织了解到了灾区的受灾情况，通过中心设立的救灾工作站第一时间向灾区捐助了大量的救灾物资，并对小学教师和志愿者进行灾后儿童心理辅导方法的培训。

另外，在对灾区需求进行评估后，香港乐施会决定援建两所共价值 28 万的活动板房小学，并为灾区提供 2000 床棉被和 10 万平方米彩条布的救灾物资。“援建两所活动板房小学”项目由凉山彝族妇女儿童发展中心负责组织实施。经过与当地教育主管部门的协商，确定援建绿湾小学和坭前小学，两所小学在绿湾村和坭前村。

此外，中心协助香港无止桥基金会在灾区实施生态民居和人行便桥建设项目。这是目前唯一在灾区推广生土建筑的项目，受到建设部的重视。

为了在绿湾村实施综合救援行动，中心从绿湾村村民的实际需求出发，破例接收绿湾村的汉族适龄女孩参加贫困家庭女孩技能培训与就业安置班，帮助绿湾村村民解决实际困难。这一期，共有 4 名绿湾村的女孩参加了中心的培训。

2. 项目亮点

“民间组织抗震救灾工作站”的设立，能够及时了解和通报灾区的信息，实施国内外民间组织委托的救灾项目，为来灾区考察和救援的民间组织和志愿人士提供服务。工作站的成立使中心和民间组织对灾区的援助更加系统化和有序化，避免资源的重复浪费。

（七）乡村生计项目——扶持贫困地区的彝族家庭滚动发展多胎山羊

1. 项目概况

2008 年 11 月，在北京召开的“全球公益论坛”上，中心获得了中国红十字会李连杰壹基金组织评选的“中国民间公益组织典范工程”奖和 100 万元项目支持资金。中心将这笔钱先后用了以下几个项目：美姑县校内外的同伴教育项目、电视剧拍摄项目、支持机构建设项目以及养羊项目，下面重点介绍一下乡村生计项目——扶持贫困地区的彝族家庭滚动发展多胎山羊项目，项目实施时间为 2010 年 3 月至今。

近年来，为了摆脱贫困，乡村彝族青壮年几乎全部外出打工，农村“空巢化”的问题越来越严重，引发了一系列社会文化问题，乡村发展陷入停滞。然而，自去年金融危机以来，部分彝族农民工失业返乡。为了帮助这些返乡农民工特别是彝族妇女在自己的家乡发展，避免不安全流动带来的伤害。中心一直在寻找比较适宜的乡村生计发展项目，以恢复乡村社会的活力。在实施此项目之前，中心曾在昭觉县试行过“借猪还猪”的项目，效果非常好，受此启发，并经过对农户的调查，决定在高半山地区实施养羊项目，原因是近年来，由于青壮年外出打工，小孩又全部送到学校读书了，没有人放羊，所以，农户养的羊大量减少。然而，本来山上的荒山荒坡和树林草地就比较多，劳动力减少以后，闲置抛荒的土地也越来越多，现在正是大力发展种草养羊的好时候。可是，这些想养羊的农户没有资金购买种羊和母羊。所以，希望中心能够支持他们，而且，他们愿意采取彝族人传统的寄养牲畜的方法来实施项目。所谓“寄养牲畜的方法”就是：有牛羊但没有劳动力的农户，把牛羊寄养在有劳动力但没有牛羊的贫困农户家里，生下来的小牛和羊羔，一家一半进行分配，这样，双方都得到了发展。中心在实际调研中发现美姑县有一种繁殖得很快的“多胎山羊”，市场供不应求。据农民反映，养羊可以积肥，不用花钱买化肥，庄稼又长得好。现在化肥越来越贵，负担很重。于是，中心来到美姑县对多胎山羊进行调研，得到了美姑县畜牧局的大力支持。项目实施过程如下：

第一，在昭觉县选择两个示范村，在群众自愿的基础上，挑选 100 户有条件饲养的贫困家庭作为示范户。向每家发放2只多胎基础母羊，每5家发放1只种公羊。同时，每户发放价值500元的水泥，修建标准化羊圈。并规定必须种草圈养，减少自然放牧造成的环境影响。为了让羊住入舒适的羊圈，项目管理人员到洛俄依甘乡马洛村30户和九口乡波苦村20户、瓦屋村20户受益户验收羊圈，并针对羊圈存在的问题逐户逐个提出了限期整改意见。向受益户投放品质优良羊是项目成功的根本保障，为此，项目管理人员和受益户代表在听取县畜牧专家的意见下，分别到品质优良，数量充裕的井叶特西乡、大桥乡依波沃村和大桥乡新农村了解羊的品质，协调了羊的价格。

第二，确定投放受益户，讲清投放羊标准。参与式是项目得到发展的关键，也是调动受益户积极性的因素，通过参与式让受益户从“我是受益户”转变到“我要受益”。在确定受益户时，每一户受益户都派人参与，让他们找差距，找原因，互相学习。

第三，采取与农户签订协议的方式，每发放1只母羊回收2只相同重量的母羊，每5家回收2只相同重量的种公羊的办法。1年至1年半后归还，再滚动投放其他农户，逐步扩大受益家庭。

第四，聘请畜牧专家对养羊进行饲养、配种、选育、疾病预防和人工种草等方面的技术培训。并定期入户进行技术辅导和检查监督。

中心将在美姑县九口乡瓦伍村和波苦村，美姑县洛俄依甘乡马洛村，昭觉县竹核乡吾合村扶持100户贫困家庭饲养多胎山羊项目，为受益户家庭拓宽收入渠道。

2. 项目亮点

（1）中心采取的这种滚动发展、传递的方式，极大地提高了农民养殖的积极性，避免了农民将发送的羊直接屠宰吃掉的现象出现，真正做到了“造血式”扶贫，而不是以往的“输血式”扶贫。

（2）中心所做这一扶贫项目非常好地结合了当地实际，尊重文化传统，在当地人的知识和能力范围内，选择技术性不强易操作的项目，而且考虑到了市场因素和消费习惯，规避了市场风险。

（3）为了保证养羊的质量，中心根据农户家实际情况，发给养羊农户一定的羊圈补贴，专门修葺羊圈，并提供必要的技术支持，保证了羊的存活率。

（八）“送光明，点亮希望”——太阳能项目

1. 项目概况

凉山彝族自治州是中国最大的集中连片的贫困地区之一，截至2008

年，全州还有777个行政村完全不通电，374个行政村部分不通电，无电农户多达141077户，有616233人仍然生活在伸手不见五指的黑夜里。2009年9月—11月，在壹基金的支持下，凉山彝族妇女儿童发展中心和深德咨询在四川省凉山州美姑县实施了“送光明点亮希望”的试点项目。

项目选择美姑县洛俄依甘乡马洛村、尔其乡瓦洛村和龙门乡尔拖村为示范点，给150户村民分两批免费发放环保节能的太阳能灯，并培训7名社区骨干，回项目村开办夜校。在开展健康教育、扫盲教育和农业实用技术培训的同时，跟进回访农户使用太阳能灯的情况。3个月以来，太阳能灯惠及的彝族乡村发生了可喜变化，试点取得了圆满结果，帮助一部分山区贫困人口结束夜间黑暗的生活，提高农业生产的效力、普及科学文化知识、提高生活质量，促进彝区健康文明新生活运动的深入开展。

鉴于试点项目取得了非常好的效果，2010年，壹基金再次和中心合作，实施了偏远彝族山寨“送光明点亮希望”推广项目。项目时间为2010年7月1日至2011年10月30日。项目实施地点为四川省凉山州美姑县150个完全不通电的村和38个部分通电的村。这次项目分为两部分，一部分为“送光明”，即为未通电的偏远彝族山寨送去清洁、环保、高效和便捷的太阳能灯，告别长期使用松油、竹子等照明的黑暗生活。在项目设计时，中心考虑到仅给村民送来光亮是不够，更需要给他们带来了精神上的希望，所以又加入了另一部分内容“点亮希望”，即对村干部进行培训，提高他们的乡村治理能力，但是这一想法并未能得到相关政府领导的同意，考虑到是给基层政府官员的培训，政府部门认为中心作为民间组织不能承担这一工作。于是中心将培训改为了“美姑县妇女预防艾滋病面对面教育”。

（1）“送光明”发送灯具

2011年1月27日—2011年6月9日，项目办在美姑县共发放灯具13776盏，覆盖全县29个乡镇，143个行政村的13776户村民（非五保户13213户，五保户563户）。

2011年6月中下旬，项目办在金阳县做了无电农户摸底工作，确定无电农户之后，于2011年7月12日到9月25日期间在金阳县共发放灯具6799盏，覆盖金阳全县22个乡镇，59个行政村的6799户村民（非五保户6711户，五保户80户）。

美姑、金阳两县共计48个乡镇、202个村，20575户村民（其中，非五保户：19932户；五保户：643户），20575盏灯。

（2）“点亮希望”妇女培训

美姑县彝族妇女预防艾滋病面对面教育活动项目是在李连杰壹基金支持下，由美姑县政府统一安排和部署，推广凉山彝族妇女儿童发展中心（以下简称“中心”）在“昭觉”和“布拖”两县乡村开展妇女艾滋病教育成功经验的项目。项目总体目标是对县乡村三级妇联干部进行系统培训，全面提高她们开展艾滋病预防教育工作的能力和意识，并安排督导她们回村，组织全村妇女进行面对面、人盯人的艾滋病教育，普及健康知识，使全县乡村妇女健康意识和自我保护意识普遍提高增强，预防艾滋病相关知识的知晓率达到90%以上。自2011年8月至10月，项目办共分8期完成了美姑县400多名县、乡、村三级妇联干部、村卫生员和妇女骨干关于毒品和艾滋病、妇女健康知识、妇女权益、妇女生活技能等的系统培训。

2. 项目效果

（1）照明范围的扩大和亮度的大大提高，改变了农户以往昏暗的生产生活方式，延长了村民的劳动时间，提高了村民的劳动生产效率，增加了家庭经济收入，改善了村民的生活质量，促进了生命体的健康。

（2）节省了农户日常照明开支（买煤油、电池、蜡烛、柴油、手电筒等费用），更重要的是减少了农户使用煤油、柴油、竹子、鞋底橡胶和松油等照明而可能造成的火灾、有损健康、环境污染等安全隐患。村民可用节省下来的钱做自己想做而没钱做的事，如冬天里给孩子购买温暖厚实的衣物、多饲养家禽、做小生意、用于粮食深加工、改善生活加强孩子们的营养和购买日常生活用品等。

（3）方便孩子们入睡前写作业、读书和学习，延长了孩子们的学习时间，增加了孩子们的知识，提高了孩子们的文化水平，也有利于长辈对孩子们的学习进行辅导和传统文化知识的教育，促进了家长与孩子之间的交流与沟通，增进家庭成员之间的密切关系。另，村民受教育的机会和读书看报的时间大大增加，有利于提高村民的科学文化素质，如方便了项目村级夜校培训工作的开展。

（4）使用清洁、方便、节能、环保的太阳能灯之后，村民个人卫生、家庭卫生和环境卫生及生态环境等大大得到改善，减少了乱砍滥伐等现象，降低了因烧竹子、作物秸秆、鞋底橡胶和松油等二氧化碳的排放量，起到节能减排，维护健康和保护生态环境等作用，积极响应了党和国家提倡的低碳生活方式。拥有了太阳能灯，村民再也不用摸黑进行家务劳动，如夜间的煮饭、喂养猪牛羊、做手工活、缝补衣物等，也丰富了村民的娱乐生活，避免了邻里之间夜间相互走村串门时因看不清路而摔倒的情景，便于村民夜间出行和发展高山上的畜牧养殖业。在婚丧嫁娶、逢年过节等重要集体活动中，村民把太阳能灯集中起来使用，方便招待客人、筹办婚姻丧事等，扩大了邻村、亲戚朋友间的交流和沟通。

（5）在手机等通信设备较发达的今天，太阳灯方便给手机充电，便于村民和外界的联系和沟通，增加了农户获取外部信息资源的渠道。

（6）中心在之前的妇女培训中积累了丰富的经验，因此本次培训开展也十分的顺利，效果显著。从妇女们最后培训结业问卷测试中可看出，能全程参与培训的妇女们成绩均得到提高，并且提高率达到100%。并且每一次培训的妇女对中心和中心的老师们的印象都非常好，与老师们结下了深厚的友谊。每一期的欢送会上大家都是依依不舍，并用彝族歌舞表达对中心的感谢之情。

五、各阶段资金的主要来源

表2

机构名称	援助项目	金额	时间
中美商会	凉山彝族乡村受艾滋病影响儿童援助示范项目	20万	2005年1月—2005年12月
世界银行	四川凉山受艾滋病毒品和艾滋病危害的彝族妇女手工产品市场发展计划	25万	2006年4月—2007年3月
中美商会	凉山彝族乡村受毒品和艾滋病影响儿童教育及能力建设项目	20万	2007年1月—2007年12月
美国中华艾滋病基金会 美国默沙东基金会 国家民族事务委员会 四川省民族事务委员会 昭觉县委县政府	利用彝族母语戏剧开展禁毒和预防艾滋病巡回宣传项目	170万	2006年7月—2010年5月
美国耐克基金会——美慈国际组织	增加彝族女孩的经济和社会发展机会	560万	2006年7月—2009年8月
香港乐施会	会理地震灾区紧急救援及板房学校项目	30万	2008年9—12月

续表

机构名称	援助项目	金额	时间
联合国教科文组织支持项目	利用传播手段减低少数民族群体的风险（彝语广播剧项目）	30 万	2008 年 10 月—2010 年 2 月
联合国儿童基金会与全国妇联、全球基金	彝族妇女预防艾滋病宣传教育示范项目	34 万	2009 年 6 月—2010 年 5 月
全球基金	艾滋病感染者小组	5 万	2009 年 6 月—2010 年 5 月
李连杰壹基金	中国民间组织典范工程项目	100 万	2009 年 1 月—2010 年 12 月
李连杰壹基金	送光明点亮希望项目	450 万	2010 年 9 月—2011 年 10 月

数据来源：凉山妇女儿童发展中心成立六周年纪念专刊

由以上主要表格可以看出，中心在 2009 年之前的资金主要来自国外组织和基金会，2009 年以后主要是来自国内的基金会、企业以及个人。

六、项目实施的整体效果

凉山妇女儿童发展中心将本地区、本民族在发展过程中遇到的问题和民族生存发展作为出发点，发挥组织优势，将资源进行有效整合，通过教育倡导、经济扶持、文化宣传等方式帮助所在地区的困难人群提高受教育水平，远离毒品、艾滋病的困扰，增加致富机会，保护本民族的文化特色。

（1）通过多种途径进行禁毒防艾宣传，唤起人们远离毒品、艾滋病的认识。禁毒防艾宣传在中心成立初期是重要的工作之一，经过几年的工作探索，中心探索了对帮扶对象进行宣传教育的多种途径，首先，通过下乡进村文艺演出，通过村民喜闻乐见的戏剧形式进行禁毒防艾的宣传工作，在戏剧中表现典型案例，进行自我保护知识的宣传，实践证明这种生动的宣传方式效果非常理想，对于文化水平较低的宣传对象来说，更加的直观，印象深刻。其次，分别针对校内外青少年开展的同伴教育，项目工作人员进村进校，在现场对青少年进行关于毒品、艾滋病知识的教育，通过互动协作的方式让青少年从中受到教育。再次，妇女作为乡村社区重要的组成人员，做好妇女的禁毒防艾教育至关重要，通过对村级妇女主任和妇女骨干的培训，为社区的宣传工作打下了良好的基础，也使得禁毒防艾的专业知识普及率更高。

（2）促进乡村社区的生计发展和个人的发展。在宣传禁毒防艾知识的同时，中心意识到贫困也是凉山农村地区面临的一个重大的问题，在乡村社区的扶贫致富方面做了一些工作，采取“礼品传递”的方式，为农户提供种羊、种猪进行饲养，实现了社区内家家有养殖，为农户开创了新的致富途径。这种方式不同于以往“输血”式的扶贫方式，“借猪还猪”的方式更能够激发农户的养殖积极性，使其认真学习养殖技术。另外，还对社区的年轻女孩进行就业培训，寻找就业渠道，安排其就业，取得了较好的效果，这些专业性的培训对每个女孩以后的职业发展都起到了重要的影响作用。

（3）通过各种宣传途径，使社会各界开始关注四川凉山地区的毒品、艾滋病、失依儿童问题。六年多的时间，凉山彝族妇女儿童发展中心在凉山开展了许多活动，并取得了一定的成就，经过凤凰卫视、央视的报道，社会各界逐渐通过这个组织开始了解凉山的情况以及凉山孤儿的情况，通过社会各界的公益善举，凉山更多的失依儿童得到了帮助。

（4）文化项目的实施，促进了彝族文化的传承和发扬。彝语戏剧《噩梦初醒的山寨》的排演，一方面在宣传禁毒防艾方面取得了非常好的效果，另一方面也宣传和保护了彝族文化传统。彝语戏剧登上了国内外的舞台，让更多的人了解了彝族和彝族文化。

八、面临的困难和挑战

凉山妇女儿童发展中心经过六年多的发展，逐步发展成为一个成熟的少数民族地区的NGO，在不断地践行着成立之初的理念，为改变凉山彝族地区的面貌，促进地区的发展做出了重要的贡献。同时也面临着困难，主要表现为以下几方面。

（一）资金来源不稳定

中心的资金主要来自外部支持，前期主要来自国外的机构，后期主要集中于国内的基金会、企业以及个人捐赠。申请到的资金伴随着项目的结束也就相应停止了，这就使得中心的资金来源非常不稳定，没有固定的资金来源，只能通过申请项目来获得经费，如果没有合适的项目引进，中心随时面临着生存的威胁。资金的不稳定牵涉到福利待遇的稳定、中心的组织建设等方面。必然受到直接影响。对中心的发展极其不利。

（二）人才流动性大

在过去的六年时间里，中心的人员变动非常大，员工最多的时候达到80多人，而目前只有十几人在职。在中心工作超过3年以上的员工只有7名。人员流动大的大多为高学历、高素质的人才，多数离职的原因是对中心的薪酬福利不满意，而去寻找更好的职业发展机会。人才的大量流失对于任何一个组织而言都是一种极大的损失。据中心负责人介绍，中心花大量的经费，将可塑之才送往国内外的优秀组织进行业务技能的培训，但培训回来后，他们仍然选择离开，这给组织带来的损失是非常大的，以至于中心现在对于员工的培训非常谨慎。

造成人才流失的主要原因是员工的工资待遇普遍偏低。从中心的员工工资表可以看出，在2006年时，员工的平均工资达到了1600元/月，当时四川省公务员的平均工资收入为1639元，也就是说，那时中心员工的工资水平基本与公务员的工资持平，但是随着物价的上涨和各行业工资水平的提高，中心员工的工资并没有大幅度地提升，一个项目官员的工资大约是2200—2500元。在福利待遇上，员工没有住房公积金。

中心在选择新员工时也面临一个问题，就是凉山本地的人才能力、学历、素质相对欠缺，外地的人才各方面能力较好，但是普遍存在留不住的情况，所以在高端人才的选择上是一个非常大的难题，制约着中心的发展。

（三）开展的项目缺乏持续性

中心开展过的项目近十余个，但是真正从始至终在持续做的只有儿童助学项目。其他的项目都只是做了几年，在申请的项目期限结束后，很少能够续期进行。中心开展的很多项目都取得了非常好的社会效果，也积累了许多丰富的经验，而且这些经验非常值得向社会进行推广，让更多的人从中受益。比如说GLOW女孩就业创业培训、同伴教育等，但是这些项目都未能继续开展下去。

（四）机构内部管理水平亟待提升

中心目前的制度中只有财务制度非常严谨，其他制度的执行情况并不理想。员工工作制度松散，迟到早退的现象时有发生。目前中心任职的员工大部分在中心工作的时间超过3年以上，这些员工是由中心的负责人侯老师多年培养起来的，对侯老师非常信任，认同组织的理念，但是由于这种“家长制”的作风，领导个人决策，使员工在工作中缺乏创新性和积极性。

（五）与政府关系的处理

中心在凉山的发展离不开与政府部门的合作，如何恰当地处理好与政府的关系也是每个NGO在当前的形势下必须要考虑的外部因素。包括中心在内的许多草根组织，希望能够独立地发展自己，虽然生存非常困难，但是他们追寻的是一种相对独立的发展路径，这也正是中国NGO的正确走向。但是，就目前的情况而言，加强与政府的沟通和合作还是必要的。中心与凉山地区政府的关系总体上来说是合作为主的，在各个地方开展工作时通常会得到当地政府的大力支持和配合，甚至会出台相应的配套资金和制度予以支持，但是由于领导个人对于NGO的认识不尽相同，所以不同的领导对中心所持的态度也不同。

（六）机构的可持续发展

当前，中心面临的最大的问题同时也是一个最大的挑战，便是自身可持续发展的问题，要实现可持续发展，就需要进行机构的转型。首先，在凉山改变“完全靠自己做事”的方式，而是“推动更多的人来做事”，将机构转变为一个枢纽性、技术支持型、倡导型的机构。其次，要孵化和支持更多的少数民族地区的NGO发展，将凉山的经验向外界进行推广。而这些转型的实现，需要的是稳定的资金来源，为此中心正在筹备建立一个非公募基金会，通过基金会实现机构的转型和可持续发展。

【问题与讨论】

凉山彝族妇女儿童发展中心作为我国西部少数民族地区的民间组织，具有一定的代表性，该组织在发展中遇到的问题不仅反应了少数民族地区民间组织的一些问题，同时也是当前我国民间组织发展的一个缩影。民间组织的发展一方面需要有一个良好的外部环境来支持它的发展，另一方面也需要民间组织自身有一个良好的运营机制和管理机制，充分发挥组织机能。纵观凉山彝族妇女儿童发展中心的发展历程，不难发现这是一个在丰富的项目实践中不断探索的一个组织。组织的产生是基于所在地区各种社会问题的产生，组织的使命感使其迫切希望解决当地严峻的社会问题。然而其中表现出来的一些问题仍然值得我们思考。

（一）民间组织如何加强项目管理？

实施高效的项目管理，是非营利组织提高自身竞争力，适应新环境变化的重要途径。通过项目申请的形式获取资金、人力等社会资源，优化配置所获得的资源，有效地组织、计划、落实项目。

自凉山彝族妇女儿童发展中心成立以来，做了许多大型公益项目，但持续下来成为组织长期发展项目的只有儿童救助项目。组织建立的初期的确是一个长期探索的过程。一个项目是否能够开展需要一个完整周密的论证过程，对于项目的可行性要做科学理性地判断，要评估组织现有的资源和能力能否做好这个项目，这是一个非常重要的前提。社会问题的解决，不可能一蹴而就的，短期内很难看到成效，需要一个长期的持续的过程。笔者看到一些项目不得不过早结束的原因是多方面的，主要包括缺少后续资金的支持、项目产生的效果不理想，项目实施过程中遇到了突发问题。其中，由于政策原因，民间组织无法在社会直接募集资金，像凉山妇女儿童发展中心这样的组织，项目来源主要是向国内外大型基金会、慈善机构申请项目，在本地区开展工作，一旦项目结束，便无法再持续该项目。如何能够使那些在当地产生良好的社会效益的项目能够延续下去，是当前民间组织开展项目工作需要考虑的重要问题。

（二）民间组织如何留住人才？

非营利性组织的人才优势在于，大多数组织成员的工作动机是出于公益热心和志愿理想，而不仅仅是为了生存需要，薪酬福利等物质需要的满足并不是成员去留的决定性因素。组织的管理者要善于抓住这种特点，通过建立一种合理规范的制度机制和良好的组织文化氛围来维护和保持成员这种难能宝贵的工作动力。笔者在调研中，通过访谈、观察和深入接触中心的工作人员后，确实发现许多人有强烈的志愿动机，希望通过自己的努力为改进社会问题贡献自己的微薄之力。

但是组织的人员流动依然很大，其中的因素可能是复杂的，但大部分人员的流失和组织管理者有着密不可分的联系，特别是民间组织中的领导者这一角色，领导者的个人魅力直接影响着组织成员对组织的信任和依赖度。另外，组织的文化氛围、内部提升、员工培训、情感管理等这些在精神和发展方面的因素都会影响人员的去留，特别是在组织没有足够的物质激励时，这些因素所占的比重会更大。民间组织需要在这些方面有更多具体的方案和措施。

（三）如何维护重要的关系网络？

组织理论强调组织对环境具有一定的依赖性，在与外界互动中发展。民间组织拥有很多至关重要的关系网络，并且需要处理好每一个关系。这些关系主要包括：与资助者的关系、与服务对象的关系、与政府的关系、与志愿者的关系等。这些关系构成了民间组织的部分外部环境，处理好这些关系对于民间组织的发展有着显著的作用。

首先，处理与资助者的关系。近两年，由于受到一些公益慈善负面新闻的影响，大量的资助者和潜在资助者对于公益组织产生了种种质疑。建立捐助者对民间组织的信任显得尤为重要。信任的建立，需要信息的公开、透明，需要民间组织和捐助者定期的互动与沟通，需要组织清晰准确的财务信息披露，需要项目实施的成果展示。唯有信任才是双方长久合作的基石，才能最大限度地避免长期资助者的流失。

其次，处理与服务对象的关系。少数民族地区民间组织的服务对象具有地域性、民族性的特点，因此，需要民间组织更加贴近和理解服务对象的习惯、风俗、行为方式，在当地的民间组织会更满足这样的条件。从某种角度来说，民间组织的组织目标便是帮助他人实现梦想。这个目标可能是基本的物质需求，也可能是对于文化的保护和传承，还可能是人的其他精神需要。牢记这样的一个组织目标，在处理与服务对象的关系时会有更加明确、恰当的方法，而双方的互动也是必不可少的，并非仅是民间组织的单方面工作。

再次，处理与政府的关系。在我国处理好与政府的关系是每个民间组织都需要认真思考的问题。然而，在调研中我们发现，一些民间组织在开展活动中由于缺少与政府的沟通，或是受到政府的一些政策限制，而无法与之进行有效地互补合作。作为民间组织，其组织活动的开展需要来自政府的支持，更多的互动和沟通是必要的。

最后，处理与志愿者的关系。“吸收和使用具有才华的志愿者是成功的非营利组织得以脱颖而出的优势之一。人口特质的转变、价值观的重塑、时间的投入等，都表明非营利组织必须以吸引杰出志愿者为首要任务。”[①] 有些民间组织的主要成员是志愿者，其主要活动是由志愿者来完成的，因此，与这些志愿者保持长期的沟通是组织的重要任务，从某种程度

① ［美］詹姆斯·P. 盖拉特：《21世纪非营利组织管理》，中国人民大学出版社2002年版，第157页。

上来说，这些志愿者充当着组织项目执行的重任，相当于是组织的工作人员。我在调研期间，接触到的某成都公益组织便是以志愿者为主体开展活动的，志愿者的人员构成相对稳定，他们建立了志愿者联络机制，将来自各行各业的志愿者有机地联系在一起，共同开展公益活动。

而我们在此更多地将焦点放在像凉山彝族妇女儿童发展中心这样的民间组织上，该组织有聘用的专职工作人员来承担组织的主要工作和项目，但是由于某些项目的特殊性，仍需要大量的志愿者参与其中，如中心在做孤儿入户调查时则需要大量的熟悉彝语和汉语的志愿者。从志愿者的招募、筛选、培训、工作分配、后勤保障、与工作人员配合等方面需要大量完备的工作计划安排和实施。这对于民间组织来说，是一个不小的挑战。实现志愿服务的最大有效性，是民间组织与志愿者双方共同的期待，志愿服务的有效性直接影响着组织的某一项目目标的实现。志愿者参加公益活动的初衷，同样是志愿和慈善心的驱使，他们最希望看到的是通过自己的志愿行为能够看到成效。如果能够建立长期稳定的志愿者群体，建立一个志愿者信息资源库，在项目过后及时给予志愿者成果反馈，定期向志愿者发送组织的活动状态，邀请志愿者参加组织的庆典娱乐活动，这些都能够更好地维护与志愿者的关系，建立一个更为长久的合作关系。

结束语

在我国少数民族地区活跃着许多像凉山妇女儿童发展中心这样的带有民族特色的民间组织，旨在解决本民族在发展过程中遇到的各种各样的问题。在调研过程中，我深切感受到这样的组织强烈的使命感和责任感，这种强烈的民族情感正是一个非营利组织必备的精神。特别是我国西部少数民族地区，由于经济、社会各方面发展相对滞后，仍然存在诸多社会问题亟待解决，需要政府和社会力量的共同努力。作为草根组织，凉山妇女儿童发展中心植根于农村基层，服务于乡村社区居民，活跃于田间，在过去的几年里通过组织的努力，改变着彝族乡村的面貌，但其未来发展仍然充满未知与挑战，需要得到政府和社会更多的支持与认可。组织自身也需要不断地探索与努力，争取在参与社会创新与公共服务方面发挥更大的作用。

（案例编写者：中央民族大学管理学院2010级行政管理专业硕士研究生刘晓雷）

草原文化的捍卫者

——包头市大漠文化艺术中心

内蒙古包头大漠文化艺术中心在1996年开始以组织的名义开展活动，于1997年7月在民政局正式登记注册。在郑少如理事长的带领下，聚拢了200多名包头市文化艺术人士，通过拍摄文化专题片，出版书籍月刊，举办文化活动等方式，为传播草原文化、西口文化，对内挖掘、整合地方文化艺术资源，开展了一系列影响广泛、深入、持久的活动，将包头市特有的草原文化展现在世人面前。

一、组织成立的背景

包头源于蒙古语“包克图”，意思是“有鹿的地方”，又叫鹿城。地处内蒙古高原的南端，阴山山脉横贯其中部，居住着蒙古族、汉族、回族、满族、达斡尔族、鄂伦春族等31个民族。下辖昆都仑区、青山区、东河区、九原区、石拐区、白云鄂博矿区以及达尔罕茂明安旗（简称达茂旗）、土默特右旗（简称土右旗）和固阳县三个农牧业旗县。

包头是一座历史文化丰厚的城市，特有的历史造就了其独特的文化。在中国古代，由于其特殊的地理位置：黄河在此流经，水源充足；北面的阴山，牧草旺盛，禽兽众多；再加上这里有通往漠北的古道——古固阳道（今昆都仑河谷），交通便利，北方的少数民族大都聚集于此，从夏、商、周一直到清代，世世代代在此繁衍生息。在与黄河流域的中原历代王朝的交往和贸易中，吸收借鉴了中原文化、农耕文化，融汇成了独具特色的草原文化。正如包头历史学家张贵教授所说：“整个北方游牧民族的好多光彩的东西，都留在了包头。”

从明末清初开始，这里发生了改变成千上万人命运的“走西口”，形成了特有的“西口移民文化”。在清代，居住于土地贫瘠，自然灾害频繁，生存环境恶劣的晋、陕等地的民众迫于生存需求离开故土，从山西中部和北部出发，一条向西，经杀虎口出关到了包头；一条向东，过大同，经张家口出关涌入内蒙古归化城、土默特、察哈尔和鄂尔多斯等地谋生，形成了近代三股大的移民浪潮之一的“走西口”。这一移民活动，大大改变了内蒙古的社会结构、经济结构和生活方式。同时，移民中来自山西的人较多，作为文化传播的主要载体，将山西文化带到了内蒙古中西部地区，使当地形成富有浓郁特色的移民文化。晋文化作为农耕文化的一部分，通过人口迁移，与当地的游牧文化相融合，形成富有活力的新型文化，这对包头的草原文化产生了极其深远的影响。

近些年来，地方文化逐渐受到重视，相应的研究也在全国热了起来。包头市独特的草原文化和西口文化，受到了包头市历史学家、文化学者的关注。很多专家学者开始了挖掘、考证、调查、研究工作，为整理、保存、利用、弘扬它们而努力。大漠文化艺术中心就诞生在这样的背景下，它把文化艺术领域的专家和学者通过民间组织的形式聚集起来，充分发挥组织分工合作、整合资源和高效率的优越性，为包头市的文化建设做出了积极贡献。

包头市政府特别重视文化建设，通过定期召开文化产业论证会，听取专家、学者的意见，举办全国性的文化论坛，设置地方性的精神文明建设“五个一工程”奖和文艺振兴奖，对本市优秀的文艺作品进行奖励，成功打造出了“草原钢城”的文化品牌。但是政府开展的文化活动大部分是基于宏观层面的，无法灵活地开展持续的文化挖掘、整合和传播活动。这就使社会组织的存在变得有意义，它可以利用其公益性、灵活性和扎根基层，服务基层的优势来协助政府完成公共服务基本职能地。大漠艺术文化中心的成立弥补了政府在基层开展活动的不足，聚拢了200多名文化艺术学者、历史学家，开展了一系列针对地方的影响广泛的文化活动，并与政府形成了良好的合作关系，为包头市的文化建设贡献着自己的力量。

二、组织概况

包头市大漠文化艺术中心（以下简称大漠文艺中心）于1996年开始

开展活动，由退休后担任内蒙古文史馆研究员的郑少如女士[①]出资3万元成立并担任理事长。1997年7月21日，正式在民政局登记注册，业务主管单位是包头市文化局，在性质上属于民间社团。在谈起当时成立组织的初衷时，郑少如女士说："1997年退休后，从富有压力的紧张工作中一下子闲下来，感觉很不适应，总觉得自己应该找点什么做。我从小比较热爱文艺，比较喜欢写东西。于是我就成立了这样一个文化组织，与其他热爱文艺的同志一起做点自己喜欢的事情。"[②] 后来，随着组织的发展，郑女士身边聚集了越来越多的文化艺术爱好者，积极主动地抢救和保护民族文化、挖掘地方资源成为组织的责任。就像她在第二届右玉论坛上讲的那样："抢救文化迫在眉睫，顿觉肩上担子在一天天加重，民俗文化、民间文化、地方文化、平民文化在一天天消亡，这是我们的根，我们的金矿，而包头总是在为'寻不到自己的文化而迷茫'，却对近在眼前的文化视而不见。"

随着组织开展活动的增多，影响越来越广，组织的文化理念影响了很多人，一批书画摄影爱好者的热情被调动了起来，也加入到保护地方文化的行列中。为了将这部分人吸纳到组织中，大漠文艺中心在2002年召开了理事会会议，并在6月7日成立了大漠书画院。

2003年以来，地方文化日益受到重视，相应的研究也在全国各地展开。郑少如女士无意中看到祁县出的《天下第一乔》这本书，就对西口文化产生了浓厚的兴趣，因为书中屡屡提到包头。她出于好奇，提笔写信给祁县县委，请对方帮助找些相关资料，开始了对西口文化的研究，后来越研究越觉得晋商了不起，仅包头老城就有十大晋商，他们分别是祁县乔贵发的钱行当复盛公、定襄梁如月的杂货行如月号、忻州智家的旅蒙行永合成、保德王蕊及其子王天生的甘草行西碾房、代县梁大汉的旅蒙行复义兴、河曲田成仁的粮油行田油坊、太谷杨有能的杨家"十大双"、闻喜裴家的旅蒙行忠厚和、定襄牛邦良的皮毛行广恒西、代县李威的河路店复新和。经过研究，她更多地了解了包头与走西口的历史渊源，懂得了西口文化是包头草原文化的一部分，也是全国独有的农耕文化与游牧文化的完美

---

① 郑少如，笔名秋子，内蒙古文史研究馆馆员。内蒙古八届人大代表，包头市影视艺术家协会名誉主席，中华诗词学会会员，包头诗词学会理事，包头市有突出贡献的专业技术拔尖人才。1937年4月生于北京，父亲满族，母亲蒙古族。可自称是成吉思汗、努尔哈赤的后代。1957年毕业于呼市农牧学校并分配在内蒙古固阳县，高级农艺师。著有散文集《山里的》、《秋子散文》、《秋子散文2》。现年72岁的她，被周围人亲切的称为郑大姐。

② 2012年6月27日上午对郑少如女士的访谈。

结合，这种特有的文化应该纳入保护的行列，一代代地传播下去。

在2003年8月9日，包头市大漠文化艺术中心与内蒙古师范学院历史系在包头市政协的帮助下共同召开了“包头市西口文化研讨会”（第一届），包头市的40多位学者参加了研讨会。经过专家商讨一致决定成立“包头市西口文化研究会”，由郑少如女士出任会长，赵守仁、柳陆[①]等担任副会长。西口文化研究会是大漠文化艺术中心的下属机构，二者是从属关系，并不是相互独立的。

组织成立的宗旨是为了传播草原文化、西口文化，对内挖掘和整合地方文化艺术资源。组织实行会员制，现有200多名个人会员，会员遍及包头市的文化领域，还有北京、新疆、鄂尔多斯等部分专家学者。会员不需要缴纳会费，他们也不计报酬，也没有什么特殊的利益追求，只因“为文化和艺术”的共同理念而凝聚在一起。会员的诗歌、小说、文章、艺术作品等可以刊登在组织的《西口论坛》双月刊杂志上，每期杂志刊印2000册免费发放到会员以及政府各机关单位手中。组织设有理事会，郑少如为理事长，现任副理事长为要红霞[②]、朱丹林[③]、赵守仁[④]等13人。现有25个理事，12个常务理事。设有秘书处，秘书处设秘书长1人，副秘书长3人。组织有总顾问1人，顾问2人，法律顾问1人，高级顾问数人，高级顾问均为海外人士。成立十五年来，组织结构不断完善。现如今，组织的结构如下：

大漠文艺中心的资金来源主要是依靠当地民盟每年资助的两万元，当资金不足时，便由郑少如女士自己出资来填补。由于组织开展活动丰富，影响广泛，包头市政府在2010年拨款10万元，2011年追加拨款10万元，内蒙古文史馆在2011年和2012年分别资助3万元。

组织的决策机构主要是理事会，秘书处为处理组织日常事务的机构。组织在需要时会召开理事会议，由秘书处召集，理事长主持，商讨并确定重大决策。由于大部分理事是在职人员，工作比较忙，所以，组织的大多

---

① 包头专业作家、民俗专家，曾出版《走西口路》、《走大河》、《走北疆》、《走鹿城》、《行走秦直道》等。

② 中国民间文艺家协会会员，中国剪纸研究会理事，内蒙古民间文艺家协会副主席，包头民间文艺家协会主席，现为包头美术馆副馆长。包头专业作家、民俗专家，曾出版《走西口路》、《走大河》、《走北疆》、《走鹿城》、《行走秦直道》等。

③ 包头史学者、作家、摄影家，现为包头市文史馆馆员。

④ 原包钢少儿书画院院长。民盟包头市委组宣部长，内蒙古书法家协会会员，中国硬笔书法家协会会员。中国艺术研究院文化艺术中心创作委员，东方艺术研究院教授。

事情是由理事会的退休人员来办理。有事情就召集理事开会，商讨并确定决策后，立即进行分工，责任到人。这样的决策方式确保了组织能高效率地运作，这也是其的特点之一。目前，组织有专职工作人员两名，主要负责办公室的日常办公和接待工作，其余都是兼职人员，这样有效地减少了组织的开支，提高了组织的运作效率。

三、组织开展的主要活动

组织自成立以来，围绕着传播草原文化、西口文化，对内挖掘、整合地方文化艺术资源的宗旨开展了一系列影响广泛，意义深远的工作，为地方文化的发展和繁荣做出了不懈努力，受到社会各界的高度好评。

（一）出版书刊、举办书画笔会

1. 编辑出版书籍

组织成立 15 年来，出版了许多影响广泛的书籍。1998 年，由郑少如女士主持，编撰出版了“大漠文化丛书”，丛书搜集了包头市的 10 位作家的 11 部作品，有小说、散文、诗歌等。包头市委领导以及各委、办、局人员参加了丛书的首发仪式。这套丛书一出版就收到了广泛好评，并在 2000 年 1 月份获得包头市“五个一工程奖”。

2006 年 12 月，正值内蒙古自治区成立 60 周年和大漠文艺中心成立 10 周年之际，基于为那些在艺术文化领域默默奉献，对社会索求甚少，甚至社会对他们也不了解的文化人做点事情的初衷，大漠文艺中心编撰《大漠百家》专辑，收录了包头市 109 名文化艺术界名士的艺术生涯及成就，为每一位艺术家刊出一张照片和艺术简历，又邀请有影响的作家就他们的作品、人品及艺德进行评论，也有他们自己艺术观点的具体阐释与说明，此书成为一部内容丰富且多彩的包头文艺家词典、人才资源库和档案库，在里面既可以看到包头文艺队伍中的济济人才，也可以品味到包头文化甚至北方少数民族地区独特的文化内涵。2006 年 11 月，与包头市档案馆策划出版包头名人录，出版了第一集《大漠百家》（文化篇）、第二集《科海星辰》（科技篇）、第三集《商海荡舟》（民企篇），影响广泛。

大漠文艺中心在 2005 年编辑并出版了《西口文化研究》一书，这本书出版后引起了社会上的极大反响，山西河曲、右玉，陕西榆林，北京社科院，山西大学，台湾师大等等教授学者争相参阅，颇感兴趣。中国著名作家，中国民俗学会会长冯骥才同志亲笔来信写道：“收到您寄来的一本好书。近两年来令人欣慰的是各地的地域文化研究热起来。我感到此中的一种深挚的情怀和紧迫感。请向郑少如女士表示谢意和敬意。并切望他们能把西口文化研究做下去，多搜集第一手资料，多做调查，都搜集实证。如果再过一二十年，上述这些事就无法再做了。”此书曾在包头市政协、人大两会、“全国第四届民刊、读书草原笔会”上签售，引起很大反响，2007年又出版了第二集的《西口文化研究》。另外，组织还参与、编辑了《闪光的蓝盾》、《鹿野行来处处诗》等书。

大漠文艺中心还积极地与政府合作，共同开展文化挖掘和宣传图书的编纂工作。在2010年5月，应九原区委宣传部的邀请，编辑了《大九原》图书，并获得包头市第七届精神文明建设“五个一工程”奖、第九届文艺振兴奖图书文章类一等奖。2011年9月，与包头市旅游局共同编写了一本宣传和介绍包头旅游和文化的书——《飘洒在包克图大地上的七条旅游文化彩带》，这本书经过近一年的精心策划和整理编纂，全面反映了包头市丰富的旅游资源、深厚的文化底蕴，并将其历史文化和旅游资源形象地概括为七条“旅游文化彩带”，以图片的形式表现出来。七条“旅游文化彩带”即草原旅游文化带、阴山旅游文化带、黄河旅游文化带、西口旅游文化带、宗教旅游文化带、红色旅游文化带和工业都市休闲旅游文化带。非常富有感染力，并且通俗易懂，将包头的旅游和文化展现得淋漓尽致。此书的出版，为广大市民和旅游者感受包头、热爱包头，畅游包头起到积极的引导作用。2011年10月，与土右旗旗委、旗政府共同编写了《人杰地灵敕勒川》，内容十分丰富，装帧考究，史料信息量大，受到政府和读者的一致好评。之后又为土右旗在此基础上编写了《敕勒川文苑丛书》，该书获得包头市第七届精神文明建设“五个一工程”奖、第九届文艺振兴奖图书、文章类二等奖。

2. 编辑出版报纸杂志

1998年6月，获得内蒙古新闻出版局关于印刷出版《人间报》的准印证。7月1日，《人间报》正式出版，每周一期，当地影响很大。

2005年10月，与包头电视台三套筹办编辑《健康桥》杂志。11月，编纂的《健康桥》出版。

2008年5月，郑少如女士策划、创办、主编《西口文化》杂志双月刊。由包头市文化局主办，包头市大漠艺术文化中心、包头市西口文化研究会、包头市艺术研究创评中心承办，包头市邮电管理局发行。此刊为内蒙古自治区的内部资料，以抚今追昔，纵古论今，拓展地方文化，建设文化大市为宗旨，以大西口，大文化，大社会为理念。目前为止已出版了27

期，其中2010年共出版了9期，包括固阳县专刊、土右旗专刊、九原区专刊、昆都仑区专刊以及民族团结月专刊等。杂志设有西口论坛、西口文坛、西口文艺、西口人物、西口宗教、西口民俗、西口往事、西口地理、西口教育、西口方言等栏目，在杂志的前后两三页会以图画的形式展示一些组织的大事或者介绍和展示两三位书画艺术家的作品。组织的会员在报纸杂志上发表的文章，对文化进行了整合和挖掘，很好地起到了文化传播的作用，同时对包头各旗县区理清文化发展脉络，对包头市文化大市的建设等起到了一定的影响作用。杂志每期刊印2000册免费发到各会员以及市委，市文化局，市旅游局等政府机关单位手中，受到社会各界的高度好评。“有一次，市委宣传部少发了一期，还打电话来要呢！”① 同时，此刊也是大漠文艺中心与其他组织相互学习、相互交流的刊物。同时，此刊也寄给国务院参事室文史司，内蒙古图书馆、山西省左云县等单位，还赠送给来包头讲学的学者，如复旦大学历史学系教授、中国文化书院导师、华东师范大学东方文化研究中心研究员钱文忠先生，河南大学教授、中央电视台《百家讲坛》主讲人王立群先生等。

3. 举办书画笔会

组织还开展各种书画展览，以笔墨会友，充分调动书画爱好者的热情。1997年，举办组织会员乐拓和袁远的摄影展。同年8月，组织著名相声演员姜昆来包头售书活动。1998年，接待姜昆第二次来包头售书。2000年4月，与包头市邮电商城共同组织举办“本土作家书展”。同年12月9日举办赵守仁书法展，22日，与书画院共同举办“陈刚独步中国大型摄影纪实展览”。2003年4月，大漠文艺中心副理事长赵守仁书法展在山东曲阜举办，8月，大漠百家书画展在包头市一宫大厅成功举办，12月大漠书画院举办了纪念毛主席诞辰110周年书画笔会。

（二）拍摄文化专题片

大漠文艺中心通过与媒体合作拍摄文化专题片、纪录片的方式很好地宣传了包头的草原文化和西口文化。这些专题片多以展现包头的悠久历史、多元文化和积极向上的人文精神为主，通过史料记载和文物古迹的再现、相关人的采访以及专家的见解等形式将包头的文化生动鲜活地展现在全国观众面前。

---

① 2012年6月27日上午对郑少如女士的访谈。

组织自成立以来，拍摄电视专题片40多部，影视作品多次获奖。拍摄的专题片有《中华之魂上笔端》、《母亲的碑》、《鹿城包头——创建中国优秀旅游城市》、《迎接新世纪的曙光托起明天的太阳——包头第五次人口普查巡记》、《憾不倒的精神——五年抗震纪实》、《敕勒长歌》，还有为市委组织部拍摄的纪念“非典”期间献身的优秀村支部书记陈志勇的电影纪实片——《闪光的红石头》、为九原区麻池镇制作的电视专题片《一路高歌奔小康》、给包头市女子管弦乐团拍摄十年大庆电视片、在北部草原拍摄的《北疆第一哨》专题片及北疆草原考察电视片、与中共九原区委宣传部合拍的《边塞九原古今歌》、应包头市委宣传部邀请协助宁夏电视台拍摄的《大河套》电视纪录片、为包头市林业局写了一部电视专题片《大河明珠》（黄河湿地）脚本、与中央电视台十套《探索·发现》栏目共同制作的电视文献纪录片《边塞长歌》（上下集）等。其中《母亲的碑》讲述了锡林郭勒草原上蒙古族牧民张凤仙与她30多年来收养的3000多名孤儿的感人故事，此专题纪录片获得第七届全国少数民族题材电视艺术“骏马奖”二等奖。《边塞九原古今歌》荣获包头市第七届精神文明建设“五个一工程”奖、第九届文艺振兴奖影视剧片类二等奖。《边塞长歌》（上下集）已于今年2月25日至26日，在央视十套《探索·发现》栏目连续两天分上下两集播出。这部专题片现已被包头市确定为拟申报自治区“五个一”工程奖唯一备选电视片。此部专题片从录制、拍摄到最终完成前后经历了半年多的时间，以大量翔实的珍贵镜头、史料，配以包头市本土文化专家张海斌、刘幻真、郑少如、柳陆、朱丹林等人的专访，生动地再现了九原区绵延的历史文化，以及对包头历史产生的深远影响。影片的制作和播出对包头市文化的发展和繁荣起到了非常重要的推动作用。

另外，大漠文艺中心还协助拍摄有关西口文化的电视连续剧。2010年6月12日，由斯琴高娃主演的《西口情歌》电视连续剧开机仪式，在山西省河曲县西口古渡开机，大漠文艺中心为主要协助拍摄单位之一，理事长郑少如女士为此剧的监制。

（三）举办文化研讨活动

大漠文艺中心刚刚成立，在未正式登记注册之前，就组织包头市的京剧票友举办了庆祝香港回归的演出。在1999年11月，成功组织“包头市文化艺术团”赴新加坡、马来西亚、泰国、香港、澳门等地进行文化考察及演出活动，所到之处受到热烈欢迎，起到了良好的宣传效果。2000年，泰国文化考察团来到了包头，大漠文艺中心接待并与泰国客人在书画院举办笔会，进行深层次文化交流。2003 年 8 月 9 日，又与内蒙古师范学院历史系在包头市政协的帮助下共同召开了“第一届包头市西口文化研讨会”，包头西口文化研究会也是在这次会议上诞生的。

组织在成立了包头西口文化研究会后，开始参加和举办各种关于西口文化的学术交流活动。2005 年，到鄂尔多斯参加了“中国地方学研究会联席会成立大会”，并成为其首批会员。2009 年 7 月 30 日，由其承办并参加的首届“中国・西口”论坛在包头市召开，有来自内蒙古、山西、陕西、河北、山东，以及北京学、鄂尔多斯学、泉州学、温州学等地方学研究机构的一百位专家学者参加，就“西口文化”研究现状、西口文化与包头戏剧活动、西口文化渊源、西口方言等进行了多方面、多角度的研究探讨。此次会议收到论文二十多篇，二十几位专家学者在会上做了发言。会议还决定成立“中国西口文化研究会”筹备领导小组，由包头西口文化研究会负责“中国西口文化研究会”的具体筹备事项。会后，参加西口论坛的专家学者组成西口考察团到西口故道（山西河曲县至右玉县杀虎口）、西口商道（四子王旗葛根塔拉草原）进行了考察访问。同年，举办了从水、旱、商三路重温当年山西移民走西口的历程并开展了历时三个月的“再走西口路”大型采访活动，与采访团随行的还有内蒙古话剧团以及鹿城乐队的 20 余名演职人员，边走边唱，受到了沿途村民的热情欢迎。同时还通过这种形式，也使人们亲身感受到了走西口过程中所形成的独特文化韵味。大漠文艺中心还参加了在右玉举办的第二届“中国・西口文化论坛”，郑少如在会上作了重要发言，呼吁晋蒙两地建立一个西口文化圈，共同开发利用大西口文化，还主张右玉能够建食品一条街、商业一条街、古玩一条街和休闲小木屋，并规划一条旅游线路，让游人不只是观光还要体验，引起强烈反响。2009 年，郑少如女士参加了在北京会议中心举办的地域文化与城市发展国际学术研讨会，并在会上做了《西口文化与民俗关系》的发言，受到国内外专家的一致好评。

（四）协助地方开展文化活动

由于大漠文艺中心聚集了 200 多名包头市的文化艺术人士，几乎遍及包头市文化的各个领域，加之多次开展活动，影响较大。还曾为包头市旅游局策划包头市旅游节开幕式、民族风情游方案，举办与巴西足球队赛罕塔拉生态园篝火节晚会，去固阳、达茂旗、白云等地拍摄包头市旅游电视片，并与其共同举办全国名家笔会等；为文化局策划了《西口情思》大型歌舞诗剧；与档案局肖春恒局长谈西口文化和包头名人，共同进行档案抢救性工作；与环保局联合举办迎春诗词书画笔会；与包头市中级人民法院举办“公正笔会”；2011 年，为旅游局编纂了《飘洒在包克图大地上的七条旅游文化彩带》书籍，并成功举办了包头浙江地区的展览。

大漠文艺中心还帮助各旗、各区开展各种文化工作。仅 2010 年就为九原区宣传部编写了《大九原》图书，拍摄了《边塞九原古今歌》专题片，出版了《西口文化》（九原专刊），为土默特右旗、固阳县、昆都仑区做了《西口文化》的专刊。

（五）深入基层进行调查研究

大量的实地调研和考察，是搜集到第一手资料的必经之路，也是开展研究活动的基础。大漠文艺中心通过大量的实地调查研究，搜集了现存包头市草原文化的许多资料，为其开展文化活动奠定了扎实的基础。

包头市博物馆在 1996 年举办的岩石画展圆满成功。大漠文艺中心在成立不久，就先后去固阳县——达茂旗——白云鄂博矿区（北线）、阿拉善盟（西线）做了考察，做了充足的准备取得了成果。

为了更好地了解和挖掘西口文化，在西口文化研究会成立后不久，大漠文艺中心应邀到山西省祁县平遥进行文化考察，受到祁县县委的热情接待。考察组考察了祁县乔家大院、渠家大院、明清商业街、平遥古城及有关企业，祁县县委组织有关部门与西口文化研究会举行了文化交流座谈会。双方成立了“西口——晋商联谊会”，双方互设联络处。此后双方热线往来，共同挖掘西口文化，为西口文化研究会的发展铺平了道路。

2006 年，由内蒙古统战部安排，大漠文艺中心及部分专家到内蒙古东部地区考察，从包头——呼和浩特——克什克腾旗——乌兰浩特——阿尔山——满洲里——呼伦贝尔——额尔古纳——室韦——锡林郭勒——武川——固阳——包头，行程 5780 公里，拍摄 1000 余副照片并刊出《魅力东部》摄影专集，写了“魅力东部”古风四首（旧体诗配文），剪辑电视专题片一部，使大漠文艺中心更好地了解内蒙古东部地区情况，为组织的发展储备了资源。

（六）为当地文化建设积极献言建策

社会组织来自民间，属于民间，与民间有一种天然的血脉关系。社会组织积极参与到政府的建设中，可以将民间的声音传递给政府，从而有效地缓和政府与公众的利益冲突，使政府制定的政策更加科学，更加富有效率。大漠文艺中心集合了文化艺术界的精英人士，参与到包头的文化建设中能从专业的角度给予政府很多方向性的建议，这对于包头市的文化建设是十分有益的。

首先，大漠文艺中心派代表积极参加包头市召开的有关文化方面的会议，并在会议上做重要的发言。2011 年 3 月召开的包头市“十二五”文化事业和文化产业发展规划论证会上，西口文化研究会会长郑少如、副会长柳陆参加了会议，针对包头市建设文化大市的主题该定位于什么做了发言。郑少如女士认为应该沿着“草原钢城”这条线去做。在她看来，就包头市的文化定位来说，既然“草原钢城”已经创出去了，就不妨沿着这条线一直做下去，也许会收到意想不到的效果。她建议将包头切成几大块来看，即历史包头、红色包头、西口包头和现代包头。她举例说，比如历史包头，中华文明的起源秦皇汉武在包头都有体现，秦直道就在我们九原区的麻池一带，汉武帝越师北上、阿勒坦汗建金国、怀朔古镇出皇帝……这一切造就了历史包头。说到具体的文化产业，郑少如认为：“只要做好一个项目就能上市，所以没必要搞多少，但一定要在一两个点上做大做强。”

其次，大漠文艺中心还多次参加包头市委宣传部召开的文化工作会议，文化局召开的“非物质文化遗产座谈会”等，并做重要发言。2010 年，经过了多次基层考察，挖掘了大量的数据和事实，大漠文艺中心编写完成的《西口文化生态保护区规划》报文化局申请非物质文化遗产。

再次，大漠文化艺术中心还积极地参与各旗、区的地方文化建设，为各旗、区的地方文化“把脉”。

1. 为基层政府做文化咨询

大漠文艺中心多次与土右旗副旗长谈文化园区的定位问题，并参加土默特右旗召开的“内蒙古敕勒川文化产业园区规划论证会”。2010 年 7 月，应其邀请，为土右旗做文化发展策划编撰了《人杰地灵敕勒川》书籍及杂志，并梳理了土默川的三大文化元素等文化线条，为其文化发展理出了思路。2010 年 4 月 25 日，大漠文艺中心理事长郑少如女士被聘为土右旗文化顾问。

中心多次应邀去昆都仑区考察，为其做文化产业策划，并写了“昆都仑区文化产业化规划”策划书提交给昆都仑区政府，为该区的文化产业发展提出了自己的意见和建议。

大漠文艺中心 2010 年 4 月应邀参加九原区召开的“九原区文化定位与文化建设及产业发展规划研讨会”，并为九原区做文化策划；拍摄了反映大九原历史文化电视专题片《边塞九原古今歌》；策划了《大九原》图书及画册，提出了“大九原文化带”的总体思路，为九原区文化发展开拓了思路。

另外，中心还为石拐区做文化定位及文化产业发展的建议，为固阳县做民俗文化发展策划，并刊出了《西口文化》固阳县专刊、土右旗专刊、昆都仑区专刊、九原区专刊等。

2. 积极促成特色文化项目的建设

大漠文艺中心为土右旗做出了建立“西口文化旅游城”、“西口祭坛”、“西口大戏台”等文化项目的策划方案，目前，项目正在进行中。还多次与该旗领导进行协商和讨论并经过反复的实地考察，建立了“敕勒川博物馆”。

大漠文艺中心理事长郑少如女士在2007年参加第二届“中国·西口文化论坛”时，发表了《西口文化与旅游文化》的演讲，她认为旅游其实是看文化，可以建一个“西口文化旅游城”，城中建以原晋商老字号为主的店铺加上镖局票号和戏院青楼，成为一条商业街；再建一条以晋陕蒙冀为主的食品街，再建一条西口古玩街。人们到包头就有吃处，有住处，有听处，有看处。与旧城区改造相结合，共同打造西口文化特色旅游区，创建品牌旅游项目。为了建立“西口文化旅游城”，她曾多次与河北商会会长协商，并组织九原区委宣传部与河北商会对接。最后河北商会同意投资，在九原区建立“西口文化旅游城”。在此过程中，大漠文艺中心负责编制并起草了“西口文化旅游城”项目建议书。目前，此项目正在建设中。另外，还为九原区策划并建立了大九原博物馆。

3. 保护非物质文化遗产“二人台”戏曲

2006年5月20日，“二人台”经国务院批准列入第一批国家级非物质文化遗产名录。此戏曲因为其剧目大多采用一丑一旦二人演唱的形式，所以叫二人台。关于它究竟产生于何地，一说它是孕育在晋陕冀，形成在内蒙古，融民歌、舞蹈、曲艺、牌子曲、戏曲为一体的地方戏；另一说是它起源于内蒙古的汉蒙艺术融合大潮中，产生于土默川。由于该戏曲的流行地多在黄河中游两岸及长城内外的农区，因地域偏僻，交通不便，给挖掘、整理、保护工作带来许多困难。随着老艺人的相继离世，许多曲目、剧目濒临失传，急需抢救、保护。由于包头的土右旗被中国乡土艺术协会命名为“中国二人台文化艺术之乡”，大漠文艺中心于2005年在土右旗策划成立了“二人台”研究会，专门从事对“二人台”戏曲的研究保护工作并免费教周边人学唱。还在组织的“再走西口路”大型采访活动中，聘20多名演职人员边走边唱“二人台”，扩大了其影响范围，受到一致好评。

四、经验分析

大漠文艺中心，自成立以来走过了十五年的历程，拍摄的电视专题片、纪录片和其他文艺作品多次获得全国“骏马奖”及地方“五个一工程奖”等奖项，多次接待国内以及泰国、美国等地学者的考察，国务院参事室文史司、区市及相关部门的领导多次组织调研和视察，先后有十多家媒体对组织负责人及其成员进行了采访，对其活动进行了报道。组织自成立以来，取得的这些成果与其决策方式，合作模式、对外宣传等有关。

（一）高效率的决策方式

作为一个文化类社会组织，组织没有特别严格的规章制度来规定其的决策程序给予设在实际运作中很大的自由度。这种自由度使组织的决策效率相对较高。在一般情况下是不召开全体理事会议的，只有在涉及全体理事利益的情况下才召开。由于专职人员只有两位，在开展活动的时候，负责人郑少如女士会估算一下此次任务需要哪些部门参与，哪些人可以胜任，之后将相关人召集过来，先让他们表达对即将开展的活动的意见和建议，然后再讨论、确定最终方案，最后会把任务和职责分配到人。由于组织成员大部分是包头市文化艺术界的专家、学者，技能娴熟，有些还担任文化艺术界一定的职务，所以组织在人少的情况下也能很快完成任务。用负责人郑女士的话来说就是“只要两三个人就能很快地干成大事”。另外，成员是基于“为文化和艺术”的理念，对组织开展的活动有着极大的兴趣，没有什么特殊的利益追求，所以成员之间很容易达成共识，分歧和矛盾较少。这种高效率的决策方式，使得组织在有限的时间内可以开展更多的活动，责任到人的分工使得组织可以同时进行两三个活动，大大提高了组织的运作效率。

（二）善于聚集人才

人才，尤其是专业人才对于任何一个组织的发展都是举足轻重的，社会组织也不例外。但是对于大多数社会组织来说，缺乏专业人才可能是比较普遍性的问题。而大漠文化艺术中心却不存在这一问题，相反，它聚拢了遍及包头市文化领域的200多名个人会员，其中还有北京、新疆、鄂尔多斯等地区的部分专家学者。组织的理事会、秘书处、兼职人员都是包头文学艺术界的名家，如现为中国作家协会会员，国家二级作家的柳陆，中国民间文艺家协会会员、中国剪纸艺委会常务理事、现为包头市美术馆副馆长的要红霞，中国书法家协会会员（国际），国际影视文化艺术评价中心理事，中国书画艺术节协会会员赵守仁等。包括组织负责人郑少如女士自己也是一位作家，著有《山里的》、《秋子散文》等。她今年出版的散文集《秋子散文2》荣获包头市第七届精神文明建设“五个一工程”奖、第九届文艺振兴奖图书、文章类二等奖。组织之所以不缺少专业人才的原因，笔者认为有两方面原因：一是来自组织的理念“为文化和艺术”，这些文化艺术家不求利益只因为热爱而去做他们热爱的事情；二是因为郑少如女士的个人魅力，她为人热情，做事认真，72岁了还活跃在文化艺术界为包头市的文化建设而努力，很多跟郑女士合作过的人都对她的做事态度和风格留下深刻的印象。正是因为她的这种个人魅力以及组织的共同理念，组织才能聚集了这么多热爱文化艺术的专家学者，为包头市的文化建设做出了贡献。

（三）加强与同类组织间的合作交流

地方文化的发展与传播不能仅仅依靠某个组织的一枝独秀，还需要与其他组织的合作交流。大漠文艺中心与内蒙古敕勒川文化研究会、包头市旅游文化协会、包头市黄河文化经济发展研究会、包头影视艺术家学会、包头诗词学会、包头延安精神研究会等保持了良好的合作并互有往来。大漠文艺中心参加了内蒙古敕勒川文化研究会和旅游文化协会的成立大会，组织的理事长郑女士被选为包头市旅游文化协会会长，副理事长朱丹林被选为协会秘书长。郑女士还将珍藏的已故原内蒙古博物馆馆长文浩先生创办的《敕勒川博物馆》创刊号杂志寄给内蒙古敕勒川文化研究会会长伏来旺先生，并在2011年1月份出版的《西口文化》（总第19期）中的开篇登出了伏来旺先生的文章。大漠文艺中心的理事长郑女士还兼任包头诗词学会理事。另外，大漠文化艺术中心与包头诗词学会、包头延安精神研究会、包头黄河文化经济发展研究会一起被称为“包头四老文化现象”。与同类组织的交流与合作间接地促进了组织的发展。

（四）积极与政府建立良好的互信合作关系

一个社会组织要发展完善必然离不开政府各个方面的支持。政府的支持主要侧重于政府对组织开展活动的认可以及必要的财政补贴。组织的双月刊杂志《西口文化》每次刊印出来都会免费寄到政府以及各部门单位手中。由于杂志每期的质量都很高，得到了政府及社会各界的认同和赞赏。

2010 年，包头市副市长批示，给西口文化研究会拨 10 万元经费。2011 年，又拨款 10 万元。这些资金的支持促进了组织的发展。

同时，组织在开展活动时，也特别重视与政府的合作。由于组织开展的活动影响广泛，效果显著，政府愿意尝试与其合作。组织通过与政府合作逐渐取得了政府的信任，后来政府关于文化方面的工作会邀请组织的专家参与，这样组织就与政府形成了良好的合作关系。大漠文艺中心经常承办并参加政府的文化活动，为各旗区政府做文化策划，建设文化项目等，为政府功能更好地发挥献出了自己的一份力量。

（五）注重对外宣传，扩大组织影响

对于文化类的社会组织来说，开展的活动本身就是对组织自身很好的宣传。大漠文艺中心的双月刊杂志《西口文化》作为组织与外界文化交流的窗口，将组织开展的活动囊括进去，并将组织的专家学者对于文化的见解和建议也都收录其中，还刊登出了会员名家的作品，免费寄送市政府及其各部门单位、会员，赠送来访者、与会者，起到了很好的宣传的作用。组织还经常承办市旅游局、文化局召开的各种文化会议，座谈会、论坛等活动，与中央电视台合作拍摄电视纪录片等，这些活动一经报纸、电台等媒体的报道，对于组织来说都是种宣传。

另外，组织负责人还经常接受文化类电视片的采访。在与中央电视台《探索·发现》栏目组拍摄的《边塞长歌》中，理事长郑少如，副理事长朱丹林、柳陆等接受了采访，还接受了山西省晋中市旅游局来包头拍摄的《万里茶路》电视片的专访、包头电视台《古往今来话包头》栏目组的采访等。这些采访，使观众更好地了解了组织，提高了组织的知名度。

五、组织面临的困难与存在的问题

自 1996 年至今，大漠文艺中心为传播草原文化、西口文化，对内挖掘和整合地方文化艺术资源的理念而做出了不懈努力，一方面开展了许多影响广泛，收到好评的活动，另一方面，组织的结构和制度也在不断完善。但是，现阶段的大漠文化艺术中心也还面临一定的问题。

（一）缺乏资金支持

组织的资金来源主要是依靠当地民盟每年资助的两万元钱，但是随着开展活动范围的扩大和活动的增多，这些资金是远远不够的，除去租赁

费，水电费，办公费和员工的工资便所剩无几。这些年来，都是靠郑女士把自己每月政府发的养老钱和自己多年的积蓄拿出来贴补的。组织在刚成立不久，组织“包头市文化艺术团”赴新加坡、马来西亚、泰国、香港、澳门等地进行文化考察及演出的费用（往返机票，吃住费用等）都是参加者自己出的（艺术团成员的各种费用是艺术团里出的）。由于组织开展活动丰富，影响力较大，包头市政府在 2010 年和 2011 年分别拨款 10 万元，内蒙古文史馆在 2011 年和 2012 年分别资助 3 万元。这些资金只能让组织目前或者在未来一两年内的经费得到保障，在未来的十年甚至二十年呢？组织的经费保障在哪？这对于组织而言是个很大的难题。就像访谈中，郑女士说的那样：“现在，我最缺的是资金，有了资金什么活动都好开展。”因此，如何使组织得到更多稳定的资金支持是大漠文艺中心面临的一个难题。

（二）网络建设能力不足

在现代信息化社会，网络已经成为人们日常生活的一部分。网络对于一个组织而言也是十分重要的，企业可以用网络来营销，同样，社会组织可以利用网络展示自己的活动及成果，让更多的人了解和知道组织，与全国各地甚至世界的同类组织进行沟通和交流，以争取更大的合作、开展更多的活动，对于组织是特别有益的。可以说，网络是组织可以利用的一种非常方便的工具。

但是，大漠文艺中心却缺乏必要的网络建设。组织的成员大部分都是退休的热爱文化艺术的老同志，办公室的专职人员只有两人，一个是郑少如理事长，今年已经 72 岁了，另外一名是 60 多岁的周主任。由于年龄较大、专职人员较少、活动经费有限等原因，组织虽然开展的活动比较多，也很成功，但是缺乏一定的网络支持。组织开展的活动在网上很少能搜索到，除非在当地报纸的电子版中可以看到。在访谈中，负责人郑女士说：“我想过把《西口文化》杂志放在网上，让更多的人去阅读去了解包头的文化，也想过把组织搞活动拍的照片放到网上，让更多的人了解我们这个组织。但是由于我和周主任精力时间有限，没去做。以前有两个年轻人给弄过一次，但是后来不好意思每次都麻烦人家帮忙把杂志放到网上，人家也有人家的工作，所以也就没有做下去。”不难想象，如果组织的网络建设搞成功的话，会将组织的宗旨和理念传递给更多的人，让更多的人了解包头文化，让更多对草原文化感兴趣的人参与其中。

【问题与讨论】

大漠文化艺术中心经过十几年的发展，在“传播草原文化、西口文化，对内挖掘和整合地方文化艺术资源”宗旨的指导下，成功地开展了一系列活动，也为包头市政府及其各旗、区的文化建设做出了努力。但是，其成功仅仅是个案。全国类似于大漠文化艺术中心这种以保护，挖掘和传播地方文化为己任的社会组织还有很多，对于它们来说，要更好地发挥作用，还有很多值得探讨的地方。

（一）社会组织在保护和发展地方文化中的定位

一方面，保护和发展地方文化是政府不可推卸的责任，政府在其中应发挥主导型作用；另一方面，保护和发展地方文化也是一个社会问题，需要全社会的共同努力，所以保护和发展地方文化的参与主体也应该是多元的，政府、市场、社会组织都是保护和发展地方文化的重要参与主体。

政府、市场、社会组织，在保护和发展地方文化问题上各有其优劣势。政府有强大的公共财政和资源做后盾，有较强的社会动员能力。但政府对于地方文化的保护是普遍性的，覆盖面较广，不具有具体差异性，政府所提供的文化公共服务不能满足所有人的需求，只能满足大部分人的需求；同时由于科层制的绩效考核标准，政府很容易将地方文化保护和发展工作搞成“形象工程”、“面子工程”。市场自身的优势劣汰以及供需规律，能够将文化很好地挖掘开发以满足人们旅游、休闲、或其他的需求。但它是以利益为导向的，只愿意投资在一些有商业价值且能带来收益的文化上。而社会组织作为公益导向的组织，保护和发展地方文化是其宗旨，它们愿意当做自己的责任和使命去做。另外，社会组织是来源于民间的，天生与民间有着密不可分的关系，这就决定了它在开展活动时具有灵活性、细致的特点，可以针对特定地区开展深入的文化活动，比如大漠文化艺术中心针对土右旗是“二人台”戏曲的故乡的特点，创办了“二人台”研究会，并组织老师免费教当地人学唱“二人台”戏曲，这是政府很难做到的。但社会组织在保护和发展地方文化问题上可能面临慈善不足、合法性欠缺、资源不足、组织自身能力欠缺等问题。

鉴于此，社会组织要更好地参与地方文化的保护和发展必须找准自身优势，有针对性的开展工作。参与地方文化保护和发展的重要性就体现在政府、市场的能力未及之处，发挥自身的独特优势。同时，也应当与政府、市场合作，弥补自身的不足。

（二）社会组织如何与政府建立起良好的互信合作关系

一个成熟的社会体系，应由三大板块构成：即政府、社会组织和企业。社会组织与政府的合作是必然的，一方面社会组织需要向政府谋求生存和发展的空间，另一方面政府在社会治理上需社会组织发挥拾遗补缺的重要作用。二者的合作，不仅有助于建立起畅通有效的社会管理机制，协调和化解不同社会利益群体之间的矛盾和冲突，而且能更好地实现政府与民众的良性互动，使政府与人民群众更加紧密地联系在一起，从而改善政府的形象，增强民众的政治认同感。

对于社会组织来说，如何取得政府的信任和支持，与政府形成良好的合作关系，是其面临的问题之一。尤其对于民间草根组织来讲，更是其亟须解决的问题。笔者认为，社会组织可以通过加强与政府的互动沟通、积极参与政府购买公共服务、吸引相关领域的专业人才加入、为政府建言献策等方式与政府保持良好的合作关系。例如，本文中的大漠文艺中心，首先开展的活动影响广泛，效果良好，取得了群众的支持；再加上组织吸引了文化艺术界的专家、学者，使得组织在文化艺术界比较有威信，所以政府愿意与其合作，相关的问题也愿意征询其意见。

（三）社会组织如何保持自己的独立性和自主性

国家、市场、社会组织是现代社会资源配置的三大领域。一个社会想要良好的运行，离不开这三者的支持。这三个主体中，任何一个失灵都需要靠其他两者来弥补，并且任何一个的发展都需要与其他两者的合作与配合。社会组织的出现有效弥补了“政府失灵”和“市场失灵”，同样它的发展也离不开市场和政府的参与。在其发挥作用的过程中，与政府和市场的合作与交流是必不可少的。社会组织可以向它们寻求资金、物质、资源等方面的帮助。

社会组织在与它们合作交流的过程中，以及在建立起良好的信任关系之后，如何保证自己的行为不被它们所左右，如何坚持自己的宗旨，如何在与其保持亲密合作的关系的同时坚持组织的独立性和自主性？例如大漠文艺中心在为市旅游局编辑和出版书籍或者开展活动的过程中，如何能让这些书籍和活动体现组织的传播草原文化、西口文化，对内挖掘和整合地方文化艺术资源的宗旨，在具体实施过程中坚持自己的声音，而不被政府行动上的流于形式和一切为了政绩的目的所“绑架”呢？这些都是值得深思的问题。

结束语

大漠文化艺术中心成立15年来以挖掘和发展地方文化为己任开展了一系列的活动，与政府、媒体的合作为组织的发展拓宽了道路，使组织开展的活动更加深入人心。组织的成员——一批热爱文化艺术的老同志们为了他们所热爱的事来仍在继续努力着，其经验将给予同类社会组织以借鉴。

发展和繁荣地方文化既是政府的责任，也需要社会的参与。地方文化如果做得好可以成为城市的一张王牌，为城市带来很好的声誉和效益。目前，全国的地方文化正开展得如火如荼，各社会组织应当抓住此次机会，趁机发展，去实现组织的宗旨和使命，为中国的文化发展、传承和繁荣做出贡献。

参考文献

[1] 2012年6月对大漠文化艺术中心理事长郑少如女士的访谈资料。
[2] 大漠文化艺术中心编纂：《大漠百家》，内蒙古出版社2006年版。
[3] 大漠文化艺术中心主编：《西口文化》双月刊，2012年1月（总第25期）。
[4] 大漠文化艺术中心主编：《西口文化》双月刊，2011年1月（总第19期）。
[5] 李俊清、陈旭清主编：《中国少数民族地区社会组织研究》，中国社会出版社2010年版。

（案例编写者：中央民族大学管理学院2011级行政管理研究生蒋兰芳）

利施于民　情系草根

——青海金三川文化中心

青海金三川文化中心（简称三川）① 是青海省最早开展社区发展项目的民间组织之一，其前身为民和县三川发展促进会，长期致力于乡村教育、扶贫创新、公益组织能力建设和少数民族文化保护等领域的工作，为促进青海公益事业的发展和各民族事业发展贡献自己的力量。

一、组织成立背景

（一）自然地理

青海金三川文化中心的项目实施区域主要是青海省海东地区。海东地区主要包括平安县、乐都县、互助土族自治县、化隆回族自治县、民和回族土族自治县和循化撒拉族自治县六个县。此地位于祁连山脉东部、青海省东北部，面积 12801 平方公里，占全省面积的 1.8%，境内平均海拔 2000 余米，大部分处于 2200—3000 米的地带。气候属于高原山地气候，基本特点是高寒、干旱、日照时间长，太阳辐射强，昼夜温差大，冬夏温差小。

（二）历史沿革

海东地区因处于青海湖东部而得名。据考古证明此地于 6000 年前就有人类在此居住，秦汉之前羌族就于此地定居。公元前 121 年，汉朝霍去病率兵进入湟水地区，从此这里被纳入汉朝郡县体制。公元前 61 年，汉朝赵充国率兵击败在黄水流域的先零羌，招抚黄河沿岸羌人归降，接着在此留

① 金三川文化中心的前身为三川发展促进会，于 2011 年在西宁正式更名为金三川文化中心。

兵屯田。公元397年，鲜卑族的一支秃发展壮大，建立了南凉政权，其都城设立于现在的乐都县，隋朝乐都为西平郡地。唐朝时期海东和甘肃的部分地区为当时行政区划十道中的陇行道，政治中心仍为乐都县。宋朝时期，吐蕃一部温人嘛厮罗部在此发迹并建立割据政权，先后在宋歌城（今平安县）和邈川城（今乐都县）等地建立统治中心，历时近百年，部落首领嘛厮罗就是我国三大英雄史诗之一的《格萨尔王传》中格萨尔的原型。元明清三朝此地区就一直为西宁州、卫、府治地。民国在青海建省，海东地区属青海省管辖。直到现今与海东地区设立海东地区行政公署来统辖海东地区。

（三）人口构成

根据第六次（2010年）全国人口普查结果显示，青海海东地区常住人口中，汉族人口为778305人，占55.72%；各少数民族人口为618541人，占44.28%。其中：藏族132381人，占9.48%；回族273672人，占19.59%；土族115008人，占8.23%；撒拉族89741人，占6.42%；蒙古族6242人，占0.45%；其他少数民族1497人，占0.11%。其中藏族和回族分布最为广泛，生活足迹踏遍海东各个县市。而土族人口主要分布于乐都、民和、平安、互助等县，其中互助和民和为土族集中生活的地区，互助县为全国唯一的土族自治县。撒拉族主要分布于循化和化隆两个地区，蒙古族主要分布于平安、湟源、湟中以及乐都等县，以乐都居多。除上述民族，此地区还有满族、朝鲜族、壮族、瑶族、苗族以及东乡族等，人口数量极少，除东乡族在此长期与回族杂居外，其余皆因工作等原因迁入。

二、机构基本情况

（一）创始之初

民间组织在中国兴起的时间为20世纪七八十年代，政府从“全能型”向“服务型”的转变，为中国民间组织的发展提供了一个广阔的空间。但是从改革开放至今，民间组织在中国仍处于起步发展阶段，无论从数量和质量上看，我国的民间组织的发展尚存很大发展余地。

民和三川地区是青海省内较偏远的地区，在三川成立之前，此地区还没有民间组织从事社会公益事业。民和南部好多山区地处偏僻，基础设施相对较差，尤其吃水难是普遍问题。

由于机缘巧合，朱永忠实施了自己的第一个水利项目——利众泉。朱永忠所在的村落周边总共有8个村子在用水方面都存在困难，此项目实施的目的是解决大家的吃水问题。90年代的朱永忠一直对土族的文化非常感兴趣。从1994年开始，朱永忠借了一部摄像机，将周边的一些民间节目和民间传说记录了下来，还用摄像机记录了自己的母亲花费将近四十分钟挑水的全过程。1996年的4、5月，美国一基金会的两个项目官员筹划来青海做项目，观看了一段反映当地吃水现状的录像带后，即刻决定资助项目改善当地吃水条件。朱永忠就抓住这个机会，与当地在这方面比较擅长的人进行商讨并且完成了这个项目的实施。此工程的实施，很好地积蓄和利用了当地山区极度有限的水源，惠及了八个村子，解决了包括中川朱家岭朱交拉、湾子、张家、隆家、奴戎社，虎狼城村东岭社，甘沟乡东山村东山、柴家社，光明村隆家、大帮社，将近一千人的吃水问题。

良好的开端是成功的一半，第一个利众泉项目的成功实施，引来了好些国家驻华使馆和基金会的关注和支持，陆续资助三川申请的相关项目。一直到2001年的时候，香港嘉道理基金会开始向金三川文化中心提供大项目的支持，但前提是三川地区的民间草根组织必须联合起来，或者以一个正式注册的组织来承担此项目，在此形势之下，朱永忠就在官亭组织成立了三川发展促进会。

（二）组织创建

三川于1996年开始项目工作；1998年10月，在民和县官亭镇三川文化中心设立外援项目办公室；1999年11月，成立三川文化中心外援项目小组；2002年，正式注册成立了民和县三川发展促进会；2004年，增设了西宁办公室；2005年，综合办公室迁至西宁市；2006年初，在民和县川口镇设立项目办公室。现有专职工作人员5人，理事9人。

三川的愿景是激励强化公众参与能力、积极引进公益外援项目、改善弱势群体落后状况、提升各族群众生活水平。

三川的使命是加强贫困地区与国内外援助机构的联系、培育扶持民间组织促进公民社会的成长、实施切实项目发展教育卫生经济和社会、推动青海农牧区经济与社会的和谐发展。

三川的业务范围主要包括：开发引进创新的公益项目；提供公益信息咨询和组织能力建设服务；志愿服务活动的组织和支持；青海民族文化活动的交流、组织和策划。

（三）组织成员

组织负责人朱永忠，土族，青海民和人，本科学历，毕业于青海师范大学，现任金三川文化中心主任，兼任青海省慈善总会副会长及中国土族研究会理事。

范海英，汉族，青海互助人，本科学历，毕业于青海师范大学社会工作专业，主要管理金三川文化中心财务。

白青兰，土族，青海民和人，本科学历，毕业于西安工业大学外语系，现主管中心项目工作。

文斌兴，汉族，青海互助人，硕士研究生学历，毕业于西北民族大学民族学与社会学学院社会学专业，助理社会工作师。

（四）各个发展阶段的基本情况

金三川文化中心从发起到现在，经历了探索、成长和专业化三个阶段。在这个过程中，青海金三川文化中心不断学习和积累经验，得到了众多热心公益的人士的关注和支持，逐渐形成了适合自己的项目管理模式，并且积极扶持本土草根组织，搭建了一个供青海民间组织学习交流和资源共享的平台，自身成长为青海最成熟的民间组织的同时也促进了整个海东地区乃至青海省的公益事业的发展。

1. 探索阶段（1996—2001）

1996 年，朱永忠在自己的家乡实施了第一个水项目，项目成果得到了乡亲们和资助方的一致好评。随后，身为教师的他一边教书一边做项目，为改变家乡贫困状况，忘我地工作，在当地群众积极参与的共同作用下，朱永忠设计的项目陆续得到加拿大、英国、荷兰、德国以及澳大利亚等国驻华大使馆的资助。截至 1998 年底，先后有 26 个关于饮水、学校修建、太阳灶发放、医疗器械购置和牲畜养殖的项目得以实施，涉及资金 100 多万元。

1999 年 2 月，朱永忠在民和县官亭镇三川科技文化中心设立了项目办公室，制定了严格的项目管理和财务管理制度，聘用了固定的工作人员，项目管理和组织能力建设走上了规范化的道路。项目继续得到德国、荷兰、澳大利亚等国驻华大使馆的资助，仅 1999 年一年的项目资金就超过了 100 万元，英国驻华大使馆更是史无前例的一次性资助了 7 个项目。1999 年到 2001 年，朱永忠共负责实施项目 52 个，项目涉及提灌、自来水、温室以及文化保护。

2. 成长阶段（2002—2006）

2002 年 3 月，朱永忠在民和县民政局注册三川发展促进会并担任会长，开始全面主持项目工作。成为在民政部门正式注册登记的民间组织的负责人之后，朱永忠花费大量的时间和精力进行组织的能力建设，完善了各项规章制度，组建了更有热心和责任心的项目执行团队，招募了大量志愿者，制定了组织章程并召开了会员大会。在项目团队的通力合作下，三川的项目工作取得了更大的进展，项目数量和资金不断增大，从 2002 年到 2004 年底，三川申请到香港嘉道理基金会的项目资金达到 100 万元，从日本驻华大使馆申请到的项目资金达 80 余万元，从香港救助儿童会申请到了 100 万元用于学校项目。

2004 年底，三川迁至青海省会西宁，办公室设在新华锦绣城。从农村到城市，三川经历了一个短暂的过渡时期，逐渐熟悉了城市的工作和政策环境，尝试扩大项目实施的范围，但因项目管理成本过大，最终，三川将项目实施区域锁定在青海东部农业区，并开始筹划建立一个扶持本地民间组织发展的资源中心。

3. 专业化阶段（2007—2011）

2007 年 1 月，三川开始实施为期三年的“青海民间组织资源中心”项目，正式搬至昆仑一号写字楼办公，标志着三川发展促进会的项目工作迈上新的台阶。“青海民间组织资源中心”项目的目的在于通过一系列培训、考察学习、NGO 代表互访、社区发展论坛以及大学生志愿服务活动扶持青海的当地民间组织，为他们提供信息咨询和项目指导，提升他们的项目工作能力，从而带动整个青海民间公益事业的发展。

在实施青海民间组织资源中心项目的同时，三川继续在海东地区实施基础教育、社区发展、医疗卫生等领域的小型项目，与加拿大、德国、日本等国驻华大使馆和香港成长希望基金会等机构建立了良好的合作关系，形成了适合自己的项目开发和管理模式，成为青海最为成熟和专业的民间组织之一。

2011 年 3 月，因业务围调整和项目实施区域扩大，三川在省工商注册为青海金三川文化中心，机构的宗旨、组织结构以及工作内容基本上延续了三川发展促进会的一切，旨在通过实施公益项目促进青海贫困社区发展。

（五）理念的形成过程和策略的变化

实施项目之初，身为教师的朱永忠的教学工作和项目工作是同时进行的，当时项目比较少，工作压力相对来说较小。但从1997年开始，项目逐渐增多，于是他便向校长反映，是否可以专职从事引进外资项目的公益事业，得到校长同意后，朱永忠就在一直保留教师身份的前提下，从事NGO工作至今。

机构在2007年之前主要从事小型基础建设项目的开发和实施，经过十余年的发展和办公室从官亭镇到西宁市的迁移，机构日趋成熟，项目实施范围也在逐渐扩大。但是作为人口最为集中、自然条件较差的海东地区对公益项目的需求很大，仅靠三川一个机构无法满足更多地区的需求。三川就开始转型，从自己做项目转向支持其他的一些相对较小的民间草根组织，帮助他们申请和实施项目、提供信息咨询和能力建设培训，促进当地民间组织发展，让更多有能力的组织实施更多高质量的项目。这样一来，三川就从单纯实施项目的民间组织成为支持青海基层民间组织发展和成长的平台，完成了机构职能的转型。

（六）组织结构和管理模式

青海金三川文化中心理事会于2012年3月成立并召开第一届理事会第一次会议，现有理事9人，由北京百分通联传媒技术有限公司总裁张福连先生任理事长，青海民族大学张秀琴教授任副理事长，青海省慈善总会原秘书长莫重录先生任财务理事。

青海金三川文化中心设执行主任一名，由朱永忠担任，统领中心各项工作。中心下设三个职能部门，分别是项目部、行政部和财务部。

项目部负责中心项目的开发和管理，目前有白青兰和文斌兴两位项目官员专门从事项目工作，白青兰任项目主管；行政部负责中心办公室日常事务的处理和人力资源管理工作，由范海英兼任办公室主任；财务部负责中心的财务核算和账务处理工作，由范海英任财务主管，另聘用兼职会计一名。由于经费紧张、专业人士稀缺，目前中心仅有五名专职员工，虽各有分工，但全部参与项目工作。

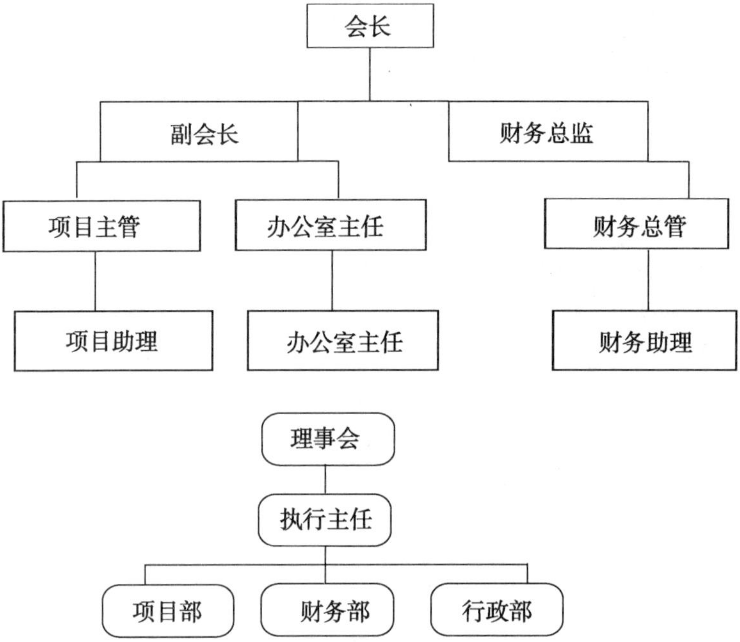

金三川文化中心的组织结构图

（七）公众参与模式

青海金三川文化中心在实施项目时遵循一个原则：让项目受益人广泛参与项目实施。在项目实施过程中，一定要让受益的群众参与进来，成立以项目受益人代表为主要成员的项目管理委员会，动员当地一切可以利用的力量和资源，力求项目资金的最优化使用，而三川承担的主要责任就是协调好项目投资人和项目受益人之间的关系，然后督促项目管委会在项目实施的过程中严格按照资助方的要求进行。因为有这种模式的形成，项目受益地的村民也会自发形成一些自己的组织，而这些组织都与青海金三川文化中心形成了良好地合作关系，通过实施项目带动民间组织发展便成为三川实施项目的一个创新之处。

除了以上所述的调动项目受益人的能动性来扩大项目的公众参与之外，三川也积极寻求与项目实施地的政府机构和其他单位的合作。比如中川中学学生宿舍楼修建项目和正在实施的鲍家小学维修项目，合作方就有官亭镇中心学校和民和县教育局。

三、组织运作模式

（一）资金筹措

三川成立至2010年以来，成功地从加拿大、日本、英国、荷兰、德国、澳大利亚、新西兰、芬兰等国驻华使馆和嘉道理、棉木、利众、桥梁、欧亚、波尔、成长希望和等国际基金会和各界爱心人士争取到无偿援助项目161个，引进外援资金1707万元。项目区域逐渐由民和县扩展到整个海东地区，受益人数超过20万。

下面以饼状图的形式来展示金三川文化中心于1996年到2010年以来资金来源，我们可以清晰地看出金三川文化中心项目资金的来源比重：

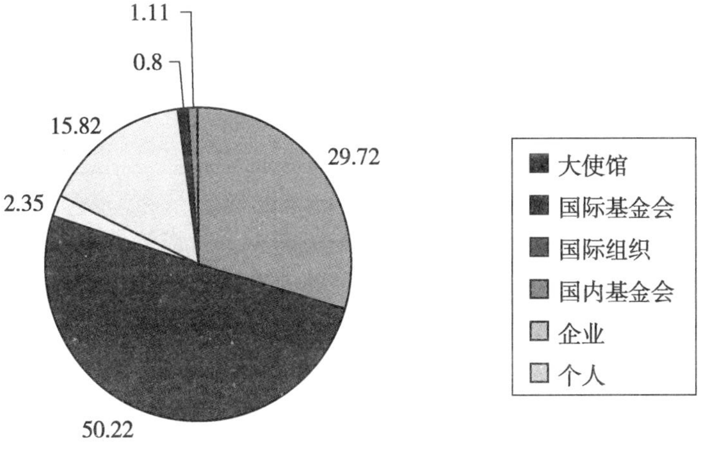

从图表中，我们可以看出，资金主要来自国际基金会和大使馆，其比重占到大约80%。而国内基金会只占到16%左右，企业和个人的比重更加微小。由此可见，金三川文化中心的资金主要来自国外，国内资源开发严重不足。尤其是国内企业方面筹款力度微弱，15年间只有一家本地企业捐资。

外国驻华使馆、国际基金会以及国际组织都乐意向金三川文化中心资助。原因分析如下：由于在青海的公益圈里，三川是做公益时间最长和项目最多的一个，而且实施的项目都很成功，经验比较丰富。所以，一些国外基金会和国际组织对三川项目的关注和支持力度都比较大。

（二）项目工作

三川开展的项目范围比较广泛，主要包括基础设施建设、教育发展、扶贫以及培训、NGO能力建设和文化保护等。根据金三川文化中心内部资料显示，可以通过以下图表来看出各类项目在金三川文化中心实施项目中所占的比重：

金三川 1996—2010 期间实施项目类型比例表①

项目类别	数量	比例
基础设施建设	37	22.98%
教育发展	79	49.07%
扶贫项目	31	19.25%
培训项目	6	3.72%
机构自身发展	6	3.72%
文化项目	4	2.48%
总数	161	100%

从金三川文化中心从事项目的数量类型以及所占比例也可以看出金三川文化中心的宗旨，即专注于海东地区的民生改善和基础教育的提高。

改善民生的项目主要是帮助解决人们日常生活中所急需的，比如人畜饮水、农田灌溉、燃料、路桥交通、绿色农业以及医疗卫生和基础教育等。这些项目虽然金额少、规模小，但是真正把基层社区最基本的需求予以满足，并直接改善了当地人的生活条件。三川也实施了一些规模较大的项目，比如说在民和县前河乡修建的卧田桥，解决了五个村子近五千人的出行难的问题。

三川实施的文化保护项目并不多，也不大，2002年实施了民和县三川地区土族语言文字整理工程，2006年实施了民和县三川地区土族文化保护项目。然而，三川组织举办的巴依儿艺术节对于保护及宣传土族文化有了较大的影响。

巴依儿艺术节

“巴依儿”，土语，快乐的意思。2004年元月，三川举办了盛大的、多

① 笔者通过金三川文化中心的项目报告，分类归纳总结出此表。

民族参与的、为期四天的巴依儿艺术节，土族、回族、藏族等各民族欢聚一起，通过节目表演、篮球乒乓球比赛等形式参与活动，共庆喜乐。

事件起因：经济唱戏，文化搭台。朱永忠利用一次举办篮球赛的机会，在其中加入民族文化形式节目的表演，经过自己想法与创意的加工，逐渐与周边各个村子联合起来举办一场文化的盛会。最终这场活动突然变成了由1500多个演员，300多个乡镇政府人员参加，120多个后勤人员总共持续33天的文化节，活动开支8万多元。当时中央电视台的工作人员在西宁听说之后，也匆匆赶过来进行相关采访，但当时中央电视台错过了这个节日没有录制，着实是一种遗憾。此次活动还吸引了大量周边一些小有名气的人过来参加。举办巴依儿艺术节需要朱老师到周边的各个村庄征集节目，结果没有一个村庄表示反对，受邀者都表示强烈支持，由此可见三川发展促进会群众基础之好、影响之大。

草根组织在帮助当地居民解决生活上的困难的时候，也应该考虑到文化的保护，在考虑到当地文化背景的前提下才可以使项目得到比较顺利的实施。这次巴伊尔节的创办是机构发扬当地文化的一次比较大的举动，得到了社会上很大的反响。虽然此次活动的最初目的是为了打响品牌，增强本地区对外部的影响。但是此次举动同时极大地促进当地文化的影响力。

虽然这是对民族文化保护的一个比较重要的措施和手段，但是自从那次之后机构就再也没有考虑过举办类似的活动。因为这个节日需要太多的人力和物力，当时朱永忠也是遇到了一个比较好的机遇，加上当时自己年轻有精力，所以就做出那样大场面的节日来。对于现在处于转型期的金三川文化中心来说，朱永忠也有这方面的考虑，但是还是有很多的阻碍。其实，如果将巴依儿艺术节作为固定日期举办的节日，那么对于当地文化的保护与传承则具有非常重要的意义。

三川在建设自己团队的同时，也在支持更多的民间组织的发展。从2007年开始，在欧亚基金会的支持和帮助下，中心在西宁成立了青海公益组织资源中心，主要是给青海东部的NGO组织提供一个交流、学习和发展的平台，该项目主要包含三个方面的工作：第一，支持当地的志愿者和公益组织。第二，为当地公益组织提供咨询服务、提供培训、考察学习和其他的支持性活动。第三，帮助当地的草根组织申请小额资助项目。项目分为两期，第一期是从2007—2009年，这一期所涉及的活动有培训、考察学习、协助当地组织递交项目申请，重要成果之一是中心协助7家民间组织注册成立。在2010年，继续实施了中心第二期项目，此项目也是为了促进海东地区公益组织及公民社会的发展。因考虑到资金来源单一，所以主要开展了两个方面的活动：第一，2011 年在北京开展青海省东部社区发展圆桌会议，主要是希望通过活动，争取国内的基金会关注和支持海东地区民间组织的工作。第二，针对当地民间组织的能力建设，主要做了三项工作：一是培养当地草根组织 NGO 的领导人，也就是把青海的 NGO 领导人派到其他地方的民间组织进行为访问学习；二是对民间组织的工作人员进行培训；三是给有意向的大学生提供在民间组织实习的机会，增加民间组织的后备力量。

（三）项目创新之处

1. 管理创新

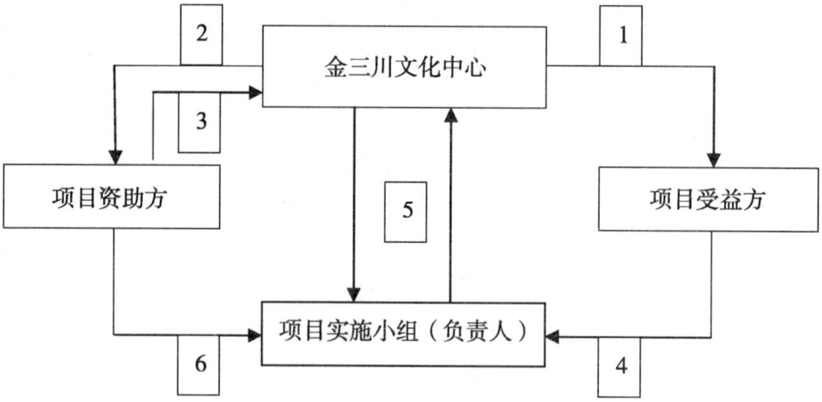

金三川实施项目过程的结构图

其中（1）金三川收集到项目建议书。（2）向项目资助方递交项目申请书。（3）项目申请成功之后向金三川拨付项目资金。（4）正式筹建项目实施小组。（5）金三川和项目实施小组保持联系，且金三川定期监督项目的实施。（6）资助方考察项目实施情况。

金三川实施项目初期，亲自参与每个项目中和资助方及受益人之间的联系、和购货厂家的联系、采购、和政府沟通、项目监督等环节，但是后期因为办公室搬到西宁，同时他们也想鼓励当地村民更多地参与项目，所以他们减少了对一部分环节的关注，更多地关注前期的联系和中后期的监督，真正实施项目的活动交给当地的村民，等他们有问题时再协助解决。

以金三川以前实施过的教育类项目为例，我们可以看出金三川鼓励当地村民参与项目的原则是始终贯穿于整个项目过程中的：赵木川小学重建工程是金三川于2004年实施的项目，目标是通过教室、图书室、教师宿舍、办公室及厕所等设施的修建及部分体育器材和教学设备的配备，改善赵木川小学183名土族学生和8名教师所在学校的上学与教学与环境。

金三川在项目申请成功后，就开始筹备项目管理委员会，成员包括当地有威望有能力的村民代表、村委会成员和村校老师。该项目上校长为总负责人，全盘负责项目工作；村支书记则为总负责助理，处理义务工安排事宜；村主任为会计；还有一位年过七旬的老人，负责项目中与村民的协调工作；当地监督人则由当地的一名教师来担任。当地的其他代表和金三川的成员成立了质量监督小组，负责项目的监督与协调工作。总结报告则由校长与朱永忠先生来完成。

项目实施过程中，村民都全程积极参与学校修建，主动捐资捐物，在当地总共集资1万余元，投入义务工2465个，学校老师集资2450元，投工835个。整个项目完成后，当地的配套投入高达135405元。

从这个项目我们可以看到三川的工作步骤，三川首先发现赵木川小学设施不足的问题，然后与学校共同完成项目申请书并向基金会提出申请，申请成功后立即组建由当地村民组成的项目管理委员会并由当地村民负责实施项目，金三川文化中心在其中起到监督、协调和指导的重要作用，项目结束之后由当地总负责人与金三川文化中心一同撰写项目报告。

金三川在实施项目时，和当地村民组成的项目管理委员会成员明确分工，让他们发挥各自的优势，这样不仅带动当地百姓进行自助的同时对项目的实施也具诸多益处：一是村民负责项目的实施，可以避免项目实施方的方案与项目受益方的想法之间的冲突；二是村民能最大限度地利用当地的资源，这样可以节省大量资金；三是鼓励当地村民自愿参与其劳动工钱较外面要廉价的多。这样金三川实施项目中的财务报告经常会处于一种“不实”的状态，可以说以小额的资金做出了“物超所值”的大项目。也正是因为这种鼓励村民参与的模式，使金三川在当地拥有雄厚的群众基础。

金三川本着当地人真正的需要来申请项目，当地人需要什么，就申请什么。项目申请下来让当地村民实施，这样做，体现村民的自主性，项目的受益人成为项目的负责人。以金三川以前实施的修建卧田桥的项目为例，当时投入了6000个工日的劳力，如果按照50元每人的标准计算，工钱将近30万元，若按照20元算，那也是十几万元的工钱。因为这个项目基于当地人的需求，真正解决当地人行路难的问题，所以都是当地村民心甘情愿自己做的，白天晚上轮班进行修建，总共花费两个多月时间修建完成。

在这个项目之后，负责过这个项目的部分项目管理委员会成员也自发组成了一个以改善当地村民生活质量为己任的草根组织，现在这个组织已经在民和县正式注册成立。这样通过和金三川合作实施项目，后来又自发注册成立的组织已经有 8 家了。

2. 策略创新

金三川和欧亚基金会合作实施的项目中，有几个创新型活动策略：

支持青海海东地区起步晚、发展慢的组织。一方面给这些组织提供能力建设培训，帮助他们更好更快地成长，他们采取的方式主要是给当地的民间组织提供咨询服务、提供培训、考察学习和支持机构负责人到发展较好的组织访问学习的活动；另一方面他们也协助当地草根组织申请小额资助项目。这样可以使项目受益人的范围大大增加。

金三川还有一个项目是每年暑假的时候，会在青海各大高校招募大学生，然后安排到青海及西宁的民间组织进行实习，一方面加强了大学生和民间组织的相互了解，给大学生提供实习机会的同时也给机构注入新鲜血液；另一方面也是发展民间组织工作人员的后备力量。

金三川还组织了两次针对基金会的筹资论坛，在基金会比较集中的北京和香港分别举行了资助人论坛。活动中邀请了部分基金会代表参加，并安排青海民间组织代表及相关方面的专家进行座谈，介绍青海社区发展中面临的困难和挑战，以期得到更多的项目支持。

三川的工作思路：首先要找到三个到五个当地人认为比较有能力的人或者热心的人，然后金三川文化中心再与他们进行交流，讨论当地存在的问题和需求，之后在和村里的人准备项目申请书的时候，还需要 5—7 个人参加，其中必须有妇女代表、老年人代表、学校代表以及村委会的代表，其他 3 个人可以机动灵活，这 7 个人就组成了项目管理委员会。项目管理委员会主要负责项目的实施以及项目的管理与维护。下面列举金三川文化中心往年做过的部分项目来清晰地呈现中心实施的过程，我们可以清楚看出三川工作思路在项目实施过程中的贯穿作用。

（1）教育发展类项目

赵木川小学重建工程是金三川于 2004 年实施的项目，目的是通过教室、图书室、教师宿舍、办公室及厕所等设施的修建及部分体育器材和教学设备的配备，改善赵木川小学 183 名土族学生和 8 名教师的上学与教学环境。

金三川文化中心在项目申请成功之时，就开始筹备项目委员会，成员包括当地有威望有地位的村民、村委会成员和老师组成的 5 人学校项目管理委员会。校长为总负责人，负责项目的监督管理；村支书记则为总负责助理，处理义务工安排事宜；村主任为会计；还有一位年过七旬的老人，负责项目协调工作；当地监督人则由当地的一名教师来担任。其中还由当地的其他代表人物和金三川文化中心成员成立了质量监督小组，负责项目的监督与协调工作。报告总结则由校长与朱永忠会长来完成。

项目实施过程中，村民都全程积极参与建设。金三川文化中心的无偿援助行动鼓舞当地村民主动捐资捐物，在当地总共集资 1 万余元，投入义务工 2465 个，折合人民币 44370 元，每户送 10 空心砖、四车沙子和石头。当地老师集资 2450 元，投工 835 个。

从这个项目我们可以看到金三川文化中心的工作路线：金三川文化中心首先发现赵木川小学设施不足的问题，然后申请项目到香港救助儿童会，申请成功后立即组建当地实施委员会并由当地人民进行项目的建设，金三川文化中心在其中起到监督、协调和指导的重要作用，项目结束之后由当地总负责人与金三川文化中心一同撰写项目报告。

（2）基础设施类项目

民和县普巴桥、协拉桥修建工程于 2000 年 6 月到 2000 年 10 月期间实施的项目。在项目实施之前普巴二社只有一座小木桥，车辆无法通过。当年夏天这座桥即被山洪冲毁，断绝了村里与外界的联系；协拉村和巴尔东村的小桥都与 1999 年被冲毁，自然村之间交通一直处于瘫痪状态，人畜行走的小路也极其危险；先锋村的公路也常常被洪水阻隔。

金三川文化中心则开始向德国大使馆申请项目，旨在改善当地的交通状况。项目申请成功之后，中心开始在当地组建负责人小组，三川则担任项目的督导工作。

项目完成时，总造价为 272135 元，德国使馆赞助 61800 元，然而，当地配套投入资金和劳力共计 210335 元。不难看出当地人民为改善生存环境的高度热情。金三川文化中心带来的不仅仅只是一个项目，还是当地人民对美好生活的一种向往，进而激发了当地人民投身公益的热情。

（3）扶贫项目类项目

互助县很多山区干旱少雨，生态脆弱，水土流失严重。靠天吃饭的农民多年歉收，再加上最近几年退耕还林还草的政策，当地农民生活更加困难，特别是山区的农户，每年都会有 2—5 个月会面临燃料缺乏的状况。于是当地的妇女和儿童不论冬夏都会上山捡柴草，劳动强度大而且容易破坏生态。互助县贫困山区太阳灶扶贫工程是金三川文化中心于2005 年实施的项目。此项目旨在解决当地山区贫困农民因燃料缺乏所导致的生产生活困难、减轻妇女与女童的劳动强度、节约家庭开支、保护生态等。

金三川文化中心针对已有的项目实施网络，对各村进行走访调研，确定太阳灶的数量，同时协助当地负责人召集部分村民成立太阳灶项目管理委员会，项目管理委员会通过召集村民大会，安排太阳灶项目收益家庭参与义务劳动，根据义务劳动的积极程度选定受益的具体对象。在村民完成相应义务劳动之后，相关厂商送太阳灶到村，并进行宣传，使村民掌握基本用法和维修技能。项目实施过程中金三川文化中心一直负责项目的监督、实施和评估的工作，同时定期对发放的太阳灶进行检查并且联系厂家进行维修。项目的实施覆盖了包括丹麻镇汪家村、五十乡桦林村、松多乡什八洞沟村、松多乡张卡村、峡门镇甘池村等五个村庄，负责人都由当地人担任。

由于一些不可控因素项目的实际支出总是要比预算多出一些，然而多出来的就由当地配套尽量解决。比如此项目中预算中运费需要6000 元，但是其中实际操作的时候会多出4000 的缺口，这个缺口就由村民们集资来完成。有的村民家里即使条件差，也会尽量凑钱达到项目要求的资金数量，说明当地人对项目的高度重视，也说明金三川文化中心这种运行项目的方式已经深入人心。

3. 小结

金三川文化中心项目运行特点，总结为一个词语就是“中间人”。民间组织将自己放置于当地少数民族地区人民与外界资源之间，自己主要发挥的作用即中间人所起到的传递信息与资源，使当地人民能够利用外部资源对自身进行建设与发展。更重要的一点，金三川的这种模式在极少干预当地少数民族发展自身意愿的前提下为其提供了切实可靠的发展条件，保证了当地少数民族发展的自主性，在充分调研当地人民的切实需求之后，按照调研结果申报建设项目，而非强迫当地人民接受自己不喜欢的援助项目，最大限度地保证了当地少数民族对于自身文化建设的体现，着实是一种能够保证援助者保持价值中立的有效模式。

四、存在的问题及局限

（一）存在的问题

金三川文化中心在项目实施的过程中也同样遇到了一些大大小小的困难，最让机构难忘的是2008年与日本大使馆合作的项目。

每个项目所遇到困难，只是大小不同而已。让三川感觉实在没有办法，没有力量来改变，而且让朱永忠感觉印象深刻的困难还是有的。2008年，三川争取到了日本大使馆的项目，准备在官亭卫生院修建一个住院楼。当时申请这个项目，努力了一年的时间，日本大使馆签了项目协议书，钱也已经汇入三川的账户，三川则开始与卫生院领导们商量尽早启动项目。当时县政府有个大的计划来扩建官亭卫生院为民和县第二人民医院，住院楼的修建也只能纳入统一规划中，迟迟无法动工。整整过了一年，也没有正式开工修建。根据协议议定的，将项目款全额退还给日本大使馆，不过三川也花费了一大笔资金做了前期准备工作。

项目实施前后，三川尽量与政府方面做好沟通和协调工作，应该请政府出面就请政府出面，有的时候到汇报项目的时候就到政府部门汇报。三川与外国人做项目，也有一些官员会担心三川的项目给他们带来麻烦，影响他们仕途的发展。与政府处理好关系的其中一种手段，就是将三川的很多项目成果，被相关部门写在其年终报告里面，这样也是双方有利，也达到了双方和谐共存。

（二）局限

青海地广人稀，青海当地的一些企业和经济团体实力较弱，实力不足以为当地提供服务。对于青海本地NGO也是一样的，依靠本地的经济团体和企业不太可行，而且当地的支持力度并不大。青海当地的NGO普遍存在的问题就是经费紧张，导致有能力的人也不能被聘请，项目的资金留不住人才。组织做小的话可以，做大的话就有困难。很多NGO自己无法养活自己，工作做起来始终会显得比较被动。国内的一些基金会资金虽然比较充足，但是基金的引入却显得非常困难。

结束语

总体来说，作为民间组织三川能够发展成今天的状态已经很有作为，为当地的公共设施建设、经济建设和教育的发展做出了不小的贡献。但是作为一个在中国发展的本土民间组织来说，面对一些挑战仍然需要及时调整自己的战略。

首先，草根 NGO 在国内基金会筹款方面能力略显不足，原因不是国内基金会缺乏资金，而是国内基金会对于 NGO 的审核标准过高导致。然而面对这种状况，作为 NGO 自身，只能提高自己执行项目的标准，以及是自身的运行资金规范化操作，形成一套行之有效的机制，适当地引进人才，最好是引进当地的学成归来有志于家乡建设的大学生，或者是当地有威望的具有号召力的人。

其次，就是草根 NGO 的宣传力度问题。从目前状况来看，土生土长的民间组织的资金可以说极其短缺，然而技术力量更是极度匮乏，在当前网络信息时代，并没有一个有效的网络宣传工具，当地的新闻媒体又没有多大影响力，所以对当地民间组织的报告相对很少，这就直接导致了本土民间组织在当地的作为不为外界所知，影响力微弱，这对自己的发展影响很大。

最后，少数民族地区，具备独特的文化背景，要想做好 NGO 的工作，则必须由当地的人民进行参与。民间组织的创办者皆为当地土生土长的当地人，熟悉当地文化环境，对当地文化具备强烈的认同感，把传承和维护当地少数民族文化当成一种重大的社会责任。民间组织实施项目的过程中，主要手段就是与当地的居民进行交流，然后才能得出自己的项目方案，这种方案的制订和实施，则可以充分体现当地少数民族的基本夙愿。这种文化因素贯穿项目始终的特点，就是本民族在本民族地区开展“草根 NGO”的优势所在。

（案例编写者：中央民族大学民族学与社会学学院 2010 级民族学专业硕士研究生郭卫东）

勇担禁毒防艾的社会责任

——新疆亚普禁毒防艾网

新疆是多民族聚居区，地理环境复杂，经济条件相对落后且靠近“金新月”地区，贩毒活动日益猖獗，艾滋病不断蔓延。除了政府积极、强硬的干预手段之外，当地的民间组织也发挥重要的作用。亚普禁毒防艾网和亚普综合门诊部为新疆地区宣传禁毒防艾以及戒毒工作做出了重要贡献。

一、组织产生背景

（一）自然区域

新疆维吾尔自治区地处中国西北边陲，“疆”字的右半部恰好反映了当地三山夹两盆的地域特点：阿尔泰山、天山、昆仑山及以北的准格尔盆地和以南的塔里木盆地。天山就像是一道天然的屏障，横亘东西，把这一地区分为南疆和北疆。这里地处欧亚大陆中心，是世界上距离海洋最遥远的内陆腹地，这就决定了它具有温带大陆性干旱气候。年平均气温 11.7 度，一月平均气温北疆为零下 20 度左右、南疆零下 10 度左右，年平均降水量仅为 150 毫米。新疆的面积虽然很大，但沙漠、戈壁、裸岩和高山冰雪等难以利用的土地占了一半以上；适宜于人类生产和生活的地方，除了大部分在山区的天然牧场以外，主要的还是大小河流出山口后形成的片片绿洲。分布在南北疆盆地边缘灌溉绿洲上的农田和居民点，其面积之和，仅占全疆总面积的 3.6%。就是在这样的地方，在数千年的历史舞台上，演绎出了一幕幕惊心动魄、威武雄壮的人间悲喜剧。

自治区总面积约为 166.49 万平方公里，占中国国土面积六分之一，是中国面积最大的省级行政区。从东北至西南依次与蒙古、俄罗斯、哈萨克斯坦、吉尔吉斯斯坦、塔吉克斯坦、阿富汗、巴基斯坦及印度八个国家接壤，边境线长达 5600 多公里，是中国边境线最长的省区。在历史上是沟通东西方闻名于世的"丝绸之路"的要冲，现在又成为第二座"亚欧大陆桥"的必经之地。

除了塔里木油田外，新疆绝大部分石油、天然气和煤炭等资源产业和大型工业企业都布局在北疆和东疆，资源相对不富集和以农业生产为主的经济基础环境制约了南疆、尤其是南疆三地州的发展，由此新疆南北疆差异逐渐拉大。近年来新疆农村居民家庭人均纯收入由2000年的1618元增长至2008年的3503元，城镇居民家庭人均纯收入由2000年的5645元增长至2008年的11432元[①]。不难看出经济数据增长幅度较大，但同时也存在着城乡差异明显的缺陷，且少数民族多生活在农村地区，这一数据也暗含着民族间收入差距明显的事实。就全国排名来看，据国家统计局资料显示2008年上半年新疆城镇居民人均可支配收入在全国31个省市中排名28位，农村居民人均可支配收入排名为27位，均低于全国平均水平。正是由于其特殊的自然地理环境和区域位置，新疆特别是南疆地区成为毒品蔓延的温床。

（二）社会环境

据2000年统计，新疆维吾尔自治区常住总人口约为2180万人，汉族人口约为874万人，占总人口的40.1%，各少数民族人口约占总人口的59.9%。新疆自古是多民族聚居的地区，世居少数民族13个，新疆现有47个民族成分，主要居住有维吾尔、汉、哈萨克、回、蒙古、柯尔克孜、锡伯、塔吉克、乌孜别克、满、达斡尔、塔塔尔、俄罗斯等民族，是中国五个少数民族自治区之一。

民族	人口数	占地区少数民族人口比例（%）	占地区人口比例（%）	占该民族人口比例（%）
维吾尔族	8345622	76.0796	45.21042	99.29
汉族	7489919		40.57485	0.66
哈萨克族	1245023	11.3498	6.74462	99.52
回族	839837	7.6560	4.54962	8.55

① 本社编辑部：《新疆统计年鉴》，中国统计出版社2009年版，第25页。

续表

民族	人口数	占地区少数民族人口比例（%）	占地区人口比例（%）	占该民族人口比例（%）
柯尔克孜族	158775	1.4474	0.86013	98.69
蒙古族	149857	1.3661	0.81181	2.57
东乡族	55841	0.5091	0.30251	10.87
塔吉克族	39493	0.3600	0.21394	96.19
锡伯族	34566	0.3151	0.18725	18.25
满族	19493	0.1777	0.10560	0.18
乌孜别克族	12096	0.1103	0.06553	97.37
俄罗斯族	8935	0.0815	0.04840	57.16
藏族	6153	0.0561	0.03333	0.11
达斡尔族	5541	0.0505	0.03002	4.17
塔塔尔族	4501	0.0410	0.02438	91.95
撒拉族	3762	0.0343	0.02038	3.60
土族	2837	0.0259	0.01537	1.17
保安族	571	0.0052	0.00309	3.46
裕固族	302	0.0028	0.00164	2.20

（2000年人口普查数据）

由于民族成分的多元化，新疆的民族关系自古就是人们所关注的焦点。在新中国成立以前，该地区民族歧视、民族压迫和民族矛盾严重，帝国主义列强为了侵略分裂中国，竭力挑拨新疆民族关系，制造民族纠纷，促使新疆民族关系复杂。1949年新疆和平解放，各族劳动人民从政治上、经济上翻身做主人，从根本上清除了民族压迫、敌视、仇杀、斗争的根基和条件，为建立平等、团结、互助的新型民族关系奠定了基础。由于多元的民族构成，各民族在交流和沟通的过程中难免出现障碍，禁毒防艾这一需要各方面协调合作的任务在这一地区也显得尤为重要。

从宗教上来说，新疆是多种宗教并存的地区，有伊斯兰教、喇嘛教（藏传佛教）、佛教、基督教、天主教、东正教、道教、萨满教等。伊斯兰教为维吾尔、哈萨克、回、柯尔克孜、塔吉克、乌孜别克、塔塔尔、撒拉、东乡、保安等民族所信奉。伊斯兰教在新疆社会生活中有着较大的影响。新疆宗教组织主要有伊斯兰教协会、伊斯兰经学院和佛教协会等。《古兰经》把“酒”作为麻醉品的范例严加禁止。从酒与鸦片、吗啡、海洛因的麻醉深度来看，这些毒品的麻醉度远远大于酒。因此，毒品理所当然地要严加禁止。因为《圣训》中也记载到“凡是麻醉人的东西都是‘哈拉目’(非法的)”(《穆斯林圣训实录》)。在这样的宗教背景之下仍然有很多人走上了吸毒、贩毒这条不归路，不禁让人感到疑惑。怎样使宗教成为禁毒防艾的推手，怎样发挥共同信仰民族的主体性，怎样才能更好地使当地人民从思想的根源上认识到毒品的危害，这也是今天在这一情势复杂地区我们所面临的严峻挑战。

（三）毒品艾滋病问题

新疆历来就是中国重要组成部分，特殊的区情不仅使她面临着严峻的挑战和压力，也使她面临着巨大的发展潜力和机遇。这是一个多民族聚居、多宗教共存、经济欠发达的边疆省区，同时新疆有 17 个一类开放口岸，被称为我国开拓中亚、西亚和南亚市场的桥头堡和重要门户。经过多年的发展，新疆已经形成了公路、铁路、航空三位一体的贸易渠道。除此之外，周边相邻国家较多，“三股势力”活动猖獗，还有丝绸之路的交通网和与周边国家具有相近的民族特征和风俗文化等原因，使全球面临的恐怖活动问题、毒品问题和艾滋病感染问题的三大威胁在新疆都有体现。

跨国贩毒组织对新疆垂涎已久，希望把新疆作为一个新的毒品渗透地区。“金新月”位于西南亚的阿富汗、巴基斯坦、伊朗三国交界地区，是一个面积约 3000 平方公里的月牙形狭长地带。这里的气候和土壤适于罂粟、大麻的生长，历史上也曾是鸦片的产地。现在成为世界上生产和输出毒品最严重、最猖獗的地区。近年来，“金新月”毒品产量迅猛增长。据联合国通报，2006 年“金新月”地区的产毒大国阿富汗鸦片产量达 6100 吨，占世界鸦片总产量的 92%。在这种形势下，大量的“金新月”毒品通过中亚、南亚向我国走私渗透，而新疆作为我国西北与中亚的门户，自然首当其冲。

处在特殊的地理位置，新疆受到“金三角”、“金新月”二大世界毒源地的南北夹击，新疆的毒品问题从 20 世纪 90 年代开始呈快速上升之势。而以静脉共用注射器毒品传播艾滋病感染人数占到全区累计报告感染人数的 79%。新疆艾滋病感染人数仅次于云南、河南和广西三省区，由于当地人口基数较小，按人口比例计算，艾滋病人群感染率在全国排名更为靠前。艾滋病流行呈现出感染比例高、发展速度快，局部地区疫情突出，蔓延趋势明显，以吸毒传播为主，多种传播途径并存，开始向性乱人群和一般人群扩散；以青壮年为主，并开始集中发病，艾滋病流行危险因素广泛存在，扩大流行的潜在危险仍将保持较高水平。新疆吸毒人群基数大，复吸率高，吸贩新型毒品发展蔓延速度快都将加重新疆毒情形势，特殊的地理位置和复杂的国际背景决定了这一地区毒品和艾滋病问题将日趋严重和复杂。

（四）美沙酮[①]替代治疗

1912 年美国开始有计划地对海洛因依赖者进行治疗。1920 年美国政府实施了一个“纽约计划”（New York Program），由政府和专家制订实施方案和治疗方法，采用鸦片或海洛因递减疗法，在一年时间内对 7500 例海洛因依赖者进行了有计划的治疗。结果在完成脱毒治疗的六周后，所有病人全部复吸。1921—1925 年，英国对上万名海洛因依赖者重复了美国 1920 年的“纽约计划”试验，结果与美国当年的试验结果完全一样。因此，1926 年英国人劳莱斯顿（Rolleston）总结了欧美各国的试验结果，提出了著名的劳莱斯顿理论，认为：

1. 药物依赖者每天必须有规律地使用一定剂量的“药物”（Drug），要让依赖者永远离开毒品是极其困难的。

2. 药物依赖是一个医学问题，法律应制裁的是违禁药品（Illicit Drug）的提供者而非滥用者，滥用者的一切不良行为是药物所致，应采用医疗方法解决滥用问题。

3. 滥用者通过非法渠道获得毒品将对病人的健康、经济、生活方式、犯罪行为等产生极为不利的影响，所以应允许医生长期地、合法地给依赖者提供维持量的毒品。

劳莱斯顿理论提出后，英国首先提出了以该理论为基础的“英国治疗模式”（British Treatment System，BTS）。BTS 模式就是允许医生向滥用者长期合法地开毒品处方，向依赖者合法地提供鸦片、吗啡、海洛因、可待因、杜冷丁、可卡因、安非他明等毒品，对他们实行长期维持治疗。随后

---

① 美沙酮（Methadone），又名美散痛，人工合成麻醉性镇痛药，是由德国化学家在二战期间针对当时吗啡短缺的情况而合成的。在中国，它是国家管制的麻醉药品，属于阿片受体激动剂。临床上用于创伤性和癌性剧痛的镇痛治疗，其药理作用与吗啡相似，具有镇痛、镇静及呼吸抑制作用。2008 年 6 月 1 日开始实施的《中华人民共和国禁毒法》确立了美沙酮药物维持治疗工作作为社区戒毒、强制隔离戒毒等戒毒措施的有力补充，其法律地位的确认为，美沙酮维持治疗在我国的广泛开展奠定了坚实的基础。

欧洲各国相继采纳了 BTS 的做法，一直持续了 20 多年。到了 20 世纪 40 年代，美国和欧洲部分国家的国会和法院相继否定了 BTS 模式，否定了劳莱斯顿理论的核心思想即药物依赖是一个医学问题，纷纷采用司法手段来解决药物滥用问题。

20 世纪 60 年代是美国毒品滥用的高峰期，通过治疗后的复发率极高，随之引发的社会犯罪率增高等一系列社会问题严重影响了社会治安。针对这一现象美国政府开始主张开始合法使用较长时期的阿片类药物。① 经过一段时间的实践与理论探讨，美医生 Dole 等人重新提出劳莱斯顿理论，并在此基础上改良了 BTS 的做法，提出了美沙酮维持治疗法（Methadone Maintenance Treatment MMT）。以劳莱斯顿理论为基础而发展起来的杜尔（Dole）理论的基本观点认为：美沙酮较其他麻醉品毒性低，且作用时间长，用它代替海洛因是以小毒代大毒；每天规律地使用美沙酮可以维持患者体内已经建立起的异常平衡，不能中断，否则将破坏患者机体已建立的异常平衡；以口服方式代替注射减低对身体的危害；MMT 的目标不是戒断毒品，而是姑息治疗，足够剂量、长期维持是 MMT 成功的关键。

在目前对毒品和艾滋病问题缺乏更加积极有效措施的前提下，MMT 是目前国际上公认的最有效地防止艾滋病在吸毒人群中传播的干预措施。MMT 是国际麻管局向世界各国首推的海洛因依赖者治疗模式。

（五）机构成立前的禁毒防艾状况

禁毒防艾是一项长期且艰巨的工程，需要政府和人民的共同努力。在自治区政府的领导下，新疆禁毒工作取得明显成效。1991 年至 2000 年十年间，该区每年新增吸毒人员 2000 人左右，而 2011 年锐减至 400 人。新疆在减少毒品危害的工作中，通过加强美沙酮诊疗业务培训和开展后期综合干预，提高美沙酮门诊保持率等各项工作的开展，全疆吸毒人群艾滋病感染率已由 2002 年的平均 52.6% 下降到 2009 年的 24.6%。

由于毒品滥用日益严重，特别是当前越来越多的人采用静脉注射的方式，通过共用注射器而感染艾滋病的患者比例迅速上升。由于这个原因，新疆是毒品重灾区的同时也成了艾滋病的高发区。自 1995 年底发现首例艾滋病病毒感染者，艾滋病病毒感染已开始波及普通人群，艾滋病发病人数居全国第五位，人群发病率排在全国第二位。近年来，新疆艾滋病预防和

---

① 阿片类物质，从阿片（罂粟）中提取的生物碱及体内外的衍生物，与中枢特异性受体相互作用，能缓解疼痛，产生幸福感。大剂量可导致木僵、昏迷和呼吸抑制。

救治工作稳步推进，初步遏制了吸毒人群艾滋病快速增长的势头。预防艾滋病母婴传播工作自2003年开展以来，目前已覆盖全疆所有县市，累计为47.8万余名孕产妇提供了艾滋病检测和咨询服务，形成了以妇幼为主体，疾控医政等多部门合作的工作机制。乌鲁木齐市天山区是全国艾滋病防治示范区，2009年6月4日，由天山区艾滋病综合防治示范区工作办公室与新疆维吾尔自治区传染病医院携手组建的天山区彩虹关爱中心正式揭牌成立，该中心是一个专为艾滋病病人和感染者提供咨询、检测和综合治疗服务、关爱救助、交流的服务平台。在乌鲁木齐市类似的组织还有水磨沟区的红雨伞爱心协会及“飘扬的红丝带”等。

在政府的组织和领导下，新疆禁毒防艾工作一直在向前推进：2002年自治区人民政府办公厅印发了《新疆维吾尔自治区预防与控制艾滋病/性病中长期规划》；2008年乌鲁木齐市十四届人大常委会第七次会议通过了《乌市艾滋病防治条例》，指出乌市将实施艾滋病免费咨询和自愿监测制度；2009年新疆禁毒教育基地落户新疆科技馆；2010年全疆各级人民法院审理各类一审毒品犯罪案件1227件共1198人，判处罪犯963人，其中271人被判处五年以上有期徒刑、无期徒刑、死刑。全年公安机关共上网入库吸毒人员37339人，其中，新发现吸毒人员5672人，下降15.5%。年龄段分布为17岁（含17岁）以下197人，18岁到25岁7397人，26岁到35岁13201人，36岁到45岁12292人，46岁到59岁3538人，60岁（含60岁）以上714人。25岁到45岁吸毒人员占吸毒人员总数的68%，吸毒人员年龄结构日趋低龄化。

尽管新疆的禁毒防艾工作已取得一定的进展，但也存在许多困难和问题。主要包括：艾滋病蔓延势头还未得到根本遏制；政府领导下的多部门协调配合、全社会共同参与的局面尚未完全形成；广大群众普遍缺乏艾滋病预防知识的局面还未得到根本改观；预防与控制经费投入不足，疫情监测、采供血管理及医源性感染预防工作薄弱，专业人才匮乏，且缺少有效的艾滋病防治经验和方法等因素严重制约着防治工作深入开展；大多数医疗卫生机构的医护人员还不能提供规范的诊疗服务；艾滋病出现快速传播蔓延的态势，预防与控制工作亟待加强。①

禁毒防艾永远都应当是政府做后盾、全民参与的人民斗争。百姓觉悟的程度、参与的程度决定着禁毒的成败。而觉悟和参与的主要前提在于对

① 《新疆维吾尔自治区预防与控制艾滋病/性病中长期规划》（2001—2010年），法律教育网，http：//www.chinalawedu.com/falvfagui/fg22598/170182.shtml。

毒害认识的深化。由此不难发现，仅仅依靠政府的行政司法医疗干预不足以有效遏制毒品的蔓延和艾滋病的防治，伴随着吸毒人群的低龄化，民间的宣传和普及就显得尤为重要，在这一领域内民间组织的力量正在逐步显现。

近年来，随着政府改革的深入，和谐社会的提倡，中国政府已经从无所不为的全能政府向有限政府转变。在中国共产党的十七大报告中，把培育社会组织放到发展社会主义民主政治、保障人民享有更多更切实民主权利的重要位置上，提出："发挥社会组织在扩大群众参与，反映群众诉求方面的积极作用，增强社会自治功能。"在政策上开始向扶持社会组织的方向在转换。因此，越来越多的 NGO 组织出现在公益的舞台上，自 20 世纪 90 年代以来，大量非政府或非盈利民间团体在中国兴起。这些团体主要从事着慈善、环保、教育、妇女、儿童等多方面的社会福利或者社会发展事业。NGO 组织以公益为使命，是社会服务提供的重要主体。如何最大限度地发挥非政府组织在新疆禁毒防艾工作中的作用，怎样能够调动大众的积极性参与到这场"持久战"中来，这是我们亟须解决的问题。

二、机构的发展历程

（一）发起人背景

阿合买提·库尔班是新疆第一家防艾禁毒网站——新疆亚普防艾禁毒网站的发起人，同时开办了亚普禁毒门诊部。

1992 年阿合买提·库尔班从新疆医科大学毕业后，被分配到乌鲁木齐市第四医院药物依赖研究中心工作。当时他所在的禁毒科每年都要收治大量的吸毒者，他的主要任务是通过药物对这些患者进行治疗。刚开始接触戒毒工作时，阿合买提·库尔班对于毒品和艾滋病并没有深刻的认识，本着做好本职工作的心态面对每一位患者，给予他们尽可能多的帮助。但是随着时间的推移，当看到很多吸毒者的惨状以及在后面支撑他们的痛苦的家庭时，他动容了。那时他的想法很单纯，就是希望通过自己的努力能够多挽救一些被毒品吞噬的生命，减缓吸毒者家庭忍受的痛苦。但是一件意想不到的事情改变了他的思想及生活轨迹，自己的亲哥哥惨死在吸毒者的手上。1993 年 3 月 9 日，两名吸毒青年为了筹集毒资在乌鲁木齐市团结路电影放映公司门口抢劫一对夫妇。他的哥哥正好路过，便上前阻止，在搏斗的过程中被两名吸毒者用匕首刺穿了大腿股动脉，最终因失血过多失去了生命。这件事情让阿合买提·库尔班警醒："药物治疗只能解决吸毒者的肉体，思想和灵魂要从禁毒宣传着手。"从此，他开始积极投身各种禁毒宣传活动，并开始从心理方面研究如何能够使人远离毒害。2002年，他辞去公职，自行筹资开办亚普门诊部，开展戒毒心理咨询业务，收治了大批吸毒人员。

在禁毒宣传中库尔班发现新疆地区缺乏用少数民族文字普及禁毒知识的宣传材料。1995年，他结合临床经验利用业余时间投入写作用4年时间完成了《禁毒知识问答》、《海洛因》这两本集专业、学术、普及知识于一体的维吾尔文禁毒著作，填补了新疆没有维吾尔文版禁毒书籍的空白。

2006年9月，库尔班多方筹措经费，招募心理咨询医生，专门为吸毒人员及亲友开通了两条免费禁毒咨询热线电话，并安排专人负责日常的免费咨询工作。2006年11月10日，旨在帮助大众充分认识到毒品与艾滋病的危害和帮助青年人远离毒品艾滋病，阿合买提·库尔班拿出了自己准备买房的13万元，雇了两名懂网络技术的年轻人，在乌鲁木齐市团结路68号开办了新疆亚普防艾与禁毒专业网站。

（二）理念形成

"刚刚工作时，我看到许多吸毒者犯毒瘾时的痛苦状态，从那时起我就对毒品和吸毒的人都深恶痛绝。经过几年的经验积累，我发现吸毒人员并不可怕，可怕是亲情对他们的抛弃，社会对他们的唾弃。"

从1999年起的每年"6·26"国际禁毒日这天，阿合麦提·库尔班以禁毒志愿者的身份，都要积极参与自治区和市里组织的各种禁毒宣传活动。他每年花费约两万元，自费翻译打印各种禁毒宣传材料，制作宣传横幅，身披红色禁毒宣传绶带，分发《海洛因》等书籍，现场征集社会各界关注禁毒问题人士的签名，解答有关禁毒知识。他还根据有关部门各种禁毒宣传的活动安排，积极奔赴南北疆进行禁毒宣传活动，足迹几乎遍布新疆各大城乡工矿企业、乡村、牧区和大中小学。除此之外，他利用业余时间，应邀或通过主动联系，深入各中小学进行禁毒宣传讲座，使孩子们从小就明白毒品的危害。

2002年，由于业余从事禁毒宣传工作成绩突出，经有关部门推举，广大群众投票，阿合麦提·库尔班当选为自治区禁毒形象大使，同年创办新疆第一家非营利性禁毒咨询门诊部——亚普禁毒咨询门诊部，一心一意地投身到了禁毒事业当中。

2002年到2006年，自治区有关部门组织的新疆禁毒宣传有奖征文、中小学生禁毒知识竞赛、禁毒戒毒“现身说法”活动、“禁毒之剑”火种采集和传递活动、禁毒铜鼎采集火种宣传活动和国家公安部拍摄电视片《中国拒绝毒品》的拍摄现场、无数次的“6·26”大型禁毒公益文艺晚会等，都有阿合麦提·库尔班双手高举禁毒火把的身影。他于2005年、2006年分别当选年度全国十大民间禁毒人士，并在中南海受到国家领导人的亲切接见。

如果说阿合麦提·库尔班在2002年以前参与的禁毒宣传工作带有某种政府行为的性质，而且是不连贯的禁毒活动的话，那么在辞职创办私营门诊部以后，他的禁毒宣传工作就成为日常性的禁毒宣传，并且逐渐实现着禁毒宣传工作的经常化、制度化和程序化。

创办实业的艰辛和经常自费外出从事禁毒宣传的经济压力，不仅没有消磨阿合麦提·库尔班的意志，反而使他像上紧了发条的时钟，一刻不停地奔走于天山南北，继续着他的禁毒宣传事业。而他的禁毒门诊部也从简易的诊所，发展成为设备齐全、专业人才齐备的营利性综合门诊部，而且创办伊始还聘用了3位戒毒后找不到工作的青年。

出于工作需要，他经常上网查找有关禁毒方面的资料，发现新疆目前无一家防艾禁毒网站。为了帮助本民族人民可以通过互联网这一途径更直接地了解毒品的危害，远离毒品，远离艾滋病，库尔班于2006年创办了防艾禁毒网站，该网站开通后，每天以维汉两种文字更新，下设有十几个栏目，全面、动态地反映新疆地区预防艾滋病和禁毒事业的发展情况。2007年6月6日，在乌鲁木齐市环球大酒店举行的“自治区禁毒委禁毒宣讲团首场报告会”上，自治区政协副主席，原自治区党委副书记、禁毒委主任张秀明轻点鼠标，此举标志着新疆第一家防艾禁毒网站——新疆亚普防艾禁毒网站正式开通。

（三）组织发展

新疆亚普禁毒防艾网站自2006年运行后投入大量资金并采用维汉双语开展禁毒和艾滋病防治宣传工作，囊括了关于艾滋病和毒品的新闻和科普知识，后又加入了维护民族团结的相关内容。此举不仅为新疆的卫生事业，同时也为维护民族的团结和稳定做出了重要的贡献。经过了几年的发展，为了可以更大范围加强新疆禁毒防艾的宣传力度，促进该地区的社会稳定与民族团结，2008年9月，新疆维吾尔自治区党委和政府的主要门户网站——天山网要求与亚普网站进行战略合作。通过天山网主页下端的“合作伙伴”一栏直接可以链接到亚普网站，此举开创了新疆民间网络平台，特别是民间少数民族网站与官方网络精诚合作的先例，通过进一步整合优化禁毒防艾网络资源，网站的点击率明显提高，禁毒防艾宣传的传播范围进一步扩大，为新疆禁毒防艾事业的健康发展发挥了推动作用。亚普网站与天山网形成合作伙伴关系后，网站办公地点搬迁至天山网办公地乌鲁木齐市金银大道儿童发展中心。为了丰富网站内容，提高网站的宣传力度，自2008年网站开始酝酿改版，全新改版后的新疆亚普禁毒防艾网于2009年1月正式上线。再版后的亚普网站主要有三大板块："禁毒"、"防艾"和"民族团结"，各版块又细分为七到九个小的板块。在网站下方设有新疆媒体、地方网联、友情链接、合作伙伴等几个大板块的网络链接。

网站信息的来源主要有两个方面：首先，第一手资料来源于工作人员亲身参与新疆禁毒防艾的活动，直接用本民族语言记录下来，通过该网站向外界宣传；其次途径是网站的编辑通过每天浏览网页上其他相关信息，主要是政府或其他禁毒防艾组织网站，来筛选合适资源并翻译成维吾尔语并标明出处，放在该网站上以作宣传之用。

从2006年至今，亚普的工作人员不只在网上进行宣传，还深入乌鲁木齐各大院校、社区、劳教所、戒毒所等单位进行了防治艾滋病宣传活动，为网站网友、吸毒者、艾滋病病毒感染者/病人、学生、校外青年、社会群众等人群提供了学习艾滋病知识的平台，总覆盖50多万人次。

五年来，通过发展志愿者、开展宣传活动、面对面进行咨询、开展娱乐活动、组织技能培训、进行电话及入户随访、关怀、网上知识有奖竞赛、开展"6·26"活动、开展"12·1"活动等形式，为更多的群众进一步了解毒品的危害，艾滋病预防措施，降低吸毒者及配偶（性伴）经公用注射器及性途径感染和传播艾滋病病毒的危险性起到了不可忽视的作用，且在这一过程中提高了广大群众自我保护意识。

2008年3月，新疆西域阳光戒毒康复中心为了推动宣传工作，提出了与亚普禁毒防艾网站合作的意向，后在亚普网站的协助下创立了西域阳光戒毒康复网，并挂靠在亚普网站的主页上，此举加大了西域阳光戒毒康复中心的宣传力度。与网站所起到的宣传作用不同，亚普综合门诊主要面向全疆的吸毒人员展开药物和心理戒毒的工作。

诊所有医生两人，化验师（汉族）一人，护士两名，共有医生办公室、化验室、药房、输液室、心理测评室以及四间住院病房。正是因为该机构规模不大，人员数量不多，才能让医生与病患之间的距离更近，便于对每位患者进行心理疏导。现阶段该诊所主要病患来自南疆的和田、伊宁以及乌鲁木齐市，大多为25到45岁左右的人群。

（四）人员构成

亚普网站现有专职两人，兼职两人。扎依旦·土尔逊是新疆亚普禁毒防艾网站主任，阿迪力负责网站的日常维护和管理。阿迪力毕业于新疆大学计算机系，后通过同学介绍来到这里。他平时说话不多，晚上常常出去开出租车到凌晨四五点，由于休息时间不能保证，经常出虚汗。库尔班对他就像是自己的亲弟弟，每周在诊所为他输液帮助他补充营养，中午和晚上吃饭常带着他劝他多吃一些肉来补充身体。网站的兼职人员是新疆电台的退休编辑，每天只上半天班，负责维语新闻的翻译和校对工作。网站会不定期地在主页面上发布兼职招聘信息，来应聘者多为懂得民族语的高校在校生。

亚普门诊除了阿合买提·库尔班，另一位医生艾尼瓦尔是他在新疆医科大学的同学，主要负责对于一般患者的诊治。化验师刘相顺年逾古稀，河南开封人，是公办医院的退休化验师。库尔班老师看中了他过硬的技术把他聘请过来，一干就是5年。在这个环境中他不会说维语，和病人沟通难免会有困难，除了给病人化验，大多数的时间刘医生都会在自己的屋里看书，很少与外界接触。护士努尔古丽是乌鲁木齐本地人，毕业于山东现代职业学院。上高中的时候她就听说过亚普诊所，在乌鲁木齐市友谊医院实习结束后便主动来到这里应聘。

亚普网站和诊所因为都不是公办机构，所以人员的流动性相对较大，但是主要岗位没有太大变动。阿合买提·库尔班把在亚普工作上有上进心的年轻人都看作是自己的徒弟，阿迪力是他收的第七个徒弟，努尔古丽是第八个。对待徒弟他可以说是倾其所有，从物质到精神都会给他们以足够的支持。

他收的第一任徒弟是扎依旦·吐尔逊。她是全球基金新疆第六轮艾滋病项目新疆亚普禁毒防艾工作站主任，新疆维吾尔自治区人民政府法制局特邀执法监督员，乌鲁木齐市十佳杰出中国志愿者。2006年扎依旦·吐尔逊新疆大学毕业到新疆联通公司工作期间，申请加入了新疆亚普禁毒防艾志愿者队伍，为新疆的禁毒防艾工作做了一些实际的工作。后来她义无反顾地辞去了联通公司的工作，接受了阿合麦提·库尔班的邀请来到亚普网站。自从扎依旦·吐尔逊加入到这个团队以后，就正式开始了禁毒防艾宣传的生涯。她不断学习禁毒和预防艾滋病的有关知识，有时间就跟学生志愿者和相关社会人士交流，进行各种小型的禁毒防艾志愿者活动。2007年6月份，扎依旦·吐尔逊接受自治区禁毒办领导的邀请，以禁毒防艾志愿者的身份，加入自治区禁毒办和自治区党委宣传部组织的2005年度全国十大民间人士禁毒宣讲团，协助汪俊豪、孟繁英、林鸿汉和阿合麦提·库尔班四位全国十大民间人士草拟演讲稿，及时制作了图文并茂的多媒体课件。在活动期间，扎依旦·吐尔逊还主动成为来自内地的四位全国十大民间人士的义务导游，热情地向他们介绍新疆的风土人情，将他们邀请到她的父母家里，按照维吾尔人最隆重的“麦西来甫”仪式进行热情款待，使这些来自内地的客人满怀希望而来，满载新疆各族人民的深情厚谊而去。自2007年9月22日至今，扎依旦·吐尔逊代表新疆亚普禁毒防艾网站，开始了在乌鲁木齐市各中学和大专院校的禁毒防艾讲座活动，迄今为止已经进行了28场禁毒防艾讲座，听众已达到6万人次，各族学生和校外青年在听了她的禁毒防艾讲座以后，积极踊跃地报名申请加入新疆亚普禁毒防艾网站的志愿者队伍。优秀青年禁毒防艾志愿者扎依旦·吐尔逊的先进事迹，已经被新疆电视台二频道、九频道、乌鲁木齐市电视台、《新疆日报》、《新疆经济报》、《新疆法制报》、《乌鲁木齐晚报》、《新疆都市报》和天山网、新浪网、网易等多家主流新闻媒体多次报道。

2009年亚普举办了第三届青年禁毒志愿者培训班，每届持续一个月培训30人，参与培训的志愿者是从登记在册的1478名中甄选出来的。这些志愿者主要参与网站举办的各项禁毒防艾的宣传活动；有艺术特长的志愿者会在亚普与戒毒所的合作活动或其他场合通过各种文艺形式来宣传毒品的危害；有计算机特长的学生会帮助亚普网站进行日常维护、寻找资源和一些简单的维汉翻译。2011年8月8日上午，新疆亚普禁毒防艾网举行了网站的优秀志愿者，2011年高考全疆第一名、单科数学满分150分获得者帕合丽娅获此殊荣。正是有了这些志愿者的奉献精神和热情，亚普日常活动才能起到更好的宣传效果，才能使更多人认识到毒品和艾滋病的危害。

亚普的工作人员和志愿者都有着不同的生活和教育背景，但是由于对民族和社会的责任感使他们走到一起，勇敢地承担起了禁毒防艾的重任。也许每个人的初衷不同，但是在这条充满荆棘与坎坷的道路上，他们相互鼓励，为了社会和谐、民族发展的共同目标而默默地贡献出自己的一份力量。

（五）机构特点

1. 政府支持力度较大

莱斯特·萨拉蒙在《全球公民社会——非营利部门国际指数》中通过对比36个国家的非营利部门的数据，第一次清晰地归纳出了衡量公民社会发展程度的三种维度：能力、可持续性、影响力。政府支持被定位为判断可持续性的重要指标之一，“政府的支持使公民社会部门的资金基础趋于稳定，从而促进该部门的可持续性成长”。

新疆特殊的地理位置和民族构成，决定了民间组织的发展不同于中国其他地区，且亚普网站所宣传的禁毒防艾内容在世界范围内都是一个亟待解决的难题，所以能否获得当地政府的支持对于该组织来说就显得至关重要。亚普网站自成立之初就得到了自治区政府、卫生厅、公安厅的大力支持，无论是自治区政协副主席张秀明参加网站成立仪式，还是该组织负责人被评为全国十大民间禁毒人士并在中南海受到国家领导人的亲切接见，无不说明了政府对于该组织的支持。这一点在亚普的可持续发展的过程中发挥了重要的作用，提升了该组织的社会影响力，为禁毒防艾在新疆的宣传起到了促进作用。

2. 民族语言的使用及风俗的一致性

由于新疆是维吾尔族聚居区，所以在戒毒防艾宣传中维吾尔语的使用就显得至关重要。亚普网站和诊所成立前全疆没有类似规模使用维吾尔语的禁毒防艾宣传途径，所能看到的大多是汉语的宣传，而部分年长的维吾尔族对于汉语的认知并不足以使他们理解所宣传的内容。随着时代的进步，网络的使用更加频繁，能够使维吾尔族人民在网络上直接用本民族文字阅读相关禁毒防艾的知识，这无疑更有利于在社会中进行宣传禁毒和防艾的相关知识。且对于新疆世居民族例如哈萨克族来说，虽然所使用的语言与维语不尽相同，但相对汉语，维吾尔语对哈萨克人而言更易于理解。由此可见，维语的宣传对于其他民族来说也是十分必要的。

亚普诊所的医务人员除了化验师是汉族外，其余都是维吾尔族，这对于前来看病的患者非常方便，交流上不会出现过多的障碍，生活习俗等各方面也都存在一致性。戒毒本身对于吸毒者和其家属来说就是非常敏感的事情，在进行心理疏导时，本民族人民在进行交流时心理上会产生天然的亲近感，有助于治疗效果的提高。

3. 网站与诊所的相互支持

对于非营利组织来说，资金是否能够正常运转是维持其活力的关键所在，一般情况下，组织的资金来源有政府、企业、真正的基金会和公众。而亚普网站的运营，除了参与项目时来自政府的支持外，更大程度上的日常运转资金来自亚普诊所的支持。政府方面，以 2011 年为例，公安厅拨款 3 万，卫生厅拨款 7 万，相较于往年已经有所增长，但对于维护网站的日常活动，人员的工资以及支持禁毒防艾的宣传还是远远不够。在诊所创办初期是本着非盈利且对于禁毒防艾进行宣传的初衷，但是在2007年网站正式运转以来，软件和硬件设施都亟须资金的支持，随后库尔班几乎将诊所全部的收入都用在了网站的维护、亚普内部人员的支出上。这样一来既化解了燃眉之急，又能够通过网站的不断更新来扩大禁毒防艾的普及面，提高亚普的知名度，从而使更多的吸毒人员可以在这里早日摆脱毒品的魔掌。这种运作模式可以使组织保持相对较高的独立性，获得生存的自主空间。

4. 加强对青少年的警示

在近年来吸毒人群的统计数据中不难发现有低龄化的趋势，这就要求在进行戒毒宣传的过程中，不仅要对已经沾染上毒品的人进行感化，同时也要对年青一代提早进行的警示。这种模式也是由被动到主动宣传，抛开传统意义上对吸毒人群的宣传和对社会大众的无针对性的普及宣传。而亚普所发展的禁毒防艾志愿者多为在校高中或高校学生，通过演讲、摆放宣传展板、万人签名等诸多方式在年青一代中宣传毒品和艾滋病的危害，让孩子们从内心深处认识到这一问题的严重性，并向其亲朋好友进行宣传，扩大宣传面。

现在亚普网站登记在册的志愿者共有1478名，这一千多人里多数都是乌鲁木齐市的在校学生。2007年4月亚普针对新疆艺术学院760名汉族学生在新疆艺术学院中专部礼堂展开了主题为“全社会动员起来禁毒与防艾”宣讲活动。同年10月，在乌鲁木齐市高级中学针对高三500多名少数民族学生展开了同一主题宣讲活动。2008年6月17—7月17日承办了《禁毒法》宣传教育活动，这次活动由自治区党委宣传部、自治区禁毒办、自治区文化厅、教育厅主办，由自治区文史馆、新疆劳教局、新疆艺术学院等单位承办。2010年6月23日—25日在新疆师范大学本部和文光校区举行了“参与禁毒斗争，构建和谐社会”的禁毒签字和宣传活动。2011年6月19—20日，库尔班来到于田县进行禁毒宣传教育服务与调查，并与县高中校长交流学校的禁毒宣传工作。

5. 个体需求和社会需求的满足

人的需求可分为个体需求和社会需求两大类，二者是相辅相成的关系，但是很多时候往往被视为两个对立面。当代社会，人们把更多的注意力投向个体，架空了社会需求，认为实现了自我的满足便可以高枕无忧。这时我们往往忽略了社会需求是客观的，应该是个人需要的集中体现。

作为非营利组织，亚普网站通过对外宣传和交流使人们意识到毒品和艾滋病的危害，是一个很好的窗口和平台。它的受众是普通老百姓，就这个层面上来说，该网站的开通满足了在禁毒防艾宣传过程中的社会需求，使更多并未真正接触过毒品的人了解到其危害并远离，减少了毒品和艾滋病对于社会的危害，为维护健康和谐的社会环境起到了不可忽视的作用。

相对于社会需求的满足，亚普门诊通过药物上美沙酮的替代治疗和心理上对于患者的疏导，使吸毒者逐渐摆脱毒魔的控制融入社会中来。在这个过程中，亚普门诊所做的是满足个体的需求，使吸毒者重新站起来。

不难发现，通过这两个层面的努力，社会需求和个体需求同时得到了满足，并相得益彰。通过戒毒治疗，吸毒人员可以尽快摆脱毒品对于身体的折磨，而通过对外宣传禁毒知识和防艾知识可以使更多的人了解这一人群，有助于戒毒人员更好地融入社会，减轻他们的心理负担，摆脱毒品对于心理的折磨。由此可见，社会需求和个体需求的满足在这里得到了最好的体现。

6. 满足美沙酮维持治疗的特殊性要求

虽然《中华人民共和国禁毒法》已经确立了美沙酮药物维持治疗工作作为社区戒毒、强制隔离戒毒等戒毒措施的有力补充，其法律地位得到确认，但在现实生活中该治疗方法依旧会遇到很多阻力。亚普网站和诊所的创办在一定程度上改善了这一现状。通过网站的宣传为大众普及了美沙酮治疗知识，努力消除误解。由共同生活习俗和信仰的群体所开办的美沙酮替代治疗诊所，通过住院或定期治疗与政府戒毒行为进行了有效互补。

三、开展的主要活动、面临挑战及经验借鉴

（一）主要工作及效果

亚普网站在创办之初的2006年到现在有了长足发展，并得到自治区政府和民众的一致好评。

1. 提供禁毒及艾滋病防治新闻

网站运行后，得到了各方关注，特别是引起了国家和自治区禁毒防艾部门的高度重视，因为网站在最初运行的几个月里就不断更新资料，得到了网友们的好评，点击率也不断提高（现在网站每天的点击率达到7000—8000人次）。

2009年5月网站为了鼓励和提高网友的热心公益事业的意志，在新疆亚普禁毒防艾网站进行了为期1个月的“禁毒防艾网上知识有奖竞猜”，参加人达到2800人，最后有16位网友在本次竞猜中获奖。2010年网站再

次进行同样的活动，况且还进行了半年的“防艾禁毒网站知晓率评估”活动。

通过网络这一特殊途径避免了传统由点到点的宣传模式，形成了由点及面的宣传效果。该网站的开通使更多的新疆人通过网络这一开放平台了解禁毒防艾知识，增强了宣传的手段和力度，使更多人认识到毒品和艾滋病的危害。

2. 在各大中专院校、劳教所、社区进行艾滋病和毒品预防宣传

自 2007 年 9 月 22 日至今，新疆亚普禁毒防艾网站在乌鲁木齐市各中学和大专院校开展了防治艾滋病讲座。迄今为止已经进行了 38 场讲座，听众已达到 3.2 万人次。各族学生和校外青年听了防治艾滋病讲座以后，踊跃报名，申请加入新疆亚普禁毒防艾网站的志愿者队伍。经过该网站的认真审核，目前已经发展了 1478 名青年学生志愿者，并且为他们全部建立了详细的档案。

新疆亚普禁毒防艾网站经常主动深入到乌拉泊劳教所和新疆女子劳教所，详细了解了正在戒毒康复人员的情况。倾听了他们的痛苦经历，鼓励他们树立信心，争取重新做人，回归社会。2007 年 11 月 30 日，为了纪念“世界艾滋病日”，网站应乌鲁木齐劳教所之邀，以新疆亚普禁毒防艾网站与“新疆西域阳光戒毒康复中心”合作的形式，在新疆西域阳光戒毒康复中心举行了防艾系列文艺演出活动，受到了广大群众的欢迎。

2008 年 6 月、2010 年 6 月，新疆亚普禁毒防艾网站分别在新疆艺术学院和新疆师范大学举行了为期 1 个月的大型防治艾滋病、禁毒展览活动，受到了广大学生和观众的热情赞誉。

通过与大中专院校的合作，亚普防艾禁毒网在扩大自身知名度的同时也使禁毒防艾知识的传播低龄化，使青少年能够及早认识到毒品和艾滋病的危害，及早规范自身行为、承担社会责任，并通过青少年把这些知识传播给其家人，充分扩大宣传的范围。

3. 积极加强与各部门的合作

网站经常主动热情地参与自治区公安厅、自治区卫生厅、自治区劳教局、乌鲁木齐劳教所、新疆女子劳教所、新疆师范大学和新疆艺术学院等单位举办的各项防艾禁毒宣传活动。通过与各单位的沟通与交流，在获得更多社会支持的同时也把这种民族自强的意识传播出去，使更多人加强民族使命感和国家使命感。

4. 实施艾滋病治疗项目，为吸毒者及其家属提供关怀服务

新疆亚普禁毒防艾网站从 2008 年 8 月开始执行第六轮中国全球基金艾

滋病项目，以踏实的工作作风得到了自治区疾病控制中心艾滋病项目办的认可。2009 年、2010 年再次申请到了中国全球基金艾滋病项目。申请的项目题目是“针对静脉注射吸毒者及其家属进行艾滋病预防干预活动”、“提高群众艾滋病知晓率，减少艾滋病病毒感染者与病人的社会歧视”。覆盖的目标人群数量为 700 名静脉注射吸毒者及其家属，2 万名一般群众。主要进行了基线调查（网上和现场调查）、宣传活动、面对面咨询、转介、娱乐活动、网上知识有奖竞赛、技能培训等一系列活动，让目标人群及其家属进一步了解毒品的危害，降低了吸毒者及配偶（性伴）经性途径感染和传播艾滋病的危害性，增强吸毒人群及其家属的自我保护意识，提高了社会群众的艾滋病知晓率，降低了艾滋病病毒感染者/病人的社会歧视。给目标人群建立了规范的活动登记及人员档案，为他们提供了相关的知识、信息、活动场所、关怀及相关服务，并采取面对面咨询（包括信息和心理咨询）。即根据目标人群的实际情况，向 VCT（自愿咨询检测点）进行有效转介，并向他们推荐针具交换站，推广和提高正确使用安全套的方法。逐渐建立面向静脉注射吸毒者及其家庭的服务支持网络，改变了目标人群的高危行为方式。

网站又通过适当的干预活动，即采取适当的干预方式，改变了目标人群的高危行为，如通过宣传活动和面对面咨询鼓励他们主动使用美沙酮维持治疗、使用清洁的针具、正确使用安全套等具体服务，减少了目标人群的艾滋病病毒感染率，提供艾滋病相关知识和技能。探索创建社区综合关怀服务模式，帮助目标人群开展自助、互助，建立了与艾滋病病毒作斗争的信心。

还通过定期开展有关培训教育活动，使静脉注射吸毒者及其家属逐渐掌握了一定的禁毒和预防艾滋病的基础知识，自觉提高禁毒和预防艾滋病的觉悟。适时组织部分静脉注射吸毒者及其家属进行娱乐活动，引导他们通过走出去呼吸新鲜空气，疏导心理，并鼓励他们恢复生活信心，树立自强自立的生活态度。

该组织还积极帮助静脉注射吸毒者及其家属建立与医疗卫生、民政救济等部门间的联系，使政府有关艾滋病预防控制和对艾滋病病人及其家庭的有关政策真正落到实处。在这一过程中，该组织鼓励和支持社区居民关心帮助和支持受艾滋病影响的家庭和个人，降低艾滋病给社会、家庭及个人造成的负面影响，减少社会对艾滋病病人的歧视，形成良好的社会氛围，使 HIV/AIDS 得到有效的综合预防与控制。

通过艾滋病项目的具体实施，在各有关部门的具体指导下，组织逐步加强了自身能力建设，使新疆亚普禁毒防艾网站项目官员、志愿者提高协调、组织、实施和合作等方面的能力，并使该机构逐渐具备长效的实施艾防工作能力。

（二）面临挑战

1. 资金不足问题

正如大多数的民间组织所面临的困境，资金紧张也是亚普在今后发展道路上急需解决的一大困难，这一问题是否能够解决直接决定了网站和诊所能否留住人才，保持生存的活力。因为亚普的主要资金来源是诊所的收入，也就意味着需要用一份钱来养活两个机构。由于该网站是非盈利性质的，所以诊所和网站的维护，人员工资和福利，日常举办的禁毒防艾宣传活动的经费大部分都来自诊所盈利。申请项目的资金和政府的资助有限且时间不固定，而企业赞助往往都是在遇到大型活动的时候，所以两个机构的日常开销往往还是要他们自己负担。

2. 人才短缺

因为网站涉及内容的特殊性，加上有维汉双语两个版面，怎样发掘到计算机和维语的复合型人才是一个挑战，网站的非盈利性质也给这个问题的解决增加了难度。在这里工作也就意味着不仅要负责网站内容的日常更新，同时也要帮助筹划各种公益宣传活动，需要付出更多的心血和汗水才能使网站正常运转的同时扩大其影响力和公信力。

对于诊所来说，找到合适的人才更不是一件容易的事情。除了医学上的专业知识外还需要有足够的胆识、耐心和热情。因为在这里每天都会直接接触到戒毒者和他们的家属，只有让他们感受到医者的真心才能更好地保证治疗的效果。戒毒后的复吸率是很高的，所以在反复面对同一患者的时候医者所表现出的态度就显得尤为重要，此时的患者内心都是十分敏感的，稍感不适可能就会出现一些极端的情况。因为人员有限，所以每个人都要身兼数职，在进行药物治疗的同时要把患者当做朋友与他们进行真诚的沟通，并适时与家属联系，多角度的帮助患者走出毒品的阴影。工作的难度和强度决定了在招聘时会遇到的困难，再加上资金的不稳定，工作人员的福利无法切实保障，所以人才匮乏对于亚普来说是现今面临的一大困境。

3. 组织之间的合作问题

在治毒的层面上，由于美沙酮替代治疗的特殊性，如何加强与政府，特别是公安机关以及卫生部门的合作就显得至关重要。亚普可否通过沟通使公安部门成为其指导单位，严格按照法律法规进行运作，确保在治疗过程中不出现漏洞，杜绝美沙酮滥用的可能性。通过与政府部门的沟通合作，也可以让患者更加安心地在这里享受人性化的治疗，解除他们的后顾之忧。

现在网站面临的另一挑战是如何继续扩大知名度，扩展新的领域。有一条很好的出路即增强与其他社会组织的联系。在禁毒防艾方面，新疆维吾尔自治区有政府支持的官办组织，例如2009年正式挂牌成立的天山区彩虹关爱中心。亚普网站主要是负责禁毒防艾的宣传，诊所主要针对禁毒，而彩虹关爱中心主要是专为艾滋病病人和感染者提供咨询、检测和综合治疗服务、关爱救助、交流的服务平台。他们的活动主要通过随访员（艾滋病感染者）入户随访，劝说潜在和已感染的患者到疾控中心进行监测和治疗，并进行跟进调查和心理疏导。可以说他们是工作在艾滋病最前线的人，而他们的工作和亚普所开展的活动正好形成互补的趋势。彩虹关爱中心现阶段的随访员多为维吾尔族，主要是为了在入户随访的时候交流上不会有太多障碍。但是因为人们对于艾滋病传播途径的不了解，并且认为艾滋病患者比吸毒人员离死亡更近了一步，所以在入户随访的时候会遇到更多的阻力。除此之外彩虹关爱中心还帮助完成该区域每月新增艾滋病人数统计，并上交国家数据库。在乌鲁木齐市大部分的辖区都有类似的组织和防疫机构，常常会举办各种活动。亚普需通过与乌鲁木齐市或新疆更多无论是非营利的、营利的、政府的、私人的禁毒防艾组织沟通合作，来拓展业务渠道，争取把“点”发展为“面”，使之成为新疆乃至全国禁毒防艾的一面旗帜。

4. 社会宣传制约

随着时间的发展，互联网技术在中国迅速普及并被越来越多的民众所接受，成为人们普及知识开阔视野的重要窗口。它已成为覆盖广泛、快捷高效、影响面大、发展势头强劲的大众媒介之一，深刻影响着人们的生活方式、思维方式和思想观念。亚普最早的形式是通过民族语言的宣传材料和书籍向大众普及毒品艾滋病的危害。后由于互联网技术在发展过程中所显现的优势，亚普的工作人员把它视为宣传的重要途径和手段。自2006年亚普禁毒防艾网运行以来，已经在新疆禁毒防艾的宣传工作中起到了不可忽视的作用。网络手段的宣传体现了其互动性、共享性、海量性和经济性，并可以在短时期内采用低成本、高效率的方法通过丰富的表现形式与大众互动交流并获得反馈。但在这一过程里同样存在着矛盾，由于新疆南北疆、城乡等经济发展的差异，电脑在部分地区的普及程度还有待提高，且对于年长者来说使用这样一门新的技术本身就是一个挑战，因此部分人群并不能及时分享网络信息，这意味着这种宣传手段存在区域和技术上还存在着盲点。如何解决这一困境，不只对亚普的工作人员，对于以互联网作为基本宣传途径的社会组织来说都是一个需要进一步思考和解决的问题。

（三）经验借鉴

1. 充分尊重民族文化

我国少数民族大多有着不同于汉族的宗教信仰和生活习惯，作为少数民族地区的民间非营利组织，如何尊重和使用当地资源这一点是至关重要的。从亚普组织的发展过程中不难看出对于当地民族语言的使用、习俗与信仰的尊重以及与当地居民的及时沟通都是非常重要的。特别是组织成员，对于当地民族语言的掌握程度，直接关系着在活动过程中双方是否可以进行有效沟通。熟练掌握和运用当地语言，也必然可以让活动参与者感受到一种基本的尊重，使活动效果更加显著。

2. 有效加强合作

虽然国家已经通过法律途径确立了美沙酮维持治疗作为社区戒毒、强制隔离戒毒等戒毒措施的有力补充地位，为美沙酮维持治疗在我国的广泛开展奠定了坚实基础，但由于美沙酮本身属于阿片类物质，这种替代疗法并不能被大众广泛接受。且吸毒群体在社会上普遍不被理解，公众对于这个群体存在着排斥，即便吸毒者有了强烈的戒毒愿望，但面对现实的时候很多人还是望而却步。透过一个个戒毒患者我们能看到的并不仅仅是他们个人，而是背后痛不欲生的家庭，是这些家庭所联系起来的社会。所以如何找到一个合适的途径帮助这些吸毒患者走出阴影，这个问题直接关系着我们生活的稳定和谐。社会组织在这个过程中应当发挥怎样的作用？如何使非营利组织合理合法地介入政府部门工作的盲点，辅助政府切实解决社会难题？这个问题是当下我们亟须探讨的。从亚普的发展历程中可以发现社会组织如何在其成长过程中保持和发展与政府部门之间的联系合作，取得政府的信任与支持，在这样的背景下逐步开始拓宽业务范围，通过生理和心理两个层面的努力帮助患者早日摆脱病痛。这个过程为我们探究非营利组织如何更好地辅助政府部门解决社会难点问题提供了一个可供学习的范式。

3. 正确把握信息

非营利组织所掌握的信息主要来自两个方面，一部分来自政府部门所颁布的各种相关法律法规，另一部分则来自民间的沟通和交流。亚普组织通过对政府有关美沙酮替代治疗及艾滋病防治等方面相关法律法规的学习和理解，制定了正确的发展路径，得到了当地政府部门的支持。而通过与诊所戒毒人员及社区志愿者的沟通和交流，工作人员得到了戒毒防艾的第一手资料。两条途径相结合，不仅可以使非营利组织正确把握国家政策，同时也可以结合一线的工作制定出更加符合组织发展的蓝图，这样才能引导非营利组织走向一条健康长远的发展之路。

结束语

自 2002 年亚普综合门诊部创办和 2006 年亚普禁毒防艾网启动以来，阿合买提・库尔班带领他的团队立足长远对年青一代进行深刻的宣传教育，并通过心理和药物两种途径对吸毒人员进行治疗，为本民族的发展和新疆禁毒防艾事业做出了贡献。但是随着社会和经济的发展，亚普也面临着诸多与其他非营利组织相类似的问题，例如资金短缺、人才匮乏等，他们也迫切需要得到来自外界的信息、合作与支持。

非营利组织特别是少数民族地区，由本民族群体为主导的非营利组织在社区和社会建设中的作用不容忽视。如何在提供社会服务时多角度多层面地考虑当地民众实际需求，并借助各方优势提供适应该需求的公共服务是我们在探究社会组织作用的时候一个重要考量因素。作为新疆维吾尔自治区针对维族和其他少数民族，亚普禁毒防艾网在充分发挥自身宣传作用的同时，借助其组织内部人员的医学背景与专业优势为主要受众开办了亚普戒毒门诊部，采用多种方式和手段参与社区和社会服务，效果显著。由此我们不难看出作为非营利社会组织应通过自身的感召和影响凝聚力量、整合资源，充分发挥和利用自身优势，通过多种途径和手段进行社会服务，以期达到最佳效果。

随着当今中国西部大开发和城市化提速，中西部人口大量流动，对内和对外交流的机会和场合越来越多，由此产生的社会问题也就越来越多。如何正确解决和处理当前公共服务领域，特别是少数民族地区的公共服务领域所暴露出来的新问题；如何发挥少数民族地区当地主体民族的自主性，结合该地域民众的生活和宗教习俗，更好地提供社会公共服务；如何充分整合社会资源，加强社会组织与政府部门之间的合作，使社会组织承担起政府剥离的部分社区事务性职能，所有这些问题都是我们在今后的发展过程中亟须探讨的。促进非营利组织在少数民族地区成为国家和民族发展的重要推动力量，促进国家与社会组织之间的沟通协调，共同解决新时期中国所面临的社会难题，这是实现当今中国发展和创新转型的一个不可或缺的可靠保证。

（案例编写者：中央民族大学民族学与社会学学院 2010 级民族学专业硕士研究生赵楠）

高原生态守望者

——三江源生态环境保护协会

一、组织成立背景

民间组织一直是地方全面发展不可忽视的动力，而民族地区的本土社会组织更是在民族地区社会创新、公共服务和满足少数民族发展诉求方面发挥重要作用。2011 年 7 月，笔者以志愿者和调研者的双重身份，在青海省三江源生态环境保护协会工作学习，对该机构有了较全面的了解。

青海省地处青藏高原东北部，大部分地区海拔在 3000—5000 米，西高东低，地形复杂多样，形成了独具特色的高原大陆性气候，降水少、温差大、日照时间长。境内山脉高耸，地形多样，河流纵横，湖泊棋布。巍巍昆仑山横贯中部，唐古拉山峙立于南，祁连山矗立于北，茫茫草原起伏绵延，柴达木盆地浩瀚无垠。

青海省面积约 72. 23 万平方公里，东西长 1200 多公里，南北宽 800 多公里，与甘肃、四川、西藏、新疆接壤。有汉、藏、回、土、撒拉、维吾尔、蒙古、哈萨克等民族。宗教主要有藏传佛教、伊斯兰教和基督教。

其中三江源地区被誉为“江河源头”、“中华水塔”，位于青藏高原的腹地，为长江、黄河和澜沧江的源头汇水区。行政区域包括玉树、果洛、海南、黄南四个藏族自治州的 16 个县和格尔木市的唐古拉乡，总面积约占青海省的 43%。在这片广袤的土地上，拥有世界上海拔最高的森林、高寒灌丛、草甸、草原和星罗棋布的湖泊、沼泽，是中国江河支流最多，湿地资源以及植被类型最为丰富的区域。分布有野生动物 250 多种，其中属国家一类保护动物的有野骆驼、野牦牛、野驴、藏羚、盘羊、白唇鹿、雪豹、黑颈鹤等 10 种。

然而，随着全球生态环境的恶化、世界经济一体化和区域经济开发进程的加快，这里的生态环境和土著文化面临各种挑战。相应该地区传统的优秀生态文化和高原生态文明的传承，以及本地社区的可持续发展，都是现今要面对的问题。

其中的玉树藏族自治州是长江、黄河的发源地，气候高寒，大部分地区海拔都在4000到5000米，是康巴藏族在青海省的唯一分布地。这些藏人坚持着佛教信仰中最朴素的道理，在这片高原上践行着“众生平等”，他们把因果中的善根植在心中，再带到生活中。青海省三江源生态环境保护协会就诞生在这片土地上。

二、机构发展

（一）创立

青海省三江源生态环境保护协会，前身是2001年11月7日经玉树藏族自治州民政局注册的玉树藏族自治州三江源生态环境保护协会。2002年3月，“三江源”第一届会员代表大会成立，嘎玛是法人和秘书长，扎多是常务副秘书长，会长是个荣誉职位，由江格活佛担任。2008年4月9日，为了扩大协会活动范围，原注册于玉树藏族自治州的三江源生态环境保护协会，又重新注册于省府西宁，办公室也由玉树藏族自治州结古镇搬到西宁市。它是以藏族人为主体的省级民间环保组织，致力于青藏高原地区生态环境与传统优秀生态文化的保护与宣传，关注青藏高原地区的可持续发展。

协会最早的创办者如凯·嘎玛桑珠，1968年生于西藏贡觉县农村，后到拉萨、西宁等地经商，同时收藏藏族古董。1999年，嘎玛偶然在《青海日报》上看到一篇文章——《扎多和他的江源生态经济圈构想》，讲一个叫扎多的青海藏人成立民间组织保护环境，这触动了他，随后嘎玛到青海玉树注册“三江源生态环境保护协会”，他申请了两年之久才获批准。

扎西多杰，嘎玛是其合作伙伴。1962年生于青海治多牧区，是著名的藏族环境保护者，之前是政府官员。随索南达杰进可可西里保护矿产和藏羚羊，前后十二次进可可西里，抓获数百盗猎者。索南达杰被盗猎者枪杀后，他继承索南达杰的事业，任索加乡党委书记，为牧民办诊所、建学校、救灾。受索南达杰的影响，加上作为藏人对自己家乡的热爱，1998年5月26日，他成立了“环长江源生态经济促进会”，这是藏族人在青藏高原上创立的第一个非营利环境组织。后来又加入了三江源协会至今。

（二）发展阶段

2001年11月到2008年4月，三江源生态环境保护协会前期活动在玉树藏族自治州，主要组织了三江源地区的环境教育、气候变化调查、野生动物考察等方面的活动。这段时期奠定了协会的基础，完成了很多有质量的项目，整体上项目涉及范围广泛但略微零散。

◆1999年4月，创建索加乡生态保护管理委员会和四个牧委会的生态监理委员会，并正式建立了索加五大民间社区自然保护小区。

◆2002年7月和2003年7月，大学生“草原部落”项目，与北京“绿色网络联盟”共同发起了首届大学生支持青藏高原草原生态保护行动。

◆2004年，启动“绿色乡村社区网络”项目。

◆2004年，参与玉树藏族自治州团委、州教育局、州林业环保局、州文体广电局发起的“环保小卫士”活动。

◆2004年开始，与保护国际合作在三江源为主的藏族地区开展了神山圣湖项目。

◆2004年4—11月与亚洲开发银行合作开展曲麻莱县曲麻河乡措池村村校的建设及软件支持项目。

◆2004年5月，女童与生态项目。

◆2004年5—12月与英国野生动植物保护国际（FFI）合作开展野生动物贸易的调查。

◆2004年10月，前往称多县歇武、拉布，杂多县昂赛、扎青等地进行调查和了解当地社区传统生态文化及对公众参与生态环境保护情况。

◆2004年12月，协会启动了环境教育流动车项目。截至2006年底，环境教育流动车行驶10万多公里，先后在青、川、滇、藏、甘五省的藏族社区流动宣传。

◆2005年开始，在三江源地区推行“绿色摇篮”环境教育项目。在玉树机关幼儿园、红旗学校、二民中、藏医孤儿学校和民族综合学校开设正规的环教教育课。

◆2005年，在青海和甘肃藏区进行了濒危猫科动物与藏区流行服饰及其市场调查。

◆2005年6月，参与世界自然基金会和国家气象局等单位联合举办的“三江源区气候变化及其影响与适应对策研讨会”。

◆2005年6月至2005年9月，与中国科学院寒旱所、中国社会科学院、世界自然基金会合作开展了“长江源气候变化社区实地考察”

◆2005 年 8 月，在澜沧江源地青村成功举办了首届藏族绿色乡村生态文化节。

◆2006 年初，与国家濒危野生动物保护成都、云南、西藏和保护国际、国际爱护动物保护基金会一起对西藏、四川和云南进行了野生动植物保护宣传。

◆2006 年 4 月至 5 月，制作了濒危野生动物保护宣传册和招贴画各 5000 份，并发放到甘肃、四川、云南、西藏、青海等地。

◆2006 年 5 月，参与了国家濒危野生动物保护办公室与保护国际和国际爱护动物保护基金会合作进行的“滇川藏濒危野生动植物保护宣传活动”。

◆2006 年 9 月，促使三江源国家级自然保护区管理局和措池村签订了“通天河源索加－楚玛尔河野生动物保护分区”生物多样性的协议。

◆2006 年 9 月 11 日，三江源国家级自然保护区管理局、保护国际（CI）和协会首次借鉴国际先进保护经验，在曲麻莱县曲麻河乡措池村推出国内第一个协议保护地措池项目。

◆2006 年 11 月，参与了世界野生生物保护学会与西藏高原生物研究所和青海省林业厅合作开展的从新藏线到青藏线，从长江源到黄河源的野生动物考查工作。

◆2007 年 1 月，启动“乡村影视教育计划”项目。拍摄并制作《生命在雪域的旅途》系列乡村影像纪录片。

◆2007 年 1 月，协会组织“野牦牛守望者”、“桑格囊宗”、“尕觉悟生态保护促进会”及协会人员，在云南昆明参加了保护国际主办的“乡村之眼”影像纪录培训班。

◆2007 年 3 月，启动了“社区生态保护行动基金”。

◆2007 年 6 月，措池乡村医疗发展项目。

◆2007 年 7 月，措池村举办生态文化节。

◆2007 年 10 月 25 日，“绿色摇篮”环境教育项目荣获“福特汽车环保”奖。

◆2007 年 11 月，濒危物种数据调查项目。

2008 年 4 月至今，三江源生态保护协会在西宁重新注册后，活动范围扩大，项目的分类也更为明确，主要从事环境教育、协力员培养及乡村建设、生态文化节、玉树地震救助等方面工作；目标社区也更为清晰，主要集中在措池、勒池、甘达、青海湖、夏日寺、刚日。并在 2009 年 10 月 31 日，因为杰出的环境保护工作，获得李连杰壹基金的一百万元资助。这是他们迄今为止所获最大数额的资助。

◆2008 年 4 月，启动了乡村社区生态环境保护法律援助项目。

◆2008 年 5 月至 2009 年 7 月，与上海市徐汇区青少年活动中心合作“同饮一江水，共护母亲河”长江首尾姊妹学校生态文明教育项目；关注西部生态，关爱普氏原羚“同饮一江水，共护母亲河”夏令营活动。

◆2008 年 5 月至 9 月，与香港电台电视部合作乡村影视教育计划项目。

◆2008 年 7 月，黄河源头气候变化调查项目。

◆2008 年，启动“千眼水源”湿地保护项目。

◆2008 年 8 月，在玉树县刚日村首次启动水源湿地保护项目。

◆2008 年 10 月至 11 月，与亚洲协会美中关系中心合作进行三江源地区气候变化调查项目。

◆2008 年 11 月至 2009 年 3 月，三江源地区社区生态环境保护法律培训项目。

◆2009 年 3 月至 12 月，与青海省林业局项目办合作进行中小学“绿色摇篮”环境教育项目，大学生普氏原羚保护宣传项目，达村社区和民间联合水源保护项目。

◆2009 年 5 月至 7 月，与梅赛德斯—奔驰（中国）汽车销售有限公司合作“溯源中国行”交流项目。

◆2009 年 5 月、7 月，两个月内，在三江源囊谦、杂多、治多和曲麻莱四县区域开展了两次雪豹调查研究，并同当地乡村社区拟定了建立雪豹保护基地的初步思路。

◆2009 年 6 月至 9 月，与香港培才教育基金会合作绿色图书项目。

◆2009 年 8 月 1 日，与台湾中华藏友会合作“绿色健康”项目。

◆2010 年，三江源“绿色乡村生态保护典范基地”建设项目。

◆2010 年，继续绿色之子项目。

◆2011 年 6 月 27 日，第二届“绿色健康”项目培训班在青海省格尔木市举行。

◆2011 年 7 月，与上海市徐汇区青少年活动中心合作关注西部生态，关爱普氏原羚“同饮一江水，共护母亲河”夏令营活动。

◆2011 年 8 月，措池文化节。

（三）理念和策略的变化

三江源生态环境保护协会做了很多环境保护工作，但它的规模一直不大，办公人员始终只是几个人，因而，它的发展理念和策略受到扎多老师的影响极大，可以说，机构与人是不可分开的。

扎多老师介绍他有三个阶段，第一个阶段跟随索南达杰，相信个人英雄主义，从事环保工作比较冲动和极端，全凭热血；第二个阶段开始寻找机构的管理之道，参加各种培训，希望通过有效管理发展协会；第三个阶段回归到本土，发现当地人的力量才是最终可以依靠的，并且这种传统文化资源对环境保护非常的重要，开始发掘本地人的力量。可以说，协会的发展理念改变也是与这三个阶段相一致的。

（四）机构情况

◆愿景：真诚渴望青藏高原以她独特的价值，为丰富多样的生命和文化多样性源源不断地贡献生态源头的能量。

◆使命：不遗余力地推动青藏高原生态文明建设。

◆价值观：真诚、乐观、自信、恒心、奉献。

◆定位：引领三江源乡村社区自然生态环境保护的实践创新

◆工作方式：

倡导——倡导绿色消费、生态伦理教育、绿色乡村社区和生态文化的昌盛，推动自然生态保护公众化、生活化，优秀生态文化主流化，自然生态保护形式多元化。

参与——参与政府、企业、社会团体和个人有利于生态环境保护的各项社会活动。多方合作，积极配合，同心协力，共同承担保护三江源的历史使命和社会责任。

创新——立足乡村社区，立足本土文化，吸收主流保护思想，在探索中实践，在实践中探索，创新保护模式，推动符合生态多样性和具有人文特色的保护实践创新。

交流——利用自己的平台、社会资源和沟通能力，在乡村与乡村、乡村与城市、乡村与主流之间进行牵线搭桥，促进乡村与城市共同、平均、互惠地分享自然，承担保护生态环境的社会责任。

支持——支持乡村社区的自然生态保护的能力建设，促进社区在保护中发展，在发展中保护，提升社区保护生物多样性的能力，使社区成为推动当地生态与人文和谐共生的有效主体。

（五）服务对象

三江源生态环境保护协会的服务对象虽然扩大到了青海湖等地，但主要还是集中在三江源地区。

服务对象	联系人
青海省玉树藏族自治州曲麻莱县曲麻河乡措池村	尕玛
青海省玉树藏族自治州曲麻莱县曲麻河乡勒池村	开珠尼玛
青海省玉树藏族自治州曲麻莱县曲麻河乡措池村卫生所	加哇
青海省玉树藏族自治州曲麻莱县第一完全小学	土旦才仁
青海省玉树藏族自治州曲麻莱县曲麻河乡措池村寄校	土旦仁青
青海省玉树藏族自治州曲麻莱县第二民族中学	李督
青海省玉树藏族自治州曲麻莱县曲麻河乡措池村拉存寺	格日扎西
青海省玉树藏族自治州曲麻莱县曲麻河乡政府	多尕
青海省玉树藏族自治州杂多县扎青乡地青村	周尕活佛
青海省玉树藏族自治州杂多县扎青战斗村	啊霍
青海省玉树藏族自治州杂多县第二完全小学	更却永丁
青海省玉树藏族自治州杂多县民族中学	江永茨成
青海省玉树藏族自治州玉树县哈秀乡刚日村	江尕
青海省玉树藏族自治州囊谦县人民法院	旦扎
青海省玉树藏族自治州囊谦县民族中学	罗莉莉
青海省玉树藏族自治州囊谦县香达镇中心寄校	扎西多杰
青海省玉树藏族自治州称多县赛康寺	索南贡庆
青海省玉树藏族自治州称多县第一民族完全中学	扎西尼玛
青海省玉树藏族自治州称多县尕朵乡寄校	茨成生格
青海省玉树藏族自治州称多县赛康地区联办小学	昂文才仁
青海省玉树藏族自治州称多县第一民族中学	扎西尼玛
青海省玉树藏族自治州治多县希望小学	巴尕义
青海省玉树藏族自治州治多县索加乡寄校	蒙得

续表

服务对象	联系人
青海省玉树藏族自治州治多县索加乡莫曲村校	
青海省玉树藏族自治州治多县民族中学	索南尼玛
青海省玉树藏族自治州治多县移民新村	
青海省玉树藏族自治州玉树县第一完全小学	杨青
青海省玉树藏族自治州玉树县第二完全小学	扎西多杰
青海省玉树藏族自治州第二民族中学	更尕旦周
青海省玉树藏族自治州藏医孤儿学校	永吉才仁
青海省玉树藏族自治州州中学	代西求珍
青海省玉树藏族自治州红旗小学	和永青
青海省玉树藏族自治州玉树县结古镇甘达村	叶青
青海省玉树藏放自治州隆宝自然保护站	谢尕
“野牦牛守望者” 协会	尕玛
“澜沧江源格吉牧民生态环境保护自愿协会”	索南贡庆
“尕朵觉悟生态环境保护协会”	周尕活佛
康区安琼森格南宗生态环境保护自愿协会	仁青桑周
“藏羚羊守望者协会” 协会	尕桑
克愚民间扫盲学校	
公益民间扫盲学校	
钟声民间扫盲学校	
青海湖地区	

（六）组织架构和管理模式

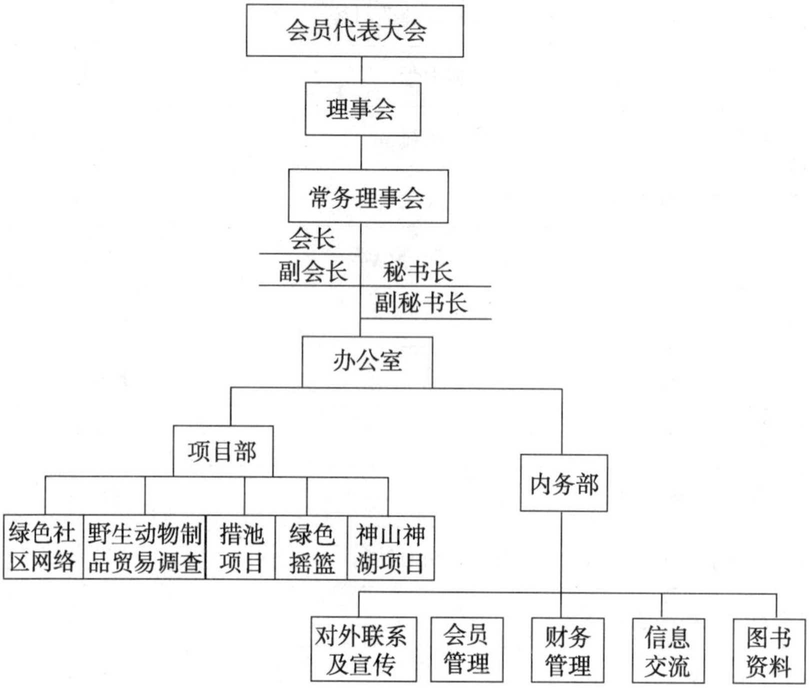

三江源生态环境保护协会的管理模式有两个层面：第一层面是自己的理事会和常务理事，此外有协会会员 250 多人，还有几十位顾问。然而由于机构日常工作人员数量少，很多时候需要集体出去做项目，因此不能保证有常驻办公室的工作人员，无法及时和各位理事沟通，亦无法通知理事机构的最新情况，甚至多年无法联络，这使得协会在日常运作中少了许多资源，也难以及时听取意见。但在有些项目运作过程中，如玉树地震后的灾后救助，这些理事依旧发挥了很大的社会作用，为协会提供了帮助。第二层面是协会发展的本土力量和志愿者，包括乡村环境协力员 30 人，绿色特使 20 人，绿色之子 14 人，以及草根伙伴和志愿者。乡村环境协力员是指通过乡村推荐、会员、环保组织提名等形式选出的，在当地开展应对地区环境问题的环保实践活动老师、牧民、村民、僧人等，分布在玉树藏族自治州、昌都地区、青海湖地区、黄南藏族自治州、果洛藏族自治州、格尔木市等地区。

绿色特使指在三江源地区一大批热衷于环境教育的教师和公益教师，

他们通过开展异地学习、观摩交流、研讨等多种方式接受环境教育，提升了其从事生态道德教育的能力。将环境教育渗透到日常教学工作中，实施不同形式、不同内容的环境教育实践探索，力争形成适合三江源的丰富多彩的环境教育模式。

绿色之子是来自三江源农牧区的优秀大中专学生，他们生在三江源，长在三江源，将来也要回到三江源。他们对三江源地区的自然生态和人文生态，具有浓厚的情感和不可推卸的保护责任。协会为这样的优秀大中专学生提供一定的生态保护实践平台，在资助他们完成学业的同时，业余时间开展一些力所能及的环保活动，有目的地培养成为未来三江源地区的绿色环保主力军。现有来自青海大学、青海师范大学、青海民族大学、青海卫生职业技术学院、青海警官职业学院的学生。

草根伙伴是指一直在基层乡村自发组织、开展环境保护的伙伴们，包括措池村野牦牛守望者协会、勒池村藏羚羊保护协会、尕朵觉悟生态保护协会、年保玉则生态环境保护协会、澜沧江源格吉牧民生态保护自愿协会。而志愿者来自北京、上海等多个省市的高校。

第二个层面聚集的都是本土的力量，有当地学生、老师、僧人、牧民等，比起上一层面的领导性质，更有实干的能力。他们都是生于斯长于斯的当地人，他们生活的环境影响他们，也影响他们的子孙后代，比起外来的项目人员，他们在环境保护工作方面是最值得依赖和信任的。虽然他们不懂“环保”一词的意义，但他们早已把其融入生活和信仰当中。这一层面的管理模式也符合协会现在的本土策略。

（七）领导团队和专职人员基本情况

现今协会会长为尧西·班·仁吉旺姆，常务副会长为嘎玛桑珠和古扎多杰，秘书长为哈希·扎西多杰。协会日常事务都由扎西多杰负责。

尧西·班·仁吉旺姆（会长）女，藏族，2005 年 6 月毕业于美国弗吉尼亚大学政治系 2002 年 6 月聘任为西藏红十字会名誉副会长，2002 年 8 月聘任为世界援救协会总顾问，2005 年至今清华大学经济管理学院攻读金融博士学位，2005 年 7 月第十届全国青联委员。

如凯·嘎玛桑周（副会长），男，藏族，出生于 1968 年，西藏贡觉县人。如凯·嘎玛桑周自小在家里学习藏文识字，后师从当地民间人学习了藏文文法、藏族文学及历史、哲学等以藏族传统文化为主的文化知识。1998 年加入援藏基金会。同年，创建援藏基金会广东办事处；1999 年，在广东兴办首家藏药专卖店；2000 年，在西藏贡觉县投资建设藏医院；2001

年，被评为“西藏自治区劳动模范”。

◆古扎多杰（副会长），男，藏族，1964 年 9 月出生于玉树藏族自治州；1981 年，毕业于玉树藏族自治州民族师范学校；1982 年 9 月考入青海省委党校理论系；1987 年 9 月考入西北民族学院作家班；1992 年 10 月份调入西藏口报社新华社任记者编辑；古扎多杰现任西藏金日达工贸总公司董事长。

◆扎西多杰（秘书长），男，藏族，1963 年出生于青海省玉树藏族自治州；1986 年毕业于青海省邮电学校；1986 年至 1992 年期间曾从事电信技术员、中学教师等职；1992 年至 1994 年跟随中华环保卫士杰桑·索南达杰从事以藏羚羊为主题的野生动物保护工作；1998 年 5 月 26 日，创建青藏高原第一个民间环保组织“环长江源生态经济促进会（UYO）”，开创高原民间环保道路。1999 年 4 月初，创建索加乡生态保护管理委员会和四个牧委会的生态监督管理委员会，并正式建立了索加乡五大社区自然保护小区。

2002 年 3 月，加入“玉树藏族自治州三江源生态环境保护协会”，并当选为常务副秘书长，负责协会全盘工作。

除了扎多老师，现在青海三江源生态环境保护协会的专职人员有 3 位，他们既要负责日常办公，也要外出负责项目运行，并同时担任财务、后勤、司机、摄影和摄像师，而且都是在野外解决问题的好手。很多的时候，都是兵分两路同时出去开展活动。分工虽并不明显，但大家都乐于承担，亲如一家，撑起了这个协会。他们基本情况如下：

◆欧要才仁，男，藏族，生于 1983 年 6 月 13 日。2004 年 6 月青海民族学院高中毕业；2006 年 9 月青海西宁市藏族研究所藏英语培训学校大专毕业；2006 年 10 月加入协会，“绿色社区网络”项目官员，现为协会办公室主任。

◆洛沙，男，藏族，生于 1978 年 2 月 17 日。1993 年成为一名司机；2010 年 6 月 23 日加入协会，参与多项项目。

◆刘盈，女，汉族，生于 1968 年 12 月。1992 年，成人自考统计中专；2002 年毕业于成大经济管理；2010 年 11 月，来到协会做志愿者，2011 年成为正式工作人员，会计及青少年环境教育项目官员。

（八）合作伙伴

青海三江源生态环境保护协会的合作伙伴有政府部门、学校、企业等，但更多的是来自国内外的 NGO 组织。

合作机构名称	合作时间	合作项目	负责人
北京“绿色网络联盟”	2002年7月—2003年3月	大学生“草原部落”环保志愿活动	
西藏天珠之路文化传播有限公司	2002年至今		如凯·嘎玛桑周
玉树州三江源生态环保发展有限责任公司	2002年至今		固扎多杰
亚洲开发银行	2003年3—10月	措池村生态建设项目	
		野生动物贸易调查项目	
		天然林调查项目	
保护国际	2004年10月	神山圣湖项目	孙珊
	2006年12月—2009年12月	措池村协议保护地项目	
	2004—2007年	“绿色社区网络”社区保护行动基金小额赠款项目	
	2008年5月—2009年6月	“绿色社区网络”社区保护行动基金小额赠款项目	
桥梁基金会	2005—2008年	“绿色摇篮”环境教育	索南
阿拉善SEE生态协会	2005年4月	三江源地区本土文化及生物多样性保护项目荣获阿拉善生态协会胡杨奖	王潇
世界野生动物保护学会、西藏高原生物研究生、青海省林业厅	2006年11月	从新藏线到青藏线野生动物考察项目	康蔼黎
国家濒危野生动物保护办公室、国际爱护动物保护基金会、世界自然保护基金会	2006年5月	“滇川藏濒危野生动植物保护宣传活动”	
青海省三江源国家级自然保护管理局	2006年12月—2009年12月	措池村协议保护地项目	巴桑拉毛

续表

合作机构名称	合作时间	合作项目	负责人
美国大自然保护协会	2007年11月	濒危物种数据调查项目	于靖
加拿大起步高原	2007年6—12月	措池乡村医疗发展项目	玛可
福特汽车公司	2008年5—8月	“绿色摇篮”环境教育项目荣获“福特汽车环保奖”	
香港探险学会	2008年7月	黄河源头气候变化调查项目	黄效文
上海市徐汇区青少年活动中心	2008年5月—2009年7月	“同饮一江水，共护母亲河”长江首尾姊妹学校生态文明教育合作项目	叶红
		关注西部生态，关爱普氏原羚“同饮一江水，共护母亲河”夏令营活动	
	2011年7月	关注西部生态，关爱普氏原羚“同饮一江水，共护母亲河”夏令营活动	
美国律师协会全球法治项目部亚洲处中国项目办公室	2008年11月—2009年3月	三江源地区社区生态环境保护法律培训项目	林燕梅
香港电台电视部	2008年5—9月	乡村影视教育计划项目	冯佳良
亚洲协会美中关系中心	2008年10—11月	三江源地区气候变化调查项目	赵云峰
香港培才教育基金会	2009年6—9月	绿色图书项目	张国梁
青海省林业局项目办	2009年3—12月	中小学“绿色摇篮”环境教育项目	张莉
		大学生普氏原羚保护宣传项目	
		达村社区和民间联合水源保护项目	
梅赛德斯—奔驰（中国）汽车销售有限公司	2009年5—7月	“溯源中国行”交流项目	
台湾中华藏友会	2009年8—12月	“绿色健康”项目	王志宏
山水自然保护中心			

（九）资金来源和财务管理状况

青海三江源生态环境保护协会的资金来源主要有三个方面：一是来自项目经费；二是来自协会理事和朋友的赞助；三是少量来自企业和捐助，但数额非常少。目前协会获得的最大一笔资金来自于李连杰壹基金。比起其他民族地区的NGO，三江源协会虽然在圈子里知名度较高，但是由于其创始人和工作人员大多都来自高原牧区，在社会上并不为人所知；且因为工作人员数量有限，没有时间对外宣传自己的工作，常常是一件一件的做事，别人却不知道，因此来自社会的捐助也非常少。而且对于民族地区的民间组织来说，很多都是本土的组织，负责人没有什么学历，也不懂得寻找课题项目，更是无法写出满足要求的项目申请书，所以组织资金一直都处在紧张状态。他们自己虽是工作人员，但常常处在志愿者的状态，做的很多事情都是无偿的、没有回报的。

对于项目经费的使用情况，协会都会做出明细并留档。对于机构年检以及财务公开，协会也有明确的意识。但还是囿于无法及时和外界沟通，缺少技术和人员，无法及时刷新网页和发布信息，因此财务明细虽然做出，但未能实现真正公开。

三、机构开展的主要工作

青海三江源生态环境保护协会做过和正在做的项目及活动不仅数量大，还涉及了很多领域，这里将机构工作内容按其计划分为以下几类，并重点介绍协会的主要项目及创新之处。

（一）绿色希望计划

协会认为青少年的生态道德价值观是未来青藏高原生态文明的核心价值。“绿色希望计划”将致力于推动青少年生态道德教育的探索和创新。

1. 绿色伙伴项目

绿色伙伴项目以在校大学生为目标主体，通过推动大学生关注生态和参与自然保护的具体实践，培养大学生的自然情感和生态道德，提升大学生的生态意识、自然审美力和自然保护能力，树立大学生公平、公正的生物多样性和文化多样性的价值理念。

2. 绿色之子项目

目标主体是来自三江源农牧区的优秀大中专学生，他们生在三江源，长在三江源，将来也要回到三江源。他们对三江源地区的自然生态和人文生态，具有浓厚的情感和不可推卸的保护责任。协会资助来自三江源经济困难的优秀大中专学生，利用假期开展他们自己设计的家乡生态保护小项目。

3. 绿色扫盲项目

三江源地区乡村社区的入学率偏低，青少年文盲、半文盲比较多。组织在开展当地青少年扫盲工作的同时，尽可能让更多当地青少年学习到三江源的自然生态知识和人文生态知识，从而达到在扫盲中提高保护生态环境意识和能力的目的。扫盲工作人员主要来自志愿者和“绿色之子”项目中的大中专学生。

4. 绿色图书项目

本项目为三江源农牧区的中小学及乡村社区提供以环保图书为主的各类图书，开展绿色图书导读服务，以此提高当地中小学师生及青少年的阅读能力和绿色意识，为普及绿色理念和生态文化的传承提供帮助。

5. 绿色特使项目

在三江源地区，甄选热衷于环境教育的教师和公益教师，组织开展异地学习、观摩交流、研讨，给他们提供接受环境教育的机会，提升他们从事生态道德教育的能力，使使其将环境教育渗透到日常教学工作中，并资助他们实施不同形式和内容的环境教育实践探索，力争形成适合三江源的丰富多彩的环境教育模式。

6. 绿色摇篮项目

项目组织三江源地区中小学学生开展各种生动活泼的环保活动，引导他们自己用心接触身边的自然、文化，感知三江源的大美、传统文化的精深和乡土情意的温暖，从而激发他们热爱和保护身边的这片神圣土地的热情。具体包括在三江源地区的中小学开展“草原部落百名大学生”假期环境教育帮教活动；举办“同饮一江水、共护母亲河”跨区域优秀中小学学生绿色夏令营，组织长江流域学生参与环境保护实践活动；推动三江源地区中小学成立生态兴趣小组。

由上可以看出，绿色希望计划主要针对三江源地区的青少年，培养他们对于家乡环境的主人翁意识。这与其他一些 NGO 主要对外宣传教育的做法不同的是，实实在在地依靠了本土的力量，寄希望于本地区的少年。与此同时，协会也组织外界地市的青少年来三江源地区体验这里的自然，在亲身经历中接受环境教育，注重经历引发的对于自然的情感，并且沟通两地，使得更多的人了解青藏高原，了解藏族。总体上，无论面向哪里，都始终注重青少年对于明日中国的力量，这一目标群体的选择，也是很有意义的。此外，在人员运作方面，协会充分信任志愿者和某些项目的目标群体，让他们去其他项目做服务者，这样既规避了机构人员不足的情况，又能充分调动志愿人员，且在这个过程中也加深了志愿人员自身对于环境保护事业的理解。

（二）绿色乡村计划

协会认为，三江源地区生态环境的保护，关键在于怎样有效发挥当地乡村百姓在保护中的作用，使当地乡村社区成为环境保护的主体。本计划将提升当地乡村社区在环境保护中的基础地位，提高环境保护意识和能力，引导当地百姓创新保护形式，以科学的发展观推动乡村社区走可持续的发展道路。

1. 乡村社区环保协力员项目

目标主体为三江源地区热心和投入环境保护事业的乡村社区老百姓。通过在三江源关键生态地区培养农牧民环境保护协力员，按说、护、传、教、带、帮、推等农牧民环境协力员办事要求，对自己身边的人或周围的社区及所接触的主流人群开展环境教育宣传、环境权益保护服务、环境变化监测及环境信息传递工作，组建农牧民环境保护领头人队伍，使他们成为乡村社区在发展中自然环境保护的代言人，探索乡村民众参与自然生态环境保护的途径和机会，创建当地公众成功参与保护的激励模式，实现以协力员为主的当地公众参与保护的新机制。

协力员项目是协会的一大特色，笔者跟随协会去青海湖周边做志愿活动时见过几个协力员，他们的工作也基本没有报酬，可以说首要的动力来自他们的信仰、他们对家乡和自然的热爱。协会会组织他们培训，过年时带些礼品，他们的关系是充满感情的，不是隶属的关系，而且在与其他地方的协力员聚集在一处培训交流时，他们感到自己不是孤单的，很多人在做这样的事情，这些伟大而平凡的人由此坚定了自己所做的价值。

协会“七字环境协力”方针：

▲说：对当地乡村社区环境问题的严重性、保护三江源生态环境的意义及自然生态环境保护方法等方面进行当地乡村社区及相关公众的宣传。

▲护：通过传统文化与现代生态知识相结合，在当地社区开展生物多样性保护、生态监测、气候变化信息搜集等自然生态保护工作。

▲传：在当地发生的各种环境问题及时地与相关部门进行信息传递、交流和沟通。

▲教：对自己身边人的不利于生态环境的生活方式进行监督，并教他们与环境友好相处的生活方式。

▲带：由协力自身的环保行为影响、感染和带动周围牧人的集体环保行动。

▲帮：在牧人的日常生活细节中帮助设计环境保护内容，把生活与环保融为一体，推动与环境友好的生活习惯，促使崇尚环保行为和追求环保化的生活成为牧人的一种自觉行为，鼓励对环境友好的生活方式。

▲推：以牧人环境协力员为个体单位，推动形成三江源地区点状式的乡村社区环境保护协力网络。

2. “绿色社区网络”社区保护行动小额赠款项目

通过小额赠款的方式，专门支持三江源地区个人、乡村社区、民间组织等从事环境保护与生物多样性保护的行为，发现和培养更多对三江源环境保护与生物多样性保护有正面影响的当地能人，重点支持活动集中、预期目标明确、便于操作、能够在短期内完成的具有本土特点和长远视野的环保小型项目，推动形成自下而上、形式多样、参与广泛和内容丰富的创新性本土化保护模式。

3. “千眼水源”湿地保护项目

目标为三江源地区乡村社区农牧民，以当地传统保护方式为基础，依靠当地权威人物，采取定户定人保护、清除垃圾、杜绝人为污染、隔离围圈等措施，对三江源重要水源湿地进行监护管理，缓解水源污染、干枯的趋势，提高重要河流水源涵养供给能力，创建乡村公众参与的、利用乡土生态文化的“千眼水源”湿地保护长效机制。

4. 乡村社区生态文化节项目

通过利用乡村生态文化节（藏族传统的“过桑”）这个平台，在继承煨桑、祭山、转山等传统生态文化的基础上，赋予绿色服饰表演、赛马、放生、杀戒（野生动物）、话说山川、本土民族体育、讲解宗教生态文化、社区监测评比、评选“最具慈悲之心”村民、清理生活垃圾、播放生态影视宣传片等多种有利于生态环境的内容，寓教于乐，自我教育，并向主流社会展示社区生态文化的魅力，力求达到认识传统生态文化价值，增强生态、文化自信心，促成人与自然和谐共处的目的。协会在措池已连续举办了多次文化节，效果都非常好，这个聚会也是各处协力员一起交流工作、凝聚共识的盛会。

5. 神山圣湖社区保护小区项目

在具有神山圣湖文化的保护区与非保护区，建立以传统生态文化、价值、伦理道德为基础，以乡村百姓为主体，传统保护与现代保护方式相结合，具有法律地位的社区保护小区。2004 年开始，协会与保护国际合作先后在尕朵觉悟神山、喇嘛闹拉神山、喀尕娃神山、赛康寺、泽日寺、尕吾尼姑寺、嘎尔寺、拉布寺等为中心的神山圣湖圣境进行了可行性调查。

6. 乡村社区绿色健康项目

从传播健康理念、卫生常识、绿色医疗知识等方面入手，以绿色生活、卫生健康、食品健康、行为环保等为内容，把环境意识融入农牧民日常生活中，建立乡村社区绿色健康服务机制，实施三江源地区绿色健康公益服务。建立乡村社区绿色健康服务站；培养乡村社区绿色健康服务人员；开展绿色健康教育。

7. 乡村社区协议保护项目

通过乡村社区与企业、社会名流人士及其他社会团体签订协议的方式，共同建设生态安全、生活快乐、生产绿色、精神富有、人与自然和谐相处的社区，打造“绿色乡村”精品社区示范点，以此带动三江源地区的绿色乡村建设。

（三）“黑帐篷”计划

三江源属于青藏高寒草原生态系统，草原生态是这里最主要的自然景观，是其他自然生态所维系生存状态的基础。以保护草原生态和游牧文化为出发点，要在传统文化和现代技术中间寻求新的突破点，走出一条当地传统文化能够传承和发展、人民幸福、生态环境完整、可持续的创新道路。开展“黑帐篷”计划正是对这条道路的探索。

1. 牧区绿色合作经济项目

通过牧户与牧户、牧户与企业、牧户与其他组织之间的合作方式，建立一个具有示范效应的牧民经济合作组织，组建一批为乡村经济合作组织出谋划策的专业团队。从生产生活方式和草原生态两方面探索可持续的发展道路，既能保持生态游牧的生活方式，又使牧民融入现代社会，分享到各种社会福利。

2. “黑帐篷”绿色示范牧场项目

协会和牧户联合开辟一个集传统和现代于一身的绿色牧场，从生态行为、生活方式、生活观念等方面存在的一些不适应于生态文明的地方入手，开发绿色畜产品、原生态手工艺品、游牧文化与生态游资源等高端产品，设计适合于青藏高原的生活、生产方式，解决牧民现代化过程中遇到的生态和生活方面的困惑，探索出一条对牧民具有示范作用的道路。

（四）“绿色桥梁”计划

为品牌企业和社会精英提供直接接触三江源地区自然生态和人文生态的平台，与当地农牧民开展对等的、直接的、多方位、多层次的交流合作，通过资金、技术等方面的直接投入，推动社区开发各种绿色产品，引导绿领潮流步入三江源地区乡村社区绿色经济转型，促进乡村与企业、乡村与城市多元化合作的绿色产业发展道路的形成。

1. 乡村社区生态影像交流项目

针对热衷于环保事业、爱好生态影像艺术的农牧民，对其组织培训。以乡村的眼睛，用影像的手段，直观和生动地记录当地自然生态环境与乡村生态文化的变迁及其思考，展示三江源地区生物多样性的生命奇观与文化多样性的多彩魅力，表达乡村自己的自然生态价值观、生态文化和鲜活的自然保护实践创新，促进乡村社区与乡村社区、乡村社区与主流社会之间的有效交流。

2. 流动车绿色环境传播项目

利用多媒体流动车，在三江源地区乡村社区走帐串户开展环保、法律及卫生健康知识宣传，并因地制宜地向源区农牧民提供各种公益服务；利用多媒体流动车，组织作家、艺术家、企业职员、政府官员及社会名流人士到农牧区开展环保宣传，让社会各界人士了解、支持和参与三江源地区的环境保护、经济建设和文化传播。

3. 三江源“绿领圈”交流项目

以协会为交流平台，每年设计不同的主题，组织关注三江源生态环境的社会各界朋友深度亲历三江源自然生态和乡村人文生态，在此过程中交流、讨论、研究具体保护问题，直接与各种保护支持项目对接，并向外界传播三江源生态保护实践、创新及意义，营造全社会关注三江源生态安全、支持保护行为的全新局面。

4. 民间绿色排行榜评比项目

通过相关媒体合作，每年举办一次绿色排行榜民间评比活动，对三江源生态环境保护做出贡献的企业、社区进行绿色排行榜评选，宣传绿色理念，提倡绿色行为，营造绿色环境。

（五）绿色生态救助计划

三江源地区许多濒临灭绝的物种、即将消失的自然景观和传统生态文化，是青藏高原藏人独有的生命奇观和生态哲学。协会动员社会各界层释放人类最善良、最博大、最慈悲的爱，并以最美好的心态来救助和欣赏这些濒临灭绝的生命和大自然的奇特造化。

1. 乡村与野生动物和谐相处项目

项目将以生态和人文的方式，通过组织相关专家及研究人员开展各种调查和研究，探索人与野生动物和谐相处的实践模式，减缓或解决人与野生动物冲突的现实问题。

2. 气候变化应对项目

选择关键生态区域且气候变化敏感的乡村社区，建设太阳能、风能等清洁能源，开创绿色生态产业，回归青藏乡村传统生态文明，力推利他的生态伦理和与众生祥和的生活方式。

3. 普氏原羚等珍稀濒危物种保护项目

依靠传媒和公众力量，利用各种有效传播途径宣传濒危物种保护。在乡村社区广泛开展宣传教育活动，通过呼吁社会名流人士、大学生和其他关注者，实施各种青藏高原珍稀濒危物种救助行动，并力推普氏原羚成为全世界关注的青藏高原旗舰物种之一。

4. 乡村社区生态环境保护法律援助项目

以青海三江源地区为示范点，通过提供法律宣传手册、公益法律服务及与其他法律公益组织牵线搭桥等方式，帮助当地乡村社区提升运用法律手段保护当地自然生态环境、保障社区合法生态权益的能力，进而构造可适用于中国西部乡村社区自然保护的法律援助模式。

四、优势和问题

（一）优势

三江源生态环境保护协会在其发展中形成了自身的特色和优势，主要有以下几点。

第一，三江源地区的藏族文化传统和对佛教的信仰本身就有助于推进环境保护工作的进行。可以说，老一辈的藏民天然具有一种环保的意识。

第二，机构运作者扎多老师对机构的发展也起到了很大作用。

第三，依靠当地人民，相信本土的力量。这扩大了协会并发挥其作用的范围，延伸了工作领域，最为重要的是，这样取得的成果是当地的，是踏踏实实而卓有成效的。

第四，运用志愿者和协力员的力量，弥补工作人员不足，并且加深他们本身的环保共识。协力员的机制是非常成功的。

第五，在项目中注重把目标群体的日常生活与项目目标联系在一起，形成的习惯是最为持久的。

（二）面临的问题

协会发展中面临的最大问题就是对外宣传和沟通。协会的工作常常在高寒藏区，需要的工作人员往往需要会藏语和汉语，并且能承受长期在高寒地区的辛苦生活。这样的员工并不好找。种种原因使得机构工作人员人数少，往往同时在野外项目地开展工作；平时办公由于事项杂多，也没有明确分工，没有人专门负责对外宣传和项目动态发布，网站也早就过期，对外的博客久久无人更新。这造成很多问题，如理事与项目来源机构等缺乏联系和沟通；在寻找项目和资金上不占优势；外界不知道协会所做的工作等等。

另外，外界的环境也不容乐观，民族地区的NGO在中国的发展依旧还是起步阶段，协会面临着社会的信任危机。因为牵涉到民族问题，这种信任危机就更为复杂，这在一定程度阻碍了机构顺利开展工作。当前他们需要政府的信任，让他们有信心把环保之路走到底。他们保护的不仅是他们的家乡，也是我们共同的家园。

五、社会评价

（一）获奖情况

2002年4月22日，荣获中国环境新闻工作者协会和香港“地球之友”颁发的第六届“地球奖”。

2005年4月22日，荣获阿拉善生态协会SEE“生态奖”。

2007年1月20日，获得CCTV中央电视台2006年度中国经济人物社会公益奖。

2007年10月25日，荣获福特汽车环保奖“绿色摇篮”环境教育项目三等奖。

2007 年 11 月 4 日，荣获上海第一财经日报。

“2007 领驭风云人物”环保奖。

2009 年 4 月 21 日，荣获全国保护母亲河行动领导小组颁发的“母亲河”奖。

2009 年 5 月，被授予“青海省志愿者行动杰出志愿服务集体”荣誉称号。

2009 年 10 月，获得李连杰壹基金典范工程。

（二）各方面评价

对于三江源生态环境保护协会，了解的人并不多，但是了解的人对协会评价非常高，多数人质疑做这些的意义，包括扎多老师家乡的一些朋友亲人。政府方面，对协会仍然需要建立信任。合作伙伴如上海徐家汇区科技创新中心等，对协会的评价都不错。服务对象方面，协会的服务对象往往后来都成了协会的志愿服务者，协会对他们的激励是巨大的。

仅是从青海三江源生态环境保护协会的工作内容上，便可发现协会为当地生态环境、居民和社区所做的贡献，他们在三江源地区社会创新、公共服务和满足当地民族发展诉求等方面发挥着重要作用。当前，协会所需要的不仅是主流社会的承认，更需要人们对他们事业的理解和支持。

参考文献

1. 寇延丁著：《一切从改变自己开始》，海南出版社 2007 年 11 月版。
2. 刘鉴强著：《天珠藏人传奇》，西藏人民出版社 2009 年 12 月版。
3. 戴维 · 伯恩斯坦：《如何改变世界——社会企业家与新思想的威力》，吴士宏译，新星出版社 2006 年 4 月版。

（案例编写者：中央民族大学民族学与社会学学院民族学专业硕士研究生娄岁寒、郭卫东）

扎根基层社区 传承民族文化

——贵州乡土文化社

一、组织成立背景

（一）贵州省概况

贵州位于云贵高原东部，土地面积17.6万平方公里，97%为山地与丘陵，乌蒙山脉、大娄山脉、武陵山脉、苗岭山脉纵横全境。南北盘江、红水河、乌江、浏阳河、清水江、都柳江等珠江、长江水系的支流奔流于万山丛中。地理位置及特有的地形地貌，使贵州在中国历史发展过程中成为各民族交汇的大走廊，形成多民族大杂居小聚居的局面。贵州有48个少数民族成分，人口1300余万，占全省总人口的36.8%。少数民族人口比重居全国第3位，其主要分布在农村及远离交通沿线的边远山区。苗族是贵州省内人口最多的少数民族，主要分布在黔东南苗族侗族自治州、毕节地区、黔南布依族苗族自治州、安顺地区、铜仁地区、黔西南布依族苗族自治州等。2010年第六次全国人口普查数据显示，贵州共有苗族480余万人，占全国同类总人口的一半以上。贵州的侗族有143万人，主要聚居在黔东南苗族侗族自治州、铜仁地区。贵州的瑶族人，主要散布于南半部的十多个县。在这些少数民族中，有的聚集一乡，有的独具一寨，形成大分散、小聚居的状况。

（二）文化发展现状

特殊的地理位置和地貌特征虽不便于交通和经济的发展，但客观上却有利于民族文化的积淀与传承，逐渐形成以家庭为单元、以血缘为纽带、以民族为标志、以社区为载体、以自然经济为基础的山地农耕文化。透过种种迹象，我们可从中感受到各族先民们表现出的人与自然和谐共处的发展历程，感触到贵州的民族文化源远流长、丰富多彩。

改革开放以来，民族地区的农村剩余劳动力逐渐向城市转移，许多靠口耳相传的少数民族语言、历史和传统手工技艺找不到后继者。而掌握这些传统文化和技术的老人又逐渐离世，因此，少数民族传承千百年的文化和技术濒临消失。如贵州省兴义市的一个布依族村寨，随着一位布依族老人的离世，他通晓的布依族傩仪和掌握的布依族傩面具的制作方法随之失传。① 经济全球化的发展和西部大开发政策的执行，促使民族地区的城市化进程进一步加快，广播、电视、报刊等传播媒体对民族地区文化的普及宣传，丰富了人民群众的精神生活，但是，一部分人在接受现代化的同时盲目摒弃传统民族文化，让许多少数民族传统文化面临强烈冲击。近年来，在贵州的黔东南、黔南、黔西南以及一些民族自治县，出现很多收购民族文物的商贩，加之当地经济不发达，迫于经济拮据或受利益驱使，村民将自己的服饰、绣片，甚至上百年的工艺品轻易出售，这在一定程度上造成少数民族文物的破坏和流失。② 随着“建设自然风光与民族文化相结合的旅游大省”的发展目标的提出，贵州开始大力发展特色民族村寨旅游，然而旅游业在开展的同时常常会忽视对民族传统文化的保护，商品化后的民族文化被异化，为迎合游客心理、追求高额利润而放弃自己的民族传统，有意或无意损害了民族传统文化。因此，在贵州，少数民族文化的保护、传承与发展问题亟待改善。

二、组织概况

（一）组织成立

从2003年开始，贵州日报社记者李丽以志愿者和兼职的身份，从卫生、教育、农业、文化等多种不同角度参与到“农村参与式发展”的项目研究当中，她曾任贵州高地发展研究所项目统筹，主持“良知市场”领域规划和项目设计实施，对贵州乡村发展有一定的认识和了解。在2005年，李丽考入贵州大学人类学专业并开始攻读硕士研究生，通过对本专业的理论学习以及相关田野调查，她发现在贵州乡村发展中，农村文化产业的发

① 《探索贵州少数民族文化产业的开发与保护》，载《贵州日报》2010年7月12日。

② 马里亚：《贵州少数民族发展的机遇与挑战》，载《中国民族报》2012年3月。

展仍处在不被关注的空白点位置。文化作为一个国家和民族赖以生存的根本，特别是在贵州这样一个工业化、城市化发展水平相对落后，同时也是民族聚居、民族文化丰富的省份，各种少数民族传统文化都面临着冲击、衰退和消失的困境，政府对于农村民族文化的保护和传承在政策导向上还做得不够，从乡村文化这个切入点来探索研究的公益组织数量较少。这些使她意识到单纯的倡导已经不是最重要的了，因此，希望打造一个保护和传承乡土文化的平台。基于5年的农村工作管理NGO运作经验，对这个领域的了解、认识和强烈的责任感，2008年8月，李丽开始组建贵州乡土文化社，此时只有两名工作人员，由于找不到业务主管单位，无法实现正式的民政登记起初，一直以草根组织的身份开展和参加活动。直到2010年9月，才以注册资金3万元于贵阳市工商部门正式注册为贵州禾美村落手工艺开发有限公司。目前，文化社仍然在为实现民政登记而不断努力。

（二）组织使命及理念

乡土文化社是贵州当地致力于推动本土文化尤其是少数民族文化传承与发展的草根组织，开展活动主要集中在贵州黔东南苗族侗族自治州，目标族群为苗族、侗族和瑶族等。文化社地使命是协助贵州农村尤其是少数民族社区发现和挖掘本土文化核心价值，增进文化认同，传承乡土知识，并运用于探索开发生态友善、符合当地价值观的生计方式，实现以本土文化为根基的可持续发展。其理念是“挖掘乡土智慧，传播乡土价值，激发乡土创造”体现了社会发展的需要，指引着组织发展的方向，也是整个组织的灵魂所在。

（三）组织发展

2008年贵州乡土文化社成立，成立之初，工作人员只有两人，其中一人为兼职，组织有较为完整的规章制度，无办公场所，未作任何登记注册。2010年，新入职工作人员3人，离职2人，以贵州师范大学的某单元楼作为固定办公场所，但办公设备还比较简陋。同年，注册资金3万元于贵阳市工商部门正式注册为贵州禾美村落手工艺开发有限公司。2011年，文化社有工作人员8人，其中正式员工5人，兼职员工3人。工资也由成立之初1000多元增长到1200—3600元不等。同年，获得贵州悦文化传媒有限公司捐赠的8个办公格子间和12张木软椅。

（四）工作人员基本情况

文化社工作人员主要分为专职人员和兼职人员。文化社成立近 4 年的时间内，人员的流动性较大，根据项目的大小和多少，人员配置也相应调整。在 2008 年文化社成立初期，工作人员只有两人，一人为兼职。随着项目的开展，工作人员的数量开始有所增加。但核心的人员变化较小，主要还是以社长李丽为主。目前文化社有工作人员 8 人，其中正式员工 5 人，兼职员工 3 人。社长是兼职，本职为贵州日报社记者。拥有硕士学历的 1 人，即李丽；大专及本科学历 5 人，包括 3 名全职和 2 名兼职；高中或中专学历的 1 人，为全职；小学至初中学历的 1 人，也是全职。其中有 3 名全职都是少数民族，工作三年以上的员工只有社长 1 人，其余员工工作时间都在一年半到数月不等。员工专业涵盖人类学、社会工作、公共事业管理等不同方面，并且在入职前后均接受过来自国内业界的专业培训，具备一定的专业技能。

（五）员工对组织的认同情况

通过和文化社工作人员的访谈，可以了解到大部分员工非常认同组织的理念，认为自己不仅是在做一份工作，而是在做一件有意义的事情。工作的过程中虽然压力很大，但是很有成就感。笔者在调研过程中发现，文化社中有 3 名项目官员都是之前"文化反思与可持续生活青年实习生"项目中的实习生，由于他们切身参与到活动的过程中，切实体会和认识到组织的工作理念，于是，在项目结束后应聘加入文化社。

文化社成立至今，工作人员离职情况频繁。主要原因是薪酬待遇过低，不能满足其需求，为了谋求更好的发展而离开。也有一部分员工是因为在工作过程中感觉压力大，家庭不理解而最终选择了离开。在对该组织的调研过程中，笔者了解到有一名工作人员因为家庭的要求，正在参加公务员考试，一旦考上就会离开文化社。针对这个问题，文化社负责人李丽说："只要他们能谋求更好的发展，我们文化社也是不会阻拦的，并且真心地祝福他们。"

通过在文化社的体验和对员工的访谈，笔者可以感受到文化社员工之间的关系非常和睦，工作氛围较好，兼职的行政和会计人员纷纷表示文化社工作环境融洽，离职的员工也会时常地关心文化社的发展情况，彼此都保持着长期的联系。

（六）组织的团队建设

组织内工作人员中一部分在入职前参加了一些项目活动，得到培训和锻炼，一部分在入职后也获得不同类型的培训机会。如在“文化反思与可持续生活青年实习生”项目中，实习生们接受了关于可持续发展、社会性别与发展、文化多样性的理论培训，得到了参与式发展实践锻炼，以及到广西爱农舍、乐益青年中心、香港社区伙伴成都办事处等游学的机会，更有实习生加入到文化社的工作队伍中。还有在“西南少数民族在地青年学习交流网络行动研究”、“瓦窑行·文化多样性工作者网络”、“寻城记·文化多样性工作者网络”、“苗族青年与传统文化交流会”这些项目中，文化社工作人员通过与同行们的彼此心得交流，不仅拓展了眼界，也吸取了很多他人的经验和教训。

（七）主要公益合作伙伴

文化社成立近 4 年的时间中先后和政府、企业以及许多国内外知名非营利组织合作，在贵州黔东南地区开展了大量的活动。以政府购买服务和参与政府课题项目的形式，与国家民族事务委员会、财政部、国家环保部、贵州省民族事务委员会有过合作。曾经申请项目得到过德国米苏尔基金会、香港乐施会、香港社区伙伴、北京近邻社区服务中心等的资金支持和技术指导。在开展活动的过程中也得到了贵州省麻江县人民政府的支持配合。与之合作的企业还有北京彩禾家贸易有限公司、西西弗文化传播有限公司等。

三、组织开展的主要活动

（一）民族手工艺发展与生计改善

为了发现和挖掘基层少数民族社区的文化价值，改善其生计，贵州乡土文化社向香港乐施会提出“民族手工艺发展与生计改善项目”申请，并得到其资助，同时，该项目还得到了贵州西西弗文化传播有限公司的支持。2009 年，文化社与其合作伙伴北京彩禾家贸易有限责任公司，在黔东南麻江县龙山乡河坝村的瑶族（饶家人）白兴大寨开展活动。该项目分为三个阶段。

1. 项目开展过程

第一阶段，2009年5月项目正式启动，将社区内的骨干人员组成不同兴趣小组，进行“自我的文化表述”活动，对自身感兴趣或欠缺的各种形式的文化需求进行阐述。7月，为了更进一步认识和了解民族文化及其带来的价值，组织社区内的手工艺能人考察丹寨三个手工艺农民协会；在西西弗文化传播有限公司的支持下初步建立了社区小图书室。8月，组织社区文化活动周，开展了包括饶家歌比赛、社区手工艺比赛、电影展播、拔河比赛、饶家花绘制比赛和社区故事会等多项社区文化展示活动；促成社区与北京彩禾家贸易有限责任公司的合作并完成第一批和第二批手工艺订单，并初步形成了近10人的社区骨干团队和10余人的社区手工艺能人团队。

第二阶段，从2009年10月至2010年5月，文化社协助社区与北京彩禾家贸易有限责任公司继续合作，并完成了第三批至第六批订单；通过文化社成员的宣传推广，促进产品销售；依托社区发展基金，社区已经建立管理小组，项目管理和使用规范已经形成；项目组已经为社区建立了手工艺品网络平台等。

第三阶段，2010年7月，文化社组织社区自主讨论形成了《风险基金使用规则》、《风险基金审批规则》等规则，并实现了文本化；9月11日、12日“消费者倡导”环节的产品推介会活动在贵阳市云岩区下合群路人民公社酒吧开展，并有7名社区代表通过申请“社区工艺发展风险基金”和项目经费支持参与了推介会，发行了涵盖社区手工艺、社区节庆、社区生活习俗、社区人物、社区历史和社区风光等素材的小册子《这就是白兴》、《白兴——饶家文化展暨产品推介会》海报以及白兴社区主题书签。

2. 项目实施效果

村民通过手工艺开发销售增加收入，改善生计，促进传承。从项目一期到三期，文化社协助社区手工艺能人团队实现和北京彩禾家贸易有限责任公司的6笔订单，订单额数千件，盈利超过30000元。在为期一天半的产品推介会活动中，现场的消费者超过400人次，通过对20多名手工艺所生产的手工艺产品的展示和销售，实现了8800元的销售额。同时，通过社区手工艺网络平台，也为社区带来了超过4000元的产品订单。

在社区文化活动周上，团队成员和项目工作人员一起实施了包括饶家歌比赛、社区手工艺比赛、电影展播、拔河比赛、饶家花绘制比赛和社区故事会等多项社区文化展示活动。400位以上社区居民知晓、参与到了活动当中来。实现了“社区能够以多种方式表现和展示社区文化；80%以上居民知晓；50%社区居民至少参加过一次社区文化展示活动；20%的参与者认为自己至少增长一项社区传统文化知识或技能”等目标。

制定小额贷款的运作管理规则，建立公共参与的资源分配机制。社区居民依托产品销售返还社区所积累近2000元的社区发展基金，以此自主推选了人员，成立了风险基金管理小组和投标审批小组，并自主组织了3次包括社区骨干和手工艺人等40余名社区居民参与的讨论，形成了《风险基金使用规则》、《风险基金管理制度》和《风险基金审批制度》等，文本化规范管理。文化社组织社区将风险基金和产品推介会相结合，40余名社区手工艺者参与了推介会产品的生产，形成了第一批为数4个的申请小组和4个投标方案，20余户社区村民家庭参与了第一次的投标。最后，经社区评选，由7位社区村民代表4个投标小组参与了产品推介会，实现了风险基金的第一次实践。

由超过50位社区居民参与到素材收集的《这就是白兴》的小册子、“白兴——饶家文化展”海报和白兴社区主题书签的发行，提高了公众对产品推介会的关注度。“媒体采访团”活动实施后，《新报》、《向导》、《贵州文化遗产》、《当代贵州》、《人与生物圈》以及《中华手工》杂志先后对社区和手工艺进行了报道，产生了良好的宣传推广效应。

（二）重构社区文化与幸福生活

为了协助社区开展传统文化自主学习体验，对传统文化的内涵和价值有较为深入的挖掘和认识，以及恢复和强化社区公共参与，提升社区组织能力，文化社向香港社区伙伴提出项目申请并得到其资助，于黔东南苗族侗族自治州新光乡开展“重构社区文化与幸福生活项目”。从2010年7月开始启动到2011年10月完成，可以分为三个阶段，项目初期、停滞阶段和调整后期。

1. 项目开展过程

项目初期，2010年7月开始，文化社项目官员先后走访了40余位村民，以个人走访的形式在社区宣传该项目。与社区内的骨干人员、芦笙协会骨干以及妇女代表以小组讨论的形式进行交流，成功地和十多位村民一起做了一张社区农事历；理清了芦笙协会内部分骨干的职责；讨论服饰裁剪开展的前期准备，组建服饰裁剪妇女兴趣小组。11月，组建了一个11人的以苗族服饰缝纫裁剪为主的妇女兴趣小组。12月，在四位服饰裁剪小组成员的参与下到凯里购置了缝纫设备。

停滞阶段，2011年1月，由于新光村在政府的主导下将被开发成为旅游村寨，同时也被列为新型农村建设的示范点，因此，社区的基础设施改造开始进行：如电路改造、社区步道硬化、人畜饮水工程、厨房改造、公路硬化等。这些工程的实施需要社区投工投劳去完成，而村里的大量劳动力又随着打工的热潮外输，留在村里的大部分都是老弱妇孺，他们除了要做好、管好自己家的庄稼外，还要抽出时间、精力参与到基础设施建设的队伍中来。由于这一现状使项目停滞了。

调整后期，2011 年 4 月，项目小组结合社区的情况与资助方香港社区伙伴进行了讨论，针对社区的现状，进行了一系列调整：已经开始崭露头角的服饰小组继续跟进；带领村民讨论社区公共基础设施的必要性和重要性；开展对社区发展旅游业的认识；播放一些关于旅游的纪录片；组织村民到其他旅游村寨参观交流。5 月到 7 月，在和社区骨干、芦笙协会骨干和服饰裁剪小组的两次讨论之后，确定了服饰裁剪小组的公共空间，安装了购买回来的裁剪设备，定期在裁剪活动室做裁剪和交流；通过个人走访的形式了解到了大部分村民对于发展旅游的认识和看法。7 月到 9 月，社区影像也开始在社区放映，播放了《滚拉拉的枪》等苗族苗语电影。10 月，组织社区 10 位村民，分两组分别到安顺、黎平参观不同民族、不同地区的旅游村，参观回来之后两组分享、交流收获。

2. 项目实施效果

苗族是一个把历史记录在服装上的民族，而妇女就是主要记录的人。他们通过一针一线去织锦出苗族的文化和历史，但是随着经济社会发展的影响，很多传统服饰缝制方法失传，新光社区的妇女们通过这次项目开始尝试去回忆苗族传统刺绣和裁剪来恢复传统的苗族服饰文化。同时，这次项目也吸引了很多年轻人的参与到活动中来，从而使他们更加深入地了解自己本民族的文化，增强对本民族文化的自豪感和责任感。

项目期间，社区组建了一个以妇女为主的服饰裁剪兴趣小组，向芦笙协会申请了办公室的一间房，作为妇女服饰裁剪的活动室。妇女们还主动提出很多建议，找到了专门做苗族服饰剪裁的师傅。通过成立妇女裁剪小组，妇女们认识到他们参与社区公共事务的可能性；妇女裁剪缝纫小组培养了李金奎、金朝芳、吴兴蓉等社区内的妇女骨干；通过自主购买裁剪布料、自主选举裁剪小组组长、自主管理资金，提高了服饰裁剪小组妇女组织活动能力。

这次项目所获得的妇女服饰裁剪活动室，不仅成为妇女们从事手工艺创作的场所，也成为他们进行交流和开展活动的空间。同时，这更是整个社区的公共文化空间，通过妇女们的带动，使小孩、青年人乃至老人都积极地参与到村寨活动中来，促进了彼此之间的交流，活跃了社区文化。

项目小组通过组织村民对其他旅游村寨进行参观交流学习，与不同文化体系下的不同旅游村寨的人交流，参观他们的村寨规划、了解他们旅游发展模式，使村民们开始意识到传统文化的重要性和价值，意识到村寨旅游的可行性。不用外出打工就可以利用村寨本身的优势来改善生计增加收入，这也启发了村民们自主思考自己社区旅游的发展。

（三）文化传承与公共文化空间建设

为了支持侗族村寨修建戏台、购置戏服、侗戏排练、跨村寨演出，以及重新营建村寨公共文化空间、恢复跨社区交流，文化社向德国米苏尔基金提出申请并得到资助，在黔东南州榕江县大利侗寨启动了一期“侗戏传承与公共文化空间建设项目”。项目分为戏台的修建和影像的记录传播两个部分。

1. 项目实施过程

戏台修建部分：2011 年 3 月项目启动初期，文化社项目官员的工作主要是与侗戏戏主、戏师、演员在内的戏班成员和侗戏爱好者建立良好的关系，并对修建戏台了解和收集了他们的想法和诉求；与寨老、歌师、学校教师等社区中的重要人物建立良好关系，并听取了他们对修建戏台的建议和想法，这些活动，得到了社区村委会工作人员的支持。4 月，在项目人员协助下，组成了由社区村委会工作者、木匠、村民等人的“建筑讨论小组”，并绘制了侗戏戏台的施工图纸、修建效果图、所需木材清单、根据农时调整施工时间安排、各施工阶段预算和拨款计划，以及“建筑讨论小组”成员的分工等。6 月正式开始工程建设，在原有设计和建筑方案的基础上，在“花桥”（村民日常聚会的公共空间）征求村民和寨老的意见后，对原有的格局和设计做了一定的修改，新增了卫生间，改变了化妆间的位置，解决了排污问题。7 月，公示了工程进度和款项具体使用情况，“建筑讨论小组”向工程总监督人处就工程状况进行了解和验收后，向由工程总监督人、村支书和村会计三人组成的工程财务管理小组，通过银行转账支付了 30000 元工程款，用于保证工程的继续进行。由于 9 月、10 月为农忙季节，为了不影响工程的进度，村建筑讨论小组与工匠、木材商人、砖瓦厂协商，提前开工，合并二、三期工程同时进行，最终在 8 月底，将戏台搭建成功。

影像记录与传播部分：文化社希望成立一个记录传播小组，通过摄影为主、文字为辅的形式真实记录大利侗寨修建戏台的过程，记录其在大利侗寨的工作过程、方法、结果等，这样一方面可以保留最真实的组织工作资料，另一方面也为今后通过网络宣传大利侗寨提供材料。2011 年 3 月，通过互联网完成了对记录传播小组志愿者成员招募，并开始组织活动。5 月，项目工作人员完成对 DV、投影机、数码相机等设备的采购，一部分设备交由志愿者来拍摄记录，一部分交由村民，从本地人的视角记录本民族的文化、节日、生活、戏台修建等。

2. 项目实施效果

大利侗寨建成的这个“万年台”，是目前整个黔东南苗族侗族自治州最大的侗戏戏台，其“燕窝宝顶”也是整个黔东南州所独有的。工作人员已协助戏班成员置办戏服、道具和乐器。2012 年春节，村委会邀请其他村子的戏班来大利侗寨的新戏台演戏和庆祝新戏台的落成。戏台的修建和落成，不但促进了村子内部的交流和团结，还促进大利侗寨与其他侗族村子间在侗歌、侗戏上更多的交流，便于开展相关活动，也有利于侗戏侗文化的传承。

通过志愿者对戏台修建和文化社工作过程的拍摄记录，以及村民对于日常生活和村内重大公共事件的记录性拍摄。文化社及志愿者已经完成了一部记录戏台修建的预告片《大利有戏》，并发布在互联网上。《挂亲》，刻成光盘送给村民，并在村子里公开放映。正在剪辑的是一部纪录文化社工作人员陈莫松在村子里开展工作，组织侗戏戏班成员和喜欢侗戏的村民开会的纪录短片《陈莫松买鸡》以及一部已经获得制作公司授权播放的贵州本土原创水墨动画《侗寨寻歌》。影像的记录传播，可以真实地记录大利侗寨的日常生活和戏台修建的过程，让大家可以了解少数民族村寨的原生态面貌，也使村民们开始学习使用互联网和数码产品。

（四）培养青年社区工作者

文化传承的根本特点是了解和认识到文化的深刻含义并切实付诸行动。为了给贵州乡村的发展培养青年社区工作者，促进青年人对文化多样性和可持续生活重要性的认同，文化社向香港社区伙伴提出“文化反思与可持续生活青年实习生”项目申请并得到其资助，从 2009 年到 2010 年已经开展了两期活动。

1. “文化反思与可持续生活青年实习生”项目一期

（1）项目开展过程。2009年1月至3月，文化社在香港社区伙伴的协助下，面向贵州师范大学、贵州财经学院、贵州民族学院以及贵州大学的民族学、社会工作、农村区域发展等专业的应届毕业生进行招募，最后确定16人进入培训；从4月到5月，连续开展了四期周末课堂，利用每个周末两天的时间对学员进行集中的系统培训，内容涵盖可持续发展、社会性别与发展、文化多样性和农业发展四个方面。采用了诸如小组讨论、头脑风暴、辩论赛、PPT讲解、情景模拟等多种授课方式；5月30日至6月3日，开展了第一期主题为参与式理念与方法的田野课堂，理论学习了参与式理念和工具，进行了“作为独立的个体，我的独特性，我的梦想”的小组讨论，并组织培训生到瓦窑参与了田野实践；6月13日至17日，第二期田野课堂，主题为文化反思社区体验，组织培训生体验以感官为主的学习方式，如与静物对话、静默之旅、人体照相机、社区漫步等。最后带领培训生到新光社区进行实地实践。（PCD）与文化社综合了周末课堂和田野课堂中培训生的学习、表现和反馈，最终确定实习生8位；7月中旬，正式开展社区实习，8位实习生分别在各自督导的安排下，进入到新光、流芳、大利、河坝、白兴、瓦窑六个村寨进行实习。实习生们通过四个月时间的亲身体验，深入了解和融入到村寨中，由于各种原因，实习前期和中期有五位实习生离开了项目，剩下三位实习生提出并开展了自己的实践计划，如“以零食为主题，瓦窑小学培养小朋友对生活习惯与环境关系的认知计划”、“白兴饶家歌赛活动”、“流芳小学比赛活动”等。

（2）项目实施效果。实习生普遍反映对于周末课堂和田野课堂中的培训收获不多，用处不大。一方面是由于培训支持与社区实践需求的不协调，培训主要集中在社区实习之前，实习生对社区还不甚了解，所以方法有限，而进入社区实习后，才发现方法的缺乏，却没有相应的支持。另一方面，培训提供的是一整套参与式工具、文化反思工具，在没有实践基础而时间又很短的情况下，实习生是很难对这些工具有所体会和理解的。

实习生开展的三个实践活动“以零食为主题，瓦窑小学培养小朋友对生活习惯与环境关系的认知计划”、“白兴饶家歌赛活动”、“流芳小学比赛活动”，不仅丰富了儿童的课余生活，也调动了儿童的兴趣去学习民族歌谣，收集民族和村寨故事，更让环保的概念走进了他们的生活。

2. “文化反思与可持续生活青年实习生”项目二期

（1）项目开展过程。2010年4月，文化社开始面向社会招募实习生，相较于一期来说招募途径更为宽泛，主要通过文化社机构博客、黔首报、贵州E友社区、NGOCN网、青翼社工、豆瓣、天涯社区、多背一公斤网站、QQ群，老实习生的同学圈、朋友圈，熟识的高校老师推荐等。至7月共收到4份报名表，文化社对其中的三位报名者通过面谈、电话等方式进行了面试，其中两位报名者进入实习。在即将进入新光社区实习之际，两位实习生分别因为工作终止了实习。7月下旬，项目一期中因为学业退出的实习生重新加入到实习生队伍中，向文化社申请开展“苗族青年重走迁徙路——发现雀鸟”活动。由于招募情况不佳，故将招募时间延长到8月，期间以宣传项目为目的，组织了一次社区体验活动“新光漫步”，这次活动在网上公开招募参与者，最终确定了8名参与者。直到10月，项目以招募不到实习生而告终。

（2）项目实施效果。二期项目以基本招募不到实习生为由而宣告失败。虽然从项目开始到中期都在调整方案，但还是因为项目招募时机不对、招募方式单一、全职实习时间过长、宣传倡导不力、经验技术缺乏、外在因素等而招不到人。

由一期实习生杨胜文申请开展的“苗族青年重走迁徙路——发现雀鸟”活动。旨在协助贵州省雷山县雀鸟村一群外出学习、打工的苗族青年利用假期回到村庄，沿着苗族古歌传唱的路线展开文化学习和体验。活动最终有10个雀鸟当地青年人以及6个外界志愿者参与。这个活动是苗族青年学习传统文化的开始，他们将在后期沿着迁徙路线继续开展学习，并吸引其他村寨的青年人参与。

“新光漫步”社区体验是通过实际体验的方式，让更多的青年人有机会近距离地了解“实习生”项目，接受乡村体验这种学习方式。活动得到了参与者的肯定与支持，他们普遍认为通过这次活动，对少数民族村寨有了更深的认识，了解到基层社区工作者的工作方式和内容。参与者也对乡村体验活动提了一些如体验时间、人员管理的建议。

（五）文化自觉与传播发展

2010年7月，“文化反思与可持续生活青年实习生”项目中的一名实习生组织了一群外出学习、打工的苗族青年利用假期回到苗族村庄雀鸟①的“苗族青年重走迁徙路——发现雀鸟”活动。基于这次活动的成功举办，文化社为了协助更多贵州外出学习、打工的苗族青年利用假期重返村

① 雀鸟：贵州省雷山县方祥乡雀鸟村，苗族村寨。

庄，沿着苗族古歌传唱的路线展开文化学习和调查，向香港社区伙伴和北京近邻社区服务中心先后提出申请并得到了二者资助，启动了“苗族青年重走迁徙路”项目。

1. 项目开展过程

基于“苗族青年重走迁徙路——发现雀鸟”活动的成功举办和在社会上产生的影响力，2011 年 2 月正式启动了“苗族青年重走迁徙路——发现雀鸟”项目二期，通过村寨、QQ 群、文化社博客、一期活动的参与者推荐以及贵州各大高校内的宣传，经过面试，确定了 27 位村寨外出打工者、大学生、公益机构同仁等雀鸟青年。3 月，组织雀鸟青年在云南省图书馆观看泰国的纪录片《夜市》、《收购废品人的一天》。在云南大学人类学研究所，观看记录青海藏区的生活习俗的社区单元纪录片《牛粪》等六部影片。7 月，邀请贵州省社科院三位老师为雀鸟青年分享了“改变河南农村男尊女卑、重男轻女的传统观念的历程”、“流动人口的权益问题”、“参与式练习”等专题。8 月 15 日走访雀鸟村，采访上寨和下寨的老人，了解雀鸟的迁徙历史与平祥[①]的关系，为顺利走访平祥做好准备；同时也再一次学习苗族文化与历史。走访平祥村，学习了解平祥迁徙历史，同时在走访中了解到平祥的苗歌、婚嫁礼仪文化。8 月 16 日走访平祥附近的水寨村，跟 94 岁王启昌老人家学习整个平祥片区的迁徙历史。8 月 17 日走访现在整个方祥乡唯一的芦笙制作工匠；在平祥与当地的青年人一起交流重走迁徙路活动，共同学习苗族历史文化。8 月 18 日漫步雀鸟，走访雀鸟不同年龄阶段老人，探寻雀鸟祖先搬迁来时遗留下来的历史痕迹：例如两位祖先搬迁来时的路线，在村寨种下的两棵大树等。2012 年 1 月 28 日至 29 日（正月初六），雀鸟青年承担起组织村寨节日活动的工作，在春节期间组织村寨青年开展芦笙、苗歌比赛等传统文化活动。2 月 4 日至 5 日，组织雀鸟的家族一起前去小丹江[②]拜访家族的后人。小丹江的中青年男人以及妇女与雀鸟前去的成员共同追溯家族的历史，寻找共同的祖先。

2. 项目实施效果

通过这次“雀鸟行”，不仅使逐渐走入城市的苗族青年们了解到了本民族的历史变迁和风俗习惯，更让他们重新开始尊重和学习本民族传统文化和习俗，增强了其对本民族历史文化的自豪感和传承文化的责任感。春节期间，雀鸟青年募集资金，组织开展篮球、拔河以及跳芦笙、唱苗歌比

---

① 平祥：贵州省雷山县方祥乡平祥村，苗族村寨。

② 小丹江：贵州省榕江县平阳乡小丹江，苗族村寨。

赛活动。

在活动期间，雀鸟青年通过新浪微博、腾讯微薄直播参与走访的内容、行动过程及感想。活动结束后，雀鸟青年整理活动的感悟、影像资料，在雀鸟青年人自己创办的博客上分享博文。

四、组织活动经验

（一）充分发挥当地的志愿资源

文化社的成员大部分都来自贵州，他们拥有强烈的民族责任感和热情，将社会的真正需求和当地的实际情况相结合，更符合当地的发展趋向，工作起来相对外来的社会组织更具有长期性和稳定性，能够长期地致力于当地文化的传承和发展。同时，文化社中的工作人员有土生土长的苗族人、侗族人，他们精通苗语和侗语，对民族地区的情况也非常熟悉，和服务对象有着天然的亲切感，工作起来也相对得心应手，并且能够比较快速地适应山区恶劣的自然环境，便于工作的开展。

（二）有效运用网络和媒体资源

文化社充分运用现代网络和媒体传播工具来倡导组织理念，宣传活动项目，进行志愿者招募等。其拥有自己的网络平台——贵州乡土文化社博客，博客内容涵盖文化社简介、活动项目以及工作人员的心路历程等。通过不间断地内容更新，一方面及时播报项目活动开展的过程，另一方面也分享了工作人员的收获与反思。文化社与黔首报、贵州 E 友社区、NGOCN 网、青翼社工、豆瓣、天涯社区、多背一公斤等网站都有长期合作，透过这些网站及时发布项目活动与志愿者招募信息等。文化社及其开展的活动被《贵州日报》、《腾讯旅游论坛·贵州》、《财富故事·向导》、《贵州文化遗产》、《中华手工》、《新报》、《南方都市报》等多家媒体的报道，受到广泛的关注。同时，在活动开展过程中，参与者和工作人员通过微博进行全程直播。

（三）加强与同类组织之间的交流学习

少数民族文化涵盖面丰富多彩，其传承与发展不是单凭某个组织的力量就能实现的，它需要众多的参与者共同努力才能实现。贵州乡土文化社曾经组织或参加“西南少数民族在地青年学习交流网络行动研究”、“瓦窑行·文化多样性工作者网络”、“寻城记·文化多样性工作者网络”等项目，通过与其他社会组织的交流，相互学习和借鉴。例如，通过邀请及网络招募的方式，组织了一批同样关注文化多样性的行业工作者，赴乡村和城市社区进行深度体验，并探讨文化多样性价值及其面临的挑战。

（四）重视项目活动评估

草根组织进行项目评估，不仅有利于增强组织使命感，促进组织能力建设，还可以增强公众对草根组织的信任和信心。既有激励功能，又有约束和监督的作用。例如贵州乡土文化社在“侗戏传承与公共文化空间建设项目”后期就进行了项目评估，采用自我评估和专家评估相结合的手段，一方面请到了业界权威专家对项目的计划、执行和完成阶段进行了评估和指导，另一方面该项目负责人也作出了对整个项目执行的自我评估报告，报告中不仅包含项目执行情况，也包括了项目的不足和优势。通过这样的评估，能够帮助组织设计活动方案，诊断问题，推动项目的发展。

（五）注重培养服务对象的自我管理、自我发展能力

文化社在各个少数民族村寨开展的项目活动中，为社区搭建项目平台，从而提升社区的文化自觉和独立组织的能力。如在“贵州省麻江县河坝村民族手工艺发展与生计改善”项目实施中，文化社透过所开展的培训，引入小额贷款的运作管理规则和公共参与的资源分配机制，协助村民成立社区发展基金管理小组，帮助村民认识市场流通环节，增强其进入市场的抗风险能力，提升组织运作和自主经营能力。

五、组织存在困境

（一）外部困境

1. 与企业的合作问题

企业与社会组织的合作，是基于公益项目且双方都关心的社会问题的合作。二者由于属性不同，往往会从不同的角度去审视同一问题。企业的出发点和最终目的是营利，其参与社会公益活动更深层面还是为了提升企业的形象和创造金钱价值。文化社在企业与手工艺能人之间是协调组织者的角色，对社区来说更是一个保护者和引导者的角色，以消除双方在目标偏好上的差异。

2. 组织经费来源不足

贵州乡土文化社从成立到现在，各种项目的主要资金都是来源于香港乐施会、香港社区伙伴和北京近邻社区服务中心。如香港乐施会资助的“贵州省麻江县河坝村民族手工艺发展与生计改善”项目，香港社区伙伴资助的“协助新光社区重构苗文化传承与幸福生活关系”项目、“文化反思与可持续生活青年实习生”项目，德国米苏尔基金会资助的“侗戏传承与公共文化空间建设”项目，北京近邻社区服务中心资助的“苗族青年重走迁徙路”项目等。政府购买行为对于文化社的补贴相对较少。随着现在物价水平的上涨，活动成本也越来越高，文化社不得不开始自筹资金，把文化社的办公室改装成为民居，以禾美民宿的旅馆形式对外营业，虽然在资金上对组织有一定帮助，但是办公室变得人来人往，嘈杂不堪，工作人员也要在开展项目之余兼顾旅馆的生意，严重影响了活动项目的实施。

（二）内部困境

1. 工作人员专业化不足

文化社在2008年成立初期只有两个工作人员，期间不断有人加入到工作队伍，也不断有人离开，目前文化社共有8名工作人员，其中正式员工5人，兼职员工3人，工作三年以上的员工有1人，其余员工工作时间都在一年半到数月不等。拥有硕士学历1人，大专及本科学历5人，高中学历1人，初中学历1人。对基础知识衡量的主要标准就是学历或受教育程度。在文化社6名专职工作人员中有2名是初高中学历，因此可能会使得一些技术文化含量较高的工作没法展开。文化社涉及的领域主要是贵州少数民族乡土文化的发展与传承，而所有工作人员中只有社长李丽学的是人类学专业，1名员工是社会工作者专业，其他工作人员的专业并不相关。专职人员中3人是因为参加了“贵州文化反思与可持续生活青年实习生”项目一期而入职的，在项目活动中为他们提供了短期培训，但普遍反映收获不多。调研了解到，大多数的工作人员对责任心和奉献精神的重视超过了对专业知识的重视，他们的专业精神还停留在“爱心与奉献”的基础阶段，还没有上升到对专业知识和技能的追求。

2. 人员流动性大

文化社创办以来的这四年时间，流失了数个工作人员，其中不乏创始人和骨干人员。离职的原因主要有三个方面：薪酬低、家庭不认同和本就借此工作为跳板。薪酬低是普遍存在于草根社会组织的现象，由于草根组织的非营利性和资金来源有限，往往发放的薪酬只能满足基本生活需求，一个文化社工作人员说，“对于我们女生来说这点工资还不算少，毕竟我们不用养家，但是对于男生来说，要承担一个家庭这点工资是有点太少了”，所以很难让员工踏实安心地在组织中工作，更难吸引优秀人才加入到组织队伍中。目前，社会就业的主流思想还是在政府机关、企事业单位工作，多数家长对于社会组织的认识还是很模糊的，用文化社一个工作人员的话来说，“父母说这不是一个长期稳定的工作”，因此他们遭到了来自家庭的不理解和反对，工作起来也是顾虑重重，最后不得不离职追求“主流”的工作。更有甚者只是借文化社为工作跳板，在目前的就业环境下，很多工作需要基层工作经验，因此也就有不少大学生看中文化社这种深入基层并且能得到锻炼的工作，以此吸取一些工作经验后就离职。这些造成人员流动性大的原因不仅存在于贵州乡土文化社，更存在于中国大部分草根非营利组织中，阻碍了组织的成长与发展。

3. 项目可持续问题

在“贵州省麻江县河坝村民族手工艺发展与生计改善”项目中，文化社协助白兴社区与北京彩禾家贸易有限责任公司达成合作，彩禾家为社区中的手工艺能人提供绣品订单，从中提取一定报酬。但是项目后期，彩禾家由于与文化社发生了矛盾分歧，最后终止了三方的合作，基于种种原因，文化社也再没为社区找到合适的合作企业，对于通过手工绣品改善生计的这一目标也就暂时搁置了。同时，在这个项目中，项目组为了把网络引进社区和提高手工绣品销售量而建立的手工艺品网络平台，初期网络运行正常，但是到了后期，一部分由于村民农忙无暇顾及网站的管理，一部分由于网络技术上的一些困难项目组无法解决，再加之该项目负责人已经离职，这个网站现在已经无法打开了。在“文化反思与可持续生活青年实习生”项目中，虽然遇到了多个实习生退出的情况，但最后还是有所收获。而二期项目中，项目组并没有吸取一期中有实习生因为学校开学而退出实习的教训，把招募时间定在各大高校开学之际，也正是由于招募时间不恰当和实习时间过长，最终未能招到实习生而导致整个项目终止。

【问题与讨论】

（一）草根组织的身份合法化问题

1989 年国务院颁发的《社会团体登记管理条例》确立了现行的双重管理体制，规定社会组织的成立和运行必须接受业务主管单位和登记管理部门的双重管理，即如果要正式登记一家社会组织，创始人首先必须找到相对应的政府部门或官办社会组织作为其业务主管单位，然后才能到当地的登记管理部门——民政部门登记，同时业务主管单位对社会组织有审核把关、日常监督、业务指导等职能。双重管理体制在成立初期适应了我国社会发展的需要，当时，社会组织数量少，种类、形式相对比较单一，也都有其对应的业务主管单位。随着社会组织数量大幅度增加，发展日益呈现多样化，例如一些社会组织涉及的业务活动范围比较宽泛、边缘化或者不易界定等，加之业务主管单位长期处于责任与权力不等的状况下，这也使得在现实中很多社会组织找不到相对应的业务主管单位，无法实现民政登记，也就形成了没有合法性身份的草根组织。在这种状况下，很多草根组织因为没有身份、没有户头和账户，在申请项目时面临多重限制。因此，草根组织迫切要求拓展与发展其生存空间。如2008年，深圳市民政部门试行建立社会组织直接登记制度，对工商经济、社会福利和公益慈善类社会组织实行直接登记。2009年成都市锦江区实行登记备案双轨制，即对暂不符合审批登记条件的社会组织，只需在所在街道社区备案，便可享有开展合法活动的身份。

（二）社会组织与企业的合作问题

社会组织作为一种重要的社会力量，通过独立自治和志愿参与的机制，实现着多样的公共需求。此时，越来越多的企业看到了社会公共领域的商机，他们用营利机构的理念和经营模式进入该领域，积极地投身到与社会组织建立战略联盟的合作伙伴关系之中。就企业而言，通过合作可以拓展公共关系，提高企业公民身份；激发员工组织身份认同感、激励员工士气、改善人力资源管理；获取信息、降低市场进入和运营风险；获取关键隐性知识、改善员工技能。就社会组织而言，通过与企业的合作，可以获得多样化资金来源、减少对政府部门的依赖；提升公众意识和认知程度；学习企业部门高效的管理模式和运营模式。然而，社会组织是以追求社会效用最大化为己任，体现的是社会责任和使命，其目标往往是难以量化的。而“企业作为私有的、商业导向的组织的集合”①，它的基本功能是为社会提供产品和服务，经济利益和效益是其最高追求，目标一般是客观的、可量化的。面对二者在特质上存在的诸多差异，选择匹配的合作伙伴在构建长期稳定的合作关系中至关重要。首先，相匹配的组织文化、组织

---

① ［美］卡罗尔巴克霍尔茨：《企业与社会：伦理与利益相关者管理》（第五版），黄煜平等译，北京机械工业出版社2004年版，第34页。

价值观和组织战略目标可以为双方合作奠定基础。其次，双方有互相依赖和差异化优势，比如社会组织的品牌价值和企业的技术流通渠道等，通过合作就可以达到资源整合和取长补短的效果。最后，社会组织还要保持自身的独立性，过分地依赖于合作伙伴不仅会使自身逐渐丧失开发其他潜在资源的机会和能力，而且会失去运作的自主性和灵活性，一旦合作伙伴退出联盟或做出有悖双赢的举措，都将使组织面临生存危机。

（三）社会组织评估的重要性

从我国社会组织发展的现状来看，存在以下几个问题：第一，根据《社会团体登记管理条例》和《民办非企业单位登记管理暂行条例》规定，同一地域、同一行业原则上只允许成立一家社会组织，因此，很多民政登记下的社会组织无可厚非地存在垄断性，由于缺乏竞争，也就造成了效率低下问题；第二，社会组织中存在组织能力不足问题，如资金匮乏、人才欠缺、利益表达渠道不畅通等，特别是非民政登记的社会组织，由于没有合法的身份，受到诸多限制；第三，公信力缺失，由于少数社会组织丑闻曝光，抹黑了社会组织这个整体的形象，也影响到公众对其的信任，在这样的情况下，公众的捐赠热情下降，志愿者参与不足。因此，借助科学合理的评估机制来促进社会组织的建设与发展是十分必要的。从广义的角度来看，面对社会中公益资源匮乏、资源配置不合理甚至浪费的现象，社会组织引入效率意识的目的在于实现公益资源配置的合理化。开展社会组织评估，有利于对其进行客观公正地评价，有利于优化政府监管部门的监督管理，有利于实现社会资源的优化配置。同时，一个值得公众信赖的、客观公正的评估还可以引导公众的捐赠方向。从狭义的角度讲，社会组织的评估对于社会组织自身的健康发展也是非常必要的。一是评估有助于为其承担公共责任建立一种约束机制；二是评估有助于改善其服务质量；三是评估有助于其对外树立形象，提高组织的公信度。

（四）社会组织在民族地区经济发展与文化保护中的角色定位

随着社会组织在我国的不断发展与壮大，越来越多的组织开始以民族文化保护与传承为切入点，深入少数民族地区进行探索并开展活动。然而这些地区绝大多数经济相对落后，因此不少社会组织在当地开展活动的过程中都会产生这样的困惑，到底是要优先保护和传承传统文化，还是首先帮助他们脱贫致富？一种观点认为，民族地区落后的经济状况制约了其实现现代化的进程，经济基础决定上层建筑，应该首先帮助当地人提高生活水平、改善生计，再来谈保护民族文化。另一种观点认为，正是由于民族地区经济欠发达，交通不便利，在客观上有利于传统文化的积淀。倘若经济发展突然加速，必然导致民族传统文化在一定程度上受到强烈的冲击乃至损失，这样的开发还不如不开发。以上两种观点都有其自身的道理，但是却都过分强调了其中一方，事实上经济与文化是可以契合存在的，当某种商品在进行交换过程中不但实现了其使用价值，也会产生一种文化的传播和影响。例如我们在购买苗族蜡染手工艺品时，不仅实现了对其“使用”这个经济过程，也是在接受和认可苗族文化。而且，现在越来越多的民族地区青年到中东部地区打工，就是为了改善生计，倘若社会组织可以通过挖掘当地的民族传统文化，并为之带来经济效益，这样不仅可以让留在家中的妇孺得到经济实惠，还可以吸引打工青年返回家乡，更有利于他们重新认识和肯定自己民族的文化价值。贵州乡土文化社在黔东南州瑶族白兴大寨实施的“民族手工艺发展与生计改善”项目，使留守的妇女重拾民族传统手工艺刺绣方式，为他们的绣品做宣传，带来订单，使之在获得经济利润的同时感受到传统手工艺的价值。

参考文献

[1] 王名：《非营利组织管理概论》，中国人民大学出版社 2002 年版。
[2] 李俊清，陈旭清：《中国少数民族地区社会组织研究》，中国社会出版社 2010 年版。
[3] 邓国胜：《民间组织评估体系》，北京大学出版社 2007 年版。
[4] 卡罗尔·巴克霍尔茨：《企业与社会：伦理与利益相关者管理》（第五版），黄煜平等译，北京机械工业出版社 2004 年版。
[5] 马翀炜：《民族文化的资本化运用》，载《民族研究》2001 年第 1 期。
[6] 张民主编：《贵州少数民族》，贵州民族出版社 1991 年版。
[7] 2010 年 4 月 19、20 日朱玙含对贵州乡土文化社社长李丽和工作人员杨胜文、周春燕、周娇等的实地调研访谈及其提供的活动资料。

（案例编写者：中央民族大学管理学院 2011 级行政管理专业硕士研究生朱玙含）

当好政府助手　服务行业发展

——包头市计算机公共网络安全协会

包头市计算机公共网络安全协会成立于2002年6月28日，是由包头市公安局网监支队发起组建的内蒙古自治区第一个信息网络安全行业组织。协会本着“依法经营、诚信服务、厚德载物、与时俱进”的理念，围绕计算机网络安全领域相关问题，开展各种活动，积极为政府服务、为会员服务、为行业服务、为社会服务。

一、组织基本情况

（一）组织产生社会背景

20世纪八九十年代以来，随着计算机网络技术的发展和普及，人类进入了一个知识经济和信息化时代，信息网络技术渗透到社会生活、经济活动各个领域，成为衡量一个国家与地区经济发展、社会进步和综合实力的重要指标，世界各国和地区也纷纷将信息化建设作为一项重要战略任务来抓。但无可否认的是信息化是一把双刃剑，其急速发展的趋势对所有国家既是难得机遇，又是严峻挑战。

改革开放30多年以来，我国市场经济不断深化，信息化在医疗、教育、交通、电力、旅游、社会服务、金融等领域全面推开。国家为了正确引导和推进我国信息化建设，一方面制定了许多关于规范信息化建设的政策法规，比如《计算机信息系统安全保护条例》、《计算机信息网络国际联网管理暂行规定》、《商用密码管理条例》、《电信条例》、《互联网电子公告服务管理规定》、《中国互联网域名管理办法》、《电子认证服务管理办法》、《计算机信息网络国际联网安全保护管理办法》、《关于我国电子政务建设指导性意见》等；另一方面，国家开展实施了一系列信息化建设工程：1993年底正式启动了旨在全方面推进国民经济信息网络化的“金字工程”①；1999年开始相继实施了“政府上网工程”和“企业上网工程”；2000年信息产业部推进司、国家信息化推进工作办公室开始把广州、包头等12个城市作为城市信息化试点城市推进我国城市信息化建设；2002年，以下半年科技部组织实施了“制造业信息化工程”项目等。

包头市位于内蒙古自治区西部，居住着蒙古、汉、回、满、达斡尔、鄂伦春等31个民族，是全国特大型城市和自治区第一大工业城市，经济发展水平较高，人均GDP远高于全国平均水平，信息化应用领域较广泛。2000年，包头市被确定为全国12个信息化建设的试点城市之一，政府以此为契机，通过大力推进政府上网、企业上网、学校上网、家庭上网等系列活动，采取多种措施发展上网用户，加快电子商务、远程医疗、远程教育等信息服务的发展速度。网上求职就业、网上招生录取、金融证券、交通旅游、社会保障、文化娱乐、医疗保健等新兴的电子信息服务逐渐兴起，经济信息化出现了蓬勃发展的良好局面。据相关资料统计，截止2002年6月，包头市共有计算机约10万台，重点枢纽计算机系统近百个，网吧近400个，上网用户近万个，近百个单位设立了网站，几千家单位在各类网站上设立了主页，大专院校均建立了校园网，市内中小学校已普遍开设了信息课。

信息网络化建设既为包头市的经济、文化发展和对外交流提供了良好的机遇，也带来了新的严峻挑战。计算机信息网络的安全问题日渐突出，开放网络存在的安全漏洞让人防不胜防。计算机病毒泛滥、黑客攻击网络、网络诈骗、网络赌博等违法犯罪行为以及邪教组织、民族分裂分子利用互联网进行反动宣传、渗透和破坏等问题也在包头市一度出现，机密信息泄露等事件时有发生，这给网络安全管理带来较大的困难。由于市公安局警力、装备和资金等因素的限制，各互联网信息提供者和联网使用单位自身对信息网络安全问题认识不足，缺乏行业自律性，广大网民法律意识薄弱，信息网络安全工作问题重重。

同时，我国深圳、成都等市公安部门都比较早地开始了在本市成立计算机网络安全协会，转移部分职能，把协会作为政府部门的参谋、助手，用户之间以及用户与制造厂商之间的桥梁和纽带，利用社会力量实现计算机网络安全的群防群治并取得了比较好的社会效果和影响力。

---

① 金字工程包括金关工程、金信工程、金桥工程、金税工程、金智工程、金交工程、金旅工程、金盾工程、金卡工程、金农工程、金企工程、金宏工程、金农工程、金保工程、金财工程。

据此，面对日益凸现的种种矛盾与问题，借鉴其他城市经验，包头市公安局网监支队立足实际，积极探索新的管理模式，在调研的基础上联合市各有关职能部门、计算机重点单位以及宣传部门，发起成立了包头市计算机公共网络安全协会。

（二）组织基本情况

包头市计算机公共网络安全协会业务主管单位为包头市公安局，注册资金5万元人民币，第一任会长（2002—2010年）为包头市公安局网监支队队长曹建斌，现任会长（2011年）为李德波。协会现有理事单位26家；会员单位256家，包括有关计算机网络及互联网活动的行政企事业单位、研究机构、高等院校和其他各类组织；技术支持单位9家；专家顾问组成员29名。

1. 组织性质和宗旨

协会的性质是在包头市公安局指导下，由计算机安全领域的管理、科研与教育人员、企事业专业人士，包头市行政区域内的计算机重点保护单位和计算机信息网络使用单位自愿参加的，组织协调包头市计算机安全理论研究和计算机安全技术交流，促进计算机公共网络建设的非营利性群众性学术团体。

协会的宗旨：在国家宪法、法律法规和政策的规定下，为会员服务，开展计算机安全学术交流活动，研究和提供计算机信息系统公共安全的技术、法律和管理上的保护措施，以及保护计算机硬件、软件、数据不被破坏更改的办法，促进包头市计算机安全与计算机应用的同步发展。

2. 资金来源及工作人员等情况

协会资金来源主要包括三个部分：会费、在核准业务范围内开展的活动或服务收费、政府资助。会员会费的多少根据每一个单位的具体情况而定，浮动范围为每年1500—3000元，会费占协会总收入的比例大致为50%；服务收费主要是协会开展的一些资格认证、针对行业和社会开展的一些培训、社会机构委托的计算机安全服务等，约占协会总收入的40%；政府资助拨款主要是协会采取项目立项的方式争取相关部门的资金支持，还有部分是政府部门委托服务付费，约占协会总收入的10%。

协会现有专职工作人员9名，包括7名计算机专业技术人员、1名专业财会人员和1名业务主管单位分派的离退休人员，全部为大专以上学历；兼职工作人员包括选举产生的6名副会长和聘请的200余名计算机专业网络保安。

协会目前共有办公室五间，工作车辆二部，国际域名网站一个，学术域名网站一个，培训基地二个，各类电脑一百二十余台，电子数据鉴定实验室一个。

3. 组织业务范围

根据组织性质和宗旨，包头市计算机公共网络安全协会的业务范围主要包括以下方面：

（1）对目前计算机安全的状况以及今后发展趋势，进行应对性研究；

（2）对包头地区的计算机安全产品进行审定工作；

（3）对信息安全的建设工程，按照工程理念进行全过程管理，包括安全目标与原则的确定、风险分析、需求分析、安全策略研究、安全体系结构的研究、安全实施领域的确定、安全技术与产品的测试与选型、安全工程的实施监理、安全工程的测试、安全教育、安全稽核与检查等等监理；

（4）开展计算机信息网络公共安全的咨询服务、论证以及为计算机犯罪证据的认证、鉴别提供技术支持，为政府管理部门提供决策咨询；

（5）承担业务主管部门所委托的对计算机及其信息网络安全管理人员的培训和安全技术服务；

（6）协助业务主管部门加强计算机及其网络安全管理和安全监控能力，改善系统管理，完善和加强包头市国际互联网服务工作，增强网络的安全性；

（7）宣传政府对计算机及其信息网络安全管理的有关法律与法规，提高计算机用户的安全意识和安全保护水平；

（8）开展计算机信息网络公共安全新技术的研究、开发和推广；

（9）加强计算机信息网络用户之间的技术交流与合作，促进民间交流和国际交流，繁荣计算机信息网络公共安全的学术研究；

（10）开展防病毒反入侵情况通报、联系、救助服务工作，提高各会员单位防病毒反入侵工作能力；

（11）配合业务主管部门开展计算机信息系统安全等级的评定工作。

4. 组织结构概况

协会最高权力机构为会员大会，会员大会产生理事会，理事会选举会长、副会长和秘书长。目前协会共设有秘书处、财务部、宣传培训委员会、网吧分会、网络攻防实验室、青少年沉迷网络帮教服务中心等13个分支机构（图一），都在会长的领导下开展工作。13个分支机构并不是协会成立之初就同时成立的，除了秘书处、财务部、宣传和培训委员会以外，其他机构都接受包头市公安局网监支队的指导，经理事会决定，根据现实需要相继成立。

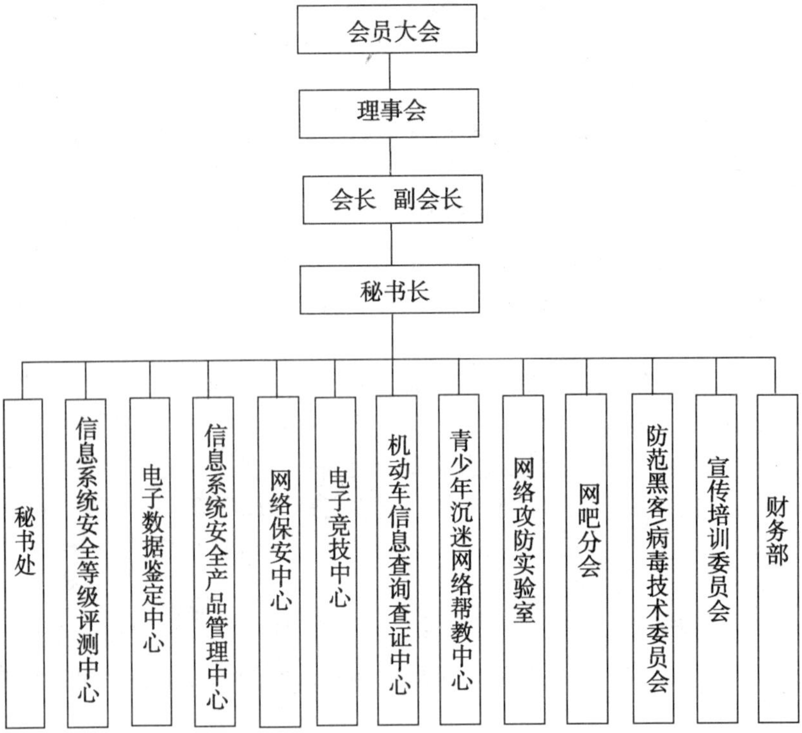

图 1　包头市计算机公共网络安全协会组织机构图

二、组织开展的主要活动

协会工作制度是“定员不定岗”，专职工作人员在会长的领导下根据工作需要分派到协会下设的某些机构中协作完成某一项活动。协会在其业务范围内开展的活动主要有：

（一）交流研究

作为包头市计算机公共网络安全方面的群众性学术团体，协会的重要功能之一就是对计算机安全的状况以及今后发展趋势进行应对性研究，促进民间交流和国际交流，繁荣计算机信息网络公共安全的学术交流和研究。

1. 计算机行业交流

首先，编辑出版《包头市计算机公共网络安全协会会刊》，对公安厅、市委、市政府、人大、政协、政法委及协会的会员、理事单位、技术支持单位及专家顾问组成员进行免费发放。会刊设有“业内动态”、“安全报道”、“安全专题”、“安全论坛”、“技术天地”、“方案精选”和“政策法规”几大模块，主要报道计算机安全领域的相关信息和前沿动态、宣传政府对计算机及其信息网络安全管理的有关法律与法规等，并定期邀请国内著名网络安全专家撰写有关计算机技术和网络安全知识的文章在会刊上发表。协会自成立以来共编辑出版了65期会刊。

其次，举办各种展览会、研讨会和行业交流会：第一，通过举办博览会、联谊会积极为会员服务，增进会员之间的交流。比如协会于2002年7月13日至7月22日在包头市国际经济贸易中心免费为会员单位提供中央展位，组织会员单位参加“2002内蒙古国际计算机、通信、网络及办公用品（包头）博览会”；2004至2011年每年年底为全体会员单位举办“包头市计算机公共网络安全协会迎新春联谊晚会”。第二，通过举办各种研讨会加强计算机网络安全相关问题与同行业的信息交流。比如2002年协会与美国趋势科技·中国有限公司在包头天外天大酒店合作举办“2002年信息系统病毒防范技术研讨会”；2003年10月15日在包头市邮电大厦举办“2003年信息系统安全研讨会”，邀请计算机公共安全领域专家对信息系统安全的前沿问题进行探讨；2004年邀请国内著名网络安全专家、研究员刘向武老师在包头锡华俱乐部为全体会员单位做题为“构建网络信息安全技术体系，加快信息安全事业发展”的安全知识讲座；2005年与瑞星公司在内蒙古自治区维信高尔夫度假村合作举办“2005防范黑客、病毒专业技术研讨会”，介绍病毒及黑客技术的发展态势和技术解决方案；2006年与北京网康公司合作举办“2006包头信息安全技术研讨会”；2007年与北京国都兴业合作举办“2007包头信息安全技术研讨会”；2007年10月26日，协会与美国INTEL公司在海德酒店举办旨在提升包头市网吧业技术管理水平的“2007包头市全体网吧行业技术服务提升大会”，INTEL公司资深技术专家在会上详细介绍了全球网吧的技术发展方向并发布介绍了现今网吧实用新技术；2009年8月27日在包头市稀土国际大酒店召开了“2009全国信息网络安全协会联盟年会暨信息安全论坛”，邀请公安部、内蒙古自治区公安厅以及全国16个省，41个地市148名公安厅、网监总队、网监支队负责人和协会负责人对信息安全相关问题开展交流和讨论。

2. 项目立项和科技研发

为了争取外界资金支持，扩大协会影响力，协会计算机专业技术人员积极发挥自身专长，开展计算机网络技术方面的项目立项、技术研究。

一方面，防范“黑客、病毒”技术委员会成立后为了争取更多的科研资金，更好地开展防范“黑客、病毒”技术的推广、研究，在与瑞星、东方卫士、熊猫卫士、江民科技等安全厂商就建立病毒预警中心进行可行性分析后，完成了包头市公共信息网络安全预警中心科技项目立项工作，该项目最终通过了市科技局组织的专家评审并获得科技资金支持；信息系统安全等级评测中心成立后整理编写《包头市计算机信息系统等级评估系统》相关资料，在包头市科技局进行项目立项并获得了科技局科技资金支持。

另一方面，协会在包头市公安局支持、指导下于2007年初自主设计、研发了用于网络实时报警综合性处置软件——“包头市公安局桌面网络110报警系统”，该软件现安装于各互联网接入终端的桌面，上网人员可以直接点击相关报警模块进行快捷在线报警。通过报警处置后台，可使公安机关对发生的网络案事件在第一时间内进行接收及处理。该报警系统信息承载量大、涉及范围广、受众人群多，现已成为网监部门进行网络安全宣传及获取网络安全案事件线索的重要渠道。系统目前已在包头市260家互联网上网服务营业场所终端上进行了安装，日后计划陆续在全市1260家重点单位，800家网站的互联网接入终端上进行推广。

同时，伴随着互联网黑色地下产业链的诞生，木马、蠕虫、僵尸网络等恶意软件对用户的影响早已超过传统病毒的影响，针对Web的攻击成为这些恶意软件新的热点，其攻击方式也有了很多演进，对全市网站的影响日渐增大。基于此，协会在网监支队的安排下于2011年4月开始对全市132家重点网站进行了安全监测，监测结果显示全市95%的网站存在各类高危或中危漏洞。针对这种现状，协会与上海复旦大学合作研发了一台针对互联网网站安全实时监测系统，监测系统可以24小时实时监测到全市所有网站的安全状况，包括挂马、中毒、攻击等黑客行为。该系统已免费为全市各重点网站提供。

（二）宣传培训

协会开展宣传培训活动的目的在于让更多的人了解信息网络安全知识、增强网民法律意识、培训计算机方面的专业技术人才以增强应对计算机负面效应的能力。组织开展的工作主要有：

首先，协会通过开设自己的网站 www. btacnps. org（网站设有协会动态、最新通告、行业动态和病毒公告四个专栏），分别对组织自身以及计算机安全方面的知识进行介绍，宣传我国计算机方面的政策、法律和法规，介绍新技术，推广新产品；定期向社会发布未来病毒公告，增强社会公众对协会和网络相关知识的了解。

其次，有针对性地组织开展网络安全知识宣传和培训活动。协会成立八年多以来，宣传培训委员会向包头市各个银行、大型企业等重点单位共发放关于安全员培训的文件2600余份；走访重点单位部门112家，对这些单位的相关人员和领导宣传计算机安全员培训工作的重要性和必要性；培训基地组织完成了45期合计2400余人的计算机安全员的培训及发证工作，严格按照国家确认的安全员培训大纲和教材，对培训师资严格把关，学员考试成绩全部达标。在信息网络安全员培训的基础上，为解决包头市各单位缺乏高级网络安全人才问题，协会在2005年与国家信息产业部、劳动部积极联系，取得了国家信息化安全教育认证在内蒙古地区的培训、考试、认证资格。

同时，为了贯彻公安部与人事部联合下发的公信安［2006］526号和公信安［2006］1075号《关于开展信息网络安全专业技术人员继续教育工作的通知》的精神，保证继续教育工作的规范、有序开展，加强信息网络安全管理，提升信息网络安全专业技术人员专业能力和更新专业知识。包头市公安局、包头市人事局专项下发了“关于举办信息网络安全人员继续教育培训班的通知”文件，并成立“包头市信息网络安全专业技术人员继续教育工作办公室”，办公室设在包头市计算机公共网络安全协会。为此，协会2009年专门新建了两个标准培训机房。现已完成200余人的培训工作。而且，在行业主管部门的指导下，协会与市委宣传部、市精神文明建设办公室、市信息网络安全领导小组办公室共同组织了以“践行社会主义荣辱观，创建安全文明网络新气象”为主题的包头市首届“网通杯”网络安全知识竞赛活动。决赛于2006年7月5日在包头电视台演播大厅举行，次日在包头一、二套节目中进行了全程播出。本次竞赛的报名参赛单位达一百多家，递交有效答卷一千多份，竞赛活动参与面广，参赛率高，达到了预期目的。

最后，信息系统安全等级评测中心联合联想网御、天融信、伟仕盾安等知名信息安全公司，结合本地实际情况于2008年3月18日与北京伟世盾安合作邀请中国科学院、清华大学知名信息安全专家在包头宾馆举办了为期9天的包头市重要信息系统安全等级保护定级培训班。并由评测中心、中国科学院、清华大学、伟仕盾安公司共同编写印刷了“定级指南培训资料”，对如何开展信息系统等级定级工作、测评工作进行了详细介绍。全市 228 家重点单位的分管领导和信息系统负责人共计 538 人参加了培训班。

（三）计算机网络安全的检测、评估和保护

协会下设的防范“黑客、病毒”技术委员会、允正电子数据司法鉴定和信息系统安全等级测评中心主要负责这方面工作。计算机网络安全的检测、评估和保护工作既有接受业务主管单位委托开展的，也有受包头市计算机重点单位委托开展的，还有针对会员单位开展的。组织开展的具体工作主要有：

1. 协会积极响应包头市安全生产委员会办公室印发的“关于加强防雷减灾促进安全生产的通知”的相关精神，在 2002、2003、2004、2005 年分别起草印发了“关于依法加强包头市防雷减灾工作的通知”，与包头市气象局共同完成了对全市 90 多家重点单位的计算机机房厂房的防雷检测工作，对检测合格单位经内蒙古公安厅认证发放计算机信息系统防雷安全设施合格证书。

2. 为了让社会公众及时了解、解决病毒发生及入侵情况，协会与包头市有关单位联系推荐知名安全专家由协会牵头组织建立包头市信息网络安全专家组，与国内、国外知名厂商及本地有一定规模的系统集成商合作建立信息安全技术服务队伍。信息网络安全专家组非日常机构，在有突发、较大网络安全事件及上级单位大规模行动时由协会召集有偿开展工作。信息安全技术服务队伍为日常机构，主要配合包头市公安局网监支队及有关单位部门进行信息安全服务、检测、鉴定工作，日常独立面向全市开展安全服务工作。

3. 2008 年，协会依据《司法鉴定机构登记管理办法》及国家、自治区相关要求成立了“内蒙古允正电子数据司法鉴定所”并配备了专门的办公场所、购买了各类专用鉴定设备，培训并组建了最高技术水准的专家队伍，填补了自治区电子数据鉴定、数据恢复、抢救工作的空白。机构成立以来完成了包头市市、区两级公安机关、检察机关委托的各项鉴定、检测任务，同时也圆满完成了包钢集团、包商银行、包头地税、呼和浩特公安局、一机集团、烟草公司、包头供电局、乌海中院、神华集团乌海矿业公司等数十个单位委托的数据恢复、检测、鉴定工作。

4. 2009 年，受呼和浩特公安局网监支队的邀请，协会配合呼和浩特市网监支队完成了呼市地区信息系统等级测评工作文件的发放及蒙牛、伊利、呼市商业银行等单位的测评初审。截至 2011 年底，协会在包头市公安

局网监支队的指导下与北京、包头本地专家合作完成了60余家信息系统重点单位的专家评审、备案工作，完成了30余个单位的测评工作。

（四）组织开展电子竞技

2003年，国家体育总局将电子竞技运动列为正式开展的第99个体育项目。为了加强对包头市电子竞技运动的统一管理和规范化建设，促进电子竞技运动的公正性和权威性，提高包头市电子竞技运动的整体水平，引导网游爱好者从沉迷网络游戏走向正规的电子竞技赛场，锻炼和提高参与者的思维能力、应变能力、团队精神、自控能力及协调能力，培养参与者对现代信息社会的适应能力，协会经过大量的社会调查成立了电子竞技中心。

电子竞技中心成立后与包头市体育局、包头市文化局、包头市公安局联合下发了关于举办2004年包头市电子竞技运动会的文件，并依据全国电子竞技运动会的竞赛规程制定了《包头市首届电子竞技运动会竞赛规程》，协会对这次由官方举办的全国首家地市级城市电子竞技运动会进行了精心的组织与筹备。

同时，为了更好地开展电子竞技运动，积极响应包头市公安局网监支队关于建立市局直管社会网络接入单位以进行专业人才培养及网情民意、社情民意收集工作的要求，协会在2005年与网通公司合作在包头市四区建立了由协会直接管理的电子竞技中心，机器总量达到850台，同年取得中国国际网吧俱乐部联赛内蒙古地区的承办及管理资格。2010年按照市政府要求，由电子竞技中心代表包头组建电子竞技代表队参加于2010年8月9日在乌海市举办的自治区第十二届运动会电子竞技比赛，代表队在魔兽争霸项目中取得金牌铜牌各一枚。

（五）培训和派驻网络保安

随着信息网络的迅猛发展，网络诈骗案件、盗窃案件、欺诈性网站等网络犯罪事件成迅猛上升之势，不法分子利用互联网站、电子邮件、病毒传播、黑客攻击等手段传播暴力、色情等各种不良信息，网络犯罪活动的现象也日渐增多，这些违法行为不仅危害网络与信息安全，扰乱社会秩序，破坏社会风气，而且对国家安全、社会稳定也构成严重威胁。因此，为了更好地维护网络秩序，建立一批高素质的网络保障队伍势在必行。2006年国家正式出台的《保安条例》和《保安服务操作规程与质量控制》首次提出“信息保安”（“网络保安”）的概念。自治区也于2006年7月制定了《内蒙古自治区安保条例》，条例中对公共复杂场所进行不同保安派驻做出具体要求。

为了更好地保障互联网上网服务营业场所及信息安全重点单位信息网络正常、安全运行，经包头市公安局批准，以净化网络环境、维护网络安全为主要职责的专业化机构——包头市网络保安中心于2006年10月正式成立。中心的成立旨在由有专业、有保障、有组织稳定的人才取代现有互联网上网服务场所非专业、无保障、流动性大的网管，以提供专业网络技术服务及规范网络管理，并依据《互联网上网服务营业场所管理条例》及其他相关法规，对具有信息网络并接入互联网的单位、团体、个人上网不规范及违法行为进行劝阻、制止、上报。网络保安的职能由三个“安全”构成：协助相关管理部门严格履行《互联网上网服务营业场所管理条例》相关规定，即信息安全；承担所派驻场所信息网络系统及公安、文化管理软件、管理系统的维护工作。保障场所信息网络正常、安全运行，确保实名制审计系统、视频监控系统的在线情况，即运行安全；协助业主及相关管理部门做好场所内的安全保卫工作，即治安安全。

截止2011年底，协会已完成八批共计200余名网络保安员的培训派驻工作，网络保安员上岗以来，在公安网监部门、中心的领导下，日巡查场所机器台数万余台次，发现并制止上网人员浏览或观看淫秽、色情、暴力等内容的页面和视频共6000多人次，制止场所治安类案事件发生（盗窃、打架、抢劫、非法携带枪支、弹药、管制刀具等）49次，处理遭受恶意网络攻击造成系统崩溃或无法正常进行上网的活动200余次。网络保安在完成日常工作的基础上积极发挥技术优势，在市公安局网监支队组织的“查处黑网吧专项行动”、“查处在销售电子产品和进行服务中利用互联网传播、复制淫秽、色情有害信息专项行动”中起到了很好的辅助作用。

（六）行业自律，规范计算机产品市场

作为会员自愿结合的群众性社会团体，协会积极倡导和规范计算机行业市场，加强行业自律。

首先，制定自律规则，倡导文明办网。为了加强包头市互联网上网服务营业场所的行业自律，维护互联网上网服务营业场所经营者的合法权益，推进网络精神文明建设，促进信息产业健康有序发展，协会在包头市公安局、包头市文化局的大力支持下于2003年成立了网吧分会。分会制定了《包头市计算机公共网络安全协会网吧分会会员行业自律规则》，在自律规则中对利用公众信息网络进行危害国家安全、泄露国家秘密等违法犯

罪活动；擅自制作、复制、查阅、传播迷信、淫秽、色情等影响社会秩序、侵犯社会公共利益及公民合法权益的行为；利用计算机进行赌博活动；利用电脑从事危害计算机信息网络安全活动；未成年人进入网吧；超过国家规定营业时间超时营业；经营脱网游戏；有效记录上网人员信息并按照相关规定予以保存等方面做出了严格的禁止和规定。同时，为了营造健康文明的网络文化环境和保障未成年人健康成长，协会响应全国文明办倡议的“文明办网、文明上网”的号召，以《办文明网络、倡网络新风、宣文明城市、做文明市民》为主题依据具体情况向全市网站及网络新闻媒体发布了文明办网、文明上网的倡议书。2005 年 8 月由包头市公安局、包头市文化局、包头市计算机公共网络安全协会共同制订了《包头市市民文明上网公约》。公约的制订对提高上网人员的文明程度和文化素质，树立和培育正确的文明上网理念，促使市民养成健康上网的良好习惯等方面做出了重要的贡献。

其次，规范计算机软件市场，配合公安机关打击制假、售假行为。一方面，针对市场上计算机软件产品鱼龙混杂、盗版流行现状，协会积极与包头市政府采购办联系，共同制定了包头市信息系统安全产品目录制度。通过定期与国内国际知名安全厂商、包头安全产品经销商联系沟通包头本地安全产品经销状况，结合公安部认证发放销售许可证的情况，按月将符合相关标准的信息安全产品目录进行公布，相关单位在进行信息安全产品采购时可遵循目录进行。同时，积极配合经营性会员单位办理公安部安全产品的销售许可证，开展安全产品管理及安全产品经销商资质评审工作。另一方面，协会积极配合市公安机关，严厉打击市场上制假售假行为。

最后，建立网吧二手设备交易中心、网吧易损件推荐比较中心。通过网吧分会组织专业人员对全市网吧内易损件（键盘、鼠标、耳麦等）的品牌、功能进行调查并与相关厂商或总代理联系，通过网吧分会网站定期公布这些易损件的品牌及对应的功能、售后服务政策、价格、包头地区的购买方式、联系方式等。通过不同厂商在这一平台的竞争达到降低产品价格的目的，同时也为广大网吧业主提供了一个购买易损件可靠的参考依据，使网吧业主的经济利益得到最大的保护。

（七）代表会员与政府和其他机构协商沟通

首先，代表会员与政府协商，协会近年来开展的主要工作有：

1. 与政府相关部门协商，简化文化、公安相关审验手续。协会负责在一定的时间内统一对网吧相关证照手续进行一站式年度审核，积极为网吧业主节省时间精力、减轻负担。

2. 2003 年，为贯彻执行《中华人民共和国认证认可条例》和国家质检总局发布的《强制性产品认证管理规定》，包头市质量技术监督局组织开展了全市网吧经营中使用微机认证情况的专项监督检查，通过抽查现有网吧，发现有 80% 以上存在着使用无 3C 质量认证微机的问题，监督局对存在问题的网吧要进行相应处罚。包头市网吧分会在接到大量会员网吧的反馈意见后就此事与包头市质量技术监督局进行了多次沟通协商，最后，结合实际情况，包头市质量技术监督局、包头市文化局、包头市计算机公共网络安全协会网吧分会就有关处理办法联合下发了《关于进一步做好网吧使用微机管理工作的通知》，通过通知的下发有效地解决了全市网吧经营中使用微机无 3C 质量认证的问题。

3. 2004 年内蒙古文化厅在全区互联网上网服务营业场所安装净网先锋管理软件，网吧分会与内蒙古文化厅、包头市文化局对净网先锋管理软件的安装、使用、维护收费多次沟通，与净网先锋管理软件厂商协商，最后为网吧会员争取到了厂商免费提供一年维修服务、适当降低净网先锋管理软件日后维护费用的优惠。

4. 2007 年 5 月包头市供水总公司将全市网吧行业用水标准由原服务业标准（4. 35 元/吨）调整为特殊行业用水标准（13. 6 元/吨）。本着维护包头市网吧经营者合法权益的原则，网吧分会向包头市发展和改革委员会提出降低网吧用水资费标准的申请，市发改委和市水务局经过协商，重新制定了《包头市城市供水缴费办法》。现《包头市城市供水缴费办法》中已将网吧水费收取标准由原来特殊行业用水标准（13. 6 元/吨）调整为原服务业标准（4. 8 元/吨）。

其次，代表会员与包头市各大公司协商。为了拓展网吧会员单位的服务内容，协会积极与网通包头分公司、联通包头分公司、铁通包头分公司、移动包头分公司协商，为网吧分会的会员单位在现行的互联网资费基础上下浮 5% ~10%。同时与银河证券包头乌兰道营业部协商在现有网吧资源的基础上，除互联网服务、游戏服务、VOD 视频服务外，为网吧新增网上证券交易服务，此项服务利用网吧现有资源，在不需要网吧业主任何投资的基础上由券商为网吧安装相应软件，利用上午 9：00—11：00，下午 1：00—3：00 网吧顾客较少的时间进行网上证券交易服务，并可获得一定比例交易佣金的报酬。

最后，代表会员利益与其他机构沟通协商，积极维护会员的经济利益。比如，2009 年，包头市绝大多数网吧接到华谊兄弟影视集团律师函，称其网吧内播放的部分影视作品侵犯了华谊兄弟影视版权，由此华谊兄弟向侵权网吧提出了每部侵权影片赔偿 20000 元的诉讼。包头市中级法院于 2009 年开庭审理此案并于 2010 年对首批被起诉网吧进行了判决，判决每个网吧因侵权一部影视作品《非诚勿扰》向华谊兄弟影视集团赔偿各类费用总计 15200 元，由于涉及华谊兄弟影视侵权的影视部数多（550 多部），涉及的网吧数量多（全市三分之二网吧），协会自 2009 年开始与华谊兄弟进行沟通协商，最终于 2010 年达成全市网吧调解协议，每部侵权影片赔偿 2090 元，这是华谊兄弟影视公司在全国各地进行影视维权所达成的最低赔偿协议。协会依据达成的调解协议于 2010 年 4 月 26 日世界知识产权日召开了全网吧业主大会并进行了通报，此项工作为全市网吧业主挽回损失达 700 余万元，得到网吧业主的高度评价。

（八）践行社会责任、开展社会公益服务

第一，帮扶沉迷网络的青少年。网络世界这个虚拟社会以其内容的丰富性极大地激发了人们的好奇心和探索欲，它在充实人们业余文化生活的同时也带来了大量社会问题。许多未成年人正处于生长发育时期，辨别能力和自控能力较差，极容易步入网络陷阱和沉迷于网络空间不能自拔，如何挽救这些沉迷网络的青少年是家长及社会普遍关注的一个问题。为此协会在自治区文化厅、自治区公安厅、包头市文化局、包头市公安局及包头市教育局的大力支持下成立了自治区首家青少年沉迷网络帮教服务中心。该中心成立后收集了大量青少年沉迷上网帮教资料，制定了青少年上网帮教服务中心工作流程，并在协会网站上发布青少年因沉迷网络而导致各种不良影响及严重后果的各种案例，并对这些案例进行剖析。同时，根据不同年龄的被帮教人员的具体情况及沉迷程度制订帮教计划及措施。中心自成立以来已成功完成 30 余人的帮教工作。

第二，为考生网上志愿填报免费提供服务。2006 年自治区普通高校招生实行网上报名，为了方便全市考生、学校能够方便、快捷的进行网上志愿填报，包头市公安局、包头市文化局、包头市计算机公共网络安全协会在此期间在市四区分别指定 16 家网吧用新系统对需要进行网上志愿填报的考生、学校免费提供互联网服务。此项活动的推出受到广大考生、学校的好评，在此期间，累计为一所学校（突发网络故障）、348 名考生提供了服务，同时新华社、新浪、内蒙古新闻网、内蒙古电视台、内蒙古法制报、包头各大媒体纷纷给予了报道。

第三，倡导会员为汶川特大地震捐款。2008 年 5 月 12 日 14 时 28 分，

我国四川省汶川地区发生里氏 8 级强烈地震，包头市网吧分会得知这不幸事件后第一时间与包头市红十字会取得联系，以市公安局网监支队、包头市红十字会、包头市计算机公共网络安全协会的名义发布捐款倡议书，截止 2008 年 5 月底，全市网吧行业累计捐款已达 7 万多元，取得了非常好的社会效应，提升了网吧行业在社会公众中正面形象。

第四，为老年人上网服务提供方便。为了改变网吧在人民群众心目中的负面形象，让更多的老年人走进和了解网吧，由网吧分会同包头市公安局、包头市文化局在全市发起“助老上网活动”：凡包头市年满 50 周岁的老年人只需出示居民身份证，即可在网吧里上网看新闻、查信息、看电影电视、收发电子邮件、玩牌、下棋、聊天等等；全市所有获得经营许可的网吧在每天早 8：00—10：00 的时段向老年人免费开放，其他时段内提供不同程度的优惠，并设专人负责辅导和帮助老人熟悉网络，教授网络知识，手把手地帮助老年人使用网络。此项活动增添全市老年人的生活乐趣，获得了许多老年人的赞扬，并得到了自治区内外近 50 个媒体的报道，取得了良好的社会效益。

三、活动实施效果

计算机协会成立 8 年多以来，积极发挥学术性社团功能和组织专长，开展社会公共服务，为相关政府部门、协会会员、计算机行业等做了大量工作，取得了比较显著的社会效果。主要体现在：

（一）帮助业务主管单位减轻了工作负担

由于计算机公共网络安全的特殊性，在协会成立之前，包头市公安局负责有关计算机网络安全这一领域公共服务的提供，比如组织开展信息系统安全等级评测、电子数据鉴定、信息系统安全产品管理、机动车信息查询查证、网络攻防实验等。政府部门受专业、技术、人员、活动方式等限制，活动很难取得令社会满意的效果。

包头市计算机公共网络安全协会成立后，根据业务主管单位计算机安全领域公共服务内容的需要，相继建立起了信息系统安全等级评测中心、电子数据鉴定中心等分支机构，积极配合公安机关行动，细心开展其委托的各项专业技术服务。使传统上由市公安局包揽的公共服务职能部分得到了分解和下放，既发挥了协会的计算机专长，也大大减轻了业务主管单位的负担，提高了工作效率。同时也优化了服务内容和效果，增强了社会满意度。

（二）活跃了计算机网络安全的交流研究

协会通过定期举办各种展览会、研讨会和行业交流会，对计算机公共安全领域的突出和前沿问题邀请专家共同探讨、研究，活跃了会员之间和同行业信息交流。比如协会每年年末举办的会员联谊会，定期举办的信息系统病毒防范技术研讨会、信息系统安全研讨会、安全知识讲座、信息安全论坛等。

同时，协会通过自身工作人员的积极钻研，与国内一些知名院校、研究机构和大型科技企业合作，进行与计算机安全产品相关的项目立项和系统研发。比如设计研发了“包头市公安局桌面网络110报警系统”，与上海复旦大学合作研发了“互联网网站安全实时监测系统”，这些都对防范计算机病毒、研发网络安全产品做出了重要贡献。

（三）普及了计算机网络安全知识

包头市计算机用户较多，但用户对网络安全方面的知识却知之甚少，所以导致了市公安局开展工作和计算机单位日常工作面临一些障碍。协会通过积极开展宣传培训活动培训了该领域专业人才，普及了社会公众对计算机网络安全的认识。

一方面就计算机网络黑客病毒情况和防范措施、网络安全方面的规章制度等对计算机用户进行讲解和宣传，另一方面协会通过对计算机重点单位主要负责人的培训，开展重要信息系统安全等级保护定级培训班，开展信息网络安全专业技术人员继续教育，以及开展国家信息化安全教育的培训、考试、认证资格等培训了大批计算机安全领域的专业技术人员。

（四）维护了会员共同利益

协会网吧分会积极代表会员利益与政府和其他机构协商沟通，反映会员诉求，维护其合法权益，节省了其时间和金钱成本。比如统一对网吧相关证照手续进行一站式年度审核，与净网先锋管理软件厂商协商免费为网吧会员提供一年维修服务、降低软件日后维护费用，向市发展和改革委员会提出降低网吧用水资费标准的申请，与华谊兄弟影视集团就侵权影片赔偿问题进行协商达成调解协议等。

（五）规范了行业发展，树立了网吧良好形象

协会通过制定并组织网吧会员学习行业公约、自律规则，对一些制作、复制、查阅、传播迷信、淫秽、色情等影响社会秩序、侵犯社会公共利益及公民合法权益，利用计算机进行赌博和从事危害计算机信息网络安全等违法犯罪行为进行了及时的制止和纠正，规范了网吧的正确、合法经营。比如协会制定的《包头市计算机公共网络安全协会网吧分会会员行业自律规则》、《包头市市民文明上网公约》等。

同时，协会通过一系列的社会公益活动改变了网吧在人们心目中的负面形象，比如组织网吧会员单位为高考考生网上志愿填报免费提供服务、为汶川特大地震募集捐款、为老年人上网服务提供方便等。这些活动使得社会公众改变了对网吧形成的固性思维，帮助网吧会员树立了良好的社会形象。

四、组织活动经验

作为内蒙古自治区第一个信息网络安全行业组织，协会在包头市公安局网监支队的引导和支持下，本着“服务”使命，充分发挥“助手、桥梁”作用，结合自身计算机方面专长，为政府、会员、行业、社会做了大量工作，取得了比较显著的效果，获得了较高的社会影响力和知名度，并多次被政府授予荣誉称号：2003 年在包头市民政局的组织和评比下协会被授予“2002 年度优秀社团单位”；2004 年在国务院举行建国首次对全国范围社会团体及民办非企业单位的先进评选活动中，协会成为包头市唯一一家全国先进民间组织；2005 年、2006 年在包头市政府的组织评选中协会被评为“年度优秀社团单位”；2007 年获得“内蒙古自治区先进民间组织”荣誉称号；2008 年、2009 年分别被自治区政府授予“信息网络安全工作先进单位”。同时，组织举办的一些活动经常被报纸、电视、广播、网络等宣传，其会员也由成立之初的 60 多个发展到 2011 年底的 256 个。总结组织开展活动的成功经验主要体现在：

（一）明确的组织定位

协会既是业务主管部门发起成立的、又实行会员制，是处于政府与会员单位之间的中介组织，是政府主管部门与会员单位的桥梁和纽带。因此组织一直把自身定位在服务和桥梁作用上，并且具体通过完成四项职能来

实现：

1. 助手职能。通过自己的工作与活动，当好行业主管部门与其他政府部门的助手与参谋：宣传计算机网络安全方面的方针政策，促进行业建设与发展；向政府部门提出行业发展政策建议；协助配合政府部门开展相关工作等。

2. 服务职能。服务是协会的办会理念，是组织最根本的宗旨和目的。首先，为会员服务，密切联系会员，听取他们的意见和呼声，尽力协助解决实际问题，维护会员单位的合法权益。其次，为政府服务，主动与政府加强联系，按照其工作重点安排好行业服务工作。再次，为行业服务，摸清掌握行业的基本情况、动态；开展国内外同行的交往和合作活动，促进行业发展；针对行业存在的问题，提供研究对策和建议方案，供政府和会员单位参考。最后，为社会服务，为各行各业提供政策咨询、市场信息；积极践行社会责任，开展社会公益服务。

3. 促进信息沟通的职能。加强信息交流，通过活动，促进会员单位的横向沟通和会员单位与社会其他相关机构的纵向联系。

4. 培训的职能。组织会员单位进行业务政策、技能等学习，提高行业整体素质，培训计算机网络安全领域的专业技术人才。

（二）规范的工作制度

首先，坚持规范的会议制度。围绕民主和协商原则，以会员的需要作为协会工作的重点，按期召开理事会、会长办公会，汇报工作，充分广泛听取大家意见，避免个人独断决策，集体讨论决定重大事项。

其次，制定完善的规章制度，严格规范和考核工作人员的工作。组织制定了《包头市计算机公共网络安全协会日常管理及考核暂行办法》、《财务制度》、《工作人员行为准则》、《公文处理制度》、《保密制度》、《印章管理制度》、《环境卫生制度》等规章制度，并对各项制度进行检查落实；秘书处以会长办公会议制定的工作计划及工作人员日常表现作为考核依据，对工作人员的各项工作进行“公开、公正、公平”的考核，不断提升工作人员的政治素质和业务能力。同时，为了加强协会的档案管理，秘书处建立了健全的档案管理机制，将协会资料按照不同的时间、部门、摘要进行分类归档，确保全市计算机安全员培训档案、人事档案、文件汇编等档案管理工作井然有序。

最后，制定了会员定期活动制度，坚持为会员办实事。协会的生命在于活动，只有开展多种形式、深层次的活动，协会才有生命力。包头市计算机公共网络安全协会每年都会围绕行业中心任务组织交流、学习、观摩等活动，促进会员了解行业信息动态、政策法规和先进经验，对行业中存在的热点、难点问题进行研讨，提供有见地的意见，为会员单位解决实际问题。

（三）争取多方支持、合作共赢

一个组织要不断完善发展，必须充分利用社会各界的资源和优势，弥补自身不足。包头市计算机公共网络安全协会能够做好各项工作，与组织积极争取政府、会员以及社会方方面面的理解和支持密不可分。

首先，上级主管部门的支持是协会工作的关键。由于协会本身就是包头市公安局网监支队发起成立的，故协会成立后承担了其委托的大量工作，在配合公安机关保卫部门打击网络犯罪、开展等级保护、执法宣传、技能培训、技术服务等方面发挥了有效的支持作用。比如针对包头市计算机重点单位的测评、开展电子竞技运动、在全市实施身份证阅读登记管理系统、对全市桌面110报警系统进行了改版升级、对全市所有的网吧进行了现场信息采集并制作网吧详细基本信息数据库等，这些活动的有效开展帮助主管部门减轻了工作负担，也增强了上级主管部门对协会的信赖和支持。

其次，会员单位的支持是基础。协会没有会员支持就成了无本之木，因此，协会在开展活动的过程中时刻从会员的需要出发，反映会员的意见，维护会员的合法权益。比如针对华谊影视公司针对部分网吧侵权索赔事件，协会代表网吧会员利益积极与之协商，最后减少了会员单位的经济损失；针对市供水公司拟提高网吧水价问题，协会与相关政府部门协商，最后恢复了原来的网吧用水标准……这些都很好地维护了会员的利益，也赢得了会员的信任，很大程度上保证了协会的可持续发展。

最后，其他机构的支持是协会顺利开展工作的保障。组织在开展相关工作时，主动与各部门沟通，争取有关部门理解、支持；比如协会与市教育局、文化局、民政局等政府部门都有较密切的联系，积极争取市科技局的项目立项资金，与清华大学、复旦大学等高校以及国内外计算机组织机构都有良好的合作伙伴关系等。

五、组织面临的问题

包头市计算机公共网络安全协会在积极发挥自身的服务职能，取得良好效果和社会影响力的同时，也面临着许多制约组织进一步发展的内外部因素。主要体现在：

（一）协会专职工作人员不足

从协会的工作内容来看，涉及计算机网络安全领域为会员、行业、社会服务的方方面面，特别是承担了业务主管单位委托的许多事务。

而就其专职工作人员来看，目前只有 9 名，除去 1 名专业财会人员和 1 名离退休人员，实际计算机专业技术人员只有 7 名协会下设有 13 个分支机构，各分支机构负责相关领域的一系列工作，9 名工作人员无法具体安排到各个分支机构中，只能采取“流动岗位工作制”，即哪个分支机构需要开展工作，协会计划马上召开工作人员会议，安排一定数量的专职工作人员的具体工作。

专职工作人员的缺乏一方面使得现有工作人员工作量和压力较大，据工作人员介绍，由于协会业务范围比较广，所以工作人员加班加点是常有的事，有时候他们既要承接业务主管单位安排和委托的工作，同时还要处理会员单位的一些具体事务，工作人员往往力不从心。另一方面则会降低协会的工作效率和办事效率，引起会员单位等的不满（比如有时业务主管单位委托的比较大型的工作，需要协会全体工作人员都要参与，而这时候针对会员的一些个体诉求往往没有时间解决，出现到协会找不着工作人员的情况，这难免引起部分会员单位的抱怨和不满）。

（二）会员数量相对偏少

组织在争取和发展计算机行业优秀企业入会方面，工作还存在欠缺。虽然协会由成立之初的 60 多个会员发展到 2011 年底的 200 多家，但是，随着网络信息化的快速发展，包头市目前的 IT 行业，计算机安全产品的研发、经营单位和使用单位以及银行、证券、保险等市信息网络安全重点单位等数量众多。而作为包头市唯一一家计算机网络信息安全方面的协会，其会员数量仍相对比较少。

基于组织成立时间较短、宣传工作和服务既有会员工作的欠缺以及计算机单位对其认识存在一定偏差等，协会的社会认可度、参与度仍不高，会员覆盖率仍偏低，需要进一步争取和吸纳更多的会员。

（三）政府部门的支持力度不够

政府掌握着公权力，拥有资金、人员、信息等资源优势；因此，政府部门的支持力度与政府政策对社会组织开展活动具有很大的影响。包头市计算机公共网络安全协会的负责人认为：业务主管单位在组织发展历程中的支持性作用最大，协会开展活动非常需要政府的支持，对政府在组织工作中所起作用的期望也很大。

但就政府部门对协会的支持现状来看，一方面是业务主管单位的主动支持相对比较多，但资金支持较少。主要表现极力促使协会成立、积极推动和促使包头市重点计算机单位积极加入协会、提供协会部分办公设备以及少量工作人员的支援等。由于协会是包头市公安局网监支队发起成立的，其首任会长也是网监支队的队长，加之计算机公共网络信息安全这一领域的特殊性，所以组织成立以来也承担了网监支队委托的许多工作，比如针对包头市计算机重点单位的数据恢复、检测、鉴定和保护，配合组织开展电子竞技项目，派驻网络保安积极配合支队组织的“查处黑网吧专项行动”等。另一方面，其他政府部门鲜有主动支持。由于协会的业务范围比较广，开展活动时难免需要相关政府部门的配合，但是据协会工作人员反映，当活动牵涉到某些政府部门时，往往需要协会工作人员苦口婆心的游说或者需要业务主管单位出面协调，能否取得对方支持很大程度上取决于“私人关系”而非组织开展活动的功效分析和政府部门的一些规章制度，这无形中增加了协会工作成本，给其工作带来诸多障碍。

【问题与探讨】

包头市计算机公共网络协会的性质是学术性社会团体，其成立的首要目的在于实现计算机公共网络安全的“群范群治”、发挥协会的服务功能。对协会的个案分析有助于我们进一步探索和思考类似协会的计算机网络安全组织与公共服务，一般性学术性社团与相关政府职能部门的关系等问题。

（一）计算机网络安全协会与社会服务

美国学者曼瑟尔·奥尔森在其所著《集体行动的逻辑》一书中认为：“社团之所以存在，是因为社团在提供某些公共物品方面更有效率。”这句话说明了社会团体存在的现实需求和发展的根本动力。

类似包头市计算机公共网络安全协会的计算机行业组织是伴随着信息网络安全行业发展和政府行政改革出现的新生事物，是社会信息化进程发展到一定阶段的产物。一方面，信息安全领域总的发展趋势是分工越来越细，各种关系、利益和需要日益复杂化、多样化，单位内部信息安全组织、社会信息安全服务和产品生产企业不断增多，信息安全领域的一些共性问题需要采取系统化、整体化的解决措施，使得以服务、沟通、协调、监督为主要功能的信息网络安全协会组织的产生具有可能性。另一方面，随着政府职能向社会管理和公共服务的转变，一些政府“不该管、管不了、管不好”的问题，需要利用社会力量来实现群范群治，以及通过行业自我约束、自我管理来解决，这使得协会的产生有了必然性。

成立信息网络安全协会的目的在于为促进协会会员提高信息网络安全防范和管理水平，降低安全风险服务；为保护广大信息网络用户信息安全，免受不法信息侵害服务；为促进政府主管部门提高监管水平，完善法律法规和宏观管理政策服务；为维护、保障国家和本地信息网络安全服务。因此，此类协会的工作重点是履行好服务、协调和自律功能，充分发挥协会代表广大会员单位利益和政府参谋助手的双重身份作用。具体说来，一是通过协会的纽带作用，将信息安全领域分属于不同性质、不同规模的主体联系在一起，形成组织、促进、规范发展的积极机制，互通信息、相互交流、共同发展。二是协会要为政府和会员单位提供更多的政策和行业信息，开展调研、收集、分析信息安全相关统计资料，形成调查报告，对发现的问题迅速做出回应；为政府主管部门制定管理政策提供依据，为会员单位制定信息安全策略提供服务；主动颁布自律规则，制定相关的职业道德、行为准则、技术与管理规范。三是要发挥好纽带作用，使组织成为联系公安机关网监部门与IT业界、信息网络业界的纽带；联系信息网络专业公司与各网络使用单位的纽带；联系安全专业公司、各个网络使用单位与政府有关部门的纽带。四是要协调处理会员单位间各种纠纷、矛盾，引导相关企业依法、规范经营，促进信息网络安全行业的良性、公平和可持续发展，代表会员单位的整体利益与社会各界进行沟通。

（二）学术性社团承接政府职能转移的法律保障问题

就学术性社团与政府的关系而言，一方面是政府对学术性社团的影响广泛而深远。我国学术性社团的发展是在完全国家主导型社会向国家、社会、市场共同治理的转变中产生的，这就导致了学术性社团的发展很大程度上取决于政府的态度，而且政府是代表国家对其进行普遍性行政管理的权威主体，表现在登记挂靠体制和通过税收、社会捐助的法律法规安排来确保学术性社团的非营利性质等。另一方面，学术团体基于知识、人才、组织网络以及跨部门、跨行业、跨地区的优势，承担了大量政府部门委托的公共服务，也在行使着部分公共管理权力。比如职业资格的授予、专业技术资格认证、职称评定、科技工作者继续教育和培训、技术标准的制定与科技奖项的设立等。前文中的包头市计算机公共网络安全协会开展的计算机网络安全的检测、评估和保护，组织开展电子竞技，派驻网络保安等都是接受了上级主管部门的业务委托或者公共权力授予。

但是，有关学术性社团的自治管理权利和公共管理职能缺乏法律保障，尤其是在政府是否授权委托于学术性社团、具体转移哪些社会职能于学术性社团的事项决策过程中比较随意，对于已经授予的社会职能也可以随意收回，而且学术性社团很少有发言权。这就使学术性社团开展的活动与政府职能边界模糊，也为政府非法干预学术性社团履行其社会职能埋下了隐患。

一般而言，学术性社团承接政府职能转移、享有公共行政管理权力的来源既包括规范性和稳定程度最高的法律法规授权，也包括实践中灵活性最强、最常用的政府委托，还有获得国家认可、体现社会自治规则的自治权利。从建构法治国家的目的出发，法律法规授权方式最应受到推崇，因为它能够有效保证学术性社团稳定、有序地从事公共行政事务管理；灵活的政府行政委托形式应该渐渐纳入法律的规范管理。但就现状而言，我国关于社会团体的立法工作落后于社会发展和改革进程的需要。无论是学术性社团自治管理、履行社会职能，抑或承担政府转移职能，大多属于“摸着石头过河”，缺乏法律规范和保障。因此，学术性社团承接政府职能转移的范围、权利和义务，与政府、挂靠单位的关系，特别与相关政府部门的职能边界划分亟须在法律上厘清。

结束语

包头市计算机公共网络安全协会在当好政府助手、服务行业发展中取得了比较显著的成绩。无论是就其开展活动的范围、效果，还是活动的创新性以及践行社会责任等方面，都走在了同类协会的前面，彰显了组织突出的工作能力，在社会上产生了良好的示范效应。

包头市的实践在一定程度上说明，针对信息化过程中如何维护网络信息安全这一比较严峻的问题，依托社会力量、通过成立相关社会组织的形式来实现计算机公共安全领域的群范群治不失为推动信息网络安全运行、规范行业发展的明智之举。

参考文献

1. 李俊清、陈旭清主编：《中国少数民族地区社会组织研究》，中国社会出版社 2010 年版。
2. 王名主编：《中国非营利评论》（第七卷），社会科学文献出版社 2009 年版。
3. 徐家良编著：《社会团体导论》，中国社会出版社 2011 年版。
4. 陈华：《吸纳与合作：非政府组织与中国社会管理》，社会科学文献出版社 2011 年版。

（案例编写者：中央民族大学管理学院 2010 级行政管理专业硕士研究生向娟）

弘扬草原文化　发展骆驼产业

——内蒙古阿拉善双峰骆驼协会

“阿拉善双峰骆驼协会”是由在草原畜牧业第一线工作多年的老干部牵头，部分养驼牧民、专家及学者共同参与成立的，会员包括阿拉善盟3个旗、40多个苏木[①]的养驼牧民。协会初建于2005年8月，2008年8月进行了重新注册登记。多年来，协会以双峰驼中心产区广大牧民为基础，以维护阿拉善广大养驼牧民的合法权益、发展骆驼事业、促进可持续发展为目标，致力于保护阿拉善象征性的畜种——双峰骆驼、保护荒漠生物多样性、保护特色生态草原文化。

一、组织产生背景

阿拉善盟位于内蒙古自治区最西端，地处亚洲大陆腹地，为内陆高原，远离海洋，周围群山环抱，属于典型的大陆性气候。干旱少雨，风大沙多，冬寒夏热，四季气候特征明显，昼夜温差大。地貌类型有沙漠戈壁、山地、低山丘陵、湖盆、起伏滩地等，著名的巴丹吉林、腾格里、乌兰布和三大沙漠横贯全境，面积约7.8万平方公里，占全盟总面积的29%。阿拉善盟独特的自然生态环境适合草原、荒漠、戈壁地带的珍惜畜种——双峰驼的生存。阿拉善是全国双峰骆驼的重点产区之一，也是我国双峰骆驼最密聚的地方，因此盟素有“骆驼之乡”的美称。阿拉善双峰驼因具有耐饥渴、易骑乘、比较驯顺、适于载重的特点而深受当地牧民喜爱，被广泛地运用于生产生活中。

近年来，阿拉善双峰驼在生态环境、市场的影响下，数量急剧下降，已处于濒危状态，这一严峻的现实引起了各方的高度重视。1982年内蒙

---

① 苏木：蒙古语乡镇的音译。

古阿拉善盟骆驼存栏25万峰，占全国的三分之一。到2003年6月末，全盟骆驼存栏仅6.5万峰，较最高峰的1982年净减18.5万峰，平均每年减少近1万峰。针对这一现象，1997年农业部全国畜牧兽医总站将阿拉善双峰驼列入国家种质资源保护计划，并拨付专项资金，目的是使阿拉善双峰驼这一宝贵的品种资源得以保护。2000年8月23日，农业部确定了78个国家级畜禽品种资源保护名录，阿拉善双峰驼名列其中。2006年以来清华大学于长青等生态学专家多次考察阿拉善的生态环境，与骆驼协会主要工作人员合作建立了“阿拉善荒漠生态保护研究中心”后更名为“阿拉善荒漠与草原生态研究所”。骆驼协会与中国科学院《人与生物圈》杂志科考队员，在阿拉善进行数次考察，在北京和阿拉善召开多次研讨会，于2008年出版了《人与生物圈》第二、第三两期穿越阿拉善专刊，文章以骆驼为主线描述了贺兰山、巴丹吉林、腾格里、居延海等阿拉善的景观，真实、科学地宣传了阿拉善地理状况及其人文环境，2009年文章的部分内容用英文出版发行。国务院发展研究中心社会发展研究部的一些专家于2007年、2008年两次来阿拉善，先后到阿拉善左旗孪井滩、阿拉善右旗、额济纳旗胡杨林、居延海等地进行考察，对阿拉善的生态问题和民生问题提出了指导性意见。[①] 根据双峰驼发展现状，保护阿拉善双峰驼品种资源势在必行。

二、骆驼协会的组织现状

阿拉善双峰骆驼保护协会建于2005年8月，2007年7月召开第一届会议。但因经营管理中出现了一些问题，于2008年6月被阿拉善盟民政部门取缔注销。为了发展骆驼事业和保护广大养驼牧民群众的合法权益，2008年8月原阿拉善双峰骆驼保护协会的部分人员又重新注册登记了阿拉善双峰骆驼协会。在协会章程上明确规定认可积极投身到骆驼事业的原协会养驼牧民为阿拉善骆驼协会会员，目前协会共有1200多个养驼牧民会员，10多个非牧民会员和志愿者，3个企事业会员单位。根据工作需要，骆驼协会协助建立了“阿拉善白绒山羊协会”、“阿拉善养驼牧民专业合作社”等组织机构，2012年阿拉善养驼牧民专业合作社、阿拉善双峰驼协会、阿拉善白绒山羊协会分别召开代表大会同意以上三家机构合作成立阿

---

① 根据笔者于2012年8月20—27日实地调查资料所得。

拉善综合牧协。

（一）协会的性质和宗旨

阿拉善双峰骆驼协会（以下简称骆驼协会）的性质：以阿拉善双峰驼中心产区广大牧民为基础，由从事骆驼养殖及相关产业的企业、事业单位和个人自愿组成的行业联合组织，是具有法人资格的非营利性的民间团体。

协会的宗旨：积极贯彻党的路线、方针、政策，遵守国家法律、法规和社会道德风尚，落实科学发展观，构建和谐社会，促进“生态文明”，弘扬“生态文化”，探索利用传统本土文化和人类优秀成果，规范阿拉善骆驼养殖事业，提高骆驼产业品质和效益，保护资源和生态环境，努力实现小康牧区。

（二）机构设置与资金来源

会员代表大会是骆驼协会的最高权力机构，每三年召开一届。理事会是会员代表大会的常设执行机构，在闭会期间领导协会开展日常工作，对会员代表大会负责，一年召开一次，协会设立常务理事会，对理事会负责。骆驼协会会员分为团体会员、个人会员、名誉会员。团体会员指具有法人资格，在骆驼行业内具有一定影响，从事畜牧业及相关行业的管理、生产、经营、科研、教学、宣传、服务等的行政、事业、企业单位及社会团体；个人会员以阿拉善区域内经营一定规模骆驼群的草原牧民为主体，以从事管理和技术服务的个人为补充；名誉会员指保护骆驼、草原生态和民族文化的知名人士。协会经费来源有会费、捐赠、企业赞助、政府资助、在核准的业务范围内开展活动或服务的收入、利息及其他合法收入。

（三）协会的工作任务和业务范围

骆驼协会的工作任务是以增加牧民收入为目的，以信息、网络为纽带，把分散经营的牧民组织起来，发挥规模经营，整合产业资源，维护产业利益、交流产业信息、推动产业发展，在政府、企业、科研单位和牧民之间发挥桥梁作用，解决一家一户办不好、办不了、不合算的问题，全面提高阿拉善骆驼的经济效益，走产业化道路。保护、研究、传承传统文化，发挥阿拉善骆驼产业不可替代的特色优势，提高知名度，建设科学、和谐的阿拉善新牧区。

协会的业务范围概括为以下一些方面：1. 发展阿拉善双峰骆驼产业，

合理利用草场，有机结合生态植被的保护与牧草资源的利用工作，发展既能保护生态，又能持续发展的生态草原牧业经济；2. 继承和发扬游牧文化和骆驼文化，把骆驼的特殊性能和习性整合于荒漠生态的特殊环境中，充分发挥骆驼在荒漠中的最大优势地位；3. 协调会员与会员、行业、政府之间的关系，组织推动企业和产业间的技术、经济合作，促进阿拉善双峰骆驼事业健康和谐发展；4. 反映会员与行业诉求，及时掌握和努力解决产业的重点、难点、焦点问题，维护会员的合法权益；5. 根据阿拉善盟各旗骆驼产区的数量及自然条件，建立阿拉善骆驼专业合作组织。牧民在协会的总体部署下，经营骆驼产品的加工、销售、运输及开发等经济活动；6. 宣传、推广和普及畜牧业知识，编辑出版行业报刊、书籍、软件、音像制品等，建立阿拉善骆驼协会网站，搭建信息交流与服务平台；7. 进行产业统计工作，收集、整理、分析和发布全阿拉善骆驼产业信息；8. 协调产、供、销，开拓国内外市场，引导消费，建立市场预警机制；9. 促进畜牧业科技进步，努力提高科学技术在骆驼产业中的含量，优化品质，提高性能，增加经济效益；10. 实施品牌战略，促进企业科技创新、管理创新，推进名牌培育工程，提高阿拉善骆驼产品的优势地位；11. 协助行业管理部门进行种畜登记管理工作，提高优良品种的培育和利用率；12. 积极参与国际和国内展览会、交易会、论坛、专题研讨会、学术讲座等活动，构建产业交流、合作、宣传、推广平台；13. 组织开展产业培训，提高养驼者素质，开展养驼者评优、评比、奖励工作。

三、组织开展的主要活动

近年来，骆驼协会举办了形式多样的活动，根据活动的目的和特点可分为：研制和发展骆驼产品、搭建企业与阿拉善养驼牧民专业合作社（以下简称骆驼合作社）① 之间的桥梁、开展骆驼文化活动、提高骆驼绒毛收

① 内蒙古阿拉善养驼牧民专业合作社：为了以市场经济手段保护、发展阿拉善双峰驼，进一步完善骆驼保护区经营管理，积极推进养驼经营体制创新、提高广大养驼户进入市场的组织化程度，促进双峰驼这一地方特色产业，增加牧户经济收入，根据《中华人民共和国农民专业合作社法》规定，于2008年由阿拉善左旗南部19户养驼牧户依据自愿互利，民主管理，共同协商的章程等原则，发起创建了阿拉善养驼牧民专业合作社，并在工商行政管理部门登记注册，成为合法的对外参与市场竞争，对内提供服务的牧民合作经济组织。其性质是：全体入股养驼户地位平等，民主管理，实行自主经营，自负盈亏，利益共享，风险共担，专门经营骆驼生产、骆驼产业的经济实体组织。

购价格、设立驼骨雕刻班等，组织开展的活动主要围绕谋求全体成员的共同利益，研究和保护骆驼及荒漠生态和草原生态文化展开。通过这些活动，协会不断宣传阿拉善及其骆驼文化，同时为当地的荒漠生态保护、骆驼产业发展提供指导与帮助。

（一）发展骆驼产业，提高牧民收入

1. 开发骆驼肉产品

骆驼全身是宝，对其进行深加工会创造可观的经济效益和社会效益。骆驼肉肉质鲜美，富含蛋白质、脂肪、钙、磷、铁及维生素，具有益气血、壮筋骨、润肌肤等功效。驼掌、驼峰及驼奶更是难得的珍肴美食。有着“骆驼之乡”之称的阿拉善，是全国骆驼最集中的地区之一，长期以来，由于骆驼产品开发不足等因素，导致养殖骆驼经济效益差，牧民养骆驼积极性不高。为更好地开发骆驼产品，增加牧民收入，促进养驼业发展，内蒙古阿拉善盟养驼牧民专业合作社在骆驼协会的协助下向内蒙古自治区科技厅申报《有机骆驼肉生产研发及技术服务》，与内蒙古农业大学、国家乳制品肉类产品质量监督检验中心合作，分别完成了对骆驼肉、骆驼峰脂肪、骆驼骨髓近100多项性能、营养价值的检测、测试，这对骆驼产品进行全面开发提供了有力的科学依据。2009年，骆驼协会利用一个多月的时间先后到宁夏银川市、吴忠市，内蒙古呼和浩特市、乌海市、巴彦淖尔市及周边地区进行考察，并与相关企业合作生产出骆驼风干肉、卤汁肉等食品（试验品）投入内部市场取得成功。经过一系列的努力和论证，骆驼协会与阿拉善神驼食品分公司联合开发了“阿拉善”牌驼肉干系列旅游食品包括驼肉干、驼掌、驼筋等数十个品种。为了提高和保证骆驼产品安全，2010年2月骆驼协会邀请内蒙古自治区农畜产品质量安全中心专家对阿拉善骆驼绒、肉、乳生产的各个环节进行考察并做了专题讲座。为传承民族文化，打造阿拉善地方特色品牌，2012年4月骆驼合作社与阿拉善盟宾馆合作研发出一套以骆驼为食材的“全驼宴”。这种将饮食与文化融合起来，以菜品的多元性，为骆驼肉通过厨房加工提供了一条新的途径。同时骆驼合作社与阿拉善左旗阿王府院食品有限责任公司合作试验加工骆驼肉沙葱饺子成功，即将进入市场，这为阿拉善驼产品全面开发打下了良好的基础。

2. 搭建企业与合作社之间的桥梁

骆驼协会、骆驼合作社联合与企业合作构建了支持地区产业发展的开阔平台。协会凭借自身的优势，发挥中转站的作用，一方面可以调动当地

人的生产积极性，另一方面可以联系外部市场，不仅有助于特色产业的发展，而且对本地区起到宣传的作用。阿拉善盟骆驼产品的开发及利用目前还处在一个初级阶段，全盟驼产品的加工利用大多是分散经营，没有形成规模化经营。因此，为了加大驼产品的精深开发，刺激养驼业发展，骆驼合作社与骆驼协会联合在阿拉善盟内外有重点地选择资金雄厚、技术含量高的企业对驼产品进行规模化精深加工，增加驼产品的附加值，以此带动和促进养驼业发展，从而提高牧民养驼积极性，有效地控制骆驼数量的减少。例如，在2009年金融危机时，骆驼合作社与协会联合通过市场运作，与加工企业协商阿拉善骆驼绒毛平均收购价格由2008年的每公斤18—20元提高到2009年的32元；2010年骆驼合作社与骆驼协会联合与企业签订合同，将骆驼绒毛平均收购价格每公斤比2009年提高10元，达到42元，并给参加经营的养驼牧民每公斤骆驼绒毛分配经营红利7.70元；2011年10月与美国公司签订了骆驼绒毛购买合同，依照合同，绒毛价格每公斤达到60多元，为2012年骆驼绒毛价格、牧民收入提高及绒毛出口打下良好基础；2012年在经济不景气的情况下，骆驼合作社开展信息服务并收购约10吨骆驼绒毛，收购平均价格达到60元。

3. 增加驼骨雕刻收入

阿拉善的驼骨雕刻技艺是阿拉善左旗非物质文化遗产的重要组成部分，由于驼骨雕刻技艺对学习者要求很高，另外此项技艺传承还采用学徒制的“口口相传、手手相授”的教育方式，在市场经济的冲击下这一技术濒临灭绝。因此，阿拉善驼骨雕刻技艺亟待挖掘、整理、推广和发展，需要培养一批优秀的传承人。基于这一情况，骆驼协会与骆驼合作社以保护草原文化和发展养驼牧民收入新增长点为宗旨，与阿拉善左旗职业中学等单位合作，将阿拉善左旗职业中学作为驼骨制作技艺传承基地。截至2011年骆驼协会、骆驼合作社与阿拉善左旗职业中学合作开办两期骆驼骨雕民族艺术班。通过科技项目，骆驼合作社2012年新建投资10万元骆驼骨雕刻加工厂，已培养出手工雕刻技术人员23名，制作出《阿拉善驼骨雕刻》专题光盘，并组织参加了北京和南京举办的全国休闲农业创意精品大赛，获得华北、东北赛区优秀奖。由于手工雕刻成本高，产量有限，难以全面利用阿拉善骆驼骨头，因此为了全面提高生产量和降低成本，在骆驼协会的促进下阿拉善左旗巴彦浩特孵化园区引进激光、数控雕刻等现代高科技设备技术攻克雕刻骆驼骨头难题，预计不久的将来物美价廉的驼骨雕刻产品将进入阿拉善旅游市场。驼骨雕刻的发展不仅提高了骆驼的附加值，也进一步促进了阿拉善左旗非物质文化遗产的保护和传承。

（二）提高驼产品影响力，增加市场份额

1. 申请产品认证，打造品牌产品

随着市场竞争的日益激烈和买方市场的形成，我国市场也已经从数量扩张为主的发展阶段转入以质量和品牌为主的竞争阶段，品牌成为产品最有效的竞争手段之一。要在激烈的竞争中取胜，唯有创立自己的民族强势品牌。同时，随着科学技术的进步，消费者需求层次的不断提高，注重品牌、追求品牌、增加品牌消费的现象越来越明显，因此，各种民间组织推行品牌战略有利于扩大市场占有率，使品牌项目深入人心，以品牌的力量促进其长远发展。

骆驼协会与骆驼合作社为了打造阿拉善原生态、绿色、环保品牌产品，以走向高附加值产品市场为目标，向国家申请了阿拉善骆驼绒、肉、乳有机产品认证。2010 年 3 月，阿拉善原产地农畜产品商标“ALASHAN”商标已被批准。截至 2011 年 7 月协会与合作社填写完成了 1100 多页 35 万多字的《有机食品认证申请书》等认证材料，与 12 个苏木，39 个嘎查[①]签订了有机骆驼、羊养殖协议，并对约 12 万头（峰）家畜建立了有机养殖档案。

2. 生产有机产品，走向国际市场

在有机产品生产中，经济增长与生态环境的稳定之间存在着一种协调发展的机制，要以技术为手段，既重视先进科学技术的应用，又注重运用这些技术开发利用自然资源的程度和方式，从而维持生态系统的动态平衡和持续生产力，实现经济、社会、生态的三效统一和协调发展。为保护传承游牧生态文明，提高阿拉善双峰驼保护意识，积极参与生物多样性建设，骆驼协会监督骆驼合作社成员遵照有机养殖业标准，在生产中不采用基因技术，不使用化学合成物质（饲料添加剂等），遵循自然规律和生态学原理养殖有机产品。为了打开阿拉善骆驼产品的国内外市场，创造更多的附加值，经过骆驼协会两年的努力和协调，骆驼合作社于 2010 年 6 月 1 日与美国爱龙商务基金会签订了合作意向书。这项工作为发展阿拉善骆驼产业，提高阿拉善有机生态畜牧业的生产和有机食品的开发水平，增加牧民收入，创造了一个良好的商机。

---

① 嘎查：蒙古语村的音译。

（三）建立互助营销网络，拓宽产品销路

1. 协会之间相互促进

协会所做的工作与沟通协调的机制分不开。协会的社会组织身份决定了协会在开展活动中要充分发挥沟通协调的作用，平衡会员、企业、社会的关系。一方面，通过协会之间的相互帮助可以整合行业资源，提高自己在行业内的权威性和在社会上的认知度，可以增强会员的积极性；另一方面，协会网络内部相互帮助可以有效地集中会员资金，发挥规模投资效益，加强会员间的内部联系，扩大生产。例如，骆驼协会在不断发展的过程中，便面临着打开市场，拓宽销路的困境，骆驼协会利用不同地区协会的多样性特点，由成员组织派合适的营销人员，负责其地区附近的市场开拓。

2. 开设营销网站

网络营销，就是利用因特网络资源而展开的营销活动。网络营销具有一定的优势：第一，有利于节约营销费用，因特网给组织提供了一个非常便宜及有效的通信平台。协会可以用它进行电子邮件、订单的传输，还可通过因特网传送话音、图像、打长话、发传真，与顾客进行产品和服务的交易。第二，费用低廉，由于因特网提供了一个多媒体信息平台，通信费用便宜，成本比传统传媒工具便宜得多，为协会产品介绍及宣传提供便利。第三，有利于节约交易时间，在因特网营销中，顾客大大节省了从寻求信息到最后形成购买过程的时间，也削弱了产品从生产者到消费者过程中代理人、经济人、批发商、零售商的作用，简化了营销过程。

骆驼协会和合作者通过这一廉价的媒体资源，便增加了一个客户信息、产品信息及市场相关信息搜集的新途径，为它们在购销环节上提供了一个新方式。阿拉善地处祖国西部，对外交流相对欠缺，本地的产品不能很好地得到外界的了解和认知，形成了“卖家找不到买家，买家找不到卖家”的困境。在信息时代的推动下，骆驼协会建立了网站，通过网络为其宣传产品，提高影响力，同时，协会也帮助会员建立淘宝网店等一类的网上销售渠道以吸引商机拓宽销售途径。

（四）开展学术研讨工作，创建信息交流平台

虽然我国的骆驼产业面临着很多困难和问题，但保护和发展骆驼产业已成为业界的普遍共识。如何充分发挥我国现有骆驼的资源优势，科学应对所面临的各种挑战，对促进草原经济、骆驼产业发展具有重要的现实意

义。骆驼协会通过举办、参与研讨会，与其他组织交流生态资源开发利用等方面的经验，为保护骆驼资源，保持荒漠地区可持续发展，兴边富民做出了贡献。自2006年开始，骆驼协会每年与来自清华大学、北京大学、中国社会科学院、国家民族事务委员会、内蒙古社会科学院、内蒙古大学、内蒙古农业大学、美国爱龙基金会、阿拉善SEE生态协会等的专家、学者进行洽谈，进一步交流和讨论游牧与生态保护、骆驼与生态关系、合作社建设与牧区的发展、传统文化等问题。

首届中国骆驼产业发展战略研讨会于2010年8月29日在内蒙古呼和浩特市隆重召开。会议由中国畜牧业协会、中国民族学会昭君文化研究分会、内蒙古沙产业草产业协会、内蒙古骆驼保护学会、内蒙古品牌协会主办，内蒙古昭君骆驼产业有限公司、阿拉善骆驼协会等共同承办。来自中国西部的骆驼主产区内蒙古、青海、甘肃、新疆等地的代表参加了会议。会议积极讨论了五方面的内容，分别是骆驼产区的养殖政策、骆驼与生态环境的关系、骆驼产品的开发、骆驼文化产业的发展以及骆驼产业的发展模式。从多方面把骆驼的社会价值、生态价值、经济价值和文化价值系统地融合在一起。

2012年11月24—25日，由中国畜牧业协会主办的首届中国骆驼大会暨中国畜牧业协会骆驼分会成立大会在内蒙古阿拉善盟隆重召开。来自国内外的骆驼行业及相关行业的领导、专家、企业家、养殖户、金融业代表、新闻媒体等200余人参加大会。此次会议的主题是“骆驼产业发展与驼文化传承”，与会代表就我国骆驼产业化发展、国际国内市场的开拓、产品的多样化精深开发、良种骆驼的培育、驼文化的传播等领域进行深入研讨。大会还举办了阿拉善骆驼那达慕大会，通过参观种驼评比、骆驼选美、骆驼竞技比赛、传统技艺表演等系列活动来向社会诠释从古至今人与骆驼在生活中密不可分的关系，加深了广大群众对骆驼的了解和热爱，激发起人们对于传承中国骆驼文化，振兴中国骆驼产业的历史责任感。

中国畜牧业协会骆驼分会第一届会员代表大会于2012年11月24日在内蒙古阿拉善盟成功召开。会议审议通过了《中国畜牧业协会骆驼分会章程》及《会员管理办法》，选举产生了中国畜牧业协会骆驼分会第一届理事会成员及领导。理事会成员中以企业和专家为主，涵盖了从骆驼养殖到加工贸易、从科研到金融各个领域，代表性广泛。协会将继续履行服务、协调、维权、自律的职能，树立科学发展观，不断开拓创新，引导中国骆驼行业走规模化、产业化的发展道路，全面推动中国骆驼行业的健康可持续发展。①

四、组织活动的特点

（一）促进骆驼产业发展，增加牧民收入

阿拉善盟素有“骆驼之乡”的美称，驼产品是阿拉善的特产。许多外地游客参观阿拉善后都会想到购买阿拉善产的骆驼肉，但由于过去没有进行驼肉食品开发，游客只能扫兴而归。骆驼协会、骆驼合作社联合与相关部门共同努力，研发生产出骆驼肉熟食品。对驼肉食品进行深层次开发，一方面满足了游客的需求；另一方面，促进了牧民增收致富和养驼业的发展。骆驼协会的工作人员算了一笔账：“目前，市场上一斤鲜驼肉只卖15元左右，但加工成驼肉干就可以卖到150元，驼肉加工增值的潜力非常大”②。2009年开始，骆驼协会指导骆驼合作社研发生产骆驼风干肉等产品，使阿拉善骆驼肉市场平均价格由2008年的每公斤20元提高到了2009年的28元，2010年的32元。2010—2011年骆驼协会、骆驼合作社与沙漠王公司、阿拉善左旗改良站合作成立了神驼食品公司，试验加工骆驼肉5吨，制定了骆驼风干肉加工技术标准。

（二）引进优势企业，带动产业升级

2010年，阿拉善盟农牧业局和阿拉善骆驼协会积极协调，引进内蒙古昭君骆驼产业有限公司收购驼绒毛。收购中，为调动牧民的养驼积极性，探索了以质论价、随行就市、牧民参与合作经营、年底按经营利润分红与补差的办法。在昭君公司的强力拉动下，2010年，每公斤驼绒收购价比上年增加了20元以上，有26户养驼户享受了每公斤5元至7.7元的分配经营红利，有19户享受了收购补差，全盟养驼牧民仅驼绒毛收入就增加了600多万元，通过实施生态绒产业链发展战略，骆驼协会全面带动牧民增产增收，促进阿拉善骆驼产业步入良性发展轨道。③

---

① 人民网：《首届中国骆驼大会暨中国畜牧业协会骆驼分会成立大会在巴彦浩特召开》，http：//nm.people.com.cn/n/2012/1126/c196689-17771184.html，2012.11.26。

② 笔者于2012年8月23号访谈骆驼协会负责人的访谈资料。

③ 阿拉善新闻网：《首届内蒙古2010年骆驼产业发展年会在巴彦浩特召开》，http：//www.alsxw.com/article/20110110/246191_1.html，2011.1.10。

（三）保护生物多样性，弘扬畜牧文化

随着经济的发展，市场作为交换的载体使活动在其中的参与者趋向同质化，他们之间的生活习惯、风俗传统等差异性因平等的交换主体而有了某种程度的淡化，各少数民族的民族文化特征也越来越不明显，如有些人即使生活在少数民族地区，对当地民族风俗的认识也比较稀少；有些人自己是少数民族成员，可对本民族的民族文化、民族习惯和民族信仰也不甚了解，没有进行透彻的学习，而且，随着城市化、市场化与现代化的进一步发展，这种现象也将有所增加。因此，民族文化已成为各民族地区竭力保护的对象，同时这些地区有必要成立专门的机构或专门的组织对其进行传承和弘扬。任何一个区域性民间组织的设立都是与当地的社会环境、经济发展和人文特点相适应的，并且会推动它所倡导的文化的保护与弘扬。阿拉善骆驼协会就是在畜牧文化浓厚的土壤中形成并发展起来的，它对民族文化传承重要性的认识以及对民族文化保护的态度是推动自身组织发展的重要原因。

骆驼协会以弘扬阿拉善骆驼文化为主，开发具有民族特色的体育、旅游业等活动。定期或不定期举办阿拉善骆驼文化节，以赛骆驼、穿鼻棍、搓绳等比赛项目，丰富本地区牧民的业余文化生活，同时在月亮湖、通湖等旅游区开发游人骑骆驼等项目，这些活动有利于提高牧民的经济效益，加快当地经济的发展。阿拉善全盟范围内牧民在骆驼协会的倡导下举办的各种骆驼文化活动已达几十次，牧民自筹资金，纷纷办起了多次骆驼文化活动或那达慕大会，这充分体现了广大牧民群众对保护骆驼资源，保护传统文化及生产技能，保护生态环境具有较高的积极性，展现了牧民群众对家乡的热爱和拯救驼产业的信心。

五、组织活动经验

（一）协会与合作社相互促进

民间组织无论是在组织结构还是在工作方式上都有较大的灵活性，协会与合作社合作不但可以弥补人力、物力、财力的有限，使不同类型的组织找到施展才华之地，为协会找到互动发展的有效服务载体，而且在机制上突破了行业、区域和活动领域的界限，形成了互动的局面。协会走“协会+合作社”之路，已成为广大协会的共识。

目前，国家民政部门对社会团体参与经营活动有很多限制，如协会营利不允许在会员中分配，会员的资金、劳动只能从协会所兴办的各种实体中参加分配。因此，有的协会在发展到一定程度，特别是协会普及推广的技术和推进的产业取得很大发展、形成一定规模时，协会难以满足会员对服务和权益的各种要求，为了实现会员利益目标的最大化，协会的组织形态就会朝着纯经济合作组织（合作社）方向转化。

骆驼协会为了自身的生存和发展，不断满足会员对各种服务的需求，以及拓展协会自身业务，必须大力开展经营活动，这是社会主义市场经济条件下协会发展的必然趋势。骆驼合作社的兴起，不仅有利于增强牧民的民主意识和合作理念，而且有利于培养他们的团结互助和自强不息的精神，促使个体行为规范，整体和谐发展。阿拉善盟地处我国西部，是北部边疆的一部分，是汇聚蒙古族、回族及汉族等民族的少数民族地区，其民间组织受到当地文化、经济环境的影响，有着自身的特殊性。内蒙古阿拉善盟养驼牧民专业合作社是由阿拉善骆驼协会及其相关人士共同发起的，涉及阿拉善盟养驼户的牧民经济实体性组织。为了便于工作和节约各项经费，阿拉善骆驼协会第一届代表大会一致通过：阿拉善盟养驼牧民专业合作社常务理事会成员兼任阿拉善骆驼协会常务理事会职责。“由于人力、财力等诸多因素，阿拉善盟荒漠双峰驼牧民专业合作社与阿拉善骆驼协会挂两个牌，建立一套人马，管理人员兼顾合作社和协会工作，适度补偿劳务、信息、交通费用。”[①] 在这样的模式中，协会发挥中介的优势，合作社发挥驼产品的生产、流通、销售的优势，双方共同整合资源，促进骆驼产业的发展。

（二）运作模式规范化

骆驼协会以市场为导向，通过建设双峰驼保护区和专业市场，积极发展骆驼产品，参与市场流通和竞争，其根本目的是发展和维护会员利益，增加协会积累，用以满足协会开展技术服务、市场开拓等必需的支出，维系协会的生存与发展。骆驼协会的作用主要是研究骆驼养殖技术、骆驼现代化管理标准，并面向协会会员提供技术信息、市场信息和部分建设资金等。骆驼协会具有规范化的运作模式，以入会会员为主要服务对象，依法为会员提供驼产品的生产、销售、加工、运输、贮藏以及与生产经营有关

① 阿拉善骆驼协会工作报告，2009 年 11 月 20 日。

的技术、信息等服务：

1. 建立阿拉善双峰驼保护区

国家为保护阿拉善盟双峰驼，成立阿拉善双峰驼保护区①，保护区内禁止对草场有污染性和破坏性的开发，在保护区内骆驼合作社成员选择土壤良好、无污染符合国家大气环境质量一级标准 GB3095 - 82 或 NY/T391 - 2000《绿色食品产地环境技术条件》和符合 GB/T19630 的表第 C. 1 的水质饲养有机骆驼标准的地区饲养有机骆驼。②

2. 科学饲养骆驼

骆驼协会指导牧民根据骆驼的生活习性和生态需求进行游牧和季节性游牧，保护草原生态。给骆驼提供充分的活动空间、充足的阳光、新鲜空气和清洁的水源；草原拉围栏不能影响骆驼在不同时间和地点采食不同牧草的生活习性；骆驼饮水后及时从井旁赶走至少距离水井 20 米的地方休息；禁止使用人工合成的生长激素、生长调节剂和合成的饲料添加剂，并制定有机畜群饲草料调入使用统计表。

表 1　有机畜群饲草料调入使用统计表

苏木　嘎查　负责人　年　月　日

牧户					
上年 12 月末存栏畜数量	小畜： 大畜：	小畜： 大畜：	小畜： 大畜：	小畜： 大畜：	小畜： 大畜：
上年秋季出栏畜数量	小畜： 大畜：	小畜： 大畜：	小畜： 大畜：	小畜： 大畜：	小畜： 大畜：
草料来源					
饲草料提供者电话					
运输车号或司机电话					
调入精饲料数量、种类（玉米等）					

① 2008 年 7 月中华人民共和国农业部根据《国务院关于促进畜牧业持续健康发展的意见》国发［2007］4 号文件精神和《畜牧法》、《畜禽遗传资源保种场保护区和基因库管理办法》、《国家级畜禽品种资源保护名录》等有关文件规定，第 1058 号公告批准发布了由阿拉善左旗申报的国家级阿拉善双峰驼遗传资源保护区和保种场。

② 2010 年 4 月，阿拉善有机骆驼养殖规程。

续表

牧户					
调入粗饲料数量、种类（玉米秸秆、牧草等）					
添加剂饲料数量、种类（维生素、矿物质等）					
调入饲料时间					
喂料的家畜数量、品种					

表 2　有机家畜个体饲草料饲喂档案

苏木　　嘎查　　负责人　　　　年　月　日

本家畜饲喂年月日										
精饲料种类、日饲喂量										
粗饲料种类、日饲喂量										
添加剂饲料、种类（维生素、矿物质等）日饲喂量										

3. 为骆驼治疗疾病和接种疫苗

骆驼协会监督养殖者，禁止使用抗生素或化学合成的兽药、抗寄生虫药对骆驼进行预防治疗，不允许有割畜的尾巴、拔牙等损害动物的行为。需要治疗的牲畜应与畜群隔离，采用多种预防措施仍无法控制骆驼疾病和伤痛时，允许在兽医的指导下对患病骆驼使用常规兽药，对于接受过常规兽药治疗的骆驼应逐个标记。除法定的疫苗接种外，饲养周期不足 1 年的只允许接受 1 个疗程的对抗性兽药治疗。饲养周期超过 1 年的，每年最多允许接受 3 个疗程的对抗性兽药治疗，并对每只骆驼建立有机家畜个体免疫接种档案（表 3）。

表 3　有机家畜个体免疫接种档案

苏木　　嘎查　　负责人　　　　年　月　日

年度	免疫接种时间和疫苗名称			治疗疾病、时间及所用药物	
	第一次	第二次	第三次	第一次	第二次

续表

年度	免疫接种时间和疫苗名称			治疗疾病、时间及所用药物	
	第一次	第二次	第三次	第一次	第二次

4. 规范有机骆驼养殖

骆驼协会为保证有机骆驼养殖过程的真实性，对每户有机骆驼数量、养殖过程进行档案记录，并由其他三名养驼者做公证人，对出售骆驼的档案进行签字，并说明××饲养的××号骆驼饲养过程与销售档案是否属实。如果发现提供虚假证明，有机骆驼提供者所养的骆驼5年内不能按有机骆驼价格收购，并对造成的损失全部赔偿。对提供假证明者3年内其所养的骆驼不能按有机骆驼价格收购，并赔偿相应的损失。

5. 加强有机食品管理

建立有机食品经营管理制度及生产、加工和贸易的档案。未与骆驼合作社签订有机骆驼养殖协议的基地和养驼户，其养殖的骆驼不能按有机骆驼出售。屠宰场应符合国家食品卫生的要求和食品加工的规定，宰杀后的有机骆驼应标记清楚，并与常规的肉类分开。有条件的地方，最好将有机和常规牲畜分别屠宰，屠宰后分别挂放或存放，要在包装上注明批次号、标记，批次号、标记与养殖骆驼户的相应信息对应，给质量追踪提供方便。骆驼商品肉加工记录，要记录加工的全过程、配料、加工时间、批次等。销售产品档案建立：骆驼个体档案与商品肉相符，建立有机骆驼个体（产品）电子档案，实现全国联网查询。

【问题与讨论】

（一）骆驼协会发展瓶颈

在市场经济条件下，协会有自己特定的位置和不可替代的作用，有着广阔的活动舞台和良好的发展机遇。阿拉善骆驼协会处于起步阶段，工作经验不足，各方面的底子薄弱，虽然做了一定的工作，但在运作过程中仍遇到不少困难和问题。当前面临的困难主要是：

1. 组织运作资金短缺

骆驼协会经费来源有许多渠道，如会费、捐赠、企业赞助、政府资助、在核准的业务范围内开展活动或服务的收入及利息等，多重筹资手段是保证其发展的重要因素，但是由于受当地的政治、经济、文化等因素的影响，骆驼协会筹集资金的方式较为单一，主要是会费和政府、企业赞助，这种筹资模式是其发展的瓶颈。会费的来源渠道比较狭小，并且数量少。骆驼协会的负责人指出："对于牧民按户进行会费的收缴，每户5年300元，这样每年每户60元，而且收缴的情况不是很好，对于开展的各项活动，由于缺乏资金的支持也难以进行。要聘用的人员没有资金的支持是行不通的，因此，资金的不足是协会发展最大的瓶颈。协会应该扩宽资金来源渠道，争取政府的财政支持，并且力劝有实力的企业进行赞助。"① 骆驼协会资金不足具体表现为两个方面：一是管理资金严重短缺，这在很大程度上限制了组织聘用专业技术人员及高级管理人员，出现服务功能薄弱，设施不足等问题，影响组织的进一步发展和全局工作的进程；二是组织成立后，资金筹措及运作困难，既缺乏有力的财政支持，对已有的政府财政支持的运作管理缺乏有效的制度保障，这些都严重影响和制约组织作用的发挥。

2. 人才紧缺、专业人员较少

人力资源是一个组织运作的核心，组织如果缺乏优秀的专业人员，则会陷入发展的窘境，骆驼协会是近年来兴起的社会组织，同样需要、吸引、留住人才，但由于组织地处我国西部地区，当地经济发展相对滞后，人们的生活和工作环境较差，工资福利待遇低，所以，阿拉善双峰骆驼协会的理事大多是常年的志愿者，并且是已退休人员，他们缺乏对现代办公工具的使用知识。协会的现代化办公没用专业的人员进行操作，只能靠传统的技术手段进行工作，导致办事效率低，缺乏协会自身的网站和报纸，使其与外界几乎隔绝。因此，如何引进专业人才，促进骆驼协会专业化，如何为现有工作人员提供学习培训的机会，使其更好地掌握组织管理和运作方面的知识，已成为一个亟待解决的问题。

3. 组织管理体制不完善

随着社会的发展，民间组织逐渐形成维持组织生存和发展所必需的机构、管理体系、组织规章制度等。组织的管理体制主要表现在机构的设置与制度的建设上，机构设置是否能够满足开展组织活动的需求，制度是否完善以保障活动的有效进行，关系到组织的运转效益。骆驼协会虽然成立

① 2012年8月24日，笔者在内蒙古阿拉善骆驼协会访谈记录。

已有 7 年的时间，但在组织的机构设置与制度建设上还处于探索阶段，会员的登记、发证、立档造册、征缴会费及基层的管理体系还未规范起来。在制度方面，骆驼协会以成立之初的章程作为组织的制度规范，没有制定更为具体的制度如财务制度、监督制度、宣传制度、人员管理制度等，制度不完善会使一些事务无章可循，影响组织的效率。

（二）协会的工作定位和发展方向

阿拉善是一个荒漠边远地区，骆驼协会要兼顾适应当地环境的优良畜种的保护工作，保持社会、经济、文化的可持续发展。阿拉善的草原、骆驼和牧民都是游牧文化的载体，三者是一个有机结合体，缺一不可。骆驼协会促进骆驼产生发展应该从开发产品做起，但受特定生态承载能力的限制，特别是技术、交通、信息、资金等诸多因素的影响，使骆驼的绒、肉、乳产品的研发滞后，骆驼产品的商品率和价值偏低，从而导致骆驼产业不景气，所以，阿拉善骆驼协会以开发骆驼产品为突破口，以产业发展来推动保护骆驼资源、保护生态、提高牧民收入。

1. 健全管理体系

阿拉善是骆驼的故乡，在阿拉善盟各地区都有不同数量的骆驼分布，骆驼协会所涉及的服务区域辽阔（阿拉善盟管辖 3 个旗、30 多个苏木镇、1128 个养驼户），组织、管理、服务工作繁重，组织资金短缺，牧民的信息、服务、管理工作滞后，使协会的管理工作未能规范化运行。骆驼协会为了便于管理，及时沟通信息，协调工作，一方面，在阿拉善盟范围内建立了若干个骆驼产区，配合骆驼专业合作社，分片管理，分类指导各项工作。逐步建立起上下信息交流网络体系，进行目标化管理。同时骆驼协会完善骆驼产区服务点和联络网的管理体系，进行季节性流动服务，给牧民及时提供政策、价格、技术信息和商业服务。另一方面，骆驼协会需要健全内部管理的各种规章制度，如人员录用制度、会计制度、工资制度、项目制度等，以使协会的各项活动尽可能有制度可依，有规章可寻。协会需要聘请独立的审计、会计人员对协会的资金进行监管，使协会日常工作逐渐走上规范化道路。

2. 发挥桥梁作用

骆驼协会要合理定位，积极寻找服务空间，合理确定活动领域、活动方式、活动范围，通过各种媒体和手段与外界交流，增强与政府、民间组织、公众的合作与协调能力，树立一个良好的公众形象，赢得公众的信任、支持。协会作为一个非营利民间机构，它的最大功能是在一个行业或者某一区域内协调个人与个人、群体与政府的关系，起到社会各群体之间的桥梁和纽带作用。骆驼协会提倡科学养殖，在文化、技术、信息的带动下，促使骆驼事业保持可持续发展。协会的工作重点是服务于广大养驼牧民群众，包括给牧民传递信息、举办技术培训、支持各项牧民文化活动。如，在牧民自愿的前提下由协会做中介，公司、牧民、合作社三方签订骆驼绒毛收购协议，采取先加工、后付款、分利润的方法销售驼绒，增加牧民收入。

3. 拓宽经费来源渠道

“中国的社会团体在改革的实践中，已比较成功地建立起 4 条经费来源渠道：一是财政的拨款或专项支持，二是会员的会费与民间捐赠，三是举办各种公益性服务事业的收入，四是创办公司企业的税后利润提成。”[①] 近几年，骆驼协会努力吸收一些爱好骆驼事业，扶持骆驼文化和游牧文化，生产骆驼产品，服务于公益事业的企业、事业单位和个人为会员单位，这样可以扩大资金来源的渠道，同时协会积极争取国家财政补贴或项目投资来壮大资金实力。在进入外部市场方面充分发挥养驼牧民专业合作社作用，这在一定程度上解决了协会的资金问题。

4. 保护骆驼文化

骆驼文化是阿拉善独特的文化形式，是阿拉善牧民的精神面貌。骆驼协会通过保护和发展骆驼文化，振兴阿拉善沙漠旅游、文化体育、骆驼奶食品等产业，以骆驼文化带动地方特色经济的发展，提高养驼牧民的副业经济收入。主要方法有：（1）大力支持牧民群众举办形式多样的骆驼文化活动或体育活动，提高骆驼的役用性能；（2）积极参与驼背旅行事业，提高骆驼役用经济效益；（3）鼓励牧民做好、做强骆驼奶食品，努力培育骆驼奶食品市场，开拓骆驼经济性能的多样化；（4）收集骆驼生态习性特点的资料，丰富骆驼文化，规范骆驼文化，提升骆驼文化层次。

5. 引进与培养专业人才

民间组织的有效运作需要工作人员的参与。如果说物质支持是组织开展工作的前提，那么工作人员是民间组织开展活动的重要推动者和实施者，这两个条件对组织而言，缺一不可。骆驼协会的负责人指出：“我们需要本地人才、联络人才、宣传人才。协会现在的主要人员是退休干部，这些老干部想发挥余热，但是跟不上时代的步伐，在语言、文化、民族等方面有阻碍，都以志愿为主。协会需要年轻血液，还要这些年轻人具有无

---

① 沈晓丹：《社会团体暨基金会向民间组织发展的困扰与对策》（一），载《科学与科学技术管理》1996 年第 1 期。

私奉献的精神。最好是老中青结合的工作人员。"① 因此，应该从以下几方面加以完善：首先，通过举办培训班，聘请大专院校、科研单位的专家、教授进行政治、管理、法律法规等方面的专业培训和职业道德培训，逐步提高从业人员的业务素质。其次，让现有人才在岗位上施展才能、发挥作用，真正做到人尽其才、才尽其用。最后，政府通过向协会指派大学生村官、西部志愿者、科技特派员等形式，解决协会发展中急需的技术、营销、管理等人才问题。

结束语

内蒙古阿拉善骆驼协会是适合当地民生民情的社会团体，它始终秉承"谋求全体养驼牧民的共同利益"的宗旨，致力于保护生态环境、合理发展骆驼产业，提高驼民收入。虽然存在诸如组织运作资金短缺、人才紧缺、专业人员较少、组织管理体制不完善等问题，但是协会按照边发展边规范，以规范促发展的思路，大力营造发展的良好环境，着力提高自身的服务功能。探索利用协会与合作社相结合的道路，促进生态文明、弘扬骆驼文化、发展骆驼产业。

参考文献

[1] 王名、刘培峰：《民间组织通论》，时事出版社 2004 年版，第 257—279 页。
[2] 李俊清、陈旭清：《中国少数民族地区社会组织研究》，中国社会出版社 2010 年版，第 235—242 页。
[3] 陈旭清：《中国非公募基金会功能研究》，中国社会出版社 2011 年版，第 2—12 页。
[4] 沈晓丹：《社会团体暨基金会向民间组织发展的困扰与对策》（一），载《科学与科学技术管理》1996 年第 1 期。
[5] 访谈资料：访谈时间：2012 年 8 月 20—27 日；地点：阿拉善左旗家畜改良站；访谈者：曹芳；受访者：乌尼孟和。

（案例编写者：中央民族大学民族学与社会学学院 2012 级民族学专业博士研究生曹芳）

① 2012 年 8 月 27 日，笔者在内蒙古阿拉善骆驼协会访谈记录。

草原上的马头琴

——内蒙古草原姑娘马头琴艺术团

内蒙古草原姑娘马头琴艺术团成立于2005年5月3日，在艺术家达日玛及其夫人孟根珠岚的带领下，历经四年时间发展壮大，草原姑娘马头琴艺术团于2008年归入政府组织的内蒙古成吉思汗艺术团。在艺术团成立的几年时间里，他们不仅在内蒙古当地进行马头琴表演，还在全国其他地方参加各种形式的演出，传播马头琴文化。在继承以往马头琴演奏形式的基础上，艺术团第一次将由男性演奏的表演模式改造为女子站立式表演，这是马头琴表演艺术的历史性突破。艺术团不仅发扬和传承了马头琴文化，同时还将马头琴艺术传播到全国各地，甚至世界范围内，推动了马头琴文化的发展，弘扬了蒙古族的民乐文化。

一、组织成立背景

（一）社会背景

蒙古族马头琴历史悠久，它一直伴随着民族的产生与发展。在长期的历史发展中，马头琴形成了带有鲜明地域色彩的不同流派，这些流派又与蒙古族内部和外部的聚散离合以及历史变迁密切相关，承载了丰富的历史文化信息。近几十年来，马头琴的发展遇到了严重困难，马头琴传承人日渐稀少，曲目失传现象严重。在这种情况下，一些学校开设了马头琴专业，促进了马头琴艺术继续传承和发展。内蒙古师范大学、艺术学院、民族艺术学院、影视艺术学院等院校的马头琴专业对马头琴知识的普及、演奏技术的统一和马头琴艺术体系的确立，发挥了重要作用。但是，由于马头琴专业的特殊性和地域性极强，马头琴艺术传播条件不成熟，毕业生在就业方面受到了一定限制。

（二）文化背景

马头琴是蒙古族牧民非常喜爱的古代长调民族乐器。它音色柔和优美，悠扬动听，表现力很强，能够表现出蒙古人的生活，如辽阔的草原、呼啸的狂风、奔腾的马蹄声和欢乐的牧歌等，极为适合在草原上演奏。马头琴不但能在正式场合演奏，也出现在民间婚典和亲友聚会等日常活动中。因此，具有深厚的社会和民俗传统基础，发挥着传播文化、陶冶情操、移风易俗等社会功能。马头琴在蒙古族文化中极受尊崇，在民族文化艺术漫长的发展过程中，已成为民族文化极为重要的表现形式。发扬和传承马头琴艺术不仅是蒙古族人民的迫切需求，同时也是保护民族乐器和民族文化的重中之重，具有重要的现实意义和深远的历史意义。

（三）发起人背景

达日玛，全名达日玛巴扎尔，蒙古族马头琴演奏家、国家一级演员，1944 年出生于鄂尔多斯杭锦旗。经过父亲的精心指导和自己的勤学苦练，13 岁便能演奏不少民间乐曲，并多次参加民间文艺比赛活动。14 岁被鄂托克旗乌兰牧骑选拔为正式成员。21 岁那年，即 1965 年，有幸被选中参加由中央宣传部、内蒙古自治区政府举办的“乌兰牧骑全国巡回演出团”的演出活动，取得可喜成绩。1966 年（内蒙古直属乌兰牧骑正式成立之时）是达日玛艺术生涯的转折之年，由于他的出色表现，被直接选拔到了自治区直属乌兰牧骑，成为首批成员之一。他对马头琴演奏艺术的兴趣也是从这个时候开始的，先后拜师于阿嘎旺希拉布、桑都仁、巴拉贡三位马头琴大师的门下，学习和掌握了马头琴演奏方法和技巧，为其在马头琴事业上的发展，打下了牢固的基础。

离开工作岗位后，他退而不休，先后被聘为教授、荣誉教授，在内蒙古师范大学、艺术学院、民族艺术学院、影视艺术学院等院校教授马头琴专业。2005 年 3 月，达日玛亲手组建了内蒙古第一支“草原姑娘马头琴艺术团”，由 12 名风华正茂，艺术天赋很高的青少年女子乐手组成。她们拉、唱、舞的“立式”演奏风格，在 2008 年 5 月举办的“蒙古国——世界首届马头琴艺术节”上获得金奖，受到各国艺术家们的赏识。

在达日玛 50 多年的艺术生涯中，他先后随团出访美国、加拿大、日本等 20 多个国家，全国 30 个省市自治区巡回演出，共完成演出 6000 多场次，在全国、全区专业文艺调演、汇演中多次获得殊荣。他先后共创作了马头琴独奏、二重奏、四重奏、五重奏、舞蹈、歌曲近 200 首（部）风格、形式和题材各异的音乐作品。如《草原新歌》、《赛马》、《新春》、《锡尼河畔》、《那达慕之夜》等优秀马头琴曲目代表作，广为流传。1983年他改革和试制的白松面马头琴获国家轻工业部优秀产品奖，呼和浩特市科技进步一等奖。1989年他研制的金属弦马头琴荣获文化部科技进步三等奖。1990年他研制的蒙古"胡尔"获文化部科技进步四等奖。1996年荣获首届全国《色拉西》马头琴大奖赛特别奖。2005年8月，他研制发明的"立式"演奏马头琴的琴托获国家发明专利证书。2008年5月6日，他的三篇论文《马头琴改革设想》、《马头琴漫谈》和《关于草原姑娘马头琴艺术团》，分别以蒙古文、英文、德文、俄文、日文刊登在《世界蒙古族文学艺术科学宝库》一书里。2010年8月23日荣获内蒙古党委和自治区政府的文化艺术突出贡献金奖。

二、组织基本情况

（一）组织概况

草原姑娘马头琴艺术团成立于2005年，成立之初的目的是帮助学习马头琴的学生解决未来就业问题，由于这些学生文化水平不高，自身综合素质相对较低，毕业之后面临严峻的就业问题。于是，达日玛老师及其夫人孟根珠岚萌生了为这些学生组建马头琴艺术团的想法，希望借此帮助学生继续追求艺术道路。这样不仅使学生们的基本生活得到了物质保障，同时还帮助他们实现了个人的艺术理想。艺术团由12名来自牧区的蒙古族青少年女子组成，在达日玛及其夫人孟根珠岚的带领下参与活动，并有一名经纪人协助艺术团商业演出等活动的沟通与联络。艺术团注册资金12万元，全部来自达日玛和孟根珠岚的自筹资金。艺术团成立之后，一直由一名经纪人协助艺术团进行商业演出等活动，后期，经纪人意外突发心肌梗塞离世，在没有经纪人协助管理演出活动的情况下，艺术团的演出联络工作全部由达日玛老师及其夫人孟根珠岚完成。2008年，达日玛老师病情严重，在接受手术治疗康复之后，艺术团成员、演出服装和器材等资产全部归入政府组织——内蒙古成吉思汗艺术团，并作为成吉思汗艺术团马头琴组合继续演出。

（二）组织发展历程

草原姑娘马头琴艺术团主要分为三个发展阶段：

第一阶段，从2000年起，达日玛老师开始培养来自牧区各地前来拜师学习马头琴的蒙古族姑娘。培养期间，达日玛自筹资金购买音乐器材，在排练室教授马头琴课程，并教授创新的“立式”表演和演奏技巧。孟根珠岚主要负责教授姑娘们舞蹈动作，并将马头琴演奏与舞蹈动作相结合，排练出歌舞与马头琴表演相结合的演出作品。

第二阶段，经过五年的精心培养，出于对学生未来发展的考虑，达日玛老师及其夫人孟根珠岚一起策划筹建了“内蒙古草原姑娘马头琴艺术团”。在经纪人的运作下，艺术团不仅在内蒙古当地参加了社区演出、商业演出、晚会演出等各类演出活动，还将演出事业发展到了南方各省，在业界取得了较高名望。艺术团因其新颖的表演模式和精湛的演奏技巧，获得了全国各地的演出邀请。

第三阶段，在经纪人去世之后，艺术团的演出事宜主要由达日玛和孟根珠岚负责，虽然之前艺术团已经取得了辉煌的成就，但相比之前，受到了很大的影响。2008年，艺术团在蒙古举办的首届世界马头琴艺术节上，作为代表中国的唯一一支立式演奏马头琴的艺术团，获得了世界马头琴艺术节的最高荣誉。从此，艺术团在世界范围内引起了巨大震动，创新的演奏模式和高超的歌舞技能在世界马头琴艺术界独树一帜，并收到了来自法国、日本和加拿大等国的演出邀请，名震一时。

（三）机构设置

草原姑娘马头琴艺术团自成立之初共有15人，其中孟根珠岚为艺术团总负责人，综合协调处理艺术团日常事务，负责艺术团的财务预算与管理，掌握资金使用情况等；同时，孟根珠岚还作为舞蹈老师，指导艺术团成员学习舞蹈动作，并将舞蹈艺术与马头琴演奏融为一体，确定作品的最终表演形式。达日玛作为马头琴指导老师，负责制定培训计划，指导艺术团成员学习马头琴演奏知识和技巧，并负责演出服装和乐器的设计、挑选及购买。经纪人主要负责对内、对外各种演出的协调与联络，包括全方位包装艺术团形象，帮助艺术团联系演出，打造人际关系平台等工作。艺术团表演成员为12个来自牧区不同地方的蒙古族姑娘，最小年龄14岁，最大年龄18岁，文化程度较低，主要学习马头琴演奏技巧，并赴各地进行马头琴表演。

（四）经费来源及使用情况

草原姑娘马头琴艺术团最初注册资金全部来自于达日玛和孟根珠岚的

自行筹款，这部分资金主要用于马头琴训练场地租赁费、服装费、乐器购买费用及艺术团成员工资。后期，艺术团的经费主要来源于达日玛创作歌曲作品的作曲费和艺术团的各种商业演出、社区演出和晚会演出等活动。艺术团对于演出活动无统一定价，只要机会合适即可演出，外地演出费用在每个月四万到五万元人民币，所获演出费用主要用于制作演出服、更换乐器、歌曲制作费、支付艺术团成员工资及攻读内蒙古民族大学本科学费。

（五）成员的吸纳与发展

草原姑娘马头琴艺术团的最初成员全部是达日玛老师的学生，她们来自牧区不同地方，文化程度不高，学习马头琴长达四到五年。后期，其中一名成员由于不服从艺术团学习安排，一名成员由于找到其他工作的原因，均退出艺术团，艺术团变为由 10 人组成，这些成员一直保持到艺术团归入政府组织。艺术团对于成员的培养包括两个方面：一是提高她们的科学文化水平，帮助她们获得本科学历文凭，达日玛老师与内蒙古民族大学协议，自费培养，自授课程，每年参加内蒙古民族大学组织的考试，学分修满之后，由内蒙古民族大学授予本科学历；二是教授马头琴知识和演奏技巧，带领成员们赴各地演出，积累演出经验，最终帮助他们获得独立演奏马头琴和独立进行马头琴教学的能力。

艺术团 10 名成员均获得国家级演员职称，内蒙古民族大学本科学历，其中两名成员成为从事马头琴教学的老师，一名在成吉思汗艺术团马头琴组合，其他几名也继续从事与马头琴相关的工作，艺术造诣不断攀升。她们从事的工作将马头琴艺术继续发扬光大，在自己力所能及的范围内普及马头琴知识，教授马头琴演奏技巧，使更多的人接触到马头琴这一伟大的蒙古族乐器，让马头琴的歌声飘到更远的地方。

三、开展的主要活动

（一）演出活动

1. 举办社区演出

由于马头琴深受当地群众喜爱，艺术团在当地剧场每周都有固定场次的演出，并在群众中产生了良好反响，马头琴艺术已经融入老百姓的日常生活中。在夏季，艺术团还参加了乌审旗百日消夏广场文化活动，在炎炎夏日为当地百姓带去了一场又一场美妙绝伦的演出。艺术团将优秀的马头琴作品与舞蹈艺术相结合，不仅演奏马头琴，同时在演奏的过程中载歌载舞，新颖的演出模式赢得了广大群众的一致好评。草原姑娘马头琴艺术团冲破男子演奏马头琴的传统，以歌舞结合的新型表演模式在社区演出中占有了一席之地。由于社区演出的条件限制，演出报酬并不高，每场约在一到两千元人民币左右。

2. 参与商业演出

草原姑娘马头琴艺术团突破传统的新颖表演模式不仅在当地产生了良好反响，这种影响还逐步蔓延到全国。艺术团小有名气之后，在经纪人的运作下，被邀请到全国各地参加商业演出。艺术团在当地蒙古大营进行常规性固定演出，蒙古大营主要包括篝火晚会，婚礼庆典，老人祝寿等活动，艺术团作为表演者在活动中进行马头琴表演。由于地域特色和民族乐器的魅力，艺术团也得到了在广大南方地区的商业演出机会。艺术团在一些酒店进行常驻演出，时间最长为两个月，每月收入在5万元人民币左右。艺术团还在一些企业的活动中参加演出，如中国移动爱心创业晚会。

3. 参与政府或其他组织演出

由于草原姑娘马头琴艺术团在全国的声名鹊起，艺术团受到了全国各地人民的喜爱，政府及其他一些组织也邀请艺术团在活动中进行马头琴表演。艺术团曾受邀参加过内蒙古春节晚会、元宵节晚会、心连心艺术团演出、内蒙古人民广播电台音乐之声、蒙古歌曲演唱电视大奖赛、鄂尔多斯市民歌大赛颁奖晚会、庆祝内蒙古科技大会召开晚会等大型活动。2008年，艺术团受邀参加在蒙古国首都乌兰巴托国家音乐馆举办的首届世界马头琴艺术节，并作为代表中国的唯一一支立式演奏马头琴的艺术团，精彩的表演给蒙古国的观众带去了传统与现代完美结合的马头琴音乐，并最终获得了世界马头琴艺术节的最高荣誉。

（二）培训活动——与高校联合培养

内蒙古草原姑娘马头琴艺术团的成员全部来自牧区各个地方，她们普遍文化水平低，受教育程度低，缺乏良好的受教育条件。达日玛老师与内蒙古民族大学协议联合培养艺术团成员，培养计划要求艺术团向内蒙古民族大学缴纳艺术团成员的本科学费，艺术团成员的课程全部由达日玛及其夫人孟根珠岚老师共同承担，并于每学期期末参加内蒙古民族大学组织的统一考试，学分修满之后，内蒙古民族大学授予艺术团成员相应本科学历文凭。艺术团有独立排练场地组织马头琴教学，由于艺术团成员具备一定的马头琴艺术功底，所以每天由达日玛老师根据学生对马头琴演奏的掌握情况进行逐个指导，然后艺术团全部成员共同完成一首马头琴作品的演奏。当一支马头琴作品能够顺利演奏之后，孟根珠岚根据作品将编排的舞蹈动作教授给艺术团成员，最后完成对作品的完整演绎。

（三）科研活动

历史上的马头琴，由于种种因素的局限，其选材、制作、工艺、音质、音效，不尽如人意的地方很多，很难适应新时期舞台艺术的要求。为了彻底扭转马头琴自身存在的不足和窘状，20 世纪 50 年代中、晚期起，马头琴先师桑都仁率先发起对马头琴的改革。后来，社会上开始对马头琴这件民族乐器有所需求和认同，当时已有一定知名度的青年马头琴手齐·宝力高接手桑都仁老师的事业，在同是马头琴手的达日玛协助下，完成了马头琴的蟒皮蒙面共鸣箱的改革。有了蟒皮蒙面马头琴的成功经验，达日玛又与桑都仁老师经过仔细分析研究，经制琴师灵巧的双手配合，最后终于制作成了木面共鸣箱马头琴。现在社会上使用广泛的马头琴就是这款版本的马头琴，它的抗气候影响度、稳定性、表现力、科学含量均超过前者。从此，马头琴的形制、构造、工艺走上了标准化的道路，真正成为琴手们得心应手的乐器。后期，达日玛对马头琴做了进一步的改革，在木面马头琴的基础上对其尼龙弦大动手笔，尝试了缠丝钢线，并取得成功。钢弦马头琴有着灵敏度高、音色纯净、触摸感好、音准类似小提琴及琴弦张弛稳定等优点。

达日玛还研制发明了“立式”演奏马头琴的琴托，用于培训草原姑娘马头琴艺术团的姑娘们，这一发明还荣获了国家发明专利证书。2008 年，达日玛开始对蒙古族古老的“托布秀尔”进行研制和改革，同时还研制改革“弦根雅托嘎”（轻古筝）、“三弦马头琴”、“贝司马头琴”和蒙古民族打击乐等。民族乐器和民族音乐的科研活动已成为达日玛的重要工作之一。

四、组织活动产生的影响

（一）促进了马头琴文化的传播与发展

草原姑娘马头琴艺术团是第一支由女子组成的马头琴演奏团体，它的成立改变了从古至今马头琴只由男人演奏的历史，是对这样乐器演奏方式的历史性变革，为马头琴的传播和发扬做出了重要贡献。立式演奏方式出现之后，可以让更多的人接触和学习马头琴艺术，为这种艺术的传播提供了重要保障。草原姑娘马头琴艺术团成立之后，参加了大量社区演出、商业演出和政府活动，把马头琴艺术以别具一格的方式带到广大人民群众中去，使大家在日常生活中就可以欣赏马头琴艺术表演，并赢得了大家对它的热爱。尤其对于一些南方省份，他们从未见过马头琴这一古老的民族乐器，是艺术团的精湛演出让南方观众有机会欣赏到优秀的马头琴表演，这大大加快了马头琴文化在全国范围内的传播和发展，使之不仅仅存在于内蒙古，而是让马头琴声响彻大江南北。

（二）促进了中国与其他国家之间的文化交流

草原姑娘马头琴艺术团的成功不仅仅局限于国内，而是将歌声、琴声和舞蹈传到了世界各地。2008 年，艺术团在蒙古举办的首届世界马头琴艺术节上，作为代表中国的唯一一支立式演奏马头琴的艺术团，获得了世界马头琴艺术节的最高荣誉。这次成功的演出使得蒙古国第一次认识到中国在马头琴艺术上的极高造诣。这是中国和蒙古之间一次成功的文化交流活动，不仅促进了中蒙之间的良好友谊，而且对未来在文化及其他方面的交流活动都产生了积极重要的影响。艺术团在世界范围内引起了巨大震动，创新的演奏模式和高超的歌舞技能在世界马头琴艺术界独树一帜，并收到了来自法国、日本和加拿大等国的演出邀请。马头琴艺术交流活动不仅可以促进各国之间的文化交流，使两国之间的艺术家互通有无，同时还可以使两国人民之间通过艺术活动增进相互了解，促进中国与其他各国之间的友谊。

五、开展活动的主要特点

（一）科学文化与马头琴艺术双向培养

在内蒙古一些牧区，由于客观条件和传统观念的限制，一些蒙古族子女的科学文化水平十分有限。在科学技术迅猛发展的当代社会，要想紧跟时代的步伐，成为对社会有用的人才，基本的科学文化教育必不可少。草原姑娘马头琴艺术团认识到学历与能力的同等重要性，因此，与高校联合培养，为艺术团成员创造良好的学习条件，她们不仅学习演奏马头琴，同时提升了自身的科学文化水平。这种双向培养模式开启了艺术团成员培训的新篇章，让培养不仅仅局限于艺术的修炼，同时扩充到文化知识层面，培养科学文化素质全面发展的马头琴人才，为马头琴艺术的传承与发扬光大奠定了良好的基础。

（二）立足社区服务，深入百姓生活

内蒙古草原姑娘马头琴艺术团的姑娘们全部来自牧区各个地方，她们从群众中来，又走到民间去表演，与基层群众的生活息息相关。艺术团的表演曲目都是群众喜闻乐见的经典马头琴名曲，如《草原新歌》、《赛马》、《新春》、《思乡曲》、《欢乐牧人》、《锡尼河畔》、《那达慕之夜》，这些都是达日玛老师的获奖代表作，深受当地群众的喜爱。姑娘们不仅演奏马头琴，同时将马头琴与歌舞相结合，充分发挥她们的优势特长，为社区居民带去了形式新颖的马头琴表演。艺术团每周都在当地剧场固定演出，给当地群众的日常生活增添了不少乐趣。马头琴一直作为男性演奏的民族乐器，如今被女性演绎得美妙绝伦，这在帮助当地群众思想进步方面也发挥了重要作用。艺术团姑娘们青春洋溢的表演，让当地群众体会到女性在当今社会可以通过自己的努力绽放出自己的光芒。

（三）借助商业演出，传扬马头琴文化

任何组织要想长久的发展必须依靠强大的资金支持，艺术团正是深切体会到这一点，才抓住一切商业演出机会，将艺术与市场完美结合，不仅维持了组织的正常运营，同时将马头琴艺术传播到全国各个角落。在当地，艺术团将马头琴作为一种旅游资源，通过在蒙古大营的演出，为来自全国各地的游客表演马头琴，使艺术团的运营资金得到了良好保障。艺术团在当地声名鹊起之后，又得到了一些大型企业、酒店的青睐，因此受邀在一些大型晚会、开业仪式等活动中作为表演嘉宾演奏马头琴。在艺术团参与演出的众多商业活动中，南方的活动邀请要多于北方，这就意味着草原姑娘马头琴艺术团将蒙古族马头琴表演艺术传播到了更广阔的范围，使得马头琴艺术在传播的过程中发扬其特有的艺术魅力，将马头琴文化的发扬光大落到了实处。艺术团名声在外之后，不仅得到了来自全国各地的邀请，甚至还得到了来自日本、加拿大等国的盛情邀请，草原姑娘马头琴艺术团将马头琴艺术的魅力传播到了世界各个角落。

（四）参与政府活动，扩大组织影响力

草原姑娘马头琴艺术团在把马头琴艺术发扬光大的基础上，通过参加

政府组织的文艺演出活动和国外文化交流活动，将艺术团的影响力扩大到更广的范围，让更多的群众接触并了解到马头琴艺术的博大精深，使古老的马头琴文化得以传承和发展。艺术团曾受邀参加过内蒙古春节晚会、内蒙古人民广播电台音乐之声、蒙古歌曲演唱电视大奖赛、庆祝内蒙古科技大会召开晚会等大型活动，能够在这些活动中表演是专业人士对于草原姑娘马头琴艺术团广泛认可的结果。同时，这些活动还帮助艺术团通过电视媒体和新闻媒体进行传播，使更多的人接触到马头琴艺术的魅力，将马头琴艺术推向了范围更广的受众群体。2008 年，艺术团受邀参加在蒙古首都乌兰巴托国家音乐馆举办的首届世界马头琴艺术节，并作为代表中国的唯一一支立式演奏马头琴的艺术团。来自中国、日本、俄罗斯及美国的马头琴演奏家在蒙古国国家音乐馆进行了长达 4 个多小时的不间断演出。其中，中国内蒙古草原姑娘马头琴艺术团精彩的表演震撼了整个蒙古国，并最终获得了世界马头琴艺术节的最高荣誉。中国蒙古族马头琴艺术第一次在世界级艺术节上得到全世界范围内的认可，艺术团的影响力至此扩大到全世界，将中国蒙古族马头琴文化的发展提高到了前所未有的历史高度。

六、组织存在的困难与问题

（一）运营资金相对不足

资金不足几乎是每一个非政府组织面临的首要问题，草原姑娘马头琴艺术团也不例外。组织在创立之初的启动资金就来自于达日玛和孟根珠岚的自发筹集，这些资金不仅需要用来租借排练场地、购买乐器、制作服装，同时还包括艺术团成员的学费和工资支出。艺术团的资金来源主要有两种方式，其一是达日玛老师作曲酬劳，其一是艺术团外出演出报酬。政府一般只对民族乐器书籍编写、乐器改革研究等方面进行资金支持，而对于艺术团一类的非政府组织没有相关政策进行扶持，因此，艺术团一直处于无外来捐助，自给自足的状态。由于演出市场的不确定性，艺术团资金来源极其不稳定，所以使得艺术团的周转资金无法得到保障，严重阻碍了艺术团的发展。艺术团又是区别于一般非政府组织的文化类组织，要想获得良好的发展，就必须在很多方面花费大量资金。首先，作为艺术团体需要精良的乐器和精致的服装，才能达到最好的艺术效果；其次，艺术团的作品要想在更多的渠道传播，必然要录制歌曲及演出作品；最后，艺术团要想扩大自身影响力，需要与传统媒体合作宣传，然而，艺术团无力承担媒体报道的高额费用。在制作歌曲的过程中，达日玛老师得到了往日的学生大力支持，为艺术团的日常支出节省了很大一部分，但这并不是长久解决问题的办法。艺术团自负盈亏的状态一直持续到归并入国家组织。

（二）活动缺乏安全保障

草原姑娘马头琴艺术团在国内外声名鹊起之后，受到了来自海内外的众多商业演出邀请。在国内商业演出期间，曾发生过合约方在达日玛老师不知情的情况下，额外要求艺术团成员从事陪酒工作的意外事件，这对艺术团成员的人身安全形成巨大隐患。由于这些艺术团姑娘社会经验不足，缺乏相应的安全意识，警惕性不高，因此，出现了难以预估的意外事件。艺术团的商业演出大部分集中在南方各省，由商家提供食宿，艺术团属于被动方，在缺乏安全意识的情况下，很容易被商家利用。一旦因意外情况终止演出，后期演出经费也随着合同的提前解除无力追讨，这就使得艺术团不仅在人身安全方面得不到及时有效的保护，在劳动所得报酬上也承受了巨大压力。草原姑娘马头琴艺术团震撼人心的演出不仅在国内产生了巨大影响，还将美丽的马头琴声传到了海外各国。日本、加拿大等国纷纷邀请艺术团前去进行商业演出，但出于对之前在国内商业演出期间发生不可控制事件的考虑，一切演出要以人身安全为基本前提，艺术团决定放弃国外商业演出机会。艺术团作为一个民间组织，一旦在境外发生意外事件，将无力承担这一巨大责任。

（三）人才资源易流失

草原姑娘马头琴艺术团在成立初期，主要以培养艺术团成员的文化知识和马头琴技能为主，没有良好的工作前景和明确的发展目标。在此期间，一些艺术团成员由于找到工作，动摇了学习马头琴艺术的决心，所以放弃了继续留在艺术团深造的机会。艺术团在全国取得演出成功之后，很多艺术团体或者其他机构向艺术团成员伸出了橄榄枝，期待这些成员转入他们的组织。随着演出的不断增加，艺术团的收入也在慢慢增长，但由于艺术团维持正常运营的资金并不十分充裕，艺术团成员们在更高收入的诱惑下就会选择离开艺术团，流向条件更加优越的演出团体。每一位艺术团成员都是在达日玛老师和孟根珠岚老师精心培养下，提高了自身的马头琴演奏技巧，并在马头琴表演艺术上取得了卓越的成就。一旦培养成才的成员选择离开艺术团，对于整个艺术团来说是巨大的损失，因为培养一名优秀的马头琴表演艺术家需要耗费大量的时间、精力和金钱。在当今市场经济的作用下，越来越多从事艺术的工作者经不住商业模式的诱惑，渐渐偏离了自身的艺术道路，这不仅不利于自身对于艺术追求的目标、同时损害了民间艺术的正常发展和传播，使得民族文化的传扬受到了严重影响。

（四）缺乏相关政策支持

目前，我国现行的社团管理体制于1988年确立，《社会团体登记管理条例》规定，任何一个民间组织注册必须先找一个政府部门作业务主管单位，然后才能到民政部门登记注册，这就是我国的社团双重管理体制，即由登记管理机关和业务主管单位分别行使监管管理职能，严格限制NGO通过登记合法化。有关非政府组织法规和政策不完善的现状，在今后一段时间内将会严重影响非政府组织的有序发展。另外，我国非政府组织的注册登记实行“高门槛”限制，即要想注册一个非政府组织必须要与正式组织挂靠，有一定数量的资金保证，这种管理方法使一般纯非政府组织很难注册登记。它所造成的后果是，只有一部分民间组织按照规定在民政部门登记注册，而大部分民间组织则处于非法的状态，而它们所做的，却是社会需求极大的公益性活动。

非政府组织在中国面临的较为突出的问题是现行法规和管理体制不利于其发展。由于政府主要扶持马头琴教学书籍的编写和民族乐器改革这一类的文化项目，草原姑娘马头琴艺术团不受政府直接领导，也没有得到过政府在资金、技术、政策和管理方面的任何帮助。艺术团在运营的几年里，完全依靠自身的努力维持组织正常运转。这种法律法规下的非政府组织在开展活动的过程中，会受到来自不同方面的条件约束，不利于组织发展和组织目标的实现。艺术团在缺乏相关政策支持的情况下，在组织运营上也曾遭遇一些困难和挫折，极大限制了艺术团的良好发展，也因此影响了马头琴文化的传承和发扬。

（五）内部管理制度不规范

由于艺术团规模小，成员少，艺术团日常以各种演出活动为主，而忽略了艺术团内部机制的规范性。艺术团的组织工作任务主要集中在达日玛和孟根珠岚以及经纪人身上，其他成员主要以学习和演出为主，没有管理艺术团成员的行为规范和组织制度。在缺乏内部管理制度的情况下，个别艺术团成员自身约束力不够，不按时参加艺术团的排练，擅自外出活动，严重影响了艺术团的正常排练进度。艺术团对于成员的管制没有相应的制度要求，因此，在决定艺术团成员去留问题上也没有明确的规定，只能依据管理阶层的综合决定。从长期来看，缺乏内部管理制度会影响组织工作效率，给组织的长远发展留下严重隐患，使得组织目标难以顺利实现。

（六）缺乏长期整体规划

内蒙古草原姑娘马头琴艺术团一开始成立的目的就是为了解决学生的生存和就业问题，并没有计划扩大组织规模，因此没有制定组织长期发展规划。艺术团的活动由于受种种不确定因素的影响，没有可持续性，因此无法制定长期的活动计划，也使得组织的长期发展受到了一定影响。一个组织若要长期生存和发展，必须要有组织的长期发展战略规划，这样才能有计划的实现组织目标。

【讨论与思考】

（一）组织吸纳非政府组织的相关问题

1. 非政府组织得到全面扶持

（1）组织运营资金得到保障。非政府组织在最近几十年取得了较快的发展，但是在资金筹集的问题上还是困难重重。据调查，我国非政府组织最主要的收入来源是政府提供的财政补贴和财政拨款，该项来源几乎占了非政府组织所有来源的一半，其余部分有其他资金来源途径，如会费、服务收费、社会和私人捐赠。对于一些地区的非政府组织来说，政府的资助并不足以维持组织的正常运转，甚至有些地区的组织由于一些原因，基本得不到政府的援助。会费和服务收费是非政府组织依靠的主要资金来源，这笔资金收入相对稳定。社会和私人捐赠的资金数目往往是非政府组织的最大笔资金来源，但是这部分资金并不稳定，需要依靠社会或者个人的力量，在公益类组织信任危机重重的今日，组织往往难以获得这一部分资金收入，除非是一些由名人参与发起、组织规模大、影响范围广的非政府组织才能有号召力得以实现。非政府组织归入国家组织之后，由政府负责运营资金的拨付和管理，大大减少了组织运营过程中的资金压力，组织再也不需要为了运转资金而四处奔波，也不需要为资金所迫去做一些与组织发展没有直接关系的劳动，组织可以潜心钻研如何完善组织活动、如何管理组织以及组织未来的发展方向等方面的规划和设计。

（2）组织成员待遇稳定优厚。非政府组织员工的工资一般来自组织收取的会费和服务费用，由于活动的不稳定造成这一部分收入的不确定性，因此员工的工资得不到根本的保障。一些非政府组织由于资金运转问题，经常会拖欠员工工资，对员工的个人生活影响很大。在非政府组织归入国家组织之后，组织成员的相应待遇也转为国家组织的职工待遇，这样就大大提高了员工工资待遇的稳定性和优越性。国家组织会根据组织规定给予组织成员相应的工资待遇，同时作为国家组织的成员，在评定国家级演员职称的时候具有一定优势，有利于组织成员未来的职业发展。

（3）组织管理模式系统化规范化。中国非政府组织的能力长期以来缺乏对已有资源有效管理的能力和发展的潜能，既不具备制定合理工作方案的能力，也不具备实施工作方案的能力。具体表现在组织没有一个合理的治理结构，不能有效调动员工的积极性，缺乏持续发展的能力。一些非政府组织在成立之初并没有制定组织管理制度、规划目标、人事管理制度等相关统领组织发展的制度文档，组织长期处于缺乏规范化管理的状态。发生问题时，组织没有规章制度可循，完全依照管理层的个人意志和情感处理问题，长此以往组织容易出现管理混乱、相互扯皮、徇私舞弊等不良现象，不利于组织的长期可持续发展。国家组织有自己严格的管理制度和目标规划，并会针对组织发展定期对管理制度和目标进行重新规划，以确保制度规划紧跟组织发展的步伐。成熟的管理模式可以帮助组织在发展的过程中少走弯路，顺利完成组织设定的短期目标，并最终帮助组织实现长远目标。

（4）组织实现可持续发展。任何一个组织都应在发展的过程中考虑到发展的可持续性，非政府组织虽然是民间发起的草根组织，但也应该考虑其长远发展的组织目标和方向。实现可持续发展需要有一个非常有效的管理体系。因此，提高决策与管理能力就构成了可持续发展能力建设的重要内容。非政府组织加入国家组织之后，高素质的决策人员与管理人员综合运用规划、法制、行政、经济等手段，建立和完善可持续发展的组织结构，形成综合决策与协调管理的机制。国家组织不仅在管理机制上有可持续性的规划和展望，在技术和教育方面也具有前瞻性和长远性，可以有效地为可持续发展的决策提供依据与手段，促进可持续发展管理水平的提高，最终实现组织全面可持续发展。

2. 对于非政府组织的不利影响

（1）组织活动形式受限制。非政府组织为维持组织正常运营需要一定资金，因此，非政府组织活动形式比较多样化，不会拘泥于具体的活动形式，能够为组织获得资金的形式都会酌情考虑。除活动形式之外，组织在活动内容上也会充分多元化，以迎合不同环境的需要。国家组织的活动形式往往比较固定，文化类的艺术团体主要活动就是为政府活动演出。草原姑娘马头琴艺术团在归入国家组织后，主要演出任务就是为政府领导或到访领导团体表演马头琴，活动演出十分密集，演出形式固定单一。在国家组织进行活动演出，虽然不再像非政府组织时期的四处赶场，但是演出形式的拘泥不化也使得一部分表演者渐渐丧失了表演的激情与乐趣，变得像完成任务一样的机械化。

（2）组织管理官僚化。非政府组织在自身管理的过程中会存在不同程度的问题，加入国家组织之后，这些问题如果处理不好会直接影响组织的融合与发展。组织队伍庞杂之后，又会产生一系列新的组织问题，极易产生组织官僚化。组织层级增加之后，组织需要建立完备的层级化与部门化机制，但实际上政府权力呈现出严重的人格化倾向。尤其在基层行政组织中，占支配地位的权威体系常常是人情伦理。行政组织的合法性，常因领导者素质与能力的不同而不同，公共权力的效能因公务人员的感情、感性、良知而摇摆不定，必然带来行政组织运行的大量非理性和低效率。机构重叠、职能交叉、权责不清，人员的录用往往不是依据严格的规定程序和手续，人员的晋升不是严格依据知识、技能和岗位需要，而是各种非正式关系起作用，出于部门和个人利益的规定过多、过滥，形成局部“制度过剩”。血缘、地缘、人情时常支配着公共权力的方向，致使法律、规则因人而异，缺乏稳定性与普遍性。一些领导者独揽大权、唯我独尊，权力成为压制、排斥异己的工具或假公济私、贪污腐化的手段。失职、越权、滥用职权、衙门作风等不负责任现象司空见惯，造成公共权力的目标移位、资源浪费、效率低下。臃肿的机构消耗大量资源，形成“吃饭”财政；资源使用缺乏严格的计算与控制，效益低下；管理中的许多不确定因素导致选择范围的模糊和管理成本的增加，这些情况都加剧了组织管理的官僚化。

（二）民间文化组织对于国家政策扶持的影响

虽然社会呈现多元的治理格局，政府仍旧掌握着大量资源，非政府组织如果可以探索出与政府合作的新模式，利用政府财力、设施、形象等资源，为自身发展开辟道路，就会使组织发展更加长久稳定。由于政府工作不可能全面覆盖社会生活，尤其对一些民族乐器的关注度不够，在这种情况下，社会组织就发挥了自己的积极作用，填补了政府工作的空白。一旦非政府组织在社会产生一定影响力，势必会提高政府对于此前忽视的社会活动的关注，政府部门应该看到非政府组织拥有的先天优势，在力所能及的范围内对非政府组织给予一定支持。一些政府已经在扶持文化组织方面做出了相关政策支持，如杭州市于2011年发布《关于鼓励和扶持文化类民办非企业单位繁荣发展的若干政策意见》，决议自2012年起，在市相关专项资金中，单独设立文化类民办非企业单位扶持专项资金，每年安排资金500万元，并根据实际需要适当增加，以资助、贴息、奖励等方式，扶持活动好、服务好、有重要影响的文化类民办非企业单位。

对于民间文化组织的扶持，政府还有很多方面可以改进，如文化类民办非企业单位创作的获奖优秀文化作品，按国际、国家级、省级、市级获奖等级，分别给予不同额度的奖励。在取得非营利性组织认定资格后，取得的各级政府资助，按照省级以上民政、财政部门规定收取的会费，社会各界的捐赠收入，免征其所得税。采取国办民营、公助民办、公建民租、民建民办等形式，多途径缓解文化类民办非企业单位用房需求。各区县（市）、街道（乡镇）等可利用闲置房产，支持文化类民办非企业单位发展。有条件的可规划建设文化类民办非企业单位集聚区，为其提供场所和基础设施运行保障。建立国办图书馆、博物馆、文化馆（站）、社区文化服务中心等与文化类民办非企业单位对接帮扶制度，鼓励国有文化场馆免费或低价为文化类民办非企业单位提供排练、展览、演出、藏品保护、科学研究等活动，开展国办文化单位、教育机构对文化类民办非企业单位的业务辅导、学习培训等教育扶持。

参考文献

[1] 董晓宇：《中国行政组织体制的理性化重塑》，载《北京行政学院学报》2006年第6期。
[2] 王名：《中国NGO的发展现状及其政策分析》，载《公共管理评论》2009年第7期。
[3] 董恒宇：《保护草原文化遗产的现实意义——写在“草原文化遗产保护日”》，载《内蒙古统战理论研究》2007年第6期。
[4] 李红梅：《马头琴及其音乐与蒙古族草原文化》，载《内蒙古师范大学学报》2003年第32期。
[5] 李洪军：《马头琴之子——达日玛》，载《实践》（思想理论版）2007年第2期。
[6] 陈华文：《文化学概论新编》，首都经济贸易大学出版社2009年版。

（案例编写者：中央民族大学管理学院2011级行政管理专业硕士研究生强薇）

雪域生态保护与文化传承

——卡瓦格博文化社

在中国的一些少数民族地区，多个民族长期共同生活、生产，形成了多元文化并存的格局。近些年来，受社会发展变化的影响，各种不同甚至对立的观念在撞击和融合。一些少数民族原有的文化，在商业化、现代化的大背景下，面临着如何发展的选择。尽管国家对这方面已经给予高度重视与支持，但在实际操作中，力量还是远远不够。于是，民间组织的有效参与，成为解决这一困境的重要主体。卡瓦博格文化社就是其中的一个典型代表。

一、组织成立背景

（一）该地区的自然地理和人文环境

德钦县地处云南省西北部横断山脉地段。地势西北高东南低，总面积7273平方公里。县城升平镇，海拔3400米，距州府中甸182公里，距省会昆明889公里。全境山高坡陡，峡长谷深，地形地貌复杂。金沙江、澜沧江、怒江构成了“三江并流”，高山深谷褶皱带地貌；金沙江和澜沧江两大水系由北向南纵贯德钦县全境。德钦县属高原性寒温带山地季风气候，具有低纬度高原的立体气候特点，是一个山地面积占国土面积100%的山区县。

该地位于三江流域地带，自然环境呈现出横断山脉的垂直地表和印度洋的暖湿气流共同营造的特色。坐落在河谷高原间的村庄有多种多样的生计方式，不仅是云南西北部典型的地理特征所带来的结果，也是边远山区人们采取与自然相互交流与互动的产物。

（二）当地的历史文化特征

迪庆地区曾经是连接内地与西藏的贸易枢纽之一。在过去，这里多是来往于西藏和内地的商人，而现在那段茶马古道已经废弃。德钦县经济以农牧为主。这里虽曾经是贸易的枢纽，可当地居民却极少走出高原，并没有随着商品集散而流动起来，这里的社区虽或多或少受到内地政治文化的影响，但这种影响还没有大到足以令其发生实质性变化的地步。

德钦藏族人民在漫长的社会生活和生产中创造了弦子。它与当地藏族群众的生产生活、风俗习惯、社会变迁息息相关，是人们不可缺少的精神食粮，是民众自我娱乐，自我教育，讴歌真善美，鞭挞假恶丑的重要艺术形式，不仅受到当地藏族男女老幼的喜爱，也得到了其他民族欢迎。通过歌舞，模拟劳作方式，一些特殊的生产技能、劳动知识和生活常识，一代代传承了下来，特别是在没有文字的年代，弦子舞起到了记载社会历史、生产斗争经验的重要作用。弦子歌词形式丰富多彩，思想内容健康向上，极富哲理，树立人们尊重老人、孝敬父母、关爱幼小的道德风尚，鼓舞人们战胜灾害、克服困难，走向胜利的顽强斗志，陶冶人们悠然自得、积极乐观、和谐相处的思想情操，有着寓教于乐的功能。

“香格里拉”向来有“亚洲文化水塔”之称，现在的人们也把它叫做“大河流域”，是民族迁徙的走廊，众多民族文化在此孕育。从古至今，香格里拉区域一直都是多元文化相互重叠交融、相互碰撞的地域。这里的每一个民族都拥有自己独特而丰富的价值体系、知识体系和社会结构体系。

（三）当地社会发展状况及面临的问题

迪庆地区 20 世纪 50 年代沿袭着传统畜牧业，1972 年以来，当地大规模采伐天然林，1994 年 7 月开发区刚成立时，迪庆最大的林纸企业——纸浆厂刚刚建成投产，一批以木材加工为主的企业入驻，迎来了第一次开发浪潮。使该地形成以农业为基础、采伐原木为经济支撑的格局，木材生产成为支柱产业，这样的光景并没有持续多久。1998 年，全国禁伐天然林，迪庆纸浆厂实行政策性破产，其他木材加工企业纷纷关门走人。

面对严峻的形势，当地的政府，及时调整了开发区的区域定位和经济社会发展思路，发展优势高效农业和非公有制经济以及深化改革试验示范区，迪庆成为具有浓郁民族特色的窗口城市。投资环境的不断改善与优化促进了招商引资工作的大发展，2000 年，相关酒业、畜产品公司纷纷建立。

1. 地质灾害与生态破坏并存的环境

1996年国家将德钦县确定为第二批全国山区综合开发示范县之一，切实把山区的资源优势转变为经济优势，增加了当地人的收入，促进经济的发展，德钦县已在“山区综合开发规划”中把发展旅游业放在了主要地位，同时围绕旅游基础服务设施建设和旅游产品市场规划了其他的支柱产业项目。开发旅游资源这一综合性产业，辐射面大，群众参与面广，为周边农村致富提供众多机会。同时带动民族工艺品和当地名优土特产品的生产和推广。从理论上讲，旅游业是直接在旅游胜地利用自然和人文资源，与传统的产业相比，旅游资源的开发和利用与生态环境的保护、生态建设目标一致而且产生的冲突最小。但德钦县地处特殊位置，金沙江、澜沧江穿行其间，江两岸掩饰裸露，土质松散，水土流失严重。别具一格的旅游资源使决策者和经营者必然充分利用廉价的自然资源，尽快尽多地将其转化为经济增量指标。对自然资源过度的开发利用，使原本脆弱的生态系统更是“雪上加霜”，不堪重负。

2. 现代化进入对传统文化的冲击

迪庆是个开放县，由于梅里雪山的闻名，很多户外爱好者都会选择这个地方作为徒步的理想去处。外来人的进入，不断冲击着这片地区的生产生活方式。该地的雨崩地区已经成为一个纯粹的旅游基地，家家都是客栈，人们基本不会再去地里进行耕作。举一个有趣的例子：在一片稻田中，半边是青稞，半边是小麦。当地人介绍，现在基本上吃的、用的都是靠外面的地区供应，田地里的作物是牲畜的口粮，人们更多的时候是忙于家里的旅游生意。大量生活垃圾的产生，使明永冰川在逐年减少，山里的动物也在减少。①

歌舞的形式曾经一直是人们之间交流的方式，由于现代文化的冲击，锅庄弦子的交流功能已经逝去，农闲时间，人们不再像从前那样跳学生锅庄，年轻人喜欢融在自己的群体打牌喝酒。在外读书的不再了解自己的传统，甚至一直生活在村子里面的年轻人对自己的传统文化也知道的越来越少，对于弦子、歌舞只是上一辈的记忆。

二、机构的发展历程

斯朗伦布，男，是土生土长的德钦藏族，卡瓦格博文化社社长。当地

---

① 来源于雨崩地区“徒步者之家”店主录音。

的一名艺术青年。1993 年毕业于云南省艺术学校舞美科，1995—1997 年就读于云南省文化厅职工大学美术专业，2002 年到 2007 年担任德钦县图书馆馆长。2007 年辞职后，专职非物质文化遗产工作，2008 年至今又兼职文物工作。

1999 年春节之后，斯朗伦布被单位调去乡下，做村级组织建设，偶然的机会，斯朗伦布在班车上遇到了肖玛。肖玛是名个体商人。在此之前，肖玛已经听说过斯朗伦布的藏文培训班，看到了斯朗伦布，就主动与他聊了起来。肖玛说，他想在中甸注册一个组织，主要做藏文培训，并收集整理濒危的民间文化，想邀请斯朗伦布和他一起做，遇到志同道合的人，斯朗伦布欣然答应。之后不久，斯朗伦布和肖玛在中甸碰面，他们达成了一个默契的共识，即将注册的这个文化机构而命名一定要包括“卡瓦格博”。卡瓦格博，既是护佑他们的神灵，又能够代表他们共同居住的地方，对于所有的当地人来说，卡瓦格博蕴含着非同寻常的意义。1999 年 10 月，卡瓦格博文化社开始了它的历程。

最初的时候，文化社办藏文培训班，没有外来的资金，经费都是成员们自己支付。做生意的肖玛出了大部分的资金，剩下的就几个人凑。每个人两百块钱凑过好几次，没有正规的财务制度，没有人来审核账目。在外读书的时间里，斯朗伦布结识了很多朋友，也知道存在着各种基金会和机构，这些基金会和机构很多都是与文化保护，生态保护相关的。斯朗伦布说，文化社若只是靠几个人的力量，能做的非常有限，在社区里培养出一批人，让他们在自己熟悉的环境里，做自己真正想做的事，这才是关键。而平日生活在村子里的人，并非没有自己的想法，但他们很难和外面的社会接触，很难拿到资金，把自己的想法付诸实践。文化社要做的，就是成为二者之间沟通的桥梁。在斯朗伦布看来，这将是文化社未来的发展方向。2002 年卡瓦格博文化社正式在德钦县民政局注册，成为一个实名的非营利性机构。

在实施项目的过程中，文化社也在成长，并逐步走向成熟。由最开始的举办藏文班，到后来的整理收集各种民间的舞蹈、歌曲和文学作品，文化社在不同的社区进行宣传展出，并通过举办比赛的方式，让社区的村民们重新实践，唤醒他们曾经的记忆。

三、机构开展的主要活动

（一）举办藏语文培训班

1998 年，斯朗伦布自己出钱，在德钦县的计生服务站里租了一间教室，请了一个老师，贴了一张广告，藏文培训班就这样办了起来。报名的人有 30 多个，教室里面座无虚席。学员们主要学习藏文的拼读，以及简单的词汇和日常用语。

随着时间的推移，来上课的人逐渐减少到 11 月，加上斯朗伦布，每天来上课的只剩下 7 个人。逼近寒冬，斯朗伦布毅然放弃了那间教室，让大家搬到他住的地方，大家围着火炉学习。斯朗伦布说，每天晚上上课的时间大概两个小时，但在那间小屋里，他们每天都要聊到深夜，聊日常生活，聊传统文化。在大家逐渐互相了解的过程中，斯朗伦布发现大家的很多知识尚处于一知半解的状态，于是就开始四处寻找相关的书籍为大家讲解。

1999 年，文化社成立之初，由此里尼玛筹资在香格里拉县城邮政大楼内租了近 500 平方米，带空调的两间教室，请了藏文老师，开办免费的初级藏文培训班。

2002 年，斯朗伦布回到德钦县，在这里租了一间私人的房间作为教室，在自己的家乡办起了藏文班。接下来的藏文班，是文化社成员几百块钱，几百块钱凑起来的。而做商人的肖玛出了大部分的资金，但这始终不能作为 NGO 能够长远发展之道。

从 2006 年开始的藏文班，受到香港社区合作伙伴的支持，培训模式有所改变，从集中培训模式改变为分散培训模式以及小班，地区性的藏文班。

1999 年以来，文化社先后在香格里拉县城，德钦县城及奔子栏、江坡、红坡等社区举办了近 20 期初级藏文培训班，共培训近千人次，参加的人员有社区村民、退休干部、在职干部，在外地读书的大中专学生、在本地读书的中小学生，也有到德钦学习考察的学者以及游客。文化社编写切合实际的教材，并请有关专家对教材进行多次修改；在上课时，除了根据教材进行授课以外，还用讲故事，唱藏族民歌等方式，对参加培训人员讲解藏族历史和文化，使这些人员初涉藏族的文化传统。

（二）组织县城藏族弦子歌舞篝火舞会

2002年，文化社在藏文班的基础上又办起了弦子培训班。弦子舞作为德钦藏族民间歌舞的一种，它具有旋律优美、节奏欢快、分布广、民间基础坚实的特点，在内容上它又由于填词较为随意和参与人多为年轻人等原因，而使其有紧随时代脉搏的特点。但这种歌舞在外来文化的冲击下日渐式微。

从2002年4月起，每年4月底至10月底，每逢星期三和五以及节假日文化社会组织在德钦县城开展弦子舞会。

2005年始，在全县境内分区开展民间弦子擂台赛，截至目前，共有50多个村寨，100多个代表队，2000余人次直接参与了弦子竞赛。

2006年10月，在世界自然基金会（WWF）资助下，开展奔子栏锅庄竞赛。

（三）收集民间文化

民间音乐文化社成立之初，就开始收集整理卡瓦格博地区的各种民间音乐，已出版发行德钦县民间音乐音像制品《萨荣弦子》（盒式带）、《德钦弦子》（CD、VCD）等。

斯朗伦布认为仅是开展一些弦子舞会还是远远不足以把弦子歌舞传承下去，还应该做一些系列的活动。经过文化社成员的商议，大家一致认为制作出版一个弦子音乐专辑也将是传承弦子的一种好方法，但这个弦子专辑必须保持弦子音乐的原真性，即用民间的歌手、弦子演奏者及音乐中不加任何现代乐器。文化社成员开始奔赴各个村社去寻找歌手和弦子手，最后选择了一个偏僻的小村庄——萨荣，一个保留着古老弦子文化的地方。为了使民间歌手和演奏者能发挥他们最佳的水平，文化社的成员让歌手和弦子手最熟悉的环境中录音，而不到录音棚。不仅如此，每次举行弦子舞会以及庆祝活动的时候，文化社的成员都会赶赴每个会场，将那些美妙的民间舞蹈记录下来，然后刻录成为VCD，分发到德钦县的每个社区。

（四）开展社区保护基金小额赠款项目

1. 奔子栏村毗邻白马雪山国家级自然保护区

传统习俗和宗教信仰一直以来对这片土地的生态保护起着至关重要的作用。然而近年来，伴随着生活水平的提高，多种异文化冲击着这里的人们，大大削弱了当地人去保护当地资源的观念和意识。

在社区保护基金的支持下，奔子栏村老年协会在2006年8月至10月收集整理了40余首含有环保内容的锅庄歌词，并整理成册，辅音后分发给村里能阅读藏文的锅庄爱好者。并在2006年8—9月，聘请本村精通锅庄舞的老者作为教师，在村里为年轻人举办20余课时的锅庄传承班。2007年春节期间组织锅庄舞活动5次，举办锅庄传承班10余课时。在此期间，协会还承担了清理田埂水沟及村社公共场所的任务。

2. 日尼叫社区发展替代能源保护野生动物栖息地项目

日尼叫社区位于德钦县奔子栏镇书松村委会境内的日尼神山脚下，属于白马雪山保护区的试验区，是奔子栏镇唯一依靠日尼神山进行薪柴砍伐的社区。替代能源保护野生动物栖息地项目旨在帮助社区安装太阳能热水器，减少薪柴的消耗量。

3. 佳碧村运用传统机制管理自然资源项目

佳碧村隶属德钦县云岭乡管辖，距德钦县城约一百公里，地处白马雪山国家级自然保护区边缘，澜沧江东岸，佳碧河从村中流过。佳碧村有传统的村落机制；传统的村落组织；妇女的“姐妹会”；男人的“箭会”。平时在村子里传统机制和传统组织负责组织村民的文化民俗娱乐活动，并具有自己一套完备的运行规则和规章制度。

佳碧村男子箭会组织村民对村内自然环境的变化进行自主调查，固定时间、地点在村内拍摄照片并于历史照片进行对比，多年积累的照片反映佳碧环境变化情况。同时照片将在村学校进行展览，组织村民讨论环境变化的原因，解决方法，制定环境保护的村规民约等。

云南社区保护基金支持的7个项目中，有三个都采用了类似“社区自主调查”的方法，村民通过亲身参与，或者调查村内某个环境问题的原因，如垃圾处理，讨论解决方案，或者调查记录村内的现有的自然资源和环境变迁。这种社区自主调查的方法一般由当地开展活动的外来民间组织引入，调查思路和设计方法很容易为村民掌握实施。自主调查在促进了村民进行自我教育，也使公共事物决策的过程更民主，更具参与性。

4. 说农村社区传统文化及自然资源共管

说农村位于德钦县佛山乡，全村29户，近200人，纯藏族。交通闭塞，村子分散在原始森林中，山谷下方是澜沧江，山头是终年积雪的大雪山。由于交通封闭，与外界隔绝，村内曾经被破坏的传统文化习俗至今没有得到恢复。村里唯一出过山林，见过世面的年轻人名叫此里吾堆，他自费到各地学习考察，还从西藏请来高僧到家乡传讲佛法，但家乡的父老们却听不懂高僧的讲话，也不懂礼数，同时，他又发现村民们对自然的态度，也不像其他传统村子一样有敬畏感，只是纯粹地当作自然资源来看待。

传统的藏族文化中含有深刻的环境保护思想和习俗，比如藏族弦子舞的歌词就含有丰富的乡土生态保护知识。在交流会上，此里吾堆就提出恢复村内的弦子舞传统的申请，希望通过对传统文化的恢复，重新建立村民的环境保护观念以及当地神山保护的传统仪式和习俗，并积极推动社区的集体活动，培养社区集体意识。同时，参会的美国大自然协会（TNC）梅里项目负责人马建忠表示，将说农村纳入 TNC 社区自然经济资源共管项目，支持当地的松茸资源管理。

5. 格登村收集植物种子恢复当地生物多样性

在 70 年代以前，维西县塔城镇格登村拥有较多的杂木林地，林地中有较多的花果植物和杂木大树。70 年代以来随着人口增加，薪柴消耗增加，以及 80 年代后开放垦殖，大量杂木林地消失（妇女组织成立后，状况有所改善），许多花果植物也未能幸免，与 70 年代前的历史时期相较，生态、生物多样性状况已恶化。格登村以妇女组织为主体，组织村民讨论村社内的生态、生物多样性状况，宣传和带动村民收集种子、培育和管护人们所喜欢的各种本土植物，尤其是本地野生的花果植物，如本地野生的李、桃、梨、小柿、葡萄、樱桃、梅子、鸡嗉子树、羊奶果、树莓等。妇女组织将在村内建立公共苗圃，种植的花果植物，既能改善景观，又可以成为培育嫁接砧木的种源。树木栽下后，由妇女组织制定管理规章，从而改善村社的自然景观、保护当地可能消失的野生树种。

塔城镇的妇女组织于 1993 在响鼓村（藏族村庄）出现，成立妇女组织的缘由是：遏制对集体村地的过度利用和牲畜闯入田地的现象。响鼓村妇女组织成立后，各村社纷纷仿效，几年之中，藏族和纳西族村社基本上都成立了妇女组织。各村社的妇女组织基本上都承担村内的田地、林间资源管理的职能，成员间地位平等，组织的领导人——妇女组长，由选举产生，任期以 3 年为一届，与社干部一同换届，干得好的可连选连任，若不能胜任的，成员将重新推选新的社区干部。

6. 普利藏文学校的藏医药与环境教育项目

德钦拥有堪称所有藏区中野生藏药材种类最齐全的地方——白马雪山，然而如今德钦的藏医药教育机构和藏医医师却异常贫乏，药材更多是被收购者买走，很少被本地群众使用，普利藏文学校作为德钦县唯一开展藏文教育的一所学校，也开设工巧、藏医等科目。对于传统藏医学来说，实践是很重要的。学校每年都会组织藏医班的学生进行一次野外的考察，但由于物资器材的短缺，这堂课总是不能达到理想的效果。

利用项目的小额赠款，学校先后三次组织藏医班的同学去白马雪山进行了野生药物标本采集，邀请了德钦县著名的藏医药专家仁青旺学老师莅临指导。仁青老师虽已然年过花甲，但仍然不辞辛劳，和孩子们一起爬山，耐心讲解。课余时间，藏医药班的学生亦常常在学校附近采集药材，并识别不同的药物。

7. 德钦县藏医药研究协会的濒危药用植物保护项目

德钦县藏医药研究协会是一个由德钦本地的年轻藏医组建的草根 NGO 组织，其成员多为德钦县云岭乡红坡村人。自 2006 年成立以来，他们一方面进行藏药药材资源的调查、保护和栽培工作，另一方面在社区开展医疗保健活动。不懂藏医药的村民并不知道很多时候在上山干农活时，常常将珍贵的药草当做普通的树木砍伐。该 NGO 的成员阿主认为只有给广大的社区居民普及药材的知识，才是保护药材资源的根本之道。

依据这个想法，阿主在红坡村开了为期一个月的藏医药基础知识培训班，结合藏医协会编写的建议课本，让本地居民了解了该地的各种藏药材的体貌、药性、用法、采集方法等，还有一些常用的医疗保健知识。与此同时，继续在协会的种植基地进行野生药材的人工培育实验，并将试种成功的药材推广给村民进行种植，一方面可以减轻野生药材资源的生长更新压力，另一方面也为该地区居民实现创收。此外，召集社区成员，讨论周边资源特别是药材资源的管理办法，对原来的村规民约加以补充完善。

8. 规吾村雉类保护项目

规吾村位于德钦县羊拉乡的东北部。属于高寒山区。下辖 14 个村民小组。由于平均海拔 3000 米，森林面积较大，人口稀少，是野生动物繁衍生息的乐园，有受国家保护的藏马鸡、红脚鸡等禽类和獐子、岩羊、野猪等。由于人们活动的范围扩大，威胁到了野生动物的生存和发展。野生动物损坏庄稼、伤害家畜的事时有发生，也给社区的居民造成了一定的经济损失。其中，以藏马鸡为主的雉类危害最甚。但社区属于信教地区，素有忌讳杀生、崇尚放生的传统，野生动物保护意识可谓深入人心。每年庄稼成熟的时期，当藏马鸡从深林中出来觅食，善良朴实的村民不忍心伤害它们，而是将它们赶走。然而，村民并不能一直守在田地里。藏马鸡也总能找到可乘之机。社区里面的老妪常常会从家中拿出粮食喂藏马鸡，但规吾毕竟是一个贫穷的村落，人们自己的口粮都无法自足。

规吾村的项目——买粮食喂藏马鸡，似乎听起来有点童话。但这个项目是大有成效的，没过多久，藏马鸡自觉到两个固定的喂食点觅食，也就不再光顾庄稼地了。

项目计划中的另外一个条例：建立野生动物破坏补偿基金，村民们对于这个概念还是十分陌生，因此，在实施起来是有一定的难度，并非能够合理分配这笔基金，尚待进一步完善。

9. 曲子卡环境教育项目

曲子卡是云南和西藏交界处属于子脏的最边远的一个社区，位于西藏红拉雪山国家级自然保护区的边缘地带。一直以来，由于曲子卡可利用自然资源十分有限，许多村民就到保护区内进行违法活动，对保护区的维护产生了较大的负面影响。2006 年，项目开始实施后，在社区中开展各类形式的环保知识宣传和传统文化交流活动。

在 2008 年的项目评审会上，这个项目被评为优秀项目，也获得了社区保护基金会的支持对该项目继续实施。

（五）生态保护

2003 年 9 月至 2004 年底，与保护国际（CI）合作，开展卡瓦格博地区香柏树保护项目。

2005 年 12 月，与保护国际（CI）在德钦县境内的部分区域进行珍稀动物皮毛消费调查活动。

2004 年 2 月至 6 月，与美国大自然保护协会（TNC）对德钦县部分地区的神山和日卦（宗教意义上的封山区）进行调查。

2005 年 9 月，与法国 ECO 开展飞来寺社区和德钦县民族小学环境教育项目。

2006 年到 2007 年间，在文化社扶持下，分别成立了红坡、布村老年人传统文化与生态保护协会，这些老人是开展社区基层工作的骨干力量。

四、机构开展活动的特征

不少国内外的基金会，闻知在香格里拉有这样一个 NGO，而且在 NGO 圈内的口碑不错，都相继与该文化社的社长斯朗伦布取得联系，希望与他合作开展社区人文领域与环保领域的相关项目。香港合作伙伴，为该文化社拨了一定的款项，拿到这笔钱后，文化社的成员商议，该如何利用这笔资金。有的人说，希望利用这笔钱在不同社区，开展一些比赛，例如传统的弦子舞蹈比赛。但考虑到现在是单方面做出的决定，斯朗伦布担心村民们心里的想法。在商议后，大家得出的一致意见：先在香格里拉德钦县区划出几个社区，到社区进行考察。斯朗伦布联系了各社区的负责人，由于是本地人，社区的领导们爽快答应了斯朗伦布要到社区举行动员大会的提议。

一到社区，斯朗伦布发现村社领导早已将村民们集中到了村社活动室。斯朗伦布说："现在手里有一笔资金，来自香港的一个基金会，他们希望通过这笔资金，在村社中做些有意义的事情，那什么是有意义的事情，我想把选择的权利放到你们这里，你们自主的举行活动，但作为委托人的我们，会定期的来社区考察。"这时在座的村民们都沸腾起来，纷纷议论起来。突然一个村民站起来，大胆的陈述了自己的想法——希望通过这笔资金，举办唱歌的活动。他说，现在传统的唱词很少人去唱去学，很多村里人，特别是年轻人都不会，而且也不愿意去学。但是这些唱词是关于生活的总结，更是长期以来祖辈们留下来的财富。有了第一个发言人勇敢的开头，接下来的也就显得更加的自然了。村民都不断地站起来，表达自己的意见。

斯朗伦布一颗悬着的心瞬间放了下来。他将分给该社区的5000元活动资金交到了社区领导的手中，并希望社区领导能够号召社区的积极分子，将活动计划编写下来。

几周后，各社区都将自己的活动方案交到了文化社，看着一份份新颖且有村民自己思想的成果，文化社的成员们的心情是复杂的，一方面调动了村民的积极性，让他们从想做事到开始做事；另一方面却发现将来文化社在筹划集体活动方面将会面临更多的问题。

（一）宗教理念与现代理念的结合

2003年与保护国际合作的项目中，文化社的成员想到了德钦当地特有的香柏树。这种香柏树生长在海拔3000米左右的高寒山区，生长周期较长，四季常青。只要走到香柏生长的那片区域，几里地外就可以闻到它的香味。它具有其他地方的香柏树不可比拟的香味与优良木质，在整个藏区都享有很高的知名度。当移栽到另外的地方，这种香柏树的气味也出发生变化。随着德钦旅游业的发展，人们活动范围的变大，以及越来越多的转山客到来，香柏树作为烧香的原料，被大片大片的砍伐。据统计，仅飞来寺的一个烧香台，每天都要烧掉两车的香柏枝叶，而布村的山上，被盗伐或购去的香柏，每天也在以一车的速度减少。

保护香柏树，既是生态环境的需求，也是当地特色文化内涵保护的迫切需要。思路确立后，木梭向保护国际提交了项目申请书，项目顺利的批了下来。

起初，文化社的成员先到飞来寺做了摸底调查，挨家挨户询问村民们的意见，项目资金到位以后，他们先到了香柏树砍伐问题最严重的布村，说服村长和当地德高望重的老人，将香柏树实行封山管理。

人们用当地生长周期短的栎树取代了香柏树作为烧香的原料。同时文化社又在德钦境内张贴了上百份汉藏对照的呼吁书，呼吁大家共同保护。

（二）传统理念与环保理念的结合

2004 年的项目——关于梅里雪山的保护，合作方是美国大自然保护协会，文化社的成员经过采点收集，发现那些传说中提到的地区森林资源保护得十分的完整。神山文化的理念和环保理念是具有很大的相似性的，但是对于当地人来说虽然并不了解生态保护是什么，但是他们却深深地知道神山是什么，那是祖先为保护世代生活的地方而告诉他们这片生活土地的神圣性。从神山理念看来，传统文化对环保有较强的意识。文化社成员将藏区神山的文化思路提供给了外面的基金会，从传统文化的角度入手来保护生态环境，通过这种理念的转换，当地人更好地理解了现代的生态保护理念，也使环保项目得到了顺利的进行。

（三）不同的地区采取不同的运作模式

文化社在县城里举办藏文班的模式就如同在学校开办了一个辅导班的模式，每天晚上 7 点上课，在学期中会有小型的考试，后来发现仅仅学习藏文是枯燥的，于是在每天藏文学习结束以后，余有半个小时的关于藏族文化历史的普及。到县城来学习的都是城内放假的学生或是一直在当地从事各种职业的上班族，这个学习班的模式在县城取得了一定的效果。

最开始社区中的藏文培训班是沿用县城的模式，文化社要求村干部带头，让大家报名，考勤，最后还要有期考试，但是这样却造成了村社干部与村民之间的矛盾，村干部为了向文化社交待项目成果，不断给社干部施加压力，然后社干部的压力又加到了村民的身上，村民认为这是要完成一个任务，这使村民的响应很消极，所以最初的培训效果是不理想的。之后，文化社做了相关的调整，再次回到社区，在傍晚村民闲暇时间，大家聚在一起聊天。聊到关于藏文班的事情时，村民们说，现在学习藏文，平时学到的知识在日常生活中是用不到的，一直学不好，而对于像经文和传统的歌词，在平日是经常会用到的，希望学习些经文和歌词。于是文化社在社区中开展了新的培训模式，将教授的课程改变为经文和弦子的歌词，村民学习的积极性提高了，又在日常生活中可以得到巩固，使培训班收到良好的效果。

（四）文化唤醒与反省中让传统与现代融合

在不断实施项目中，文化社发现其实村民们懂得很多，但是却认为自己很多方面都不如别人，让他们进行一些和其他民族的交流活动，比如举办锅庄弦子舞会的时候，有当地不同的民族参与在这个活动中间，以此来打开大家交流的一扇门。很多文化逐渐被传承下来，他们对生态就会有一种感知，这些理念在藏族传统文化中也有，只是没有去发掘和进行一种解释。不断的普及新的知识与交流，村民渐渐将视野打开，慢慢去接受一些现代的理念。

（五）让文化唤醒中的社区群众充满文化自信

在采访斯朗伦布社长的时候，社长说，在准备提交江坡项目建议书时，和村民们交谈，并建议提交什么内容的时候，他曾经用一种高高在上的方法，将一套套道理摆在村民的面前，村民们似懂非懂，也就对社长产生了一种崇敬感，他们深感自卑，在文化社项目的实施方面村民们都会去认真的配合和完成。但假若文化项目实施不恰当，将会把他们带到一种在当地没有底蕴历史的新文化中。这个文化项目即使表面成功，其长远来看，也将是失败的。而我们（文化社）要做的应该是去唤醒他们文化记忆，那种深藏在生活中，深藏在举手投足之间的点滴。让他们知道他们拥有什么，拥有什么文化的财富，他们有了他们的自信，这个文化项目也就算成功。

斯朗伦布社长给我列举了一个成功的案例。[①] 他说，一般文化社的成员下乡都会带上弦子，到了村里，就要求与村民们比赛弦子歌舞。在这样的场合里，村民们完全没有了自卑感，每个人都想表现得更加出色，当你细细凝视那一张张淳朴的脸时，你会发现，他们流露出了平时难得一见的发自内心的喜悦和狂热。歌词是随兴而发的，这一时刻，他们变成了诗人；弦子的曲调不可重复，他们变成了自由的歌手；舞步的多变，她们成为下凡的仙女。在这个热情的歌舞氛围中，大家忘记了自己虚伪的身份，只是捧出心和大家交流，所有的原始灵感，都在从身体的每个部分迸发

---

① 采访文化社社长斯朗伦布的录音。

出来。

（六）发现并培养社区中的合作人才

并非每个项目都能在不同的社区实施，在给某一个社区定义实施什么项目之前，是要对社区的文化、环境、生活习惯等做出较为充分的调查之后才能去选择。而此时，发现和利用当地人才，才是项目得以实施的关键。每个社区，并不是一个政府机构或组织，他们有着共同的群体利益，但个人利益在里面却起到举足轻重的作用。这里都有一套经过实际生活验证的成熟而复杂的人际关系，其中有少数受人尊敬，有号召力的积极分子，是项目执行的关注点。有的社区民主性较强，有的社区妇女占主导地位，而有的社区老年人占主导。

五、机构的特色和项目实施效果

机构是一个由藏族人自己创办的NGO组织，目的是为了传播藏族民间文化，保护本地区特有生态环境、文化环境。该团体都是藏族人组成，在藏区村社中能够更好的实施项目，机构成员基本上都是当地人，为它们在项目实施中提供了众多的便利。由于文化和语言无障碍，他们都更懂得当地人想的是什么，需要的是什么。

项目的目标：追求快乐幸福的生活，是所有众生的最基本和合理的要求，目的都是要让社区的人们快乐幸福健康的生活。

1. 开展巡山护林，并且制定森林的村规民约。

2. 90%的村民承诺不打猎，不砍树。

3. 超过15种国家一级，二级保护动物的威胁得以降低，其栖息地得到有效的保护和恢复。

4. 新增保护面积6000公顷，约9000公顷的野生动植物栖息地因为当地神山日卦区习俗和禁忌而得到了有效的保护。

5. 藏族传统文化得到传承和发扬。

6. 培养了社区村民对自己文化的自信。

7. 让社区村民在现代的位置中找到传统的解释。

六、员工构成状况

成员文化社职务其他职业斯朗伦布文化社的社长文化馆专职非遗产工

作，此里卓玛文化社全职人员肖玛文化社成员从事个体商业扎西尼玛文化社成员梅里雪山景区管理局工作，藏族诗人木索文化社成员、藏传佛教居士曲美多吉文化社成员、藏传佛教居士永基卓玛文化社成员迪庆报社记者，作家马彩华文化社成员、德钦县升平镇党委副书记、扎西顿珠文化社成员、电视台藏语节目制作中心，藏族学者次里卓玛文化社志愿者刚从香格里拉卫校毕业。

木索说，我并没有太在意社区传统文化相关领域的情况，而是在学习传统的藏传佛教。加入文化社之后，开始关心周围环境里发生的文化变迁了。小时候，我们的社区每天晚上都会有热闹的活动。当时没有电视，电影很少，晚餐后，大人们聚集在一起聊天，小孩子们一起玩耍，在弦子的美妙音乐中，篝火中的锅庄总是记忆犹新的，但是现在车多了，声音嘈杂了，人们不喜欢在像从前那样聚集在一起聊天，青年人有青年人的生活，喝酒打牌，老人们有老人们的生活，很多优秀的东西在不知不觉中流失，这时候我们发现，感人的一些东西已经离我们越来越远。

小卓玛是一名藏文班的学员，同时也是文化社的志愿者，原来是一名卫校的学生，在外面读书深感自己对本民族的文化理解的太少，加入这个文化社就是为了在为社区的服务中更多的了解传统文化。在来到这里的半年内，认真的她发现了很多自己曾经不在意的东西，原来那些东西对生活在这片土地是那么的重要。需要更加认真对待，不仅仅是一种学习和认识，而更是一种责任。

对于肖玛而言，文化社是一块净土：“就好像你在外面打拼，回来哭着跟家人倾诉，回到文化社，那都是真的了，真正的世界就在那里了。人的心理活动、精神、丰富的心灵，都在那里表达出来。”摩擦和争吵，都是为了同样的目的；没有虚伪，没有诡诈，只有至真至纯的情谊。

马彩华面临着不被理解的难题，由于她是正式的国家公务员，又在政府机关工作，所以比起一般人而言，压力就更大得多。她说，曾经有人跟她说过，你一天到晚不务正业跑到文化社，跑到乡下去做什么，你把自己的本职工作做好了也就不错了。当时她觉得很不理解，文化社是在县民政局注册的，而且完全是德钦人，不是外来机构设在这里的办事处，它是几个人自发组织的去扎实为社区做点自己认为有意义的事情。她在文化社做的事，恰恰为她开展政府工作带来了很大的好处。下到基层跟老百姓接触，也是她本职工作中很重要的内容。别人不知道社区居民在想什么，只能去猜想，对这种教条式的工作方式，居民们是十分反感；而她因为在文化社，与村民们有了更深、更细一步的了解，干起基层工作来，有种得心应手的感觉。马彩华更多了一分底气。

木梭说，在社区里，不能换到的资本叫社会资本，藏语叫“邦”。现在，文化社拥有的，正是这样的社会资本。在红坡村，文化社花了两年的时间，把那里已经断掉的锅庄基本恢复了起来。木梭去验收的时候，老百姓主动凑了700元钱送给他。木梭说，当时，他非常激动，当然并不是因为这700元钱，而是因为一直都是文化社拿钱给居民做事，现在却是老居民主动拿钱给他们。这是无论用多少金钱都无法换来的认同，也是对文化社莫大的鼓励。

在文化社中，大家都能体会到一个人真实的一面，纯粹的一面。为了解决问题，就会冲突起来，在激烈的争辩过后，事情总能十分完美解决。对于文化社的成员，只要心里在想什么，都会说出来。在文化社，成员们在不断认识自己文化的同时更有自豪感，身份上的荣誉，在所追求的幸福与快乐中，物质含量已经超标，而原有的快乐生活中的文化成分在不断流失，在文化社中他们似乎多了一份忧虑，多了一份责任，更多了一份服务的心。

七、存在的主要问题

组织结构不稳定；一般情况下，因为机构工作人员大部分是兼职人员，在开展活动或者实施项目的过程中，大家大部分时间用于第一职业，人员是不能保证的。专业人才不够；其中的文化社成员都是来自不同职业的，有佛教居士、商人、会计及记者，但是却没有专业的关于非政府组织或者是社会工作方面的人才。

财务管理方面的问题：最初文化社开展活动是由文化社的成员自己筹资，后来和各类基金会合作，但每笔资金的数目都不是很集中，导致不能够形成一个完善的财务管理系统，在文化社，仅有一个会计负责财务。每一笔资金来的时候，基金会的被资助方、投放点也是很明确的，在投放资金前，资助方会让文化社做出策划方案，然后资助方进行评测，以文化社作为一个中转点。而资金来源不稳定，也使文化社无法做中长期规划。

结束语

文化社的努力是有目共睹的，在开展活动的这十几年里给德钦的村村社社带来了变化，笔者看到藏族村民学会管理自己的公路。虽然旅游业繁荣发展，但是深山的植被依旧管理得很好，若你有幸到雨崩徒步，从西当到雨崩的路途中，你会看到挨家挨户的垃圾回收筐，他们在文化社和基金会的支持下用自己的行动延续着保护环境的习俗。他们作为一个地方文化的门户，搭建起了地方与国内外基金会合作的桥梁，在文化社成长的同时，社区中的人们也在这多元文化的世界里成长着。

（案例编写者：中央民族大学民族学与社会学学院2010级民族学专业硕士研究生乐燕）